마르크스 엥겔스 전집
3권

마르크스 엥겔스 전집 독일어판[독일 통일사회당 부설 마르크스 레닌주의 연구소 편집]은 소련 공산당 중앙위원회 부설 마르크스 레닌주의 연구소가 주관한 두 번째 러시아판[GA1, 1932년 아도라츠키 편집]에 기초하여 작성되었다.

텍스트는 수고에 따라 즉 마르크와 엥겔스가 생존하고 있을 때 이루어진 출판 기획을 재생하였다.

Dietz 출판사, 베를린, 1958년

[역자: 본 역서는 1965년 소련 공산당 중앙위 부설 마르크스 레닌주의 연구소에서 바가투리아가 1924년 리야자노프가 최초로 편집한 판본을 재생한 바가투리아판을 통해 보완했다. 바가투리아판은 모스크바 Progress 출판사가 1969년 발간한 영어판 마르크스 엥겔스 총서[MECW] 5권을 통해 그 모습을 알 수 있다. 최근 2018년 국제 마르크스 엥겔스 재단이 발간한 마르크스 엥겔스 총서[GA2] 5권은 바가투리아판과 편집상의 차이와 약간의 교열을 제쳐놓으면 마르크스 엥겔스 수고의 원형을 살리려 한 점에서 근본적으로 같다.]

역서 일러두기

1) 본 역서에서 괄호 중 ( )는 원본에 나오는 것이다. 괄호 [ ]또는 { }는 번역자가 기입한 것이다.

2) 인용부호와 이탤릭은 MEW 3권에 기초했다.

3) 본 역서는 MECW에 기초하여 수고 쪽수를 기입했다.

4) 본 역서는 독자가 비교하여 읽을 수 있게 MEW, MECW, MEGA2의 판본의 쪽수를 함께 기입했다. 모든 쪽수는 본문에 나오는 숫자와 구별하기 위해 모두 〈 〉속에 집어넣었다. MEW는 〈W〉, MECW는 〈CW〉, MEGA2는 〈GA2〉로 축약해 표현했다.

5) 원본에 독일어가 아닌 외국어는 마르크스, 엥겔스 자신이 사용했던 외국어다. 본 역서는 외국어를 그대로 표기하고 괄호 〈 〉속에 번역했다.

6) 외국어 지명이나 인명은 가능하면 외국어 표기법을 따르려 했다. 예외적으로 발음 나오는 대로 표현한 것도 있다. 인명이나 지명의 원어는 괄호에 넣지 않고 바로 붙여 썼다.

7) MEW, MEGA2, MECW는 읽을 수 없게 된 말과 구절은 각기 재구성했다. 각 판본은 그런 재구성된 구절을 꺾쇠 속에 넣었다. 본 역서에서는 번역의 형편 때문에 불가피하게 이런 표시를 하지 않았음을 양해해 달라. 다만 각 판본에서 중대한 차이가 있는 부분은 역주를 통해 그 차이를 밝혔다.

칼 마르크스

와

프리드리히 엥겔스

1845~1846

MEW일러두기

〈W, XII〉 독일어판 3권은 소련 공산당 중앙위원회 산하 마르크스 레닌주의 연구소에서 발간한 소련어판과 완전하게 상응하지 않는다. 독일어판 텍스트에서 포이어바흐 테제는 마르크스가 1844~1847 사이에 썼던 그의 노트북에 적어놓은 초안이고 1888년 엥겔스가 개정한 초안은 부록에서 실려 있다. 부록은 그밖에도 1845/46 마르크스 엥겔스의 노트를 포함한다. 우리는 엥겔스의 진정 사회주의자라는 논문을 4권으로 넘기는 것이 합목적적이라고 간주했다. 왜냐하면 그 논문은 이 4권에 있는 다른 글들과 유기적으로 서로 관련되어 있기 때문이다.

텍스트와 마르크스와 엥겔스가 인용한 인용문은 원전을 이용할 수 있는 한에서 원전에 따라 검증됐다. 모든 논문은 복사된 수고와 대조됐다.

마르크스와 엥겔스가 인용한 인용문은 쉽게 판별될 수 있도록 소문자로 인쇄했다. 외국어[비독일어] 인용문이나 텍스트 속에 끼어 있는 외국어는 하단 주석으로 번역했다[한국어 번역본에서는 외국어를 살리고 〈 .... 〉를 통해 번역했다].

맞춤법과 기호는 대체될 수 있는 한 최근의 방식으로 바꾸었다. 대체하는 것이 의심스러울 경우 원전에 상응하는 표기법이 보존됐다. 독일어 텍스트에서 띄어쓰기는 그대로 유지했다. 괄호 [....]속에 들어 있는 단어나 단어 부분은 이 판본의 편집에서 나온 것이다. 그러나 오늘날 사용되지 않는 약어는 지시 없이 본래 말로 고쳤다. 명백하게 틀린 오류는 언급 없이 개정했다.

마르크스와 엥겔스의 주석은 별표[*]로 표시했으며[본 번역본에서는 마르크스, 엥겔스 방주로 표시했다], 편집자의 노트는 텍스트와 분리하여 일련 번호로 표시했다.[본 번역본에서는 W 주로 표시해서 CW 주와 GA주와 구분했다.]

　이 판본은 주석에서 설명을 덧붙였다. 이 주석은 텍스트에서 괄호 속의 윗점자 수자로 지시됐다. 그밖에 인명 목록, 문헌 목록, 외국어 설명이 첨가됐다.

독일 통일 사회당 중앙위원회 산하
마르크스 레닌주의 연구소

2권 목차

역서 일러두기	913
MEW일러두기	916
독일 이데올로기 2권	927
1장 진정 사회주의	929
1절 『라인 연보』 또는 진정 사회주의의 철학	935
1절 A) 「공산주의, 사회주의, 인도주의」, 『라인 연보』, 1권, 167쪽 이하.	935
1절 B) 「사회주의의 초석」『라인 연보』, 155쪽 이하	961
1절 B) 첫 번째 초석	967
1절 B) 두 번째 초석	974
1절 B) 세 번째 초석	982
4장 칼 그륀: 『프랑스와 벨기에에서의 사회 운동』 또는 진정 사회주의의 역사 서술	989
1절 생시몽주의	1008
1절 A) 『제네바 시민이 그의 동시대인에게 주는 편지』	1018
1절 B) 『산업에 관한 정치적 문답서』	1023
1절 c) 『새로운 기독교』	1031
1절 D) 생시몽 학파	1033
2절 푸리에주의	1049
3절 "고루한 신부 카베Cabet"와 그륀 씨	1067

4절 프루동Proudhon   1095

5장 "홀스타인에서 온 조지 쿨만 박사"또는 진정 사회주의의 예언자, 새로운 세계 또는 지상에 세워진 정신의 왕국 선포   1099

마르크스 비망록[MEW 부록]   1119
1) 헤겔과 포이어바흐에 대한 마르크스의 관계   1119
2) 부르주아 사회와 공산주의 혁명   1121
3) 포이어바흐에 관해[über]   1123
4) 1.포이어바흐에게서[aus]   1124
5) 포이어바흐[포이어바흐 노트Noizen]   1126

역서 부록   1133
부록1 브루노 바우어의 반비판에 대한 대답   1135
부록2 진정 사회주의자   1143
부록3 포이어바흐 장 비교 분석   1237
해제   1238
서문[Vorrede]   1241
1장 포이어바흐   1245
1절   1245
2절   1264
3절   1304
4절   1311

역서 후기   1363
후기1 참고 문헌   1364

1) 거명되거나 익명으로 된 저서와 논문	1364
2) 정기간행물	1385
후기2 인명 색인	1388
후기3 『독일 이데올로기』 성립의 역사에 관해	1411
옮긴이 후기	1431

1권 목자

역서 일러두기	3
MEW 3권 편집자 서문	7
MEW일러두기	17
포이어어바흐 테제	25
독일 이데올로기 1권	33
서문	35
1장 포이어바흐	41
서론[Einleitung]	41
A절 이데올로기 일반 특히 독일의	45
1) 역사	62
2) 의식의 생산에 관해	80
B절 이데올로기의 실제적 기초	108
1) 교류와 생산력	108
2) 국가와 법과 소유의 관계	128
3) 자연 발생적 생산수단과 소유 또는 문명적 생산수단과 소유	134
C절 공산주의—교류 형식 자체의 생산	144

920 독일 이데올로기

라이프치히 공의회 157

2장 성 브루노 163
1절 포이어바흐에 대항한 "전쟁" 163
2절 포이어바흐와 슈티르너 사이에 벌어진 전쟁에 관한 성 브루노의 고찰 185
3절 성 브루노 대 『신성 가족』의 저자들 190
4절 "모제스 헤스"에 대한 애도 208

3장 성 막스 215
3-1장 『유일자와 그의 소유』 219
3-1장 구약 편: 인간 223
구약 편 1절 창세기 즉 인간의 삶 223
구약 편 2절 구약 대의 241
구약 편 3절 고대인 253
구약 편 4절 근대인 272
구약 편 4절 A) 정신(순수한 영혼의 역사) 279
구약 편 4절 B) 신들린 자(불순한 영혼의 역사) 289
구약 편 4절 B)-a) 허깨비[Spuk] 298
구약 편 4절 B)-b) 망상[Sparren] 304
구약 편 4절 C) 불순한 정신의 불순한 역사 310
구약 편 4절 C)-a) 흑인과 몽골인 310
구약 편 4절 C)-b) 가톨릭과 프로테스탄티즘 325
구약 편 4절 D) 위계 체제 331
구약 편 5절 자기식으로 역사를 구성해 놓고 흐뭇해 하는 슈티르너 357
구약 편 6절 자유인 374
구약 편 6절 A) 정치적 자유주의 374

| 구약 편 6절 B) 공산주의 | 401 |
| 구약 편 6절 C) 인도적 자유주의 | 459 |

3-1장 신약 편: "자아[Ich]"   475
신약 편 1절 신약 대의	475
신약 편 2절 자족하는 이기주의자에 관한 현상학 또는 변호론	480
신약 편 3절 사도 요한의 계시 또는 "새로운 지혜의 논리"	538
신약 편 4절 고유성	592
신약 편 5절 소유자	622
신약 편 5절 A) 나의 권력	622
신약 편 5절 A)-(1) 권리	622
신약 편 5절 A)-(1)-a) 일반적 표준	622
신약 편 5절 A)-(1)-b)	632
단순한 반대 명제를 통해 세계를 쟁취하기	632
신약 편 5절 A)-(1)-c)	637
복합적인 반대 명제를 통해 세계를 쟁취하기	637
신약 편 5절 A)-(2) 법률	650
신약 편 5절 A)-(3) 범죄	668
신약 편 5절 A)-(3)-a) 범죄와 처벌의 단적인 말씀화	669
신약 편 5절 A)-(3)-a)-α) 범죄	669
신약 편 5절 A)-(3)-a)-β) 처벌	673
신약 편 5절 A)-(3)-b) 범죄와 처벌을 반대 명제를 통해 내면화하려는 시도	676
신약 편 5절 A)-(3)-c) 통상적인 의미에서의 범죄와 예외적인 의미에서의 범죄	
	683
[신약 편 5절 B) 나의 교류]	690
[신약 편 5절 B)-(1) 사회]	690

신약 편 5절 B)-(I)-e) 부르주아 사회로서 사회	696
신약 편 5절 B)-(2) 반항[Empörung]	752
신약 편 5절 B)-(3) 연합	778
신약 편 5절 B)-(3)-a) 토지 소유	778
신약 편 5절 B)-(3)-b) 노동의 조직화	782
신약 편 5절 B)-(3)-c) 화폐	791
신약 편 5절 B)-(3)-d) 국가	799
신약 편 5절 B)-(3)-e) 반항	806
신약 편 5절 B)-(3)-f) 연합의 종교와 철학	808
신약 편 5절 B)-(3)-f)-α) 소유	808
신약 편 5절 B)-(3)-f)-β) 능력	817
신약 편 5절 B)-(3)-f)-γ) 도덕, 교환, 착취 이론	818
신약 편 5절 B)-(3)-f)-δ) 종교	829
신약 편 5절 B)-(3)-f)-ϵ) 연합에 대한 보충 절	831
신약 편 5절 C) 나의 자기만족	836
신약 편 6절 솔로몬의 시편과 유일자	858
3-2장 『변호를 위한 주석』	889
라이프치히 공의회의 결말	905
옮긴이 후기	909

마르크스 엥겔스

독일 이데올로기

최근 독일 철학의 대표자
포이어바흐, 바우어, 슈티르너에 대한 비판
그리고
독일 사회주의의 여러 예언자에 대한 비판

〈MEW, 11〉1845~1846년 작성됐다.
모스크바 마르크스 엥겔스 레닌 연구소의 원본 수고에 따라
독일어로 1932년 처음으로 발간됐다.

『독일 이데올로기』 수고의 여러 구절이 손상당했다. 마르크스가 남긴 몇 마디 말에 따르면 수고는 "쥐가 쏠아 먹는 비판"에 맡겨졌다. 이 상태는 3장 성 막스에 해당하는 수고의 복사본 몇 장을 통해 확인될 수 있다. 현재의 판본에서 손상된 구절은 남아 있는 문장 부분에 근거해 보충됐고 이는 꺾쇠로 표시했다. 교정 상 필요해서 약간 첨가한 구절도 마찬가지로 꺾쇠로 표시했다. 수고에서 빠진 부분이나 마르크스 엥겔스 총서의 첫 번째 판본(GA1[1932])에 나오는 텍스트와 다른 부분은 주에 밝혀놓았다. 수고에는 마르크스와 엥겔스가 남긴 방주가 있는데, 이것은 주석의 형태로 제시됐지만, 방주임을 표시해 두었다. 수고에서 마르크스와 엥겔스가 수직의 선으로 틀렸다고 표시했지만, 마지막까지 고심했던 문장으로 이루어진 텍스트[즉 삭제된 부분] 역시 주석에 제시됐다. 그렇게 하면 특정 사상의 발전을 눈으로 볼 수 있을 것이기 때문이다.

독일 이데올로기 2권

진정 사회주의의 여러 예언자에 대한 비판

1장 진정 사회주의

⟨GA2, 515⟩⟨수, 1⟩⟨W, 441⟩[811]우리는 1권에서(「성 막스」 장 「정치적 자유주의」 절 참조) 독일 자유주의와 프랑스, 영국의 부르주아 운동 사이에 지금까지 존재하는 관계를 설명했다. 그것과 같은 관계가 독일 사회주의와 프랑스, 영국의 프롤레타리아 운동 사이에도 존재한다. 독일 공산주의자 주변에 많은 작가가 모여들었다. 이들은 프랑스와 영국에서 공산주의에 관해 출현한 이념을 몇 가지 받아들여 독일 철학의 전제와 결합했다. 이런 "사회주의자" 또는 그들이 스스로 부르는 이름에 따르자면 "진정 사회주의자"는 외국의 공산주의 문헌을 실제 운동을 표현하거나 그 운동의 산물이라고 보지 않고 오히려 전적으로 "순수 사상"에서 발생한 순수한 이론적 저서라고 본다. 이런 이론적 저서는 그들이 독일의 철학 체계라면 이런 것이어야 하지 하며 마음속에 떠올리

---

811 역주) '진정 사회주의'의 수고는 여러 철학자가 쓴 글을 모은 것이어서 각 장의 쪽수가 따로 매겨져 있다.

는 바로 그것이다. 그들은 이런 외국의 저서가 체계화를 설법할 때조차 실천적 욕구를 근거로 한다는 사실 즉 일정한 나라에서 일정한 계급이 유지하는 생활 상황 전체를 근거로 한다는 사실을 생각하지 못한다. 그들은 이런 문필가 당파에 속하는 많은 사람이 지닌 환상을 충심으로 받아들이니 마치 그들에게는 "가장 이성적인 사회질서"가 중요하지, 일정한 계급 그리고 일정한 시기의 욕구는 중요한 것이 아닌 것처럼 보인다. "비학문적인" 프랑스인이나 영국인에 대항해 그들이 전개하는 활동이 이제 어디 있는가를 보자. 그것은 무엇보다도 이런 〈수, 2〉외국인의 피상성이나 "조야한" 경험주의를 독일의 독자 앞에서 충분히 경멸하고 "독일의 학문"을 찬양하며 공산주의와 사회주의의 *진리* 곧 절대적인 사회주의, *진정한* 사회주의를 밝히는 사명을 독일 학문에 부여하는 데 있다. 또한 그들은 〈GA2, 516〉즉각 "독일 학문"의 대변자로서 이런 사명을 충족하는 과업에 몰두한다. 그런데도 〈W, 442〉대부분에서 그들은 프랑스인과 영국인의 원전을 슈타인[812]이나 월커스[813]의 편집본에서 배웠으므로, 이런 원전이 그들에게 낯선 것과 꼭 마찬가지로 대부분 "독일 학문"이란 것도 그들에게 낯선 것으로 남아있었다. 그러면 그들이 사회주의와 공산주의에 부여하려는 "*진리*"란 어디에 있는가? 그들은 부분적으로는 단순히 문헌상의 연계를 알지 못하며 부분적으로는 이미 언급한 적이 있었지만 사회주의나 공산주의 문헌에 대해 잘못 파악하고 있다. 그러므로 그들은 이런 문헌을 전적으로 불분명하게 이

---

812 CW주) 슈타인Lorenz von Stein, 『오늘날 프랑스의 사회주의와 공산주의』(라이프치히, 1842)

813 W주 161) 윌커스Theodor Ölckers, 『사회주의와 공산주의의 운동』(라이프치히, 1844)

해한다. 그들은 오히려 이런 불분명한 관념을 독일의 즉 헤겔적이거나 포이어바흐적인 이데올로기의 도움을 받아서 분명하게 만들려고 시도한다. 공산주의 체계, 비판, 논쟁은 실제 운동이 운동해 나가는 것을 단순하게 표현한 것에 지나지 않지만, 그들은 이를 현실의 운동에서 떼어내고 이어 자의적으로 독일 철학과 연관시킨다. 그들은 역사적 조건에서 출현한 삶의 현장에 관한 의식을 이런 삶의 현장에서 분리하며 그런 의식을 진정하고 절대적인 의식 즉 독일 철학적인 의식에 비추어 본다. 이와 전적으로 부합하는 일이지만 그들은 일정한 개인 사이의 관계를 "*인간*"의 관계로 전환한다. 그들은 일정한 개인이 서로의 고유한 관계에 관해 지닌 사상을 "*인간*"에 관한 사상인 것처럼 설명한다. 따라서 그들은 실제 역사의 지반에서 이데올로기의 지반으로 되돌아갔으며 실제 연관을 알지 못하는 만큼 이제 쉽사리 "절대적"인 방법이나 다른 이데올로기적인 방법을 통해서 환상적인 연관을 구성할 것이다. 이렇게 해 프랑스인의 관념을 독일 이데올로그의 언어로 번역하고 공산주의와 독일 이데올로기 사이의 연관을 자의적으로 꾸며내면서 〈수, 3〉소위 "진정 사회주의"가 형성된다. 영국의 헌법이 토리당[814]의 자랑이듯이 이 진정 사회주의는 "국가의 자부심이며 이웃 나라 국민이 시기하는바"라고 떠들썩하게 선전되고 있다.

---

814 W주 162) 토리당원은 슈튜어트 왕가가 1660년 영국 왕위를 되찾은 왕정 복고 이후에 비로소 형성됐다. 토리당원은 단지 지주를 대변했으며, 정치적으로 절대 왕정의 지반 위에 섰으며, 그러므로 영국의 당파 가운데 헌법을 관철하는 투쟁에서 거의 아무런 기여도 하지 않았다. 헌법은 오히려 성장하는 부르주아의 이해에 상응했다. 부르주아 혁명의 와중에 승리는 인민의 강력하고 결정적인 참여를 통해 확보됐다.

나아가서 "진정 사회주의"는 프롤레타리아적인 공산주의에 대한 오해에 불과하며 프랑스와 영국에서 존재하면서 진정 사회주의와 다소 가까운 당파나 분파의 성체[聖體] 변용에 불과하다. 이런 성체 변용은 독일적인 정신의 하늘 아래 그리고 우리가 곧 보게 되겠지만 독일적인 심정의 하늘 아래 익히 일어나는 성체 변용이다. 진정 사회주의는 "과학[학문]"에 기초하는 체한다. 하지만 더 자세히 말하자면 진정 사회주의는 무엇보다도 비의적인 학문이다. 즉 그 이론적 문헌은 다만 "사유하는 정신"의 신비 속에서 축성을 받은 그들에게만 존재하는 문헌이다. 그러나 진정 사회주의는 또한 공개적인 문헌도 갖고 있으며, 어떤 방식으로 선전을 수행하고 있음이 틀림없다. 왜냐하면 진정 사회주의는 이미 공개적인 사회 관계에 관해 고민하기 때문이다. 진정 사회주의는 이런 공개적인 문헌 속에서는 독일인의 "사유하는 정신"에 더는 호소하지 않으며 오히려 〈GA2, 517〉독일인의 "심정"에 호소하고 있다. 진정 사회주의는 혁명적인 열정을 상실했고 그 자리에 일반적 인간애를 선포하기에 심정에 호소하는 일이 더 쉬운 일이 된다. 그러므로 진정 사회주의는 더는〈W, 443〉실제 인간을 문제 삼지 않고 "*인간 [자체]*"을 문제 삼는다. 따라서 진정 사회주의는 프롤레타리아에 의지하지 않고 오히려 독일에 가장 많이 존재하는 두 계급에 의존한다. 즉 진정 사회주의는 한편으로 소시민과 이 소시민의 박애적 환상에 의존하며 다른 한편에는 이런 소시민의 이데올로그라고 할 철학자나 철학 학파에 의존한다. 즉 일반적으로 말해서 진정 사회주의는 독일에서 현재 지배적인 존재인 "상식적 의식"과 비상식적인 의식에 의지한다.

독일에 사실로 현전하는 상황에 비추어 〈수, 4〉이런 매개 분파가 형성되면서 공산주의와 독일의 지배 관념 사이의 매개가 시도될 수밖에 없었다. 마찬가지로 독일 공산주의자 가운데 다수는 철학에서 출발했지만 그런 매개 단계를 넘어서면서 비로소 공산주의에 이르렀으며 여전히 그렇게 이를 수밖에 없다. 반면 이데올로기의 구속을 뿌리칠 수 없는 다른 사람들은 죽음의 행복에 이를 때까지 이런 진정 사회주의를 계속 설교할 수밖에 없을 것이다. 따라서 여기서 비판의 대상이 되는 저서를 얼마 전에 작성했던 "진정 사회주의자들"이 이런 입장을 여전히 주장하는지 아니면 이미 그 이상으로 나아갔는지를 우리는 알 수가 없다. 도대체 우리는 그 사람들의 인격에 대해서는 아무것도 반대하지 않으며 다만 인쇄된 서류 조각만 독일처럼 늪지가 많은 나라에서는 빼놓을 수 없는 방향 표시판으로 간주한다.

그러나 그것 밖에도 진정 사회주의는 청년 독일파 문예가[815]와 돌팔이,[816] 그 밖의 문필가 다수에게 사회주의 운동을 이용하는 문을 열어주었던 것은 틀림없다. 독일에서는 *실제의* 격정적이며 실천적인 당파 투쟁이 결핍되어 있으므로 사회주의 운동도 처음에는 *단순한* 학술 운동이 됐다. 진정 사회주의는 가장 완전한 사회주의 학술 운동이며 실제의

---

815 W주 163, CW주 123) 청년 독일파 문예가-청년 독일파라는 문예 운동, 이는 1830년대 독일에서 형성됐으며 그 당시 하이네Heine와 뵈르네Börne의 영향을 받아 자유주의 신조를 지닌 작가와 비평가 집단이다. 이들 청년 독일파 작가(구츠코프Gutzkow, 라우베Laube, 빈바르크Wienbarg, 문트Mundt 등)는 문예 작품과 저널리즘을 통해서 소시민 계급의 저항 분위기를 반영했으며 양심의 자유와 출판의 자유를 쟁취하는 데 헌신했다 청년 독일파의 관점이 지닌 특징은 이데올로기적인 미성숙과 정치적인 모호함이며 이들은 대개 곧 부르주아 자유주의자로 타락했다. 1848년 이후에 이 집단은 해체됐다.

816 역주) GA2주 참조에 따르면 이는 5장에서 다루는 쿨만G. Kuhlmann을 지칭한다. 그는 사회주의 기초를 종교 위에 세우고자 했다.

당파적 이해도 없이 발생했고 공산주의 당[817]이 이미 형성된 이후 이제 당이 존재하는데도 여전히 지속할 것이다. 독일에서 실제 공산주의 당이 출현한 이래로 진정 사회주의는 더욱더 위축되어 소시민을 자기의 청중으로 삼고 무능하며 룸펜으로 전락한 문필가를 이 청중의 대변자로 삼게 되는 것은 자명하다 하겠다.

---

817 역주) GA2주 참조에 따르면 이는 1846년 초 마르크스, 엥겔스를 통해 브뤼셀에 세워진 '공산주의자 통신 위원회'를 말한다.

1절 『라인 연보』 또는 진정 사회주의의 철학
1절 A) 「공산주의, 사회주의, 인도주의」, 『라인 연보』, 1권, 167쪽 이하.

[818][819] ⟨GA2, 518⟩ ⟨수, 5⟩ ⟨W, 445⟩ 우리는 위의 논문에서 시작하려 한다. 왜냐하면 이 논문은 완전히 자각과 거창한 자부심을 가지고 진정 사회주의가 지닌 독일 민족적 성격을 보여 주기 때문이다.

168쪽: "프랑스인은 자기의 고유한 천재성을 이해하지 못하는 것처럼 보인다. 그런 점에서 프랑스인에게는 *독일의 학문*이 도움이 될 것이다. 그 까닭은 만일 이성이라는 것도 성장하는 것이라면 독일의 학문은 사회주의 가운데 *가장 이성적인 사회질서를 제시하기* 때문이다."

그러므로 여기서 "독일의 학문"은 사회주의 *가운데* 하나, 그것도 "가장 이성적인 사회질서"를 제시한다. 사회주의란 전능하고 전지적이

---

818   CW주) 이 논문의 저자는 세밍Hermann Semming이다

819   W주 164) 사회개혁을 위한 『라인 연보』는 헤르만 피트만을 통해 출판됐다. 이 책은 두 권만 발간했다. 첫 권은 1845년 8월 다름슈타트에서 발간됐으며 작은 마을 벨레부에에서 발간됐다. 마르크스와 엥겔스는 독일에서 공산주의 견해를 선전하기 위한 발판을 마련하려고 노력하는 가운데 이 잡지를 이런 목적을 위해 이용할 필요성이 있다고 생각했다. 첫 권은 엘베펠트Elbefeld에서 1845년 2월 8일과 15일의 집회에서 엥겔스가 연설한 것(「엘베펠트 연설」)을 담고 있다. 두 번째 권은 「런던에서 만국박람회」라는 논문을 담고 있다. 그러나 이 연보의 일반적인 방향은 진정 사회주의자의 대변자가 참여하면서 결정됐다.

며 모든 것을 포괄하는 독일 학문의 한 분야가 된다. 사회주의는 사실 기원으로 본다면 프랑스적이지만 프랑스의 사회주의자는 '잠재적인[an sich]' 독일 사회주의자에 불과했다. 그러므로 *실존하는* 프랑스인은 독일의 사회주의자를 "이해하지 못한다." 따라서 우리의 저자는 다음과 같이 말할 수 있게 된다:

"*공산주의가 프랑스적*이라면 *사회주의*는 독일적이다. 프랑스인은 행복하기 짝이 없는 사회주의적 *본능*을 갖고 있으니 이런 본능 덕분에 과거 프랑스인은 *학문적 연구*를 하지 않아도 됐다. 이런 사실은 프랑스인에게는 행운이다. 이 결과는 두 민족의 발전과정에서 표시된다. 프랑스인은 *정치*를 통해 *공산주의*에 이르렀다."(이제 물론 사람들은 프랑스 민족이 〈GA2, 519〉공산주의에 어떻게 이르렀는지를 알고 있다) "독일인은 궁극적으로는 인간학으로 전환되는 *형이상학*을 통해 사회주의에"(즉 진정 사회주의) "이르렀다. 양자는 최종적으로 *인도주의*로 융합된다."

공산주의와 〈수, 6〉사회주의를 이렇게 두 가지 추상적인 이론으로, 두 가지 원칙으로 전환하자, 당연한 일이겠지만 두 가지 대립물을 임의의 무규정적인 이름 아래 집어넣고 멋대로 헤겔적인 통일에 이르렀다는 환상에 빠지는 일처럼 쉬운 일은 없다. 이런 헤겔적인 통일을 통해 형안[炯眼]은 "두 민족의 발전과정"을 〈W, 446〉꿰뚫어 보며 사변은 프랑스인과 독일인을 넘어서 찬란하게 비상한다.—게다가 이 문장은 아마도 퓌트만Püttmann의 『시민 교본』 43쪽이나 다른 곳[820]에서 말 그대로

---

820 W주 166, CW주) 이 곳이란 헤스의 「우리 사회에서의 궁핍과 그것의 제거

베낀 것이다. 그러니 사회주의에 대한 저자의 학문적 연구라는 것조차 이 책 즉 『21개의 화살』과 독일 공산주의가 발생하던 시기에 출간된 다른 저서 속에 제시된 관념을 재구성하는 것에 지나지 않는다.

이제 이 논문에서 *공산주의*에 반대해 내건 이의를 약간만이라도 음미해 보자.

168쪽: "공산주의는 원자를 유기적 전체로 결합하지 못한다."

"원자"를 "유기적 전체"로 결합하는 것은 작도를 통해 원의 면적을 구하는 방법만큼이나 바랄 수 없는 것이다.

"공산주의는 사실상 그 온상인 프랑스에서 지지받는다. 이를 보건대 공산주의는 소매상인 국가가 보여주는 이기주의적인 분열에 대항하는 것이지만 조야한 대립물에 불과하다. 공산주의는 이런 대립을 넘어서지 못하며 어떤 *무제약적이고 무전제적인 자유*에는 도달하지 못한다."(같은 곳)

여기 "무제약적, 무전제적 자유"라는 독일 이데올로기의 요청을 Voilà〈보라〉. 이 자유란 "무제약적 무전제적 사유"에 상응하는 실천 공식일 뿐이다. 프랑스 공산주의가 "소박"하다는 것은 당연하다. 왜냐하

를 위해」, 『독일 시민 교본』(1845년)을 지시한다. 『독일 시민 교본』(1845년)은 피트만H Püttmann이 1844년 다름슈타트에서 출판한 연보다. 이 연보의 일반적 방향은 진정 사회주의자의 대변자들이 공동으로 편집함으로써 결정됐다. 『독일 시민 교본』(1846년)은 1846년 여름, 만하임으로 옮겨 출간됐다.

면 프랑스 공산주의는 〈수, 7〉*실제* 대립을 이론적으로 표현하는 것이기 때문이다. 그러나 우리의 저자는 이런 실제적 대립을 상상을 통해 극복함으로써 이런 대립을 넘어섰다고 가정한다. 『시민 교본』 43쪽 등을 참조해 보라.

"공산주의 내부에서 전제정이 지속할 수 있다는 말은 정말 사실이다. 왜냐하면 공산주의 때문에 유적인 존재[die Gattung]가 지속할 수 없기 때문이다."(168쪽)[821]

가련한 유적 존재여! 지금까지 "유적 존재"는 "전제정"과 동시에 성립해왔는데 …. 그러나 공산주의가 유적 존재를 *폐지하므로* 오히려 전제정이 *지속할 수* 있다고 한다. 그러면 우리의 진정 사회주의에 따르자면 공산주의는 어떻게 "유적 존재"를 폐지하기 시작하는가? 공산주의는 "물질을 우선시한다."(같은 곳)

"인간은 공산주의 속에서는 자신의 본질을 *의식하지* 못한다. …. 그의 종속성은 공산주의를 통해 *최후의 가장* 〈GA2, 520〉 *야만적인 관계*에 즉 *조야한 물질*에 대한 종속에 도달한다.—그 결과가 노동과 향락의 분리이다. 인간은 어떤 *자유로운 도덕적 활동*에 이르지 못한다."

---

821 GA2주 재인용) 세밍, 『공산주의, 사회주의, 인도주의』, 168쪽: "공산주의 내부에서 전제정이 지속할 수 있다는 말은 정말 사실이다. 왜냐하면 공산주의 때문에 원자적으로 개체화된 개인만이 지속하며, 유적인 존재는 지속할 수 없기 때문이다."

⟨W, 447⟩우리의 진정 사회주의자가 이런 문장에 이르게 도와준 것은 "학문적 연구"이다. 이를 기리기 위해 아래 문장을 참조해 보자.

"프랑스 사회주의자와 공산주의자는 사회주의의 *본질*을 이론적으로 절대 인식하지 못했다. 급진적인"(프랑스) "공산주의자조차 여전히 *노동*과 *향락*의 대립과 같은 것을 넘어서지 못했으며 .... 아직 *자유로운 활동*이라는 사상으로 고양되지 못했다. .... 공산주의와 소매상인의 세계 사이에 차이가 있다면 그것은 다만 공산주의에서 *실제 인간의 소유*가 완전한 소외되는 일이 필연적으로 일어난다는 것이며 즉 이런 소외가 *이상적인 것*으로 가정되는 것뿐이다."(『시민 교본』, 43쪽)

그러므로 우리의 진정 사회주의자는 프랑스인이 실제 존재하는 사회적 상태를 ⟨수, 8⟩올바르게 의식하는 것을 비난하고 반면 프랑스인은 "*인간*"이 되어 "*자기의 본질*"을 의식하게 촉구돼야 한다고 말한다. 진정 사회주의자가 프랑스인에게 가하는 모든 비난은 한마디로 말하자면 프랑스인이 포이어바흐의 철학을 전체 프랑스인이 추구해야 하는 운동의 궁극적 목표로 삼지 못했다는 것이다. 저자의 출발점은 노동과 향락의 분리라는 앞에 제시했던 명제다. 이 명제에서 시작하는 대신 그는 이데올로기적으로 사태를 뒤집어 놓고서는 인간에 대한 의식의 결핍에서 시작하며 여기에서 "조야한 물질에 대한 종속"이라는 데 이르고 이 종속이 노동과 향락의 분리라는 데서 *완성되게* 만든다. 덧붙여 우리의 진정 사회주의자가 조야한 물질에서 독립해 어디에 이르는 것인가에 관한 예를 보자. 도대체 이 신사들은 모두 놀랄만한 온유함의 소유자다. 모든 것 즉 물질은 이 신사들에게 충격을 주니 이 신사들은 곳곳에서 물질의 조야함에 관해 비난한다. 우리는 위에서 이미 "조야한 대립"이라는 개념을 얻었으며 이제는 "*조야한 물질에 종속하는*" "가장 *야만적인 관계*"라는 개념을 얻게 된다.

> 입은 크게 벌리고 독일인은 외친다.
> 사랑이 너무 조야해서
> 는 안 된다.
> 그렇지 않다면 사랑은 건강을 해칠 것이다.822

물론 독일 철학이 사회주의의 옷을 입게 되자 적어도 겉으로는 조야한 실제에 관여하지만, 항상 "조야한 실제"와 적절한 거리를 유지하며 히스테리적인 흥분 속에서 실제에 호소한다: 즉 Noi me tangere!〈내게 손대지 말라!〉823

프랑스 공산주의에 대한 학문적인 이의 제기를 따라가 보면 우리는 몇 가지 역사적인 해명에 이르게 된다. 이런 해명은 우리의 〈GA2, 521〉

---

822 W주 167) 하이네, 『목가적 간주곡』, 시 50 「우리는 차탁 위에서 먹고 마신다」에 나온 문장의 곡용[曲用]. 원문 중 1연은 "입을 크게 벌리고 대포가 외친다"라는 문장이다.

823 CW주) 『요한복음』, 20장 17절: 예수께서 마리아에게 말씀하셨다. 내게 손을 대지 말아라. 내가 아직 아버지께로 올라가지 않았다. 이제 너는 내 형제들에게로 가서, 내 아버지 곧 너희의 아버지, 내 하나님 곧 너희의 하나님께로, 내가 올라간다고 말해라.

진정 사회주의자의 "자유로운 활동"이나 "학문적 연구"가 무엇인지 또한 조야한 물질에서 진정 사회주의자가 어떻게 독립하는가에 관해 눈부신 〈수, 9〉증언을 제공한다.

〈W, 448〉170쪽을 보면 이런 사실에 덧붙여 진정 사회주의자는 (다시 한번) "*조야한 프랑스 공산주의가*" "*현존했던*" 유일한 공산주의라는 "결론"에 이른다. 프랑스인이 이런 진리를 구성하는 일을 선천적으로 완수한 것은 위대한 "사회주의적 본능"의 인도에 따른 것이며 마침내 "인간 자체가 자신의 본성을 의식하게" 됐다는 것을 가리킨다. 다음과 같은 말을 들어 보라:

"그와 다른 공산주의란 없다. 왜냐하면 바이틀링Weitling이 제시했던 것은 그가 파리와 제네바에서 배웠던 푸리에주의자의 관념 그리고 공산주의자의 관념을 가공한 것에 지나지 않기 때문이다."

영국의 공산주의란 "없다. 왜냐하면 바이틀링이 제시했던 것은 .... 때문이다.[앞의 문장 참조]" 등등. 그런 말을 들으면 토마스 모어Thomas More, 수평주의자Levellers,[824] 오언Owen, 톰슨Thomson, 와트Watts, 홀리

---

[824] CW주 124, W주 168) 수평주의자-17세기 중엽 영국 부르주아 혁명 시기에 민주 공화파였다. 텍스트에서 지시된 사람들은 아마도 수평주의자 가운데 더 급진 분파였던 진정 수평주의자 또는 땅 파는 사람[digger]이다. 이 땅 파는 사람은 도시에서나 농촌에서나 봉건적 착취와 자본주의적인 착취를 이중적으로 당하는 극빈층을 대변한다. 사적인 토지를 보유하기를 원했던 수평주의자 대중과 대조적으로 땅 파는 사람은 공동 재산을 지지했고 평등주의적인 공산주의가 가진 여러 다른 생각을 지지했다.

요크Holyoake, 하니Harney, 모간Morgan, 사우스웰Southwell, 굳윈 밤비 Goodwyn Barmby, 그리브Greeves, 에드몬드Edmonds, 홉슨Hobson, 스펜서Spencer는 정말 놀라서 만일 그들에게 귀가 있다면 무덤 속에서도 돌아누울 것이다. "왜냐하면" 바이틀링이 파리나 제네바로 갔다고 [말하기] 때문이다.

게다가 심지어 바이틀링의 공산주의는 "조야한 프랑스 공산주의" 즉 흔히 바뵈프Baveuf주의라 하는 것과 다른 것처럼 보인다. 왜냐하면 바이틀링은 "푸리에의 생각"을 간직한다고 [말하기] 때문이다.

"공산주의자는 체계 또는 심지어 완성된 사회질서를 제시하는 데 특히 능력이 있었다."(카베의 『이카로스』,[825] 『행복』,[826] 바이틀링) "그러나 모든 체계는 독단적이며 교조적인 것이다."(170쪽)

진정 사회주의는 체계 일반에 관해 자신의 견해를 제출함을 통해서 공산주의 체계 자체를 인식하는 수고를 당연히 다한 것으로 생각했다. 진정 사회주의는 이카로스[의 체계]뿐만 아니라 아리스토텔레스에서 헤겔에 이르기까지 모든 철학적 체계, 자연의 체계,[827] 린네Carl von

---

[825] W주 170) 카베Étienne Cabet, 『이카로스로의 여행, 철학적이고 사회적인 소설』(2판, 파리, 1842). 카베는 1판을 1840년 두 권으로 출판했는데, 그 제목은 『윌리엄 카리스달 경의 이카로스로의 여행과 모험』이다.

[826] W주 169) 차스텔루Frnçois de Chastellux, 『공공의 행복De la Félicité Publique』

[827] W주 171) 자연의 체계-이 구절은 프랑스 유물론자 돌바흐Paul Henri de Holbach의 저서 『자연의 체계』를 지시한다. 그는 이 책에 영감을 주었던, 1760년

Linné와 주시외Bernard de Jussieu의 식물 체계 심지어 태양 체계까지 단숨에 극복했다. 게다가 [공동체] 체계에 관한 한, 거의 모든 체계는 공산주의 운동의 초기에 출현했으며 당시 그런 체계는 막 운동에 뛰어든 프롤레타리아의 미성숙한 의식에 전적으로 부합했던 대중소설 못지않게 공산주의의 선전에 〈수, 10〉기여했다. 카베는 자신도 그의 『이카로스』에 roman philosophique〈철학적 소설〉이라는 이름을 붙였다. 그는 절대 그의 체계 때문이 아니라 그의 논쟁적 저서 때문에, 일반적으로 그의 전체 활동 때문에 당파의 수장이라고 평가된다. 예를 들어 이 소설 가운데 나오는 몇몇 말을 들어 보자. 푸리에의 체계에는 진정한 시적인 정신이 관통하며, 오언Owen이나 카베의 체계와 같은 다른 체계에는 뻔뻔스럽게도 장사꾼적인 계산이 관통하거나 아니면 법률가가 유력한 계급의 견해에 영합하듯이 교활하게 영합하려는 정신이 관통했다. 이런 [공동체] 체계는 어느 것이나 [공산주의] 정당이 발전하게 되자 의미를 전적으로 상실했으며 〈W, 449〉기껏해야 명목상 〈GA2, 522〉표어로서만 유지된다. 프랑스에서 카베의 『이카로스』를 누가 믿으며, 영국에서 여러 가지로 수정된 오언의 구상을 누가 믿겠는가? 사실 오언의 구상은 오언 자신이 시대 상황이 변화하게 되자 그리고 일정한 계급 속에서 선전을 고려하면서 간구[懇求]했던 구상이었다. 이런 체계의 실제 내용은 그 체계의 형태를 보고 알 수는 거의 없다. 이런 사실은 정통 푸리에주의자 즉 "Démocratie pacifique〈평화 민주주의자〉"[828]가 가장 잘 증명해 준다. 왜냐하면 푸리에주의자는 아무리 정통 푸리에주의자라도 푸리에의 정반대 극에 있는 doktrinäre Bourgeois〈교조적 부르주아〉이기 때문

사망한 프랑스 아카데미 회장 미라보C.B.Mirabaud의 이름으로 발표했다.

828 역주) 푸리에 지지자들이 1843년 이래 발간한 신문의 이름.

이다. 모든 획기적인 [공동체] 체계가 담고 있는 본래 내용은 그 시대가 욕구하는 것이며, 그런 욕구 속에서 그 체계가 발생한다. 그런 체계의 각각은 한 국가가 이전에 발전해 온 전체 과정에 달려 있으며 그리고 계급 관계가 역사적으로 형성되면서 등장한 정치적이고 윤리적이며 철학적인 결과 또한 그 밖에 다른 결과에 달려 있다. 공산주의 체계의 토대와 내용이 되는 것을 무시한다면, 모든 [공동체] 체계가 독단적이며 독재적이라고 말한다고 해서 얻는 것은 아무것도 없다. 독일인에게는 영국인에게나 프랑스인에게서처럼 계급 관계가 눈앞에 형성된 것은 아니었다. 따라서 독일 공산주의자는 [공동체] 체계의 토대를 자기들이 태어난 신분적 관계에서 취할 수밖에 없었다. 따라서 유일하게 현존하는 〈수, 11〉독일 공산주의자의 [공동체] 체계는 영세 수공업적 관계를 통해 제한된 세계관을 통해 프랑스인의 이념을 재생한 것이었다는 주장은 전적으로 당연한 주장이다.

"카베는 전 세계는 그가 발간하는 『대중』 지를 정기적으로 구독해야 한다고 *광적으로* 요구한다."(168쪽) 이런 요구는 공산주의의 내부에 여전히 지속하는 전제가 무엇인지를 보여준다. 이 요구는 당 대표인 카베가 일정한 환경을 통해서나 또한 화폐 수단이 부족해서 파산할 위험 때문에 강제되어서 자기의 당에 제기하는 요구이다. 그런데 우리의 친구는 이런 요구를 곡해해 [카베의] "인간성"이 결여된 것에 대해 서운해 한다. 그 때문에 불가피하게 우리의 친구는 결과적으로 이런 당 대표나 다른 모든 당 관료가 "미쳤으며," 반면 그나 "인간의 본성"과 같은 비당파적인 형체만이 건강한 상식을 가지고 있다고 결론을 내렸다. 한마디 덧붙이자면 우리의 친구는 카베의 「Ma ligne droite〈나의 올바른 노선〉」을 읽었다면 사정이 진짜 어떤 것인지를 이해할 수 있었을 것이다.

결론적으로 말하자면 우리의 저자나 일반적으로 독일의 진정 사회주의자 또한 이데올로그가 다른 나라에서 일어나는 실제 운동을 전적으로 무시한다는 명제는 이미 고전이 된 명제다. 독일의 진정 사회주의자는 Alles sub specie aeterni〈영원의 관점 아래서(인간 자체의 본질에 따라서)〉평가하지만 외국인은 모든 것을 실천적으로 즉 실제로 현존하는 인간이나 상황에 따라서 평가한다. 외국인은 자기 *시대*를 위해 사유하고 행위를 하지만 독일인은 *영원*을 위해 사유하고 행위를 한다. 우리의 진정 사회주의자도 다음과 같이 이런 사실을 인정한다:

〈W, 450〉"공산주의는 이미 그 이름, 경쟁이라는 말과 대립하는 의미를 지닌 그 이름을 통해서 그 일면성을 보여준다. 그러나 이런 편협성이 비록 현재 당의 이름으로 정당화될 수 있더라도 영원한 진리가 돼야 하는가?"

〈GA2, 523〉우리의 저자는 공산주의를 이렇게 근본적으로 부정한 다음 그 대립물로서 사회주의로 이행한다.

"사회주의는 우주에서와 마찬가지로 인류에게서도 본질에서 독특한"(170쪽) 무정부적인 질서를 제시하며 바로 그러므로 "인류"에게서는 아직 현존하지 못한다.

자유 경쟁이란 너무나도 "조야한 것"이어서 진정 사회주의자는 이것이 "무정부적인 질서"라는 사실을 알지 못한다.

"사회주의는 인류의 *도덕적* 핵심을 전적으로 신뢰한다. 그러므로 사회주의는 양성의 합일이 최고 수준에 이를 때 출현하는 사랑이 *아닐 수 없*으며 *또 그래야 한다*고 선언한다. *왜냐하면 자연적인 것만이 진리이며 진리는 도덕적이기 때문이다.*"(171쪽)

"왜 이런 합일 등이 존재하며 존재해야 한다고 보는가?" 그 근거로 제시된 논리는 어디에 적용해도 된다. 예를 들어 보자. "사회주의"는 원숭이 종의 "도덕적 핵심을 전적으로 신뢰하면서" 마찬가지로 원숭이에서 〈수, 12〉자연적으로 발견되는 자위가 "최고 수준에 이른" 자기-"애[愛]이며 그래야 한다고 선언한다. 왜냐하면 자연적인 것은 진리이며 진리는 도덕적이기 때문이다."

"자연적인 것"이 무엇인지에 관한 척도를 사회주의는 어디에서 얻어 올 것인가에 관해서 말하기 쉽지 않다.

"활동과 향락은 인간에게서 *본래* 합치한다. 후자 향락은 전자 즉 활동 통해서 규정됐던 것이지 *우리 바깥에 있는* 산물을 통해서 규정된 것은 아니었다."
"그러나 이제 이런 산물이 활동에 즉 진정한 삶에는 불가결한 것이므로, 이런 산물은 전체 인류의 공동 활동을 통해 나오더라도 전체 인류에서 흡사 분리된 것으로 보이므로, 이제 이 산물은 모든 사람에 대해서도 앞으로의 발전을 위한 공동의 토대가 *되며 또 돼야 한다*(재화의 공동체)."
"물론 우리가 사는 오늘날의 사회는 너무나 황폐해져서, 개인은 동물적인 병적 갈망으로 타인이 노동한 산물을 이용해 먹으며 이렇게 해서 자기의 고유한 본질을 비활동적으로 나태하게 만든다(*금리생활자*). 이런 사실이 다시 필연적으로 다음과 같은 결과를 발생한다: 즉 이런 노동하는 타인은 자기의 소유(즉 그 자신의 고유한 본질 [즉 노동력])를 무위도식을 통해서가 아니라 긴장된 소모를 통해서 고갈하게 되면서 기계적인 생산활동을 하게 강요받는다(*프롤레타리아*). 그러나 우리 사회의 두 극단인 금리생활자와 프롤레타리아는 교양에서는 똑같은 단계에 서 있다. 양자는 자기의 바깥에 있는 사물에 종속하거나" 아마 성 막스가 말하는 것과 같은 "흑인"에 해당한다.(169, 170쪽)

우리의 "몽골인"이 "우리의 흑인"에 관해 판단한 위의 "결과[사물에의 종속]"는 가장 완전한 종속에 속한다. 지금까지 진정 사회주의는 이 결과를 말하자면 자기에서 제거하는 것이 진정한 삶에는 불가결한 산물로 본다.〈W, 451〉진정 사회주의는 "인간의 본래성에 따라서 살펴본다면"〈GA2, 524〉전체 인류가 종속의 제거에 대해 동물적인 갈망에 빠져 있음이 틀림없다고 믿는다.

"금리생활자", "프롤레타리아",〈수, 13〉"기계적인", "재화공동체"-이 네 가지 관념은 어느 때든 우리의 몽골인이 볼 때 "이해할 수 없는 산물"이다. 이 산물에 대해 우리의 몽골인이 활동을 가하거나 향락하는 바가 있다면 그것은 우리 몽골인에 특유한 개념인 "기계적 생산활동"의 결과에 바로 어울리는 이름으로 이런 네 가지 관념을 서술하는 것이다.

사회가 황폐해져서 바로 이런 사회를 이루는 개인에게서 온갖 결함이 생겨난다는 사실은 우리도 경험하고 있다. 사회는 이런 개인에서 분리되어 자립화되며 고유한 힘으로 개인을 황폐화한다. 그리고 개인은 이런 황폐화의 *결과*로 고통당하고 있다. 이런 황폐화가 일으킨 최초의 결과는 육식동물이라든가, 무위도식이라든가, "고유 존재의 부패"라는 규정이다. 이와 관련해 이 규정이 "금리생활자"를 의미한다는 것은 우리를 경악하게 하는 경험이다. 이때 우리가 주목해야 하는 것은 다만 "고유 존재의 부패"라는 말은 "무위도식"을 분명하게 이해하는 철학적으로 신비화된 방식에 불과하다는 점이다. 그 이유는 이 방식의 실천적인 속성은 거의 알 수 없는 것처럼 보이기 때문이다.

황폐화의 첫 번째 결과가 필연적으로 낳은 두 번째 결과는 두 가지 규정이다: "긴장된 소모를 통해서 자신의 인간적 본질이 고갈되는 것"과 "기계적 생산활동으로 강요되는 것"이다. 이 두 가지 규정은 "금리생활자는 자신의 고유한 존재를 부패하게 만든다는 사실"의 필연적인 "결과"로 나오는 것이다. 이 두 규정은 세속적인 언어로 말하자면 "프롤레타리아"를 의미하니, 이에 우리는 다시금 경악을 경험하게 된다.

이 문장의 인과적 연관을 살펴보면 다음과 같다: 프롤레타리아는 생존하면서 기계적으로 노동하며 자신이 하나의 사실적 존재임을 발견한다. 프롤레타리아는 왜 "기계적으로 생산할" 수밖에 없는가? 왜냐하면 금리생활자가 "자기의 고유한 존재를 부패하게 만들기" 때문이다. 금리생활자는 왜 고유한 존재를 부패하게 하는가? "오늘날의 우리 사회가 그처럼 황폐해졌기" 때문이다. 사회는 왜 그렇게 황폐한가? 그런 것은 그대의 창조자에게 물어보라.

〈수, 14〉우리의 진정 사회주의자에게 특징적인 점은 그가 금리생활자와 프롤레타리아의 대립 속에서 우리 사회의 두 극단을 본다는 사실이다. 이런 대립은 아마도 어느 정도 발전한 사회라면 어디서나 현존하며, 유사 이래로 모든 도덕가가 강조했던 것이다. 그런데 그는 이런 대립을 특히 프롤레타리아 운동의 최초 시기에 다시 끄집어냈다. 이 시기는 프롤레타리아가 산업적인 소부르주아와 여전히 공동의 이해를 갖고 있었던 시기였기 때문이다. 예를 들어 코베츠Cobbetts의 저서와 쿠리에 P.L. Courier의 저서나 생시몽을 참조해 보라. 생시몽은 〈W, 452〉처음에 산업 자본가를 여전히 travailleurs〈노동자〉로 간주하면서 oisifs〈놀고 먹는 자〉, 나태한 자 즉 금리생활자에 대립시켰다.[829] 진정 사회주의에서 완성된 독일 학문의 철저함은 다른 모든 때와 마찬가지로 여기에서도 나타난다. 그 철저함은 〈GA2, 525〉이런 사소한 대립을 언표하는 것, 그것도 일상적인 언어가 아니라 성스러운 철학적 언어로 표현하는 것에 있으며 이런 유치한 통찰에 어울린다기보다는 오히려 이를 숭배하는 것으로 보이는 추상적인 표현을 부여하는 것에 있다. 그러면 이런 철저함의 왕좌는 역시 결론에 있다. 이 결론에서 우리의 진정 사회주의자는 프롤레타리아와 금리생활자가 겪어나가는 전적으로 다양한 교양의 단계를 하나의 교양의 단계로 전환한다. 그것은 그들이 겪어나가는 실제 교양의 단계를 무시해버린다면 그는 "그들 바깥에 있는 사물에 종속하는 것"이라는 철학적 상투어 아래 그런 교양의 단계는 모두 포괄할 수 있기 때문이다. 여기서 진정 사회주의는 세 자연의 영역과 지질학 그리고 역사학에서 등장하는 다른 발전 단계를 모두 무로 완전히 해소하는 교양의 단계를 발견했다.

〈수, 15〉진정 사회주의자는 "자기 밖의 사물에 종속하는 것"을 증오함에도 그가 그런 사물에 종속하고 있다는 사실을 인정한다. "왜냐하면 그 산물[Produkt]은" 그러니까 바로 이 사물[Ding]은 "활동을 위해" 그

---

829 역주) 생시몽, 『산업의 정치학 문답』 참조

리고 "진정한 삶을 위해" 불가결하기 때문이다. 그가 이런 창피한 고백을 하는 이유는 재화의 공동체를 철학적으로 구성하는 길을 열기 위해서이다. 왜냐하면 그런 구성이란 뻔뻔스러운 난센스일 뿐이니 독자의 시선을 끌기 위해서는 그런 고백이 불가피하기 때문이다.

우리는 위에 인용된 문장 가운데 첫째 문장에 이른다. 이 문장에서 다시 사물에 대한 종속성이 활동과 향락을 위해 요청된다. 활동과 향락은 "인간의 본래성을 통해서" "규정된다." 그는 자기의 주변에 있는 인간의 활동과 향락에서 이런 본래성을 입증하지 않는다. 왜냐하면 여기서는 우리 바깥에 존재하는 산물이 어디서나 문젯거리라는 사실이 곧바로 발견될 것이기 때문이다. 그 대신 그는 양자[즉 활동과 향락]가 "인간의 본래성 속에 합치하게" 만든다. 그는 인간의 본래성이 그의 활동과 이를 조건으로 하는 향락의 방식에 있다는 사실을 직관하는 대신 이 활동과 향락 두 가지를 "인간의 본래성"에서 설명한다. 그러면 이런 입장에서 더는 어떤 논의도 진행되지 않는다. 그는 개인의 실제 행위에서 벗어나서 다시 서술할 수도 없고 다가갈 수도 없는 본래성으로 도피한다. 게다가 우리는 진정 사회주의자가 "자유로운 활동"이라는 말을 어떤 의미로 사용하는지를 알게 된다. 우리의 저자는 그런 자유로운 활동이 "우리 밖의 사물을 통해서 규정되는" 것이 아니라는 사실을 의도하지 않게 우리에게 누설한다. 즉 그런 자유로운 활동이란 actus purus〈순수하고 절대적인〉〈W, 453〉활동이며, 따라서 활동 그 자체에 불과하며 결국 "순수한 사유 활동"이라는 환상에 이르고 만다. 이런 순수한 사유의 활동은 물질적인 기체나 물질적인 결과가 있게 된다면 아주 불순하게 될 것은 당연하다. 진정 사회주의자는 다만 울며 겨자 먹기로 그런 불순한 활동에 종사하면서 〈GA2, 526〉결국 자기의 산물을 경멸하게 된다. 그래서 그 산물은 〈수, 16〉더는 "결과"가 아니라 다만 "인간이 남긴 *쓰레기*에 불과한 것"이라고 불린다. 따라서 이런 순수 사유 활동의 근저에 있을 주체는 실제적인 감각적 인간일 수는 없으며 다만 사유하는 정신일 수밖에 없다. 그와 같이 독일식으로 변용된 "자유 활동"은 위에서 언급한 "무제약적이며 무전제적인 자유"를 대신하는 또 다른 상투어일 뿐이다. 게다가 "자유로운 활동"이라는 말은 진정 사회주의자가 다만 실제 생산에 관한 자신의 무지를 감추는 데 사용하는 말일 뿐이다. 그런데 "자유로운 활동"이라는 말은 최종적으로는 "순수 사유"에 이르고 만다는 사실은 말할 것도 없다. 진정한 인식에 대한 요청이 그가 한 말의 핵심이라고 우리의 저자가 주장한다는 사실을 통해 위의 사실은 이미 입증된다.

> "이 시대의 두 중요 정당(즉 프랑스의 조야한 *공산주의*와 독일의 *사회주의*)을 이렇게 구분하는 것은 지난 두 해 동안 일어난 발전의 성과였다. 그 발전은 잘 알려진 대로 헤스의 『행위의 철학』에서-허베그Herwegh, 『21개의 화살』-에서 *시작됐다. 따라서 사회주의 정당을 판단하는 징표를 한 번 더 상세하게 분석해볼 때가 됐다.*"(173쪽)

그러므로 우리는 여기서 한편으로는 프랑스에서 실제적인 공산주의 정당과 그 정당의 문헌을 가지고 있으며 다른 한편으로는 몇몇 독일의 얼치기 지식인을 갖고 있다. 이 지식인은 프랑스 공산주의 정당의 문헌에서 나오는 관념을 독일화하기 위해 노력하고 있다. 후자 즉 독일의 얼치기 지식인은 전자 즉 프랑스 공산주의 정당이 "*이 시대의 주요 정당*"

으로 간주되는 것과 마찬가지로 하나의 정당으로 간주되고 있다. 그 결과 이 얼치기 지식인의 정당은 그것에 가장 가까운 대립물인 프랑스 공산주의자보다, 그뿐만 아니라 또한 영국의 참정권 운동가Chartist나 영국의 공산주의자, 미국의 국가 개혁주의자[830] 그리고 일반적으로 "이 시대"의 모든 다른 정당보다 무한히 중요한 존재가 된다. 유감스럽게도 이상 언급한 정당들은 이 얼치기 지식인 정당이 현존하는지를 알지 못한다. 그러나 모든 문필가 분파 특히 "가장 광범위하게 퍼져 있다"고 망상하는 분파가 자기를 "하나의 주요 정당"으로 주장할 뿐만 아니라 "이 시대의 주요 정당 *자체*"라고 주장하는 짓은 독일의 이데올로그가 오래 전부터 늘 해온 짓거리이다. 그래서 우리는 무엇보다도 〈수, 17〉비판가적 비판이라는 "주요 정당"도 있으며 자족적인 이기주의자의 "주요 정당"도 있으며 이제는 진정 사회주의자의 "주요 정당"도 있다. 이런 방식으로 독일은 "주요 정당" 때문에 전적으로 충격을 받을지 모른다. 사실 그런 주요 정당이 현존하는지는 다만 독일에서만 그리고 또한 여기서 소규모 신분인 지식인이나 얼치기 지식인 그리고 문필가 가운데서만 알려져 있다. 그런데도 그런 독일의 주요 정당은 자기 멋대로의 환상의 실을 길게 꼬면서 세계사의 중심축을 돌리고 있다는 망상에 빠져 있다.

〈W, 454〉진정 사회주의자로 이루어진 "주요 정당"은 "지난 두 해

---

[830] CW주 125) 국가 개혁자들-1845년 미국에서 세워진 국가 개혁 협회의 성원. 이 협회는 주로 기술자와 노동자로 이루어졌으며, 모든 노동자는 무료로 일정한 토지에 대한 권리를 가져야 한다고 선언했다. 이 협회는 노예를 소유한 대농장주와 토지 투기꾼에 대항해 토지 개혁의 운동을 시작했다. 또한 협회는 상비군의 폐지, 노예의 폐지, 10시간 노동의 도입 등과 같은 수많은 민주적인 요구를 제기했다.

동안 일어난 발전의 성과였다. 그 발전은 알려진 대로 헤스의 철학에서 시작됐다." 즉 이 정당은 우리의 저자가 〈GA2, 527〉사회주의와 *씨름*하기[*Verwicklung*] "시작"했던 "지난 두 해 동안" "얻었던 성과이다." 이런 씨름을 통해 우리는 저자는 마침내 "때가 된" 것으로 판단했다. 그래서 우리 저자는 사회주의적 정당으로 간주하는 이 정당을 몇 가닥 "징표"를 통해 다시 한번 더 분명하게 해명하기로 했다.

우리의 저자는 우리가 이런 방식으로 공산주의와 사회주의를 완전하게 이해하게 만든 다음 우리에게 이 두 가지의 더 고차적인 통일이라는 *인도주의*를 선보인다. 이 순간부터 우리는 "*인간* [자체]"의 나라에 들어서게 되니 지금부터 우리의 진정 사회주의자의 전적으로 진정한 역사가 오직 독일에서 전개된다.

> "*인도주의* 속에서 모든 위신 투쟁이 해소된다. 공산주의자가 다 무어냐? 사회주의자가 다 무엇이냐? 우리는 *인간*이다."(172쪽)

tous frères, tous amis〈모든 형제여, 모든 친구여〉[831]

강물을 거슬러 가지 말자.
당신들 형제들이여, 아무 소용 없도다!
템플로베Templower 산에 올라가자.
그리고 외치자: 여기 왕이 살고 있다고[832]

---

831 GA2주 재인용) 푸리에, 『보편적 통일의 이론』, 파리, 1841 참조.
832 W주 172) 하이네의 시, 「전도된 세계」, 시집 『시대사Zeitgeschichte』에서

인간이 무어냐, 짐승이 무어냐, 식물이 무어냐, 돌이 무어냐? 우리는 물체[Körper]이다!

여기서부터 역사적인 대결이 뒤따라 나온다. 이 역사적인 대결은 독일의 학문에 기초하고 있으면서 이런 대결 덕분에 프랑스인은 "자신의 사회적 본능을" 바로 대체하게 된다. 고대-소박성, 중세-낭만성, 〈수, 18〉근대-인도주의.[833] 당연히 우리 저자의 인도주의는 이 세 가지 하나 마나 한 이야기를 통해서 역사적으로 구성되며 이전의 시대에 출현한 Humaniora〈인문학〉[834]이 도달한 진리로 입증된다. 그와 같은 역사 구성이라면 이 책의 1권 「성 막스」 장을 참조해 보라. 거기서는 이런 논제가 훨씬 솜씨 좋고 덜 현학적으로 주조된다.

그리고 172쪽을 보면 이런 말이 나온다:

"사회주의의 최종적 결과는 삶의 분열인데, 헤스는 이런 사실을 부정한다."[835]

833　GA2주 재인용) 세밍, 『공산주의, 사회주의, 인도주의』, 172쪽: "근대의 성격, 그 특징을 표현하는 것이 인도주의다. 이는 헬레니즘 시대 고대의 성격이 소박성이고, 중세의 성격이 낭만주의였던 것과 같다."

834　W주 173, CW주 126) 인문학(Humaniora)-고전 고대의 문화를 연구하는 것을 목적으로 배워야 하는 학문 분과의 총체. 르네상스 인문주의자와 그 제자는 이런 학문을 인문적 교양과 교육의 토대로 삼았다.

835　GA2주 재인용) 세밍, 『공산주의, 사회주의, 인도주의』, 172쪽: "개혁 시대 인문주의자들은 그런 점에서도 헌신했다. 그 결과 그들과 마찬가지로 우리도 스콜라주의에 대항해 투쟁했으니, 스콜라주의의 최후의 흔적이 헤겔, 포이어바흐에게서 발견됐다. 그 최종적인 결과(삶의 분열)를 헤스가 부정했다."

그러므로 사회주의 이론은 여기서 "삶을 분열하는" 원인으로 서술된다. 진정 사회주의자는 철학자와 마찬가지로 모든 *실제*의 분열은 *개념이 분열한* 결과로 출현하게 됐다고 믿는다. 그렇다면 굳이 사회에 대해서 말하는 이유를 알지 못하겠다. ⟨W, 455⟩진정 사회주의자는 개념이 세계를 창조하거나 세계를 파괴하는 힘을 지닌다고 철학적으로 믿는 가운데서 임의의 개인이 어떤 개념을 "부정"함을 통해서 "삶의 분열을 부정할" 수 있다고 공상하는 능력도 갖추고 있다. 모든 독일 이데올로그와 마찬가지로 이 진정 사회주의자는 모든 학술의 역사는 실제의 역사와 동등한 영향을 미치는 것으로서 간주하면서 두 가지를 지속해서 혼동한다. 물론 이런 혼동의 방식은 독일인에게는 무척이나 간단한 것이다. 왜냐하면 독일인은 실제 역사에서 빈곤한 역할을 수행해 왔으며 앞으로도 그럴 텐데 그러면서도 자기에게 ⟨GA2, 528⟩특별히 풍부했던 환상을 실제와 동등한 위치에 올려놓음으로써 자신의 빈곤한 역할을 감추려 하기 때문이다.

⟨수, 19⟩이제 "지난 두 해 동안"이라는 구절로 가보자. 지난 두 해 동안 독일의 학문은 전체 문제를 가장 근본적으로 해명했으니 다른 국가에는 독일이 해명한 신조[信條]를 수행하는 역할밖에는 남아 있는 일이 없다.

> "인류학의 과제 즉 인간이 자기의"(포이어바흐일까 아니면 인간일까?) "소외된 본질을 다시 회복하는 과제를 포이어바흐는 다만 일면적으로 수행했으며 즉 시작했을 뿐이다. 포이어바흐는 *종교적* 환상, 이론적 추상, 신의 아들을 부정했으나 헤스는 *정치적* 환상과 *재산*[Vermögen]을 즉 자기의"(헤스일까, 인간일까?) "능

력[Vermögen]과 자기의 활동을 추상한 것을 파괴한다. 오직 헤스의 노력을 통해서 인간은 그의 바깥에 놓여 있는 궁극적인 힘에서 해방되며 도덕적으로 활동할 수 있게 되며-그보다 이전"(헤스 이전) "시대의 모든 비-이기성은 다만 겉보기에 불과한 것이었으니-인간의 존엄을 되찾게 됐다. 아니면 인간이 예전에"(헤스 이전) "있는 그대로의 존재로 간주된 적이 있었을까? 그는 자신이 지닌 재화에 따라서 평가되지 않았던가? 그의 화폐가 그의 가치를 평가했을 것이다."(171쪽)

해방이니 뭐니 하는 이 모든 고상한 말의 특징이라면 그것은 항상 다만 "*인간*"만이 해방된 자니 뭐니 한다는 것이다. 위의 언표를 본다면 "재산", 화폐 등이 폐지되는 것처럼 보이지만 그래도 우리는 그다음에 이런 문장이 나오는 것을 보게 된다.

"이런 모든 환상을"(화폐가 sub specie aeterni〈영원의 관점에서〉 고찰된다면 물론 하나의 환상이며 즉 l'or n'est qu'une chimère〈화폐는 다만 머릿속의 유령이다〉[836]) "파괴한 이후에야 비로소 새로운 인간적 사회 질서가 사유될 수 있다."(같은 곳)

그러나 이런 말은 전적으로 불필요하다. 왜냐하면

"인간의 본질을 인식하면 그 필연적인 결과로 진정한 인간적 삶이 출현하기"(172쪽) 때문이다.

---

836   CW주) 마이어비어Giacomo Meyerbeer의 오페라, 「악마 로버트」, 1막, 7장.

형이상학이나 정치학 등을 통해서 공산주의나 사회주의에 이르는 것, 이 말은 진정 사회주의자가 정말 애호하는 구절이지만 이 구절의 의미는 다만 이런 것일 뿐이다. 즉 이런저런 작가가 〈W, 456〉외부에서 즉 전적으로 다른 상황에서 발생해 그에게 외부에서 주어지는 공산주의적 관념을 그가 지금까지 취해왔던 관점에서 사용하는 말로 이해하는 것이다. 그는 이렇게 〈수, 20〉공산주의적 관념에 과거의 관점에서 발생하는 표현을 부여했다. 이런저런 관점 가운데 어느 것이 한 나라 전체에서 비중이 높은지, 그런 관점에서 공산주의자의 견해에 착색된 것이 정치적인지, 형이상학적인지 아니면 그 밖에 방식인지는 당연히 그 나라 대중의 전반적인 발전에 달려 있다. 프랑스 공산주의자 대부분이 취하는 견해가 정치적 색깔을 갖고 있다는 사실-매우 많은 프랑스 사회주의자가 정치를 전적으로 도외시했다는 또 다른 사실이 위의 사실에 대립하지만-때문에 우리의 저자는 프랑스인은 "정치를 통해서", 정치적 발전을 통해서 "공산주의"에 이르렀을 것이라는 주장을 끌어낸다. 〈GA2, 529〉이런 명제는 독일에서는 일반적으로 매우 많이 통용되고 있으나, 그런 명제가 입증하는 것은 우리의 저자가 정치에 대해, 말하자면 프랑스의 정치적 발전에 대해 또는 공산주의에 대해 뭔가 아는 것이 있다는 사실은 아니다. 오히려 그런 명제가 입증하는 것은 우리의 저자가 정치를 자립적인 영역으로 간주하면서 고유하게 독자적으로 발전한다고 여기며 이런 믿음은 모든 이데올로그에 공유되는 믿음이라는 사실뿐이다.

진정 사회주의의 또 다른 슬로건이 있다면 "진정한 소유", "진정한 인격적인 소유." "실제적"이며 "사회적"이며 "생동적"이고 "자연적"인

등등의 소유라는 말이다. 진정 사회주의자의 최고 특징이라면 이런 소유에 반해서 사적인 소유를 "흔히 말하는[sogenantes] 소유"라고 표시한다는 것이다. 우리가 이미 1권에서 지적했듯이 이런 말은 원래 생시몽주의자가 즐겨 사용했다. 그러나 생시몽주의자는 이런 말을 사용하더라도 독일에서와같이 형이상학적이며 신비스러운 형식을 취했던 것은 절대 아니다. 또한 생시몽주의자는 사회주의자의 운동이 일어난 초기에 부르주아의 편협한 비난에 대항해 이런 말을 사용했으니 이는 어느 정도 정당한 일이었다. 게다가 대부분 생시몽주의자가 취했던 결론을 보면 이 "진정한 소유"라는 말은 "보통의[gewönlich] 사적 소유"로 얼마나 쉽게 다시 해소되는지가 드러난다.

〈수, 21〉사적 소유의 세계와 공산주의의 대립을 가장 소박한 형식으로 생각해 본다면 즉 이런 대립을 일으키는 모든 실제 조건을 제거하고 가장 추상적인 형식으로 생각해 본다면 소유와 무소유의 대립이 된다. 그러면 이런 대립을 제거하는 것은 그 대립 가운데 어느 한 편을 제거하는 것으로 파악될 수 있다. 즉 그 제거를 소유의 폐지로 본다면 거기서 일체의 무소유 또는 룸펜화가 나오며 반면 무소유의 폐지로 본다면 여기에서 진정한 소유가 출현한다. 현실적으로 본다면 한편에는 실제의 사적 소유자가 존재하며 다른 한편에는 〈W, 457〉무소유의 공산주의자인 프롤레타리아가 존재한다. 이런 대립은 매일매일 심화하고 위기에 다가간다. 그러므로 프롤레타리아의 이론적 대변자가 자신의 학술 활동을 통해서 어떤 것이라도 얻으려 한다면, 무엇보다도 이런 대립 의식을 약화하는 상투어를 멀리하는 것에 노심초사해야 할 것이다. 이런 상투어는 대립을 얼버무리고 심지어 박애주의로 도취하게 하니 이를 통해 부르주아는 소유의 안전을 확보하기 위해 공산주의자에 접근할 기회를 얻는다. 그러나 우리는 진정 사회주의자의 슬로건 즉 "진정한 소유"라는 슬로건 속에 이 모든 사악한 성질을 발견한다. 우리는 약간의 독일식 상투어 제조자 때문에 공산주의 운동이 손상될 수 없다는 사실을 매우 잘 안다. 그러나 그런데도 독일과 같은 나라에서는 철학적 상투어가 〈GA2, 530〉수백 년 이래로 일정한 힘을 가져왔으며 다른 국가에서 나타나는 첨예한 계급 대립이 결여됐고 이에 따라서 공산주의자의 의식에 첨예함이나 단호함이 더 결여된다. 그러므로 공산주의가 현존하는 세계 질서에 전면적으로 대립한다는 의식을 더욱더 〈수, 22〉약화하고 바래게 할 가능성이 있는 모든 상투어를 반대하는 것이 필요하다.

진정한 소유에 관한 이런 이론은 지금까지 실제로 존재해왔던 사적인 소유를 다만 가상으로 파악하면서 오히려 이런 실제 소유에서 추상된 표상을 이런 *가상의 실제*로 삼고 *진리*로 파악한다. 그러므로 이런 이론은 점차 이데올로기화하게 된다. 이런 이론은 소시민의 생각을 더 분명하고 더 결정적으로 언표하는 것에 불과하다. 왜냐하면 이런 소시민은 자선의 경향이나 경건한 소망 때문에 무소유의 폐지를 목표로 삼기 때문이다.

우리는 독일인이 보편주의와 세계주의를 가장함에도 그 밑바닥에는 얼마나 고루한 민족적 견해가 깔려 있는지를 이 논문에서 다시 보게 됐다.

> 프랑스인과 러시아인은 땅을 소유한다.
> 바다는 영국인의 소유이다.
> 그러나 우리는 꿈이라는 허공의 나라를 소유하고 있다.

아무도 그 나라의 주인임을 다투지 않는다.
여기서 우리는 주도권을 행사하고 있으며
여기서 우리는 조각조각 나누어질 수 없다.
다른 민족은 평평한 대지 위에서
자기를 발전해 왔는데.[837]

　꿈이라는 허공의 나라는 인간 본성이 지배하는 나라이며 독일인은 다른 민족에 대립하면서 압도적인 자부심을 가지고 이 나라를 전체 세계사의 완성이며 목적이라고 간주한다. 독일인은 모든 영역에 걸쳐서 〈W, 458〉자기의 공상을 다른 나라에서 일어나는 행동에 대한 최종 판결로서 고찰하며 모든 세계에 관해 재판하고 전 세계의 역사가 독일에서 종말을 고하게 만드는 사명을 가지고 있다고 믿는다. 이렇게 부풀어 오른 과장된 민족적 자부심은 전적으로 소아병적인, 소매상적이며 수공업적인 실천과 상응하고 있다는 사실을 우리는 이미 여러 번 보았다. 일반적으로 민족적 편협성을 조야하다 한다면 특히 독일에서의 민족적 편협성은 구역질 나는 것이다. 왜냐하면 독일에서 민족적 편협성은 자기는 민족성 자체를 넘어선다는 즉 모든 현실적인 이해를 넘어선다는 환상에 빠져서 다른 나라의 민족적 편협성에 대립하기 때문이다. 이런 편협성은 여타 민족이 스스로 민족적으로 편협함을 인정하고 〈수, 23〉 그런 편협성이 실제 이해에 기초하고 있다는 사실을 공개적으로 시인하는 것과 대립하는 것이다. 게다가 〈GA2, 531〉모든 다른 민족에서는 민족성에 집착하는 짓은 그저 부르주아나 부르주아적인 작가에게서나 발견되는 것이다.

837　W주 174) 하이네, 「독일」(『겨울동화』, 7번 시)

1절 B) 『사회주의의 초석』, 『라인 연보』, 155쪽 이하

독자는 이 논문[838]에서 우선 문예 작가가 쓰거나 시인이 쓴 것 같은 서문을 통해 진정 사회주의의 상당히 난해한 진리가 제시되고 있음을 발견할 것이다. 서문은 이렇게 시작한다. "지난 세기의 모든 노력과 모든 운동, 힘들고 지칠 줄 모르는 긴장을 통해 도달된 최종 목적은".... "행복"에 있는 것이 분명하다. 몇몇 줄을 간단하게 살펴보면 우리는 소위 행복을 추구해온 역사를 얻어듣는다.

"고대 세계의 건물이 무너져 잔해만 남자, 인간의 심정은 자기의 소망을 통해 피안으로 도피한다. 심정은 그의 행복을 피안에 옮겨 놓는다."(156쪽)

그러니 모든 곤경은 지상 세계로 옮겨진다. 최근 인간은 피안과 이별했다. 우리의 진정 사회주의자는 이제 이렇게 묻는다:

"인간은 지상을 다시 그의 행복이 거주하는 땅으로 맞이할 수 있을까? 인간이 지상 속에서 다시 그의 근원적인 고향을 알아보았을까? 그렇다면 그는 왜 여전히 계속해서 삶과 행복을 분리하는가? 왜 인간은 지상의 삶 자체를 두 가지 적대적인 반쪽으로 여전히 계속해서 분할하는 최종 분리 벽을 제거하지 않는가?"(같은 곳)

---

838 W주 175) 마테이Rudolf Mattäi의 논문 제목

"나의 지극한 행복의 감정이 깃든 땅" 등

이제 그는 "*인간*"을 산책에 초대한다. "*인간*"은 그의 초대를 흡족한 마음으로 수용한다. "*인간*"은 자유로운 자연으로 걸어 들어가 무엇보다도 진정 사회주의자의 심정이 다음과 같이 분출하게 재촉한다:[839]

〈W, 459〉"울긋불긋한 꽃 …. 높고 우람한 떡갈나무 …. 나무의 성장과 개화, 〈수, 24〉나무에는 생명이 곧 자기의 만족, 자기의 행복이다. …. 초원 위에 작은 동물의 헤아릴 수 없는 무리를, …. 숲속의 새를, …. 어린 벌의 용감한 무리를 나는 본다."(이는 "인간"의 말이다) "이런 동물들은 자기의 생명을 표현하고 향락하는데 놓여 있는 행복과 다른 행복을 알지 못하며 욕망하지도 못한다는 사실을 나는 안다. 그리고 밤이 내려앉으면 우리의 눈이 주시하는 곳에는 천체[Welt]의 무수한 집단이 출현한다. 이 천체는 영원한 법칙을 따라서 무한한 우주 공간 속에서 회전하면서 서로 껴안는다. 이런 껴안음 속에서 나는 삶과 운동 그리고 행복의 통일을 본다."(157쪽)

또한 "*인간*"이라면 자연 속에서 한 무더기의 다른 사물을 즉 동물 사이에서 벌어지는 극심한 경쟁을 볼 수 있었을 것이다. 예를 들자면 〈GA2, 532〉식물의 왕국에서처럼 말이다. "높고 우람한 떡갈나무의 숲" 속에서 고매하고 거만한 자본가처럼 보이는 떡갈나무는 키 작은 관목

---

839 CW주) 바켄로더Wilhelm Wackenroder의 책 『예술을 사랑하는 수도사 형제의 심정 분출』에 나오는 제목을 변형했다.

덤불의 생존수단을 방해한다. 그러면 관목 덤불은 매번 이렇게 외칠지 모른다: terra, aqua, aere et igni interdicti sumus.〈우리는 땅과 물, 공기와 불을 빼앗겼구나.〉[840] 인간이라면 기생식물 즉 식물계의 이데올로그를 볼 수 있었을 것이다. 나아가서 그는 "숲속의 새"와 "작은 동물의 헤아릴 수 없는 무리" 사이에 벌어지는 공공연한 전쟁이나 "초원"의 풀과 "어린 벌의 용감한 무리" 사이에 벌어지는 전쟁을 볼 수 있었을 것이다. 그는 "천체의 무수한 집단" 속에서 전적으로 고귀한 봉건 군주나 소작농과 머슴을 다 함께 볼 수 있었을 것이다. 그 가운데 후자 즉 머슴에 해당하는 존재 중의 한 가지가 예가 곧 달이니, 그것은 매우 비참한 생존을 영위하고 있을 것이다. 그것은 aere et aqua interdicti〈공기와 물을 빼앗긴〉 존재이기 때문이다. 이 천체는 봉건체제이니. 그 속에서 고향을 상실한 방랑자인 혜성은 각기 신분적으로 구분된다. 이런 봉건제에서 예를 들어 산산 조각난 소행성이 불쾌하게도 간헐적으로 출현한다. 반면 운석 즉 땅에 떨어진 천사는 부끄럽게도 무한한 공간에 걸쳐 돌아다니다가 마침내 어디에선가 최종적인 낙하의 장소를 발견한다. 나아가 인간은 〈수, 25〉반동적인 항성에 해당할 것이다.

"이 모든 존재는 자연적으로 부여받았던 자신의 생명 능력을 행사하고 표현하는 가운데 동시에 자신의 행복, 만족과 생명의 향락을 발견한다."

즉 자연 물체는 상호 대립적으로 주고받는다. 자연물체가 자기의 힘

---

840 GA2주 참조) 로마의 주문 'aquae et ignis interdicto'를 암시한다. 이 주문은 필수적인 생존욕망을 거부함으로써 로마의 왕국에서 추방을 의미한다.

을 발휘한다. "*인간*"은 이런 가운데 자연물체가 자신의 행복 등을 발견한다는 사실을 발견한다.

"*인간*"은 서로 불화하므로 이제부터 우리의 진정 사회주의자에서 비난받는다.

"인간은 마찬가지로 근원 세계에서 출현한 것이니 다른 피조물과 *똑같은* 자연의 산물이 아닐까? 그는 *모든 사물*을 살아가게 만드는 〈W, 460〉똑같은 원소로 이루어졌으며 그것과 똑같은 일반적 힘과 성질을 부여받은 것이 아닐까? 그런데 왜 인간은 지상에서 찾아야 할 행복을 덧없는[irdisch] 피안 속에 여전히 계속 찾는가?"(158쪽)

인간이 "*모든 사물*"과 공유하는 "*똑같은 일반적 힘과 성질*"은 응집력, 불가침투성, 부피, 무게 등이다. 이런 것들은 물리학의 교과서라면 어디에라도 첫 번째 쪽에 상세하게 표시된다. 바로 말해서 위의 사실을 인정하더라도 "*인간*"이 그의 행복을 덧없는 피안 속에서 찾지 말아야 할 이유는 파악될 수 없다. 하지만 "*인간*"은 인간에게

"들에 핀 백합화를 보라"고 훈계한다.

그렇다. 들에 핀 백합화를 보라. 염소는 그것을 즐겨 먹고, 인간은 그것을 단추 구멍 속에 꽂으며, 가축을 기르는 소녀와 당나귀를 몰고 다니는 아이는 불순하게 서로 애무하는 가운데 모조리 꺾어 놓는다.

"들의 백합꽃이 어떻게 자라는가 살펴보아라. 수고도 하지 않고, 길쌈도 하지 않는다. 너희의 하늘 아버지께서 그것들을 먹이신다."[841]

가라 그리고 마찬가지로 하라!
우리가 이렇게 "*인간*"과 "모든 사물"의 똑같음을 경험한 이후에 이제 우리는 인간의 모든 사물에서의 〈수, 26〉*차이*를 경험하게 된다.

"인간은 자신을 인식하며, *자기의식*이라는 것을 소유한다. 다른 존재에서 충동이나 자연의 힘은 개별적으로 그리고 무의식적으로 현상하지만, 인간에게서 그런 힘은 서로 합일하며 의식된다. .... 인간의 본성은 전체 자연을 비추는 거울이며 전체 자연은 인간 속에서 인식된다. 자! 자연은 내 속에서 자기를 인식한다. 그러면 나는 자연 속에서 나 자신을 인식하며 자연의 삶 속에서 나 자신의 고유한 삶을 인식한다. .... 그와 같은 방식으로 또한 우리는 자연이 우리 속에 집어넣었던 것을 펼쳐낸다."(158쪽)

이 전체 서문은 조야한 철학적 신비화의 모범이다. 진정 사회주의자는 삶과 행복의 분열이 중단돼야 한다는 생각에서 출발한다. 그는 이

---

841 CW주)『마태복음』, 6장 26절: 공중의 새를 보아라. 씨를 뿌리지도 않고, 거두지도 않고, 곳간에 모아들이지도 않으나, 너희의 하늘 아버지께서 그것들을 먹이신다. 너희는 새보다 귀하지 않으냐? 28절: 어찌해 너희는 옷 걱정을 하느냐? 들의 백합꽃이 어떻게 자라는가 살펴보아라. 수고도 하지 않고, 길쌈도 하지 않는다.

런 명제를 입증하기 위해 자연에서 도움을 받아서 자연 속에는 이런 분열이 현존하지 않는다는 것을 강조하며 이런 사실에서 인간도 마찬가지로 자연적인 물체이고 물체의 일반적 속성을 소유하고 있으니 마찬가지로 인간에게도 이런 분열이 현존하지 않는다고 보아도 무방하다는 결론을 내린다. 그러나 홉스Hobbs는 bellum omnium contra omnes〈만인의 만인에 대한 투쟁〉이라는 주장을 자연에서 입증할 수 있었다.[842] 홉스의 주장이 앞의 주장보다 훨씬 더 정당할 것이다. 그리고 진정 사회주의자의 역사 구성은 헤겔을 토대로 한다. 헤겔은 자연 속에서 분열을 알아차린다. 즉 절대 이념이 아직 목가적인 상태에 머무르는 시기에 자연은 분열된다. 심지어 헤겔은 동물은 신의 구체적인 불안[843]을 구현한다고 말했다. 이런 헤겔의 주장이 진정 사회주의자의 주장보다 훨씬 더 정당할 것이다. 우리의 진정 〈W, 461〉사회주의자는 이렇게 자연을 신비화해 놓은 다음 인간의 의식을 신비화한다. 왜냐하면 그는 인간 의식을 신비화된 자연이 자기를 비추어보는 "거울"로 만들기 때문이다. 물론 의식의 외면화란 인간의 상황에 관한 경건한 소망을 표현한 사상을 자연에 뒤집어씌우는 것이니, 그 순간 의식은 자연이 자신을 비추어보는 거울일 뿐이라는 주장은 자명하게 이해된다. 위에서 인간이 자연 물체로서 지니는 성질에서 인간과 자연의 똑같음이 입증된다고 했다. 마

---

842 CW주) 홉스Thomas Hobbes, 『철학의 원리, 시민에 관해, 강의 서론Elementa Phiosophica, De cive. Praefation ad lectores』

843 GA2주 참조) '신의 구체적인 불안'이라는 표현은 헤겔에게서 발견되지 않는다. 로젠크란츠[헤겔의 수업을 들은 제자]는 헤겔이 동물의 삶은 '구체적인 불안'이라고 말한 적이 있다고 한다. 로젠크란츠, 『자연의 해명』(『학자 연합과 함께하는 사변 신학의 연보』, 바우어 편, 베를린, 1837) 참조

찬가지로 이번에는 인간은 자연이 자기를 비추어 의식하게 되는 단순히 수동적인 거울이라는 것에서 〈수, 27〉"인간"은 자기의 영역에서 분열을 제거해야 한다는 주장이 입증된다. 그러므로 자연 속에는 분열이 현존하지 않는다고 강조된다. 그러나 우리는 이 최종적인 문장 속에 전적으로 무의미한 말이 요약되어 있음을 보게 된다.

인간은 자기의식을 소유한다는 사실은 언표돼야 하는 제일의 사실이다. 개별적으로 존재하는 자연 존재의 충동과 힘은 자연 자체의 충동이나 힘으로 전환된다. 이어서 이런 자연 자체의 충동과 힘은 이런 개별 존재 속에는 당연히 개별화되어 "현상한다." 이런 신비화는 나중에 "*자연*"의 다양한 충동과 힘이 인간의 자기의식 속에서 〈GA2, 534〉합일을 이룬다는 주장을 산출하는 데 필요했다. 이어서 이에 따라 인간의 자기의식이란 인간 속에 출현한 자연이 그 속에서 자기를 의식하는 것으로 전환된다는 주장은 전적으로 자명하게 된다. 인간이 자연에 보복함으로써 이런 신비화는 다시 제거되는 것처럼 보일 뿐이다. 자연이 인간 속에서 자기의 자기의식을 발견한다는 주장에 비추어 볼 때 이제 인간은 자연 속에서 그 자신의 자기의식을 추구한다.—이런 과정에서 위에서 서술한 신비화를 통해 당연히 인간은 자연 속에 집어넣었던 것을 제외하고는 아무것도 인간이 자연 속에서 발견하지 못한다.

인간은 다행스럽게도 그가 처음에 출발했던 곳에 이제 다시 도착하며 이렇게 계단을 맴도는 것을 요새 독일에서는 *발전*이라 부른다.

진정 사회주의의 고유한 발전은 이 서문 뒤에 나온다.

1절 B) 첫 번째 초석

160쪽에서, "생시몽은 죽음 직전 침대에 누워 그의 제자들에게 이렇게 말했다[844]: 나의 생애 전체는 하나의 사상으로 요약된다. 즉 모든 인간은 그의 자연적인 소질을 가장 자유롭게 발전할 권리를 보장받아야 한다. 생시몽은 사회주의의 예언자였다."

위에 묘사된 진정 사회주의의 방법에 따라 그리고 서문에 나오는 자연의 신비화와 결부하면 이 문장은 아래와 같이 분석된다.

〈수, 28〉〈W, 462〉"모든 삶의 토대가 되는 자연은 자신에서 출현하며 자신에게로 되돌아오는 통일적 존재이며, 이런 통일적 존재 속에서 무수하게 다양한 모든 현상이 포괄되며 그 밖에는 아무것도 존재하지 않는다."(158쪽)

다양한 자연 물체와 그 물체 사이의 상호 적대적인 관계란 신비한 "통일성"을 지닌 비밀스러운 존재가 드러나는 다양한 "현상"으로 전환된다. 이런 전환 과정이 어떻게 시작됐는지 우리는 이미 보았다. 위의 문장에 새로운 것이 있다면 그것은 다만 자연이 한번은 모든 생명의 "*토대*"라 불리고서 곧이어서 "그 자연밖에는 아무것도 없다"고 말해진

---

844 GA2주 참조) 이 말은 올랭 로드리그Olinde Rodrigues가 1831년 12월 25일 모임에서 그의 지지자에게 전했다. 이 말은 곧 『지구, 생시몽주의자의 잡지』에 공표됐다. 레이보Louis Reybaud가 그의 저서 『생시몽, 푸리에, 오윈, 우리 시대 개혁가들 또는 근대 사회주의자에 관한 연구』(파리, 1842)에 발표했고 마르크스는 이 책을 보았다.

다는 것이다. 그런데 후자의 주장에 따르자면 자연이 "생명"도 마찬가지로 포함하는 것이지 생명의 단순한 *토대*일 수는 없다.

전체 논문의 Pivot〈주축〉이 이런 요란한 말에 뒤따라 나온다.

"모든 현상 각각은 즉 *개별 생명*은 자신의 대립물 즉 외부 세계와의 *투쟁*을 통해서만 존속하며 발전하며 오직 *전체 생명*과의 *상호작용*에 의존한다. 개별 생명은 다시 본성에 따라 전체 생명과 결합해 전체가 되고 *유기적으로 통일된* 우주가 된다."(158, 159쪽)

〈GA2, 535〉이런 주축이 되는 명제는 다음과 같이 더 상세하게 해명된다:

"한편으로 본다면 개별 생명은 전체 생명 속에 자신의 토대, 원천 그리고 양분을 발견한다. 다른 한편으로 본다면 전체 생명은 개별 생명을 부단한 투쟁 속에서 소모하며 자기 속으로 해소하려 한다."(159쪽)

이 명제는 모든 개별 생명에 대해서 언표된 다음 〈수, 29〉"그와 같은 방식대로" 인간에게도 적용될 수 있다. 이는 실제 다음과 같이 발생한다:

"인간은 그와 같은 방식대로 전체 생명 속에서 그리고 전체 생명을 통해서만 자신을 전개할 수 있다."(1번) 같은 곳

이제 무의식적인 개별 생명에 의식적인 개별 생명이 대립하며 일반적인 자연 생명에 인간 사회가 대립하며 이어서 바로 앞에 인용된 명제는 다음과 같은 형식으로 반복된다:

"나는 나의 본성을 다른 사람과의 공동체 속에서 그리고 그런 공동체를 통해서만 발전하고 나의 생명을 자각적으로 향락하기에 이르며 나의 행복에 참여할 수 있다."(2번) 같은 곳

개별 인간이 사회 속에서 발전한다는 것은 위에서 "개별 생명"에서 일반적으로 그런 것과 마찬가지이지만, 아래와 같이 더 상세하게 설명된다.

"개별 생명이 일반 생명에 대립하는 것은 사회 속에서 일어나는 인간의 의식적인 발전을 위한 조건이 된다. 나는 나를 제한하는 힘으로 나에게 대립하는 사회와 부단한 투쟁 속에서, 부단한 상호 대립 속에서 나를 발전해 자기를 규정하고 자유에 이르게 된다. 그런 자유가 없다면 〈W, 463〉행복도 없을 것이다. 나의 삶은 의식을 가진 외적 세계 그리고 의식을 갖지 못한 외적 세계에 대해 지속해서 해방하고 지속적인 투쟁해 그리고 승리하는 데 있다. 그런 가운데 나의 삶은 외적 세계를 나에게 복종하게 하고 그것을 나의 삶의 향락을 위해 소모한다. *그러므로 자기 보존의 충동, 자기의 행복을 위한 노력, 자유, 해방은 자연스러운 즉 이성적인 삶의 표현이다.*"(같은 곳)

이어서

"*그에 따라* 나는 사회에서 나의 만족과 행복을 빼앗아 올 *가능성*을 사회가 나에게 허용하게 사회에 요구한다. 또한 나는 사회가 나의 전투 욕망을 펼칠 전장을 열어주기를 사회에 요구한다.-개개의 식물이 성장하기 위해 잎과 꽃 그리고 열매를 지니기 위해 흙과 열, 빛과 공기와 비를 요구하듯이 마찬가지로 인간은 자신의 모든 욕구와 경향 그리고 소질을 전면적으로 형성하고 충족하기 위해서 필요한 *조건*을 사회 속에서 발견하고자 한다. 사회는 마땅히 인간에게 그의 행복을 획득할 〈수, 30〉가능성을 제공 *해야 한다*. 인간이 사회를 어떻게 이용하는가, 인간이 자기에서 또 자신의 삶에서 무엇을 만들려고 하는가, 이는 모두 인간 자신에게, 그의 특성에 달려 있다."(159, 160쪽)

이 초석의 맨 앞에 우리가 인용했던 생시몽의 문장은 이런 전면적 대결의 최종 결과로 나온다. 따라서 프랑스의 착상은 독일 학문을 통해 정초를 얻는다. 이런 정초는 어디에 존재하는가?

〈GA2, 536〉이미 위에서 보듯이 자연은 몇몇 관념으로 대체됐다. 진정 사회주의자는 인간 사회에서 그런 관념이 실현되는 것을 보고 싶어 한다. 이전에 개개의 인간이 그랬듯이 이제 전체 사회가 자연의 거울이 된다. 이제 자연에 뒤집어씌운 관념에서 인간 사회에 관한 더 상세한 결론을 끌어낼 수 있다. 저자는 사회의 역사적 발전에 관계하지 않으며 그저 이런 메마른 비유로 만족하려 하니, 사회가 모든 시대에 자연의 충실한 모사가 되어 왔는가 하는 이유를 살펴보는 것은 불가능하다. 따라서 개인을 제한하는 힘으로서 개인에게 대립해 나타난다는 등과 같은 방식으로 사회를 설명하는 구절은 어떤 사회 형식에 적용하더라도 어울린다. 사회를 이런 방식으로 구성하면 당연히 몇 가지 모순적인 주장이 슬쩍 끼어들게 된다. 그러므로 여기서 서문에 나오는 자연의 조화라는 말과 상반되게도 자연 속에 투쟁이 인정돼야 한다. 우리의 저자는 사회 즉 "전체적 생명"을 파악하면서 사회의 공동 구성원인 "개별 생명"의 상호작용의 결과로 이해하지 않고 오히려 사회를 여전히 "개별 생명"과 특별하게 상호작용하는 특수한 현존으로 이해한다. 이런 견해의 근거에 실제 상황과 어떤 연관성이 놓여 있다고 한다면, 그 연관을 가능하게 하는 것은 사적 생명에 대해 국가가 자립적이라는 환상과 겉보기에 그런 것에 불과한 이런 자립성을 어떤 절대적인 것으로 믿는 믿음이다. 게다가 전체 논문에서도 그렇지만, 여기에서도 마찬가지로 정말 문제 되는 것은 자연과 사회가 아니며 〈W, 464〉오히려 단지 두 가지 범주 즉 개별성과 일반성이라는 범주이다. 이 두 범주에 다른 이름이 부여되면서 〈수, 31〉이 두 범주가 서로 대립을 형성하고 있으며 그 화해가 바람직하다고 말해진다.

"전체 생명"에 대립해 "개별 생명"의 권리를 옹호하는 주장에서 도출되는 결론은 즉 욕구를 만족하게 하고, 소질을 발전하고, 자기를 애호하는 것 등등은 "자연적이며 이성적인 생명의 표현"이라는 주장이다. 사회를 자연의 거울상이라고 파악하는 주장에서 나오는 결론은 즉 현재의 사회를 포함해 지금까지의 모든 사회 형식은 이런 생명의 완전한 표현을 발전해왔으며 그 생명의 자격을 인정해 왔다는 주장이다.

그러다 159쪽에서 우리는 갑자기 "오늘날 사회에서"는 이런 이성적이며 자연적인 생명의 표현이 그와 같이 자주 억압되고 있으며 "항상 단지 그 때문에 반-자연성, 기형, 이기주의, 악덕 등으로 퇴화했다는" 말을 보게 된다.

그런데도 사회가 사회의 모형인 자연에 상응하지 않으므로, 진정 사회주의자는 사회가 자연에 적합한 제도가 있게 되기를 사회에 "요구"하면서 이렇게 요청하는 자신의 입장이 정당함을 식물과 같은 적절하지 못한 본보기를 통해서 입증한다. 우선 식물은 위에서 열거했던 모든 현존의 조건을 자연에 "요구하지" 않으며, 오히려 식물은 그런 조건을 발견하지 못한다면 〈GA2, 537〉 전혀 식물로 성장하지 못하고 여전히 씨앗에 머무를 뿐이다. 그러니 "잎과 꽃 그리고 열매"의 성질은 그런 성질을 성장하게 하는 "흙"과 "열" 등등에 다시 말해서 기후 상황이나 지질 상황에 매우 많이 의존하고 있다. 그러므로 식물이 자연에 제기한다고 가정된 "요구"는 어느새 식물은 눈앞에 있는 현존조건에 완전히 종속한다는 말로 바뀌어 사라져 버린다. 반면 사회를 자신의 개인적인 "특성"에 따라서 제도화해야 한다는 요구는 우리의 진정 사회주의자에게는 정당한 것이 된다. 진정 사회주의 사회를 요청하는 주장의 근거는 야자수가 "전체 생명"에 요청하는 공상적인 요청에 있다. 그 요청이란 〈수, 32〉 "전체 생명"은 야자수에 심지어 북극에서도 "흙과 열, 빛과 공기와 비"를 마련해주어야 한다는 요청이다.

개별자가 사회에 위와 같이 요청한다는 주장은 사회가 실제로 어떻게 발전하는가 하는 것에서 도출되는 것이 아니라 형이상학적 인격이 맺는 관계 즉 이른바 개별성과 일반성의 관계에서 논리적으로 도출된다. 이런 논리적 도출을 위해 개별 개인은 개별성의 대변자이거나 구체화라고 해석되고 사회는 일반성의 구체화라고 해석될 필요가 있다. 그렇게 하기만 하면 전체 요술이 이미 완성된다. 동시에 이것을 통해서 생시몽주의자가 개인의 소질을 자유롭게 발전하는 것에 관해 제시한 문장은 마침내 올바른 표현과 진정한 정초에 도달한다. 〈W, 465〉이 올바른 표현이 무엇인가를 보자. 그것은 사회를 구성하는 개인이 자기의 "특성"을 보존하며, 자기 그대로 머물러 있기를 원하면서 반면 자신의 변화에서 촉발할 수 있는 변화를 사회에 요구한다는 난센스다.

1절 B) 두 번째 초석

〈수, 33〉"노래하다가 그만 노래를 잊어버린 사람은
처음 시작부터 다시 노래해야지."[845]

"무한히 다양한 개체를
통일적으로 결합하면 세계 유기체가 된다."(160쪽)

그러므로 우리는 다시 논문의 처음으로 되던져졌으며 개별 생명과 전체 생명 사이에서 벌어지는 희극 전체를 또 한 번 겪게 된다. 두 생명 사이의 상호작용이라는 심원한 비밀이 다시 우리 앞에 폭로된다. "상극[相剋] 관계"라는 새로운 표현으로 그리고 개별 생명이 전체 생명의 "모사"로, 단순한 상징으로 전환함에 따라 이 상호작용은 restauré à neuf 〈새롭게 재생한다〉.[846] 이 논문은 요지경처럼 자기 내부에 자기를 반영

---

845 W주 176) 독일 동요의 후렴. GA2주 참조) 술 취한 편자공의 반복되는 노래
846 GA2주 재인용) 마테이, 『사회주의의 초석』, 160쪽: "개별생명은 일반생명에서 나오며, 일반생명의 상징,모사이다."

한다. 이런 방식은 〈GA2, 538〉모든 진정 사회주의자에게 공통적인 발전 방식이다. 진정 사회주의자가 자기의 논문에 관계하는 방식은 버찌 판매상이 버찌를 구매가 이하로 헐값으로 처분했던 것과 같다. 이런 처분은 대량 판매가 중요하다는 올바른 경제적 원칙에 따른 것이다. 진정 사회주의에서 이런 *대량* 판매는 그의 버찌가 성숙하기도 전에 부패했기에 더욱더 필수적이었다.

이런 자기반영의 몇 가지 표본을 보자.

초석 1번(158, 159쪽)
"모든 개별 생명은 대립을 통해서 존속하며 발전한다. 그리고 다만 전체 생명과의 상호작용에 기초한다."

"다시 본다면 개별 생명은 전체에 대한 그의 본성을 통해 *전체 생명과* 결합한다."
"우주의 유기적 통일성"

개별 생명은 한편으로 전체 생명 속에 자신의 *토대*, 원천 그리고 양분을 발견한다.

초석 2번(160,161쪽)
"모든 개별 생명은 전체 생명 속에 그리고 그것을 통해 존속하며 발전한다. 전체 생명은 개별 생명 속에 그리고 그것을 통해 존속해 발전한다."(상호작용)

"개별 생명은 일반 생명의 한 부분으로서 .... 발전한다."

"통일적 결합이 세계 유기체이다."

"그것이"(전체 생명) "개별 생명의 전개를 위한 *지반*이며 양분이다."
.... 그 결과 양자는 서로에 대해 *근거가 된다.*

1장 진정 사회주의 975

⟨W, 466⟩
"다른 한편 전체 생명은 개별 생명을 지속적인 투쟁 속에서 소모하기를 추구한다."

"그래서 두 생명은 서로 투쟁해 적대적으로 대립한다."

그것에 따라서(159쪽)
"*무의식적* 개별 생명이 무의식적 일반적 세계 생명에 대해 갖는 관계가 곧 *의식적* .... 생명에 대해 인간 사회가 갖는 관계이다."
"*나*는 다른 사람과 *더불어 사는 사회 속에서 그리고 사회를 통해서만* 발전에 이를 수 있다. .... *개별 생명과 일반 생명*의 대립은 사회에서도 생겨난다." 등.

여기에서 나오는 것은(161쪽)
"*의식적* 개별 생명은 *의식적* 전체 생명을 통해 제약되며"(거꾸로) "제약된다."
"*개별 인간은 사회 속에서 그리고 사회를 통해서만 발전한다. 사회는*" vice versa ⟨거꾸로⟩. 등.

⟨수, 34⟩
"자연은 무수하게 *다양한* 현상들을 포괄하는 통일체이다."

"사회는 *다양하게* 존재하는, 개별 인간 생명의 발전을 자체 내에 파악하고 포괄하는 통일체이다."

⟨GA2, 539⟩우리의 저자는 이런 요지경에 만족하지 않고 개별성과 일반성에 관한 그의 단순한 명제를 다시 또 다른 방식으로 반복한다. 그는 우선 이 약간 빈약한 추상을 절대적 원칙으로 고양하면서 여기에서 현실 속에서도 똑같은 관계가 반복돼야 한다는 결론을 도출한다. 이런 짓거리는 연역하는 것처럼 보이지만, 사실은 모든 것을 두 번 이야기하는 기회를 준다. 즉 한번은 추상적으로 이야기하는 것이며 그리고 다른

한번은 여기에서 나오는 결론이지만, 마치 구체적인 형태를 지닌 것처럼 이야기하는 것이다. 그러나 이윽고 그는 그가 두 범주에 주는 구체적인 이름을 혼동해 버린다. 그래서 일반성은 차례로 자연, 무의식적인 전체 생명, 의식적인 전체 생명, 일반적 생명, 세계 유기체, 포괄적인 통일체, 인간 사회, 공동체, 우주의 유기적 통일체, 일반적 행복, 전체의 복지 등등으로 나타난다. 그리고 개별성은 위의 계열에 상응해, 무의식적인 개별 생명, 의식적인 개별 생명, 개체의 행복, 고유한 복지 등등으로 나타난다. 개별성과 보편성에 관해 이미 충분히 자주 말해진 같은 구절이 각각의 이름에서 다시 반복될 수밖에 없다.

그러므로 두 번째 초석이 포함하는 것은 첫 번째 초석이 이미 포함하는 것과 같다. 그러나 프랑스 사회주의자에게 égalité, solidarité, unité des intérêts〈평등이나 연대, 이해의 일치〉라는 말이 나타나므로 우리의 저자는 이 말을 독일화해 진정 사회주의의 초석으로 다듬어 놓으려 한다.

〈W, 467〉"나는 사회 속에 존재하는 의식적인 성원으로서 모든 다른 성원을 각기 나와는 다른, 나에 대립하는 존재로 인식하며 다른 한편 모든 존재에 공동의 원초적 근거에 의존하고 그 근거에서 나온, 나와 같은 존재로 인식한다. 나는 모든 동료 인간을 인식할 때, 그가 자기의 특수한 본성을 가지므로 나에게 대립하는 존재로 인식하지만 또한 그가 일반적인 본성을 가지므로 나와 같은 존재로서 인식한다. 그에 따라 인간의 동등성을 인정하고, 각각 모두 〈수, 35〉생명을 유지할 권능을 부여받은 존재로 인정하는 것은 공동의 본성 즉 모든 인간이 공유하는 인간 본성을 의식하는 것에 기초한다. 마찬가지로 사랑과 우정, 정의와 모든 사회적 덕은 인간 사이에 자연적으로 존재하는 공속성[公屬性: Zusammengehörigkeit]과 통일성의 느낌에 기초한다. 지금까지는 위와 같은 덕성이 의무로 표시되고 강요됐다. 반면 사회가 외부의 강제에 근거를 두지 않고 내적인 인간 본성에 대한 의식에 즉 이성에 근거를 두게 되면 여기서 그런 덕성은 생명의 자유롭고 자연에 적합한 표현으로 될 것이다. 따라서 자연에 적합한 사회 즉 이성에 적합한 사회가 되면 생명의 조건은 모든 성원에게 동등하고 즉 일반적으로 돼야 한다."(161, 162쪽)

저자는 처음에는 하나의 문장을 확실한 것으로 제기하고 다음에는 이 문장을 "따라서", "그런데도" 등등의 말을 통해서 자신에서 도출된 결과로서 정당화하는 엄청난 재능을 소유한다. 마찬가지로 그는 이런 놀랄만한 방식으로 연역을 수행하는 가운데 이미 고전이 되어 버린 사회주의자의 명제를 ⟨GA2, 540⟩ "갖는다", "이다", "그래야 한다", "그렇게 된다" 등등의 말을 통해서 이야기 중에 슬쩍 밀반입할 줄도 안다.

우리는 첫 번째 초석에서 한편에는 개별자를 취했고 다른 한편에는 개별자에 대립하는 일반자, 즉 사회를 취했다. 여기서 대립은 개별자가 자기 내에서 특수한 본성과 일반적인 본성으로 분열되는 형식으로 되돌아온다. 이어서 일반적 본성에서 "인간의 동등성"이나 공동성이 추론된다. 그러므로 여기서 인간의 공동 관계는 인간 본성 즉 *자연*의 산물로 나타난다. 하지만 이 관계는 동등성에 대한 의식과 꼭 마찬가지로 역사의 산물이다. 저자는 그런 짓으로도 만족하지 못하고 동등성의 근거를 모든 존재가 공동의 원초적 근거에 전면적으로 의존한다는 점에서 찾는다. 우리는 서문 158쪽에서 인간은 사물에 생명을 부여하는 원소와 똑같은 원소로 형성됐으며, 똑같은 일반적 힘과 성질을 부여받았다는 말을 보았다. 우리는 1권에서 〈수, 36〉자연은 "모든 생명의 토대"이며 따라서 "존재에 공동으로 속하는 원초적 근거"라는 말을 보았다. 그러므로 저자는 프랑스인을 훨씬 뛰어넘었다. 왜냐하면 저자는 "사회의식을 지닌 성원으로서" 인간의 동등성을 인간 사이에서 입증했을 뿐만 아니라 인간이 모든 벼룩, 모든 밀짚 가리, 모든 돌과도 동등하다는 것을 입증했기 때문이다.

우리는 우리의 진정 사회주의자의 "모든 사회적 도덕"은 인간에게 자연적인 〈W, 468〉공속성[상호 귀속성]과 통일성의 느낌에 기초하며 심지어 봉건적 예속이나 노예제와 모든 시대의 모든 사회적인 불평등도 또한 이런 자연적인 공속성에 기초한다는 주장을 기꺼이 믿고자 한다. 덧붙여 말하자면, "인간 사이의 자연적인 공속성"이란 매일 인간을 통해 변형되는 역사의 산물이다. 그런 역사의 산물은 어느 때나 자연적이지 않았던 적은 없었으나, "*인간*"의 법정 앞에서뿐만 아니라 그 뒤에 나타나는 혁명 세대에게는 인간 본성에 속하지 않으며 반자연적인 것으로 보이게 될 것이다.

또한 우리는 현재의 사회가 "외적인 강제"에 기초한다는 말을 우연히 본 적이 있다. 진정 사회주의자는 기존의 개인을 제한하는 물질적 생존 조건을 "외적 강제"에 속하는 것으로 생각하는 것이 아니다. 오히려 진정 사회주의자가 외적 강제로 생각하는 것은 다만 국가적 강제, 총검, 경찰, 대포일 뿐인데, 이런 것들은 사회의 토대가 되기는커녕, 사회에 고유한 분절화[기능 분화]의 결과일 뿐이다. 이런 사실이야 이미 『신성 가족』에서 분석됐으며 이제 다시 이 책의 1권에서 분석되고 있다.

"외적 강제에 기초하는" 현재의 사회에 대립하면서 사회주의자는 진정한 사회의 이상을 제시한다. 그 이상에 따르면 진정한 사회는 ⟨GA2, 541⟩ "내적인 인간 본성에 대한 의식 즉 이성"에 기초해야 한다. 그러므로 이 의식은 의식에 대한 의식이 되며, 사유에 대한 사유가 된다. 표현상으로 본다면 진정 사회주의자가 철학자가 아닌 적은 한 번도 없다. 그는 인간의 "내적 본성"이나 그것에 대한 인간의 "의식" 즉 인간 "이성"이 어느 시대에나 역사의 산물이었다는 사실을 그리고 ⟨수, 37⟩ 인간 사회가 진정 사회주의자가 생각한 것처럼 외적 강제가 지배할 때조차도 인간의 내적 본성은 이런 "외적 강제"에 상응해서 출현했다는 사실을 망각한다.

163쪽에는 개별성과 일반성이 개인의 복지와 전체의 복지라는 형태로 이미 널리 알려진 첨부어와 함께 나타난다. 양자의 관계에 대한 유사한 설명은 국민 경제학의 모든 교과서에서 경쟁을 다루는 기회에 발견되며 특히 헤겔에게서 더 잘 표현된다.

예를 들어, 『라인 연보』 163쪽을 보자:

"내가 전체의 복지를 촉진하게 되면 나는 나 자신의 복지를 촉진하게 될 것이며, 내가 나의 복지를 촉진하게 되면 전체의 복지를 촉진하게 될 것이다."

헤겔 『법철학』 248쪽(1833년 간행)에서는 이렇다:

"나의 목적을 촉진하는 가운데 나는 일반적인 목적을 촉진하며 이 일반적 목적은 다시 나의 목적을 촉진한다."

〈W, 469〉또한 『법철학』 323쪽 이하를 참조하라. 공민의 국가에 대한 관계에 관해서 보자.

"따라서 개별 생명과 전체 생명의 의식적인 통일 즉 조화가 최후의 성과로 출현한다."(『라인 연보』, 163쪽)

즉 이런 최후의 성과로서 통일은 다음에서 나온다:

"개별 생명과 일반 생명 사이의 상극 관계는 한번은 양자가 서로 싸우고 적대적으로 서로 대립하지만, 다른 한번은 양자가 서로의 조건이 되며 서로의 근거가 된다는 데 있다."

여기에서 "최후의 성과"로 나오는 것은 조화와 부조화의 조화이며, 널리 알려진 상투어를 전적으로 다시 한번 반복함에서 나온 결과는 다음과 같은 저자의 믿음에 불과하다. 즉 개별성과 일반성이라는 범주를 가지고 헛되이 고민하다 보면 그런 고민의 형식 속에서 진정으로 사회적인 질문이 사라질 수 있다는 믿음이다.

저자는 다음과 같이 나발을 불면서 말을 끝맺는다:

"*유기적 사회는 일반적인 동등성을 토대로 삼으며 개별성과 일반성의 대립을 통해 자유로운 상호 공명[共鳴]으로, 개별적 행복과 일반적 행복의 통일로 그리고 사회적인*"(!) "*협회적인 [gesellschaftlich]*"(!!) "*조화로 그리고 보편적 조화를 반영하는 거울로 발전한다.*"(164쪽)

이런 문장을 초석이라 부른다면 겸손한 말이다. 그는 진정 사회주의의 전적인 반석이다.

1절 B) 세 번째 초석

⟨GA2, 542⟩⟨수, 38⟩ "인간과 자연의 투쟁은 상극 대립에 즉 나의 특수한 생명과 일반적인 자연 생명 사이의 상호작용에 기초한다. 이 투쟁이 의식적 활동으로 나타나면 이 투쟁을 노동이라 부른다."(164쪽)

거꾸로 상극적 대립이라는 관념이 오히려 인간과 자연의 투쟁을 관찰한 데서 도출된 것이라고 보아야 하지 않을까? 처음에는 사실에서 추상이 도출된다. 그런 다음 사실이 이런 추상에 기초한다고 설명한다. 이는-심원하고 사변적으로 보이는-가장 값싼 독일적 방식이다.

예를 들어 보자.

사실: 고양이가 쥐를 먹는다.

반성: 고양이-본성, 쥐-본성, 고양이를 통해 쥐가 소모된다는 것은 곧 본성을 통해 본성이 소모된다는 것이며 이는 곧 본성의 자기 소모이다.

⟨W, 470⟩ *사실에 대한 철학적 해명*: 자연의 자기 소모에 기초해 고양이가 쥐를 먹는다.

그러므로 이런 방식으로 인간과 자연의 투쟁이 신비화된 다음 인간의 의식적 활동이 자연과 관계해 신비화된다. 왜냐하면 자연은 이런 실제의 투쟁이 제거된 후 단순한 추상이 현상한 것으로 파악되기 때문이다. 이어서 결론적으로 노동이라는 세속적 단어가 이런 신비화의 결과로 밀반입된다. 우리의 진정 사회주의자는 이 단어를 처음부터 혀에 올려놓았으나 충분하게 정당화한 이후에야 비로소 언표할 용기가 생겼다. 노동이 규정되는 방식을 보면 이는 인간 자체나 자연과 같은 단순한 추상적인 관념으로 구성되며 따라서 노동이 어떻게 발전해도 마찬가지로 잘 적용되며 동시에 적용되지 않는다.

"*그에 따라* 노동은 인간의 의식적인 활동이다. 이 활동을 통해 인간은 자연을 정신적이고 물질적인 맥락에서 인간의 지배 아래 종속하려고 노력한다. 그 결과 인간은 자연을 자신의 삶을 위해 의식적으로 향락하며 즉 자연을 인간 자신의 정신적이거나 물질적인 만족을 위해 이용할 수 있게 된다."

〈수, 39〉우리는 다만 이 눈부신 추론 과정에 주목할 뿐이다:

"만일 이 투쟁이 의식적인 활동으로 나타난다면 그 투쟁이 곧 노동이다.-노동은 그에 따라 인간의 모든 의식적 활동이다." 등.

이 심원한 통찰은 상극 대립 덕분에 나온 것이다.
위에서 언급했던 생시몽주의자의 문장 즉 dem libre développement de toutes les facultés〈모든 능력의 자유로운 발전〉이라는 문장을 기억해 보자. 동시에 푸리에가 오늘날 travail répugnant〈인간을 서로 반발하게 하는 노동〉을 travail attrayant〈인간을 서로 견인하는〉노동으로 대체하는 것을 보고 싶어 했다는 사실을 상기해 보자.[847] "상극 대립"〈GA2, 543〉덕분에 우리는 이 명제에 대한 다음과 같은 철학적 정초나 설명을 얻게 된다:

"그러나(이 '그러나'라는 말은 여기에 어떤 연관도 없다는 사실을 지적해야 한다) 생명이 자기의 힘과 능력을 전개하고 사용하고 표현하는 가운데 매번 자신의 향락에, 자신의 충족에 이르러야 하므로, 여기에서 노동 자체는 인간이 자기의 소질을 전개하고 발전하는 것이어야 하고 향락과 충족 그리고 행복을 보장받아야 한다는 주장이 도출된다. 따라서 노동은 생명의 자유로운 표현이 되고 이를 통해 향락으로 돼야 한다."(같은 곳)

여기에 『라인 연보』 「서문」에 약속됐던 것이 제시된다. 즉 "지금까지 형성되어 온 독일의 사회과학이 프랑스와 영국의 사회과학과 〈W, 471〉얼마나 다른 것인가" 그리고 "공산주의의 교의를 학문적으로 서술하는 것이" 무엇을 말하는지가 제시된다.

모든 논리적 오류를 지루하지 않게 몇 줄로 해명하는 일은 어렵다. 우선 형식 논리학에 반한 오류를 보자.

노동, 생명의 표현이 향락을 제공해야 한다는 주장을 증명하기 위해

---

[847] GA2주 참조) 마르크스 엥겔스는 여기서 '반발하는 노동'을 '견인하는 노동'으로 교체해야 한다는 푸리에의 사상을 언급한다. 푸리에는 후자의 특징을 인간의 경향과 능력에 상응하며 동시에 상호 교대와 상호 경쟁에 기인하는 활동 중의 하나로 규정한다. 이런 활동은 생존을 보장하는 것 이상으로 모든 사회 성원의 행복을 제약한다고 가정된다.

생명은 표현되면 어느 때나 향락을 제공한다고 가정된다. 또한 이런 사실에서 추론을 통해 생명은 노동으로서 표현되는 때도 이렇게 향락을 제공한다는 결론이 나온다. 이렇게 요청된 가정을 다른 문장으로 바꾸어서 결론을 끌어내는 데 만족하지 못하자 저자는 그에 더해 결론을 허위로 만든다. 〈수, 40〉 "생명이 전개되는 어느 때나 향락에 이르러야 한다"는 주장에서 생명이 전개되는 한 가지 방식인 노동이 "인간이 지닌 소질의 전개나 발전" 결국 생명 자체의 전개나 발전 "이어야 한다"는 주장이 도출된다. 그러므로 노동은 노동의 본질이 돼야 한다는 것이다. 노동이 "인간이 지닌 소질의 전개 방식"이 아니게 된다는 일이 대체 가능한 일인가? 이런 말로 충분하지 않다. 노동이 인간이 지닌 소질의 전개여야 하므로 "따라서" 노동은 그런 본질 대로 현존해야 한다. 또는 더 잘 표현해 보자: 노동은 "인간이 지닌 소질의 전개이고 발전이어야 하기" 때문에 따라서 노동은 전적으로 다른 것이 돼야 한다. 즉 노동은 "생명의 자유로운 표현"이 돼야 한다. 그런데 지금까지 그런 말은 전혀 언급된 적이 없다. 위에서 생명은 향락이어야 한다는 요청에서 직접 노동의 향락이 요청된다는 추론이 일어났던 반면 여기서는 후자의 즉 노동이 향락이어야 한다는 요청의 결과로 새로운 요청 즉 "노동 속에 생명이 자유롭게 표현돼야 한다"라는 요청이 서술된다.

이 문장의 내용에 관한 한 노동이 마땅히 그렇게 돼야 하는 것이 실현된 적이 없었던 이유가 간과되어서는 안 되며 또한 노동이 이제 그렇게 돼야 하는 것으로 왜 돼야 하는지 또는 노동이 오늘까지 그렇지 않아도 됐는데 이제는 왜 그렇게 돼야 하는지, 그 이유가 간과되어서는 안 된다. 그러나 인간 본성 또한 인간과 세계의 상극 대립이 지금까지 발전되지 않았던 것은 사실이다.

〈GA2, 544〉이어서 노동의 산물을 공동으로 소유한다는 공산주의자의 문장에 대한 "학문적 정초"가 이어진다.

"그러나"(이런 다시 한번 나오는 '그러나'라는 말은 위에서 의미와 같은 의미를 지닌다) "노동의 산물은 개인의 행복과 즉 노동하는 자의 행복에 기여해야 하며 동시에 일반적인 행복에 기여해야 한다. 이런 동시적인 기여는 상호성을 통해 즉 사회적 활동의 상호 보완을 통해 일어난다."(같은 곳)

이 문장은 모든 경제학에서 경쟁이나 노동 분업 다음으로 유명해진 말을 베낀 것이다. 하지만 이 말은 "행복"이라는 말이 덧붙여지면서 절름발이로 되어 버린 것에 지나지 않는다.
마침내 프랑스의 노동조직을 철학적으로 정당화하려는 시도가 등장한다.

〈W, 472〉"풍요한 향락의 충족을 보장하며 동시에 일반적인 복지에 기여하는 자유로운 활동으로서 노동이 노동조직의 토대이다."(165쪽)

노동이 "풍요한 향락을 위한 .... 자유로운 활동"이 *돼야 마땅*하고 *필연적으로 그렇게 돼야* 하지만, 아직은 노동이 그런 것으로 존재하지 않으므로, *거꾸로* 차라리 노동 조직이 "풍요한 향락을 위한 활동"으로서 노동의 토대가 되기를 기대하는 것이 좋을 것이다. 그러나 노동은 이런 활동이라는 노동 *개념[을 제시하는 데]*에 전적으로 그치고 만다.

저자는 그의 논문의 결론에서 그런 "결과"에 이르렀다고 믿는다.

"초석"과 "결과"는 『21개의 화살』 즉 『시민 교본..』과 『새로운 일화』에서 발견되는 나머지 바윗덩어리와 더불어 진정 사회주의가 그리고 그 별명인 독일의 사회철학이 자기의 교회를 세우는 반석을 이룬다.

우리는 때때로 이 교회에서 노래 부르는 몇 가지 찬송가를 그리고 cantique allégorique hébraique et mystique〈헤브라이적이고 신비주의적인 알레고리 찬미가〉[848]를 듣게 될 것이다.

---

848 GA2주 참조) 이 노래는 드 파르니Évariste de Parny, 「신의 전사 제1송」, 전집 3권, 파리, 1830. 드 파르니는 프랑스 시인으로 그는 「마다가스카르의 노래 chanson madécasses」(1787)로 유명하다. 이 시는 후일 라벨이 음악으로 작곡했다.

4장 칼 그륀: 『프랑스와 벨기에에서의 사회 운동』(다름슈타트, 1845) 또는 진정 사회주의의 역사 서술[849]

---

849 CW주 128) 이 장은 마르크스가 따로 떼어내어서 월간지 『베스트팔렌 증기선』의 1847년 8월과 9월호에 논평으로 발간한 것이다. 그 전에 1847년 4월, 마르크스는 칼 그륀을 반대하는 선언을 발표했다. 그는 그 논문에서 그륀의 책인 『프랑스와 벨기에에서의 사회 운동』에 대한 논평을 『베스트팔렌 증기선』에 발간하려 한다고 진술했다. 그러나 이 논평의 첫 번째 기고는 1847년 8월에 실렸다. 편집자는 노트에서 이 논평은 더 빨리 발표하지 못했던 이유에 관해 설명하면서 "2개월 이상 수고가 독일의 이 도시 저 도시로 전전하면서 우리에게 도착하지 못했다"라고 말한다.

이 저서는 『베스트팔렌 증기선』에 마르크스의 논평으로 발간됐다.(저자의 이름은 편집자의 노트에 언급됐다.) 여기서 우리는 『독일 이데올로기』의 1권은 마르크스와 엥겔스가 공동으로 작성한 것이지만, 2권의 몇 장은 아마도 마르크스나 엥겔스가 각자의 저서로 작성했다고 추측할 수 있다. 그러나 2권의 4장에 해당하는 수고는 엥겔스의 필적으로 되어 있으므로, 엥겔스가 그것을 작성하는 데 도왔던 것으로 볼 만하다. 『베스트팔렌 증기선』으로 보내진 복사본은 아마도 엥겔스 필적의 수고에서 만들어졌다. 수고와 발간된 텍스트는 실질적으로 같다. 비교적 아주 적은 변경이 텍스트 자체에서 발생했으며, 이런 변경은 월간지의 편집자에 의한 것으로 볼 수 있다. 이 책에서는 의미에 영향을 주는 이본을 주석에서 제시했다. 수고가 손상된 부분에서 잃어버린 구절은 인쇄된 텍스트에서 뽑아왔다. 그런 구절은 이 장에서 특별하게 표시해 두었다.

〈GA2, 545〉〈수, 1〉 "진실로, 여기서 전체 패거리를 싸잡아 말하는 것이 될 수 없다면 .... 우리는 펜을 던져 버리고 말 것이다. .... 이런 방식으로 말하면서 그 패거리(문트Munt의 『사회의 역사』)가 광범위한 독자층인 청중 앞에 오만무도하게 등장한다. 이런 청중은 이마에 사회적이라는 단어만 붙이고 있다면 그 모든 것을 애타게 갈망하면서 붙잡으려 한다. 왜냐하면 제대로 장단을 맞출 줄만 안다면 청중은 이 정말 몇 마디 안 되는 말 속에 미래에 관한 어떤 비밀이 감추어져 있는가를 깨달을 수 있기 때문이다. 작가가 서투르게 작품에 임했다면 우리는 그에게 이중적인 책임, 이중적인 검증을 지울 것이다!"

"문트 씨는 프랑스와 영국의 사회주의 문헌이 어떤 영향을 미쳤는가 하는 사실에 대해서 *슈타인* 씨가 그에게 누설했던 것밖에는 전혀 알지 못한다. 이 사실에 관해 우리는 문트 씨와 굳이 논쟁을 벌이고자 하지 않는다. 왜냐하면 슈타인 씨의 책[850]은 발간됐을 때부터 누구에게나 인정받을 수 있었으니 말이다. .... 그러나 오늘날 여전히 생시몽에 관해 몇 마디 말을 떠들고, 바자르Bazard와 앙팡탱Enfantin을 생시몽주의의 두 갈래라 부르고, 푸리에가 생시몽을 추종하는 것으로 만들고, 푸르동에 관해서 쓸데없는 말을 무의미하게 반복하는 등의 일이 벌어지고 있다! .... 그런데도 우리는 적어도 사회주의 이념의 *생성*이 독창적이고 신선하게 서

---

850 CW주) 슈타인Lorenz Stein, 『오늘날 프랑스에서 사회주의와 공산주의』, 라이프치히, 1842.

술되기만 한다면 기꺼이 그런 일에 대해 눈을 감아주려 한다."[851]

그륀 씨는 이런 고답적이고 라다만투스[852] 식의 문장으로(『새로운 일화』, 122, 123쪽) 문트의 『사회의 역사』에 대한 비평을 시작한다.

〈GA2, 546〉그륀 씨의 예술적 재능에 대해 독자는 감탄하지 않을 수 없다. 왜냐하면 그는 독창적이기는 하지만, 당시에는 아직 발간하지 않은 자기의 책에 대한 자신의 비평을 위에 언급한 문트에 대한 비평이라는 가장 아래 숨겨놓고 있었으니 말이다.

그륀 씨는 진정 사회주의와 청년 독일파[853]의 문헌을 융합하는 흥미로운 공연을 우리에게 제공한다. 위에 언급된 그륀 씨의 책은 어떤 부인에게 주는 편지로 서술된다. 이런 사실에서 독자는 진정 사회주의라는 심원한 의미를 지닌 신이 머리에는 〈W, 474〉최신 문헌이라는 장미와 매화로 만들어진 화환을 두른 채 이리로 걸어 들어 오는 것을 이미

---

851 GA2주 참조) 문트Theodor Mundt, 『사회의 역사』(베를린, 1844): 이 글은 나중에 다음과 같이 전재되었다: 「칼 그륀 편」, 『새로운 일화』(다름슈타트, 1845), 122/123쪽

852 W주 178) 라다만투스-그리스 신화에 나오는 무자비한 판사의 유형

853 CW주 123) 청년 독일파 작가-청년 독일파라는 문예 운동, 이는 1830년대 독일에서 형성됐으며 그 당시 하이네Heine와 뵈르네Börne의 영향을 받았던 자유주의적 신조를 지닌 작가와 비평가 집단이다. 이들 청년 독일파 작가(구츠코프 Gutzkow, 라우베Laube, 빈바르크Wienbarg, 문트Mundt 등)는 문예 작품과 저널리즘을 통해서 소시민계급의 저항적인 분위기를 반영했으며 양심의 자유와 출판의 자유를 쟁취하는 데 헌신했다 청년 독일파의 관점이 지닌 특징은 이데올로기적인 미성숙과 정치적인 모호함이며 이들은 대개 곧 부르주아 자유주의자로 타락했다. 1848년 이후에 이 집단은 해체됐다.

예감할 것이다. 그러면 곧 장미 몇 송이를 꺾어 보자.

"카르마뇰의 노래[854]가 내 머릿속에서 울려 퍼졌다. …… 그러나 카르마뇰이 독일 작가의 머리를 온통 차지하게 허용하지는 않더라도 그 속에서 아침 먹을 정도는 허용한다는 사실은 어떻든, 충격적이다."(3쪽)

"내가 늙은 헤겔을 붙잡는다면 그의 귀를 움켜쥐었을 것이다. 뭐, 자연이 정신의 타자태[他者態: Anderssein]라고? 뭐, 그는 미련 곰탱이인가?"(11쪽)

"브뤼셀은 프랑스 국민의회를 얼마간 반복한다. 브뤼셀에는 산악당과 계곡당이 있다."(24쪽)

"정치에 관한 한 뤼네부르그Lüneburg 황무지[855]이다."(80쪽)

"다채롭고, 시적이며, 모순적이며, 환상적인 누에고치"(82쪽)

"왕정복고 이후의 자유주의, 전대미문[前代未聞]의 선인장,[856] 그것은 의회의 둑에 피어있는 기생식물이다."(87, 88쪽)

그런 선인장이 "전대미문의" 것도 아니고, "기생 식물"도 아니라고 해서 화환의 아름다운 이미지가 사라지는 것은 아니다. 이는 "다채롭지"도 않고, "시적"이지도 않으며, "모순적"이지 않은 "누에고치" 또

---

854 역주) 프랑스 혁명 중 유행한 노래로, 왕비 마리 앙투와네트를 풍자하는 내용이며, 원래는 피에드몽 지방의 농부가 입는 상의를 지칭한다.

855 역주) 뤼네부르그는 함부르크 남쪽에 있는 도시 이름이다. 이 도시에 거대한 소금 산지인 황무지가 있어 뤼네부르그 황무지라 일컬어진다.

856 역주) 'kaktus'는 선인장을 의미하지만, 통덩어리라는 뜻도 된다.

는 "번데기"가 있다고 해서 화환의 이미지가 사라지지 않는 것과 같다.

"그러나 나는 스스로 이 파도(카비네 몽팡지에Cabinet Montpensier[857]에 있는 신문이나 신문 기고자의 파도)의 한 가운데 제2의 노아Noah처럼 보인다. 그건 나도 어디엔가 오두막을 짓고 포도 덩굴을 기를 데가 있을지, 성난 신과 이성적인 계약을 맺을 수 있을지 알고자 비둘기를 날려 보냈던 노아와 같기 때문이다."(259쪽)

그륀 씨는 여기서 신문의 통신원으로서 자신의 활동에 대해 잘 말해주고 있다.

"까미유 데믈렝Camille Desmoulin은 한 명의 *인간*이었다. 제헌의회는 속물로 이루어져 있다. 로베스피에르는 *덕이 있는 최면술사*였다. 새로운 역사는 한마디로 Épiciers〈소매상〉이나 Magnetiseur〈최면술사〉에 대항하는 사생결단의 투쟁이다!!!"(311쪽)
"행복은 더하기이다, 그러나 X 배의 더하기이다."(203쪽)

그러므로 행복은 '=+x'이다. 이 공식은 그륀 씨의 미학적 수학에서만 발견된다.

"노동조직, 그것이 무엇인가? 국민은 수천 개의 신문에 나오는 목소리를 통해 스핑크스에게 대답한다. .... 프랑스가 시의 한 연

---

857   CW주 130) 파리 오를레앙 왕자의 궁이었던 팔레 루와얄의 독서실의 이름.

이라면, 독일은 그 연에 대한 화답하는 연이며 즉 오랜 신비주의 의 독일이다."(259쪽)

〈GA2, 547〉 "북미는 구세계보다 더 심하게 구역질 난다. 왜냐하면 소매상 세계의 이기주의가 뻔뻔스러운 건강미를 드러내는 붉은 색깔을 띠고 있기 때문이다. ..... 왜냐하면 거기서 모든 것은 너무나 피상적이고 아무 뿌리 없으므로 너무 소도시적이라고 나는 말할 뻔했다. 그대는 미국을 신세계라 부른다. 그러나 미국은 늙은 것 중에서 가장 늙은 것이며, 우리가 벗어 던진 옷이 거기서는 자랑 되고 있다."(101, 324쪽)

〈W, 475〉 지금까지 알려졌던 것은 독일산 양말은 결이 일정치 않지만, 북미산 양말은 비록 "자랑하기"에는 너무 질이 떨어지기는 하지만, 그래도 결이 일정하다는 사실뿐이다.

"이런 제도를 논리적으로 확고하게 보장하는 것"(461쪽)

그런 꽃을 보고 기뻐하지 않는 자는
"인간"이라고 할 가치가 없다! [858]

얼마나 변덕스러운 우아함인가! 얼마나 순진한 거만함인가! 얼마나 영웅적으로 뚫고 들어가는 심미적 감각인가? 거칠 것 없고 천재적인 점에서 얼마나 하이네Heine적 인간인가!

---

858 W주 179) 모짜르트의 오페라 「마술 피리」 2막, '사라스트로의 아리아'에 나오는 대사를 차용했다.

지금까지 우리는 독자를 기만해 왔다. 그륀 씨의 문예물은 진정 사회주의의 학문을 꾸미지 못하며 오히려 학문이 이 문예물적인 잡담 사이를 채울 뿐이다. 학문이 그의 문예물의 소위 "사회적 배경"을 이룬다.

그륀 씨의 한 논문 「포이어바흐와 사회주의자」에서 (『독일시민 교본』, 74쪽)[859] 다음과 같은 표현이 발견된다:

"누가 포이어바흐의 *이름을 말한다면*, 그 이름은 베루람Verulam 의 베이컨에서 오늘날에 이르기까지 철학의 작업 전체를 지칭했던 것이며 동시에 철학이 궁극적으로 원하고 의미를 부여하는 목적을 말했던 것이며 세계사의 최종 결과로서 *인간[자체]*을 획득한 것이다. 포이어바흐를 언급할 때 노동임금, 경쟁, 헌정과 헌법의 결여를 화제에 올릴 때보다 더 확실하게 일이 이루어진다. 왜냐하면 *더 철저하게* 일이 이루어지기 때문이다. .... 우리는 *인간*을 획득했다. 즉 종교나 죽은 사상과 같이, 실천 속에서 어떻게 번역되든 간에 인간에 낯선 모든 존재에서 벗어난 인간, *순수하고 진정한 인간*이다."

이 하나의 문장은 그륀 씨가 갈구하는 "확실함"이나 "철저함"의 방식이 어떤 것인지에 관해 완전하게 해명한다. 그는 사소한 문제에는 관여하지 않는다. 그는 독일 철학의 결과에 대해 흔들리지 않는 믿음으로 무장된다. 그것은 그가 포이어바흐에 얼마나 침잠하는가에서 볼 수 있다. 그 믿음이란 곧 "*인간*"은 "순수하고 진정한 인간"이며 세계사의 궁

---

[859] GA2주 재인용) 칼 그륀, 「포이어바흐와 사회주의자」, 『독일 시민 교본』, 헤르만 피트만 편, 다름슈타트, 1845.

극 목적이라는 믿음이며 또 종교는 인간 본성이 소외된 것이라는 믿음이며 인간의 본성은 인간의 본성인 동시에 모든 사물의 척도라는 사실이다. 그는 또한 독일 사회주의(위를 보라)⁸⁶⁰에서 나온 더 세부적인 진리로 무장된다. 그 진리란 곧 화폐나 임금 노동 등도 인간 본성이 소외된 현상이라는 진리이며, 독일 사회주의가 독일 철학의 실현이며 외국의 사회주의나 공산주의가 도달한 이론적 〈GA2, 548〉진리라는 등의 진리. 이런 진리로 무장함을 통해 그륀 씨는 진정 사회주의에 고유한 자만을 가득 지닌 채 브뤼셀과 파리를 떠돌아다닌다.⁸⁶¹

그륀 씨가 진정 사회주의와 독일 학문을 찬양하면서 불어댄 웅장한 나발은 그를 제외한 나머지 신앙의 동지들이 이런 점과 관련해 불어대는 어떤 나발도 능가하는 것이다. 〈W, 476〉진정 사회주의에 관한 한 그륀 씨의 찬양은 그의 진심이라는 점은 명백하다. 그륀 씨는 겸손함 때문에 다른 진정 사회주의자가 그에 앞서서 『21개의 화살』이나 『시민 교본』 그리고 『새로운 일화』에서 미리 해명한 적이 없었던 문장은 하나라도 감히 언표할 수 없었다. 정말로 그의 책 전체가 지닌 유일한 목적은 『21개의 화살』 74~88쪽에서 헤스가 프랑스 사회주의 운동의 윤곽

---

860 GA2주 참조) 이 구절은 '진정 사회주의 비판'[독일 이데올로기 2권]의 앞 장을 지시한다. 이 장은 이 책 2권 1장 부분(H12)만 남아 있다. 여기서 마르크스와 엥겔스는 인간 소외에 대해 이야기하지 않는다. 그러므로 이 구절은 '진정 사회주의 비판' 가운데 전승되지 않는 2장, 3장에 나오는 것으로 짐작된다.

861 GA2주 참조) 그륀은 1844년 10월 12일 베르비에에서 뤼트리히를 거쳐 브뤼셀까지 여행했다. 거기에 그는 10월 16, 17일 도착했고 며칠 머물렀다. 그는 1844년 10월 27일과 11월 1일 파리로 여행했다. 그는 11월 6일 날짜가 찍힌 편지를 보냈다.

에 관해 제시했던 주장[862]을 충족하게 하고 그런 주장을 통해서 같은 곳 88쪽에서 언표된 욕구[863]에 응답하는 것이다. 그러나 독일 철학에 대한 찬양에 관해 말하자면 그가 독일철학을 알지 못하면 못할수록 이런 찬양 때문에 그는 독일철학을 더욱더 높게 우러러보게 된 것이 틀림없다. 진정 사회주의자의 민족적 자부심 즉 독일을 "인간", "인간 본성"의 나라로서 간주하고 다른 세속적인 민족에 대립하게 하는 자부심은 그에게서 최고도에 이르렀다. 우리는 곧 그런 자부심에 관한 몇 가지 본보기를 보여 주겠다.

"나는 그들 프랑스인, 영국인, 벨기에인 그리고 북미인 모두가 곧 우리에서 배워야 하는 게 아닌지 알고 싶다."(28쪽)

이런 이야기가 이제 다음과 같이 완성된다:

〈수, 2〉"북미인은 내게는 근본적으로 산문적인 것처럼 보인다. 그리고 북미인은 법적인 자유를 지니고 있다고 하더라도 사회주의에 관해서만큼은 우리에서 배워야 한다.[864]"(101쪽)

---

862 W주 180) 헤스, 『사회주의와 공산주의』

863 GA2주 재인용) 헤스, 『사회주의와 공산주의』, 68쪽: "공산주의의 역사적 발전 방식을 이런 방식으로 서술하는 저서를 우리는 아직 학수고대하고 있다. 슈타인의 책은 이 점에서 바랄 게 조금이 아니라 전혀 남아 있지 않다."

864 GA2주 참조) 미국의 정치경제학자 쿠퍼Thomas Cooper가 비판한 사회주의 노선을 말한다. 이 사회주의 노선의 지지자는 밍Alexander Ming, 스키드모어Tomas Skidmore이다. 이 사회주의 노선은 뉴욕에서 노동운동에 일시 주목할 만한 영향을

특히 북미인은 1829년 이래로 고유한 사회 민주주의 학파[865]를 지니고 있었고, 그래서 북미의 국민 경제학자 쿠퍼Cooper는 1830년 이미 그런 사회-민주주의 학파와 투쟁했는데도 그런 말을 하다니.

"*벨기에* 민주주의자를 보자! 그런 자가 우리 독일인의 *반만큼*은 된다고 그대는 정말 믿는가? 내가 다시 *자유로운 인성*[Meschentum]*의 실현*을 괴물 키메라로 여기는 사람과 멱살잡이를 해야 하다니!"(28쪽)

여기서 "*인간*"의, "인간 본성"의, "인성[menschentum]"의 천성[Nationalität]이 벨기에인의 민족성[Nationalität]보다도 훨씬 더 탁월한 것이 된다.

미쳤다. 스키드모어는 1829년 뉴욕에서 노동자당을 건설했다.

865 CW주 131) 이는 아마도 1820년대 세워진 미국 노동자 또한 기능공의 초기 정당 구성원을 암시하는 것으로 보인다. 이 정당은 필라델피아 도시 노동자의 공화주의 정치 협회, 뉴욕 노동자당(그 지도자는 프란시스 라이트Frances Wright, 로버트 데일 오언Robert Dale Owen, 토마스 스키드모어Thomas Skidmore이다) 그리고 여러 미국 도시에 있는 다른 노동자 협회이다. 이 조직들은 민주주의를 위한 강령을 가졌으며 토지 개혁과 다른 사회주의적인 수단을 지지했으며 하루 10시간 노동에 대한 요구를 지원했다. 비록 그런 조직들이 단명했지만(오직 1834년까지만 지속했다) 그리고 지역적 특성을 가지고 상당히 이질적인 견해를 지닌 분파로 이루어져 있지만, 이 최초의 노동자 정당들은 미국에서 초기 노동 운동에 원동력을 부여했으며, 유토피아적인 사회주의자의 견해를 전파하는 데 도움을 주었다. 많은 구성원이 이런 유토피아 사회주의 조류를 지지자였기 때문이다.

"당신들 프랑스인들은 헤겔을 이해할 때까지 헤겔을 건드리지 말아라."(하지만 우리는 레르미니에 Lerminier[866]의 헤겔 『법 철학』 비판이 비록 다른 면에서는 약하기는 하지만, 그륀 씨가 자기 이름으로 또는 "광야에서 외치는 진정성"이라는 이름으로 서술했던 것보다 훨씬 더 헤겔을 잘 통찰하고 있다고 믿는다) "한 번쯤 일 년 동안 커피도 마시지 않고 술도 먹지 않아 보아라. 당신들의 심정을 어떤 자극적인 격정으로 불타오르게 하지 말아라. 기조Guizot가 통치하게 하고, 알제리Algier를 모로코Marokos의 지배 아래 두게 하라."〈GA2, 549〉(프랑스인이 알제리를 포기했다고 하더라도 알제리를 모로코의 지배하에 두어야 한다니!) 다락방에 올라서 헤겔의 『정신현상학』과 더불어 헤겔의 『논리학』을 공부하라. 당신들이 마침내 일 년의 기간이 지난 뒤에 여위고 붉게 충혈된 눈으로 거리로 내려오면서 일등 신사에 부딪히든 공공연한 호객 상인에 부딪히든 어찌 되든 간에 비틀거린다고 하더라도 당신들은 그걸 부끄러워하지 않게 하라. 왜냐하면 당신들은 그사이에 위대하고 힘 있는 인간이 됐기 때문이다. 당신들의 정신은 기적의"(!) "수액이 기른다는 떡갈나무와 같이 될 것이다. 〈W, 477〉당신들에 관해 말하자면 헤겔을 읽는 것은 당신들에게 정신의 가장 비밀스럽게 보호되고 연약한 내면을 드러나게 만든다. 당신들의 영혼은 창조된 것[erschaffen]이지만, 그런데도 자연의 내면을 뚫고 들어간다. 당신들의 시선은 살인적이며 당신들의 말은 산을 옮길 정도이고 당신들의 논변은 가장 예리한 단두대

---

866 W주 181) 레르미니에Lerminier, 『법의 철학Phiosophie du Droit』, 파리, 1831

보다 더 예리해질 것이다. 당신들은 오텔 드 비예Hotel de Ville[867]
에 도착한다.-그러자 부르주아가 사라져 버린다. 그대는 부르봉
왕궁 Palais Bourbon으로 걸어 들어간다.-그러자 왕궁이 무너지
고 왕궁에 있던 의원들의 방 전체가 nihilum album〈황량한 무〉로
해체되어 버린다. 기조Guizot도 사라져 버리고 루이 필립 Ludwig
Philipp도 빛이 바래서 역사적으로 그림자만 남은 존재로 되며 이
모든 계기가 몰락한 이후 거기에서 자유로운 사회의 절대적 이념
이 의기양양하게 등장한다. 농담이 아니라, 당신들이 스스로 미
리부터 헤겔로 된다면 비로소 그때 당신들은 헤겔을 제압할 수
있을 것이다. 내가 이미 위에서 말했듯이 무어Moor인의 연인은
다만 무어인을 통해서만 죽을 수 있다.[868]"(115, 116쪽)

진정 사회주의를 에워싸는 문예 작가의 향기는 누구나 코로 들이쉴
수 있다. 그륀 씨는 모든 진정 사회주의자와 마찬가지로 잊지 않고 프랑
스인의 피상성에 관한 오래된 농담을 다시 꺼낸다.

"아뿔싸, 나는 저주받은 모양이다. 프랑스인의 정신을 냄새 맡
을 때마다 항상 이를 불충분하고 피상적이라고 보게 되니 말이
다."(371쪽)

867　W주 182) 오텔 드 비예-의회, 여기서는 파리 시청을 의미한다. 부르봉 궁-
파리의 도르세이 강변Quai d'Orsay에 있는 프랑스 국회의원 건물. 이 궁은 혁명 직
전까지 부르봉 가가 소유했으며, 1790년 국가적 소유로 선포됐다. 왕정복고 시기
에 여기서 의원단의 상설 회의가 열리기 시작했다.

868　CW주) 쉴러Friedrich Schiller, 『군도』, 5막 2장

독일 사회주의는 프랑스 사회주의에 대한 비판이라는 점을 그의 책이 찬양하는 의도를 지니고 있다는 사실을 그륀 씨는 우리에게 감추려 하지 않는다.

"독일의 일간지는 천민처럼 우리 진정 사회주의자의 노력이 프랑스인의 심술을 모방한다고 쑥덕거려 왔다. 지금까지 아무도 그것에 대해 단 한마디라도 대꾸하려 수고하지 않았다. 이런 천민조차-도대체 부끄러움이란 감정을 여전히 느낀다면-이 책을 읽고서 부끄러워하지 않을 수 없을 것이다. 그런 천민은 독일 *사회주의가* 프랑스 *사회주의에* 대한 비판이며, 프랑스인을 새로운 사회계약의 고안자로 간주하는 것과 거리가 멀며 오히려 프랑스 사회주의가 독일의 학문을 통해서 비로소 *보완돼야* 한다는 주장을 프랑스인에게 요구한다는 사실을 심지어 꿈도 꾸지 못했다. 이 순간 여기 파리에서는 포이어바흐의 『기독교의 본질』에 대한 번역이 출판을 위해 준비되고 있다. 프랑스인에게 독일의 학파가 잘 받아들여져야 할 텐데! 이 나라의 경제적 상황이 어떻든, 〈GA2, 550〉이곳의 정치 constellation〈형국: 形局〉에서 발생하는 것이 무엇이든 인도주의적인 세계관만이 유일하게 미래 인간의 삶을 실현할 권능을 갖는다. 독일 민족이 비정치적이고 사악하다고 하더라도 이 민족은 한 민족이 아니라 미래를 건설하기 위한 반석이다."(353쪽)

물론 진정 사회주의자라면 "인간 본성"에 능통하니 한 나라에서 "

경제적 처지나 정치적 형국에서 생겨나는 것"을 굳이 알 필요가 없을 것이다.

그륀 씨는 진정 사회주의의 사도답게 그의 동료 사도와 마찬가지로 다른 민족이 아는 게 없다[Unwissenheit]는 주장에 독일 민족은 모르는 게 없다[All-wissenheit]는 주장을 자랑스럽게 대치하는 것으로 만족하지 않는다. 그는 오랫동안 문학을 실천했던 경험 〈W, 478〉덕분에 가장 악명이 자자한 세계 지도자가 했던 방식으로 사회주의적이거나 민주주의적이거나 공산주의적인 여러 정당의 대변자들에게 나타나서, 그들의 냄새를 킁킁거리면서 요모조모 맡은 다음 진정 사회주의의 사도로서 그들에게 맞선다. 여전히 그에게 남아 있는 일이 있다면 그것은 그가 그들 대변자들을 가르쳐야 한다는 것이며, 그들에게 자유로운 인간성에 관한 가장 심원한 해명을 전달해야 한다는 것이다. 여기서 진정 사회주의가 프랑스의 정당을 능가한다는 사실은 그륀 씨가 이런 정당의 대변자들을 개인적으로 능가한다는 사실로 전환된다. 결론적으로 그런 때 이런 전환은 또한 프랑스 정당 대표들에게 그륀 씨가 서 있는 발 받침대로 봉사하게 될 기회를 준다. 그것뿐만 아니다. 이 전환은 그에게 진정 사회주의에 관해 한 무더기의 수다를 떨 기회를 그리고 독일의 소시민에게는 그들이 느낀 긴장에 대해 앙갚음을 할 기회도 준다. 그 긴장 때문에 그는 진정 사회주의에 관한 의미심장한 문장을 발표하게 됐다.

> "카츠 Kats는 내가 그에게 그의 말에 무척이나 고무됐다고 증언
> 하자 얼굴을 온통 펴면서 서민적인 너털웃음을 웃었다."(50쪽)

또한 그륀 씨는 곧바로 카츠에게 프랑스의 테러리즘에 관해 강의했

으며 "나의 새로운 친구에게 동의를 얻어내서 너무나도 행복하다"고 말했다.(51쪽)

그륀 씨가 프루동Prouhdon에게 영향을 미친다는 주장은 전적으로 다른 방식으로 의미심장하다:

"나는 말하자면 그분이 사강사[Privatdozent]가 됐다는 데 대해 무한하게 만족한다. 왜냐하면 그의 예리함은 아마도 레싱Lessing과 칸트 이래로 아무도 능가할 수 없었으니 말이다."(404쪽)

루이 블랑Luis Blanc은 "그보다 새까만 꼬마"에 불과하다.(314쪽)

"그는 매우 진지하게 물었으나 동시에 우리의 상태에 관해서 너무 무지했다. 우리 독일인은"(?) "프랑스의 조건을 프랑스인 자신만큼이나 잘 안다. 적어도 공부한다,"(?) "우리는 그들을."(315쪽)

그리고 "카베Cabet 신부"는 "고루하다"고 그륀 씨는 우리에게 말한다.(382쪽) 그륀 씨는 그에게 "질문들을" 던지는데 그 질문에 대해 카베는

"그런 질문을 정말 철저하게 다루지 않았다는 것을 시인했다. 나는(즉 그륀 씨) 이런 사실을 오래전부터 주목해 왔으며 카베의 ⟨GA2, 551⟩사명이 오래전에 끝났다는 생각이 나에게 떠오르자 당연히 이 모든 질문은 더 무의미하게 됐다."(381쪽)

나중에 그륀 씨는 카베에게 새로운 사명을 줄 줄도 안다는 사실을 우리는 보게 된다.

우선 그륀 씨의 책의 골격을 이루면서 어느 정도 전승되어 온 일반 사상과 그 도식을 주목해 보자. 이 일반 사상은 헤스에서 베껴온 것인데 그륀 씨가 문장을 바꾸어 정말 가장 거창한 방식으로 제시한 것이다. 그런 일반 사상은 〈수, 3〉그에 앞서 헤스에게서 나타날 때 전적으로 모호하고 〈W, 479〉신비하게 나타났다. 그러나 처음에-『21개의 화살』에-나타날 때는 인정 받을 만했으나 『시민 교본』이나 『새로운 일화』, 『라인 연보』에서 연이어 나타나면서 마치 영원히 다시 반복해서 출현할 것처럼 보일 때는 오직 지루하고 반동적인 것이 됐다. 그런 사상은 이미 케케묵은 것이기 때문이다.-이런 사상이 이제 그륀 씨에게 나타나자 완전히 난센스가 된다.

헤스는 프랑스인이 발견한 사회주의와 독일에서 발전한 철학을 종합한다.-즉 생시몽과 셸링을 종합하고 푸리에와 헤겔을 종합하며, 푸르동과 포이어바흐를 종합한다. 예를 들어 『21개의 화살』 78, 79,[869] 326, 327쪽[870]을 참조해 보라. 『새로운 일화』 194, 195, 196, 202쪽 이하[871]를 참조해 보라(포이어바흐와 푸르동의 상응 관계에 관해서는 예를 들어 헤스의 다음 말을 참조하라: "포이어바흐는 독일의 푸르동이다." 등.(『새로운 일화』, 202쪽) 그리고 그륀 씨의 다음 말도 참조하라: "프루동은 프랑스의 포이어바흐다."(404쪽)-헤스가 완성한 도식이 그륀 씨가 쓴

---

869 CW주) 헤스, 『사회주의와 공산주의』

870 CW주) 헤스, 『행위의 철학』

871 CW주) 헤스, 『독일에서 사회주의 운동에 관해』

책의 가장 내적인 연관을 이루고 있다. 다만 차이가 있다면 그륀 씨는 헤스의 문장을 문예적으로 다듬는 것을 잊지 않았다는 것이다. 헤스가 범한 정말 명백한 오류 예를 들어 이론의 발전이 실천적 운동의 "사회적 배경"이며 동시에 "이론적 기초"라는 주장을(예를 들어 『새로운 일화』, 192쪽) 그륀 씨는 정말 충실하게 베꼈다.[872] (예를 들어 그륀, 264쪽: "18세기의 정치적 질문의 사회적 배경은 두 가지 철학적 방향의-즉 감각주의와 무신론의-동시적 산물이었다.") 포이어바흐를 사회적 삶에 적용해 현존하는 사회를 완전하게 비판하려면 포이어바흐를 실천적으로 만들기만 하면 된다는 견해[873]도 마찬가지다. 프랑스 공산주의와 사회주의에 대한 헤스의 또 다른 비판을 거기에 덧붙여 보자. 즉 예를 들어 "푸리에, 푸르동 등은 임금노동의 범주를 넘어서지 못했다."(『시민교본』, 40쪽과 그 밖의 다른 곳[874])라는 비판이라든가 "푸리에는 이기주의의 새로운 결사를 통해 세계를 행복하게 만들고 싶었다."(『새로운 일

---

[872] GA2주 재인용) 헤스, 『사회주의와 공산주의』, 192쪽: "그러나 정치의 발전뿐만 아니라 사회의 발전도 역사적 과정에 속한다. 여기서 사회의 발전은 프랑스 사회주의의 역사일 뿐이다. 이 역사는 그 자체 이론적인 흐름을 가지고 있으나 프랑스인의 실천적 역사에 관계하지 않는다. 그것은 마치 독일의 철학이 독일의 실천적 역사와 무관한 것과 같다.-이 역사는 '관념의 연장'이 아니라 프랑스인의 실천적 투쟁이 일어나는 사회적 배경이다.-독일 철학이 근대의 역사 과정을 위해 독일의 사상을 포함한다면 사회주의의 이론적 역사는 사회의 배경을 위해 철학적 사상을 포함한다."

[873] GA2주 재인용) 헤스, 『사회주의와 공산주의』, 202쪽: "그러나 사실상 사람들은 푸르동의 실천적 결과에 도달하려면 포이어바흐의 인도주의를 사회적 삶에 적용할 필요가 있다."

[874] CW주) 헤스, 『우리 사회에서의 궁핍과 그것의 제거에 관해』

화』, 196쪽)라는 비판이든가, "급진적 프랑스 공산주의자는 노동과 향락의 대립을 아직 넘어서지 못했으며 생산과 소비의 통일 등에 아직 오르지 못했다."(『시민 교본』, 43쪽)라는 비판이든가, "무정부주의는 정치적 지배라는 관념을 부정하는 것이다."(『21개의 화살』)라는 비판을 덧붙여 보자. 이런 비판들이 우리가 볼 때 그륀 씨가 호주머니에 쑤셔 넣은 프랑스인들에 관한 비판의 전부이다. 그륀 씨는 파리로 가기도 전에 이미 그런 비판들을 자기 호주머니에 쑤셔 넣었음이 틀림없다. 이때 〈GA2, 552〉위에서 언급된 것 밖에도 또한 종교나 정치, 민족성, 인간적인 것과 비인간적인 것 등등등에 관해 독일에서 전통적으로 통용되어 온 구절 다시 말해 철학자들을 통해 진정 사회주의에 전가된 구절 덕분에 그륀 씨는 쉽게 프랑스 사회주의자와 공산주의자에게 진 빚을 청산할 수 있었다. 그가 해야 하는 짓은 오직 곳곳에서 "*인간*"이라는 〈W, 480〉말이나 인간적이라는 말을 찾는 것뿐이다. 만일 이런 말을 발견하지 못한다면 그가 해야 하는 짓은 오직 그곳을 저주하는 것뿐이다. 예를 들어 보자: "그대가 정치적인가, 그러면 그대는 편협하다."(283쪽) 이어서 그륀 씨는 유사한 방식으로 이렇게 외친다: 그대는 민족적이거나 종교적이거나 국민경제적이냐? 그러면 그대는 신을 얻은 것이고, 그대는 인간적이 아니며 그대는 편협하다. 그는 책 전체에 걸쳐 이런 방식으로 말한다. 이런 방식으로 말하는 것이 정치, 민족성, 종교 등에 대한 그의 근본적인 비판이고 그리고 동시에 이런 식의 말이 지금 막 비판된 작가들이 지닌 독특성이나 그들이 사회적 발전과 맺는 연관에 대한 그의 충분한 해명이라 한다.

이것을 통해 헤스를 모사한 그륀 식의 모조품은 *슈타인*의 책에 한참 못 미친다는 것이 이미 드러난다. 왜냐하면 슈타인은 적어도 사회주의의 문헌과 프랑스 사회의 실제 발전 사이의 연관을 서술하려고 시도했기 때문이다. 그런 까닭에 그륀 씨가 앞의 책에서나 『새로운 일화』에서도 그의 선구자들을 경멸하더라도 지극히 조심스럽게 한다는 사실에 대해서는 언급할 필요조차 없을 것이다. 그러면 그륀 씨가 헤스나 다른 사람을 통해 전승된 것들을 올바르게 베끼나 했던가? 그가 가장 무비판적으로 무조건 받아들인 도식의 내부에 적어도 필수적인 재료는 들어 있는가? 그는 개별 사회주의 작가에 대해 원전을 따라 올바르고 완전하게 서술했던가? 그러나 북미인이나 프랑스인, 영국인이나 벨기에인이 배워야만 하고, 프루동의 사강사였으며, 어떤 순간이라도 독일의 근본성을 장담하며 프랑스의 피상성을 비하하는 사람의 편에서 본다면 정말로 이런 물음은 절대 요구해서는 안 되는 물음 중의 하나이다.

1절 생시몽주의

그륀 씨는 생시몽주의자의 전체 문헌 가운데 한 권의 책조차 직접 손에 쥔 적이 없다. 그의 주요 원천은 무엇보다도 그가 무척이나 경멸해온 로렌츠 슈타인 R. Stein이며 나아가서 슈타인의 주요 원천은 레이보 L. Reybaud[875]이고(그는 260쪽에서 레이보 대신 레이보 씨가 그 한 예가 되는 인물을 거론하면서 그를 속물이라 부른다.[876] 같은 쪽에서 그는 마치 그가 생시몽주의를 끝장낸 이후 오래 뒤에 비로소 레이보의 책이 그에게 전적으로 우연히 손에 들어온 체한다.[877]) 어떤 구절에서는 루이 블랑 L. Blanc[878]이다. 우리는 그런 사실을 증명하는 전적으로 직접적인 자료를 제공하려 한다.

〈GA2, 553〉우선 그륀 씨 자신이 생시몽의 삶에 대해 말한 것을 비교해 보자.

〈W, 481〉생시몽의 생애에 대한 원천[879]은 올랭 로드리그Olinde

---

875   W주 183) 레이보Raybaud, 『개혁주의자 또는 근대 사회주의자, 생시몽, 푸리에, 오원에 관한 연구』, 파리, 1831.

876   GA2주 참조) 그륀은 이 인물이 누군지 구체화하지 않았다. 1845년 12월 비로소 그는 이런 관점에서 그의 저서에 한 단서를 남겼다. 이 단서는 『독일 시민 교본』에서 보인다.

877   GA2주 참조) 그륀은 이미 윌커스에 대한 비평 가운데 레이보를 언급했다. 그런데 그는 『사회 운동』에서 안티콰르 가르니에 서점에서 레이보의 책 4판을 구입했다고 말한다.

878   GA2주 재인용) 블랑, 『프랑스 혁명, 1830년에서 1840년까지 10년 사이의 역사』, 파리, 1841~1844.

879   GA2주 재인용) 생시몽, 『생시몽이 쓴 생시몽의 생애』, 『전집』, 파리, 1841.

Rodrigues가 출판한 『생시몽 전집』과 1830년 5월 19일 혁명의 『조직자』에 실린 자서전 단편[880]이다. 그러므로 여기서 전체 증거 자료를 정리해보자: 1) 최초의 원천, 2) 이 원천에서 끌어낸 레이보, 3) 레이보를 이용했던 슈타인, 4) 그륀 씨의 문예적인 판본.

그륀 씨:

"생시몽은 미국인의 해방투쟁에 참여했으나 그 전쟁에 특별한 관심을 두고 있었던 것은 아니었다. 두 개의 거대한 *대양*을 결합할 수 있지 않을까 하는 착상이 *그에게 떠올랐다.*"(84쪽)

슈타인, 143쪽:

"우선 그는 군대에 복무했다. …. 부예 Bouillé와 함께 미국으로 향했다. …. 더욱이 이 전쟁의 의미를 그는 잘 파악했으므로 그는 이 전쟁에서 …. '전쟁 자체는 나의 관심의 대상이 된 것이 아니고 이 전쟁의 목적만이 나의 관심의 대상이다'라고 말했다. 등"…. "결국 헛된 일이었지만, 그는 멕시코의 총독이 *두 개의 대양*을 연결하는 거대한 운하를 건설하는 데 관심을 갖게 시도한 다음에."

레이보, 77쪽:

"Soldat de l'indépendance américaine, il servait sous Washington …. la guerre, en elle-même, ne m'intéressait pas, dit-il; mais le seul but de la guerre m'intéressait vivement, et cet intérêt m'en faisait supporter les

---

880 W주 184) 위에 제시된 『조직자』 속의 다음 논문을 보라: 「어느 가톨릭 신자에 대해. 생시몽의 인생과 성격에 관해」 『조직자』는 생시몽주의 학파의 일간지이며, 1829~1831년 파리에서 간행됐다.

travaux sans répugnance."〈"미국의 독립운동에 참여한 군인으로서 그는 워싱턴에 봉사했다. .... 그는 말하기를, '전쟁 자체는 나의 관심의 대상이 아니나 전쟁의 목적만이 나에게 생생한 관심의 대상이 됐으며, 이런 관심 때문에 나는 이의 없이 그 노고를 짊어졌다.'"〉

그륀 씨는 생시몽이 "전쟁 자체에 특별한 관심이 없었다"고 베껴 썼으나 핵심을 즉 이 전쟁의 목적에 대한 그의 관심을 빠트렸다.

나아가서 그륀 씨는 생시몽이 그의 계획을 총독에게 관철하기를 원했다는 것을 빠트려 그의 계획을 단순한 "착상"으로 격하시킨다. 슈타인은 이 사실을 다만 연도를 통해 암시한다. 그 때문에 그는 마찬가지로 생시몽이 "à la paix〈평화조약 이후에〉" 이런 착상을 수행했다는 사실을 빠트렸다.

그륀 씨는 바로 이어서 계속한다:
"*나중에*"(언제?) "그는 영국령 인도를 향한 프랑스, 네덜란드의 원정 계획을 *기획했다*."(같은 곳)

슈타인:
"그는 1785년 네덜란드로 여행 가서 프랑스, 네덜란드 연합군의 영국 식민지 인도로 향한 원정을 *기획했다*."(143쪽)

〈W, 482〉여기서 슈타인이 잘못 설명한 것을 그륀 씨는 충실하게 베낀다. 생시몽 자신에 따르자면 라 보기용 La Vauguyon 공작은 네덜란드 연방[881]이 프랑스와 함께 영국 식민지 인도를 향한 공동 원정을 기획하게 결정했다. 그러므로 생시몽은 그 스스로에 대해서는 다만 "일 년 동안 이 계획의 수행을 추진해" 왔다고 말할 뿐이다.

⟨GA2, 554⟩ 그륀 씨:

"스페인에서 그는 마드리드에서 바다까지 운하를 파고자 *했다*."(같은 곳)

생시몽이 *운하를 파려* 한다니, 이 얼마나 난센스인가! 조금 전에는 착상이 *그에게 떠올랐다고* 했지만, 이번에는 그가 직접 실행하*고자 한다*. .... 여기서 그륀 씨는 사실을 위조한다. 그 이유는 위에서 본 것처럼 그가 슈타인을 너무 충실하게 베끼기 때문이 아니라 오히려 그가 슈타인을 너무 피상적으로 베끼기 때문이다.

슈타인, 44쪽:

"1786년 프랑스로 되돌아간 다음 그는 바로 다음 해에 스페인으로 갔으며 마드리드에서 ⟨수, 4⟩바다까지 운하를 완성하려는 계획을 총독에게 제출했다."

그륀 씨는 성급하게 읽은 나머지 슈타인의 문장에서 위에 나온 그의 문장을 뽑아낼 수 있었다. 왜냐하면 슈타인을 읽어보면 적어도 건설 계획이나 전체 기획에 관한 아이디어가 생시몽에게서 나오는 것과 같은 가상을 발견할 수 있기 때문이다. 그러나 생시몽은 오래전에 시작됐

---

881 CW주 132) 네덜란드 연방-네덜란드의 최고 행정 또한 입법 기관. 이 나라는 1579년부터 1795년까지 연방 공화국이라 불리었다. 의회는 7개 주 대표자로 구성된다. 여기서 무역을 하는 부르주아가 주도적 역할을 담당했다.

던 운하 건설에서 등장한 재정적인 곤란을 제거하기 위한 계획만을 기획했을 뿐이다.

레이보:

"Six ans plus tard il proposa au gouvernement espagnol un plan de canal qui devait établir une ligne navigable de Madrid à la mer." 〈"여섯 해 뒤에 그는 스페인 정부에 마드리드와 바다 사이를 배가 다닐 수 있게 연결하는 운하 계획을 제출했다."〉(78쪽)

슈타인에게서와 같은 오류이다.

생시몽, 17쪽:

"Le gouvernement espagnol avait entrepris un canal qui devait faire communiquer Madrid à la mer; cette entreprise languissait parce que ce gouvernement manquait d'ouvriers et d'argent; je me concertait avec M. le comte de Gabarrus, aujourd'hui ministre des finances, et nous présentâmes au gouvernement le projet suivant" etc. 〈"스페인 정부는 운하의 건설을 착수했다. 이 운하는 마드리드와 바다를 연결하는 것이다. 이런 기획은 중단됐다. 왜냐하면 정부에는 노동자나 돈이 결핍됐기 때문이다. 나는 당시 재정 상인 카바리Cabarrus 백작의 양해를 얻어서 정부에 다음과 같은 기획을 제출했다."〉 등.

그륀 씨:

"프랑스에서 그는 국유 재산을 얻기를 바란다."

〈W, 483〉 슈타인은 혁명 기간 생시몽의 처지를 먼저 묘사하고 다음에 국가 재산에 대한 그의 투자[의 묘사]에 이르렀다.(144쪽 이하) 그러나 그륀 씨는 그가 국가 재산에 투자한 대신 "국유 재산을 얻기를 바란다"고 부조리하게 표현한다. 이런 표현은 어디서 나온 것일까에 대해서도 우리는 독자에게 원전을 제시함을 통해 해명할 수 있을 것이다.

레이보, 78쪽:

"Revenu à Paris, il tourna son activité vers des spéculations, et trafiqua sur les domaines nationaux."〈"파리로 되돌아가서 그는 투기 쪽으로 활동을 전환했으며 국유 재산에 투기했다."〉(프랑스어 'sur'란 대개의 다른 언어 조합에서 독일어 'auf'로 번역될 수 있다.)

그륀 씨는 위에 나온 자신의 문장을 아무런 동기를 설명하지 않고 불쑥 내민다. 생시몽이 국유 재산에 왜 투기했으며 이 사소한 사실이 그의 생애에서 왜 중요한 것인지를 그런 말로는 알 수가 없을 것이다. 즉 그륀 씨는 슈타인과 레이보의 글을 베끼면서 생시몽이 과학 연구 학회와 거대한 산업 설비를 실험적으로 건설했으며 이를 위해서 필요한 자본을 이런 투기를 통해서 마련하고자 했다는 사실을 불필요한 것으로 본다. 이런 이유가 생시몽 자신이 그런 투기를 한 동기였다.(『전집』, 19쪽)

그륀 씨:

"그는 학문을 수행할 수 있게, 인류 자체의 삶을 시험할 수 있게, 인류 자체를 심리학적으로 설명할 수 있게 하기 위해 결혼했다."(같은 곳)

여기서 갑자기 그륀 씨는 생시몽이 자연과학을 연구하고 여행 다녔던 가장 중요한 〈GA2, 555〉시기 중의 하나를 뛰어넘어 버린다. *학문을*

수행하기 위해 결혼한다는 것이 무슨 말인가? *인간*(사람은 *인간*과 결혼하지 않는다)을 심리학적으로 설명하는 것 등등을 위해 결혼한다는 것이 무슨 말인가?

*슈타인*은 이를 다음과 같이 표현한다(149쪽):

"그[생시몽]는 1801년 결혼했다. .... 나[생시몽]는 학자를 연구하기 위해 결혼을 이용했다."(생시몽, 23쪽 참조)

이제 원전을 비교해 보면 그륀 씨의 난센스가 이해되며 설명된다.

"인간 자체에 대한 심리학적 설명은 슈타인이나 생시몽 자신에게서 사회적 삶 속에서 학자가 어떻게 연구하는지 대한 관찰로 귀착된다. 생시몽은 사회주의자로서 그의 근본적 견해와 전적으로 부합하게 학문이 학자의 인격에 미치는 영향과 일상적 삶이 학자의 행동에 미치는 영향을 〈W, 484〉알고자 했다." 그륀 씨는 이런 말을 무의미하고 모호한 낭만적인 착상으로 전환했다.

그륀 씨:

"그는 가난하게 된다."(어떻게, 무엇을 통해?) "그는 한 전당포에서 일 년 임금으로 수천 프랑을 받고 서류 베끼는 일을 한다.—백작이며, 위대한 칼 황제의 후손인 그가 이어서"(언제, 왜?) "그는 이전 하인의 은총으로 살아간다. 그 후"(언제, 왜) "그는 자살을 시도하며 살아나자 연구와 선전이라는 새로운 삶을 시작한다. 이제 비로소 그는 자기의 두 주요 저서[882]를 쓰게 된다."

---

882 GA2주 참조) 그륀에게서 생시몽의 두 주요 저서란 곧 『산업에 관한 문답서(산업의 정치적 문답서)』(1823/1824)와 『새로운 기독교, 개혁주의자와 보수주의자의 대화, 1차 대화』(1825)이다.

그륀에게서 "그는 된다"-"이어서"-"그 후에"-"이제"라는 말이 생시몽의 생애를 이루는 개별적 계기의 시간적 순서와 연관을 대체한다고 가정된다.

슈타인, 156, 157쪽:
"게다가 새로운 무서운 적 즉 점차 더욱더 압박해 들어오는 물질적인 궁핍이 닥쳤다. .... 여섯 달 동안 고통스럽게 기다린 후에 주어 진다. .... 그에게 한 자리가-"(이 줄표조차 그륀 씨가 슈타인에서 베낀 것이다. 다만 차이가 있다면 그는 간교하게도 전당포 뒤에 줄표가 위치하게 했다) 즉 "어떤 전당포 안에 서기 자리가"(그륀 씨가 간교하게도 변경했던 것처럼 그 자리는 어떤 전당포 안에 있던 자리는 아니다. 왜냐하면 파리에는 다만 오직 하나의 공공 전당포가 있다는 사실은 잘 알려져 있기 때문이다) "일년의 임금으로 수천 프랑을 받으면서. 그 시대에 기적과 같은 인생유전이라니! 루이 14세의 유명한 궁정 관료의 자손, 공작의 상속자, 어마어마한 자산의 상속자, 프랑스의 세습 귀족이며 스페인의 대공이 어떤 전당포 속의 서기가 되다니!"

여기서 그륀 씨가 전당포에 관해 오인하게 된 이유가 밝혀진다. 여기 슈타인의 표현은 적절하다. 그밖에 조금 더 이야기하자면 그륀 씨는 자기를 슈타인과 구별하기 위해서 생시몽을 그저 "백작"이나 "칼 대제의 후손"이라고 부른다. 그는 뒤의 언급한 말[칼 대제의 후손]을 슈타인 142쪽, 레이보 77쪽에서 얻는다. 그러나 슈타인과 레이보, 이 두 사람은 현명하기에 생시몽 자신이 자기의 유래를 칼 대제에서 끌어낸다고 말한다. ⟨GA2, 556⟩슈타인이 제시한 것은 올바른 사실이고 왕정복고 시기에 생시몽의 가난을 부각하게 하기 위한 것임은 물론이지만, 반면 그륀 씨에게서 우리가 발견하게 되는 것은 백작이며 소위 칼 대제의 후손인 그가 도대체 어떻게 몰락할 수 있는가에 대해 놀라워한다는 사실이다.

슈타인:

"그는 두 해 동안 더 살았고"(자살 시도 이후) "그 두 해 동안 그는 그 이전 이십 년의 삶 동안보다 더 많은 일을 했다. 『Catéchisme des industriels⟨산업에 관한 문답서⟩』가 *완성됐다.*"(그륀 씨는 오랫동안 준비해왔던 작품을 완성한 것을 두고 "이제 비로소 쓰게 됐다"는 말로 바꾸어 말한다.) "그리고 『Nouveau christianisme⟨새로운 기독교⟩』가 완성됐다. 등등."(164쪽)

165쪽, 169쪽에서 슈타인은 이 두 저서를 "*그의 삶에서 두 가지 주요 저서*"라고 말한다.

⟨W, 485⟩그러므로 그륀 씨는 *슈타인의 오류를 베꼈을* 뿐만 아니라 슈타인의 모호한 구절에서 *새로운 구절을 위조하기도* 했다. 그가 베꼈다는 사실을 감추기 위해 그는 가장 현저한 사실만을 끄집어내지만, 오히려 그렇게 해서 사실에서 사실이라는 성격을 박탈하고 만다. 왜냐하면 그는 그런 사실을 연대기적 연관이나 그 일이 일어난 전반적인 동기에서 떼어내고 전적으로 필수적인 매개고리 자체를 생략해 버리기 때문이다. 그러므로 우리가 위에서 제시했던 것은 그륀 씨가 생시몽의 생애에 대해 전달했던 것, 말 그대로 *모든 것*이다. 그륀 씨가 이렇게 서술하는 가운데 생시몽의 역동적이며 적극적인 삶은 프랑스의 활기찬 어

느 지역에서 그와 동시대에 살았던 제일 등급의 농부나 투기꾼의 생애보다 별로 흥미롭지 않은 일련의 착상이나 사건으로 변화된다. 그리고 그는 자기가 날림으로 지어낸 전기를 내던진 다음 이어서 이렇게 외친다:"아 이 얼마나 *진정으로 문명화된* 삶인가!" 그는 정말 85쪽에서 부끄러워하지도 않은 채 이렇게 말한다: "생시몽의 생애는 생시몽주의의 거울 자체이다."—그의 말은 마치 생시몽에 관해 그륀 씨가 지어낸 "생애"가 그륀 씨가 책을 서술하는 방식 "자체"에 대한 거울이 아니라 서술하는 그 무엇을 비추는 거울인 것처럼 들린다.

우리는 이런 전기에 너무 오래 머물렀다. 그 이유는 그런 전기가 그륀 씨가 프랑스 사회주의자를 다루는 *근본적인* 양식과 방식에 관한 고전적인 본보기를 전해주기 때문이다. 그가 이 전기에서 자기가 베꼈다는 사실을 감추기 위해서 겉보기에 무관심한 척하며 내던지고 생략하고 위조하고 변경하듯이 그륀 씨는 또한 장차 표절로 의심받을까 하는 그의 내면적인 불안과 관련된 온갖 증상을 전개한다는 사실을 우리는 나중에 보게 될 것이다. 그는 비교를 곤란하게 만들기 위해 인위적으로 순서를 뒤바꾸거나 그의 선행자들을 인용하는 가운데 문장이나 말을 생략하기도 하는데, 그는 원전을 제대로 이해하지 못하니만큼 이런 일이 있었는가도 제대로 의식하지 못한다. 또한 그는 모호한 구절을 지어내거나 윤색하며, 그가 들입다 베낀 사람의 말을 불성실하게도 누락시킨다. 정말로 그륀 씨는 베끼는 데 너무 서두르거나 성급해서 자주 그가 슈타인의 독자로서 슈타인이 머릿속에 지니고 있었으나 독자에게는 언급한 적도 없는 사실을 증거로 불러낸다.

⟨GA2, 557⟩⟨수, 5⟩그러면 이제 생시몽주의에 대한 그륀식의 서술로 넘어가 보자.

1절 A)『제네바 시민이 그의 동시대인에게 주는 편지』

[883]그륀 씨는 슈타인의 소책자를 읽었어도 위에서 인용했던 책자 속에 제시된 계획 즉 학자를 지원하는 계획이 이 소책자의 환상적으로 보이는 부록[884]과 어떤 연관 속에 있는가를 분명하게 알지 못한다. ⟨W, 486⟩그는 이 소책자에 관해 이 소책자가 주로 문제 삼는 것은 사회의 새로운 구성인 것처럼 말하면서 다음과 같은 결론을 내린다:

"학자의 수중에는 정신적인 힘이 있고 소유자의 수중에 세속적인 힘이 있다. 선택은 각자에게 달려 있다."(85쪽, 슈타인 151쪽, 레이보 83쪽 참조)

아래 문장을 보자:"le pouvoir de nommer les individus appelés à remplir les fonctions des chefs de l'humanité entre les mains de tout le monde"⟨"인류를 인도하는 기능을 행사해야 하는 소명을 지닌 개인으로 누구를 임명할 것인가? 그 선택의 권리는 누구에게나 그의 수중에 있다."⟩ 이 문장은 레이보가 생시몽(47쪽)에서 인용한 것이며 슈타인이 어색하기 짝이

---

883 W주 185, CW주 133) 이 편지는 생시몽이 1802년 작성했고 1803년 파리에서 익명으로 발표했다.

884 GA2주 참조) 이 편지의 한 부분은–묵시록적 형태 속에서– 뉴턴의 권고를 삽입하고 원로원을 무력화함을 통해 미래에 학문과 학자가 지배하게 될 것이라는 관념을 반영한다. 이 부분은 1832과 1841년 생시몽의 전집 판에는 부록으로 제시되지 않고 편지 2와 편지 3 사이에 등장한다.

없게 번역했던 문장이다. 그런데 이 문장을 그륀 씨는 "선택은 각자에게 달려 있다"라고 축약했으니 그는 이런 축약을 통해 원래의 의미를 모두 박탈하고 만다. 생시몽에게 이 말은 뉴턴 평의회[885]의 선거에 관한 것이지만, 그륀 씨에게서 그 문장은 선택 일반에 관한 것이다.

그륀 씨는 슈타인과 레이보에서 베낀 네 개나 다섯 개 문장을 "『제네바 .... 편지』 등등"이라는 말로 마무리 짓고 곧바로 『새로운 기독교 Nouveau christianisme』라는 책에 대해 언급한 다음 갑자기 위의 문장으로 되돌아간다.

"그러나 물론 추상적인 학문이 도움 되는 것은 아니다."(더욱이 이미 우리가 알고 있듯이 구체적인 무지는 훨씬 더 도움이 안 된다.) "추상적인 학문의 관점에서 본다면 '소유자'와 '누구든지[Jedermann]'는 *정말이지[ja] 여전히* 대립하는 것이었다."(87쪽)

그륀 씨는 지금까지 그가 "선택은 각자에게"라고 말한 것이지 "누구든지"라고 말한 것은 아니라는 사실을 잊어버린다. 그러나 그는 슈타인이나 레이보에게서 "tout le monde〈온 세계〉"라는 말을 발견하고 따라

---

[885] CW주 134) 뉴턴 평의회-그륀 평의회를 구성하려는 계획을 생시몽이 그의 소책자 「제네바 주민이 현대인에게 보내는 편지」라는 데서 제시했다. 그 목적은 과학자와 예술가가 자기의 재능을 자유롭게 발전할 수 있게 하는 조건을 마련하는 것이었다. 공공의 기부를 통해 기금이 형성될 수 있었다. 각 기금 기여자는 세 명의 수학자, 세 명의 물리학자, 세 명의 화학자, 세 명의 생리학자, 세 명의 작가, 세 명의 화가, 세 명의 음악가를 지명할 수 있게 했다. 기금 모집을 통해 모인 총액은 가장 표를 많이 받은 세 명의 수학자, 물리학자 등에 나누어지게 했다. 이들이 뉴턴 평의회를 구성하는 구성원이 된다.

서 "*누구든지*[Jedermann]"라는 말을 인용구 속에 넣는다. 나아가서 그는 슈타인의 그다음 문장을 빠트렸다는 사실을 잊어버린다. 그러나 그 문장 때문에 그 자신의 문장 속에 "*정말이지*"라는 말이 나온 것이다.

"그(생시몽)에게 현자나 학자 밖에 propriétaires〈*소유자*〉와 tout le monde〈*온 세계*〉*가 분리되어 출현한다.* 사실 이 두 계층은 여전히 본래의 경계라는 것이 없이 상호 관계 속에 존재한다. .... 그런데도 이미 온 세계라는 저 모호한 형체 속에는 특정한 계급의 싹이 감추어져 있었으며, 그 때문에 이를 개념적으로 포착하고 부각하게 하는 경향이 생시몽의 후기 이론이 지닌 근본적 경향이었다. 그 계급이란 곧 classe la plus nombreuse et la plus pauvre〈수가 가장 많으며 가장 빈곤한 계급〉이지만, 당시로써는 국민의 이런 부분은 실제로는 다만 잠재적으로만 현존했다."(154쪽)

〈GA2, 558〉슈타인은 생시몽이 소유자와 온 세계를 *이미* 구별했으나 *여전히* 그 구별은 매우 모호하게 남아 있었다는 사실을 강조한다. 그륀 씨는 이를 비틀어서 생시몽이 일반적으로 그런 구별을 *여전히* 유지하는 것처럼 만든다. 물론 이것은 생시몽의 커다란 오해이며 이는 생시몽이 『제네바 .... 편지』에서 추상적 학문의 관점에 서 있다는 사실을 통해서만 변명될 수 있다. 그러나 유감스럽게도 생시몽은 의문스럽게 보이는 그의 구절에서 그륀 씨가 생각한 것처럼 〈W, 487〉미래 사회질서에서 그런 구별이 존재하는지를 전혀 말하지 않는다. 생시몽은 기금 모집을 위해 온 인류에게 호소했다. 왜냐하면 그가 보기에 온 인류는 그가 발견한 대로 세 가지 계급으로 나누어지는 것처럼 보이기 때문이다. 이 세 가지 계급은 슈타인이 믿는 것과 달리 savants〈학자〉, propriétaires〈소유자〉 그리고 tout le monde〈온 세계〉가 아니다. 오히려 1) Savants〈학자〉와 artistes〈예술가〉나 자유로운 관념을 지닌 모든 사람, 2) 전자와 연계되지 않고 혁신을 적대하는 자들 즉 propriétaires〈소유자〉, 3) surplus de l'humanité qui se rallie au mot: Égalité〈평등이라는 말로 한데 묶을 수 있는 나머지 인류〉이다. 이 세 가지 계급이 온 세계인을 구성한다. 생시몽의 『제네바 …. 편지』 21, 22쪽 참조. 나아가 생시몽은 그 구절보다 뒤에 나오는 어떤 구절에서 권력의 분할이 모든 계급에 유리한 것으로 간주한다고 말한다. 이때 그가 이런 권력 분할에 대해 말하는 구절 즉 47쪽을 보면 온 세계는 나머지에 해당한다. 즉 이 나머지는 다른 계급을 배제하지는 않는다고 하더라도[886] 명백하게 말해서 평등이라는 말로 한데 묶이는 나머지 인류를 말한다. 그러므로 슈타인은 비록 생시몽의 21, 22쪽의 구절을 고려하지 않았다고 하더라도 핵심적인 문제에서 있어서는 적중했다. 반면 그륀 씨는 원전을 전혀 알지 못하므로 슈타인이 범한 별로 중요하지 않은 오해에 달라붙은 나머지 여기에서 추론해 순전한 난센스를 끄집어냈다.

곧이어 우리는 더 기발한 예를 94쪽에서 얻게 된다. 여기서 그륀 씨는 생시몽에 대해 더는 조금도 이야기하지 않고 자신의 학파에 대해 말한다. 그래서 우리는 갑작스럽게 그가 다음과 같이 말하는 것을 본다:

"생시몽은 그의 어떤 책의 *어떤* 쪽에서 다음과 같은 *신비스러운* 말을 말한 적이 있다: '여성은 [기금모집에] 허용될 것이며 스스

---

886 CW주) 이 "다른 계급을 배제하지는 않는다고 하더라도"라는 구절은 『베스트팔렌 증기선』 텍스트에서는 빠진다.

로 지명될 수 있을 것이다.' 이런 거의 말라비틀어진 씨앗과 같은 말에서 여성 해방이라는 전적으로 엄청난 광경이 싹트게 된다."

물론 생시몽이 어떤 책 어떤 알 수 없는 구절에서 여성을 허용하고 지명하겠다고 말한 적이 있다면 그런 말은 정말 "신비스러운 말"이다. 그러나 신비는 그륀 씨에게나 현존하는 것이다. 생시몽의 책 중의 어떤 책이란 바로『제네바 주민의 편지』라는 책과 다른 책이 아니다. 생시몽은 여기서 모든 인간은 뉴턴 평의회에 가입하거나 그 하부 분과에 가입할 수 있다고 말한 다음 이어서 그는 이렇게 말한다: Les femmes seront admises à souscrire, elles pourront être nommées.〈여성은 *가입*을 허용받으며 *지명*될 수 있다.〉 물론 이런 허용과 지명은 평의회나 그 하부 분과의 어떤 자리에 대한 것이다.—슈타인은 당연하게도 이 구절을 자기의 책에서 인용했으며 거기에 다음과 같은 주석을 붙였다:

〈GA2, 559〉여기서 등등 "그의 후기 견해의 모든 흔적과 그의 학파 자체의 모든 흔적이 싹으로 다시 발견되며 여성 해방에 관한 최초의 사상이 발견된다."(152쪽)

〈W, 488〉올랭 로드리그는Olinde Rodrigues 자신의 책 1832년 판에서 이 구절은 생시몽에게서 발견되는 여성해방이라는 주장의 유일한 전거가 된다는 이유로 대서특필해 논쟁을 불러일으키려 했다. 슈타인은 이 사실을 그의 한 노트에서 강조했는데 이는 올바른 것이다. 그륀 씨는 자기가 베꼈다는 것을 감추기 위해 이 구절을 이 구절이 나오는 책에서 빼서 생시몽 학파의 주장으로 집어넣으며 이것에서 위에서 본 것과 같은 난센스를 주장하면서 슈타인의 "핵심"이라는 말을 "싹"이라는 말로 바꾸고 여성해방에 관한 이론이 이 구절에서 출현한다는 방식으로 유치한 공상을 전개한다.

그륀 씨는 『제네바 시민의 편지』가 『산업에 관한 문답서』라는 책과 대립한다는 소문을 듣고 자신도 감히 한 의견을 제출하기에 꺼리지 않는다. 그런 대립이 존재한다면 그것은 곧 『문답서』에 travailleurs〈일하는 자〉의 권리가 정당화되고 있다는 데 있다. 물론 슈타인과 레이보는 그륀 씨에게 전달했던 『편지』와 마찬가지 방식으로 『문답서』를 전달했으니, 그륀 씨는 두 책 사이에 이런 차이를 발견할 수밖에 없었다. 그륀 씨가 만일 생시몽의 책을 직접 읽었더라면 그는 이런 대립 대신 무엇보다도 『문답서』에서 더 전개된 견해와 상관해 그륀 씨가 그 "종자"라고 말한 견해를 이미 『편지』에서 발견할 수 있었을 것이다.

"Tous les hommes travailleront〈모든 사람은 일하지 않으면 안 될 것이다.〉"(『편지』, 60쪽) "Si sa cervelle"(des Reichen) "ne sera pas propre au travail, il sera bien obligé de faire travailler ses bras; car Newton ne laissera sûrement pas sur cette planète .... des ouvriers volontairement inutiles dans l'atelier."〈"그의"(부자의) "두뇌가 노동에 적합하지 않는다면 그는 손으로 노동해야만 할 것이다. 왜냐하면 뉴턴은 작업장에서 쓸모없는 어떤 노동자도 이 행성에 거주하게 허용하지 않을 것이라는 점은 확실하기 때문이다."〉(64쪽)

1절 B) 『산업에 관한 정치적 문답서』

슈타인은 이 저서를 흔히 『산업의 문답서』라 하면서 인용하므로 그륀 씨도 다른 제목을 사용하지 않는다. 그러나 그륀 씨는 ex officio〈직무상〉이 저서에 대해 말할 때 이 저서에서 겨우 열 줄만을 헌정한다. 그러므로 더더욱 그는 적어도 제대로 된 제목 정도는 제시할 필요가 있었지 않을까.

그륀 씨는 생시몽이 이 저서에서 노동에 주도권을 주려 한다는 주장을 슈타인의 글에서 베낀 다음 그는 이렇게 말한다.

"생시몽에게서 세계는 이제 게으른 자와 근면한 자로 구분된다."(85쪽)

여기서 그륀 씨는 오류를 범한다. 그는 생시몽 학파의 경우에 등장하고 훨씬 나중에 슈타인에게서도 발견되는 구별을 『문답서』에 전가한다. 〈W, 489〉슈타인, 206쪽:

"현재 사회는 게으른 자와 일하는 자로 이루어져 있다."(앙팡탱 Enfantin)

〈수, 6〉『문답서』에는 이렇게 위조된 구분 대신 세 가지 계급으로의 구분이 발견된다. 즉 féudale, intermé..diaire, industrielle〈봉건 계급, 중간 계급 그리고 산업 계급〉[887]이 그것이다. 〈GA2, 560〉그런데 당연한 말

---

887 W주 187) 봉건 또한 귀족 계급은 생시몽에 따르면 구 봉건귀족을 말한다. 중간 또한 매개 계급은 모두 1789년 혁명 이전에 정부의 법률 조언가, 부르주아 군인, 부르주아 지주에서 생겨났다. 부르주아 지주란 지대를 받기 위해 토지를 소

이지만, 그륀 씨는 슈타인을 베끼지 않았더라면 이런 위조된 구분을 절대 언급할 수 없었을 것이다. 왜냐하면 그는 『문답서』 자체를 알지 못했기 때문이다.

이에 그륀 씨는 노동의 지배가 『문답서』의 내용이라고 다시 한번 반복하며 이어서 그가 보기에 『문답서』라는 책의 특징이 되는 것을 다음과 같이 추론해낸다:

"공화주의가 '모든 것은 인민을 위해, 모든 것은 인민을 통해'라고 말하는 것처럼 생시몽은 '모든 것은 산업을 위해, 모든 것은 산업을 통해'라고 말한다."(같은 곳)

슈타인, 165쪽:
"모든 것이 산업을 통해 일어나는 것이므로, 모든 것은 산업을 위해 일어나야만 한다."

슈타인이 제대로 제시한 것과 같이(160쪽, 『비망록』) 생시몽의 1817

유한 자를 말한다. 이 중간 계급은 1789년 인민을 이용해서 혁명을 자기의 이해에 상응하게 만들려 했다. 혁명 이후 이 중간 계급은 인민과 국가를 지배했으며 사회에 대해 더는 유용한 일을 수행하지 못했다.
산업 계급에 속하는 자로는 물질적 재화를 생산하거나 생산하게 만드는 자와 이 재화의 유통에 종사하는 자 모두를 들 수 있다. 그들은 세 집단을 이룬다. 즉 농부, 제조업자, 상인이다. 산업 계급은 가장 중요한 사회 계급이며, 그들만이 사회에 유용한 것을 수행하며, 따라서 제일의 자리를 차지하며, 국무를 주도한다.
이에 관해서는 생시몽, 『산업에 관한 정치적 문답서』를 보라.

년 『산업』이라는 저서[888]에서 다음과 같은 슬로건이 발견된다: Tout par l'industrie, tout pour elle〈모든 것은 산업을 통해, 모든 것은 산업을 위해〉. 그러므로 위에서 말한 그륀 씨가 범한 오류 밖에도 그륀 씨가 『문답서』의 특성이라고 말한 것은 그가 전혀 알지 못했던 훨씬 이전의 저서에 나오는 이 슬로건을 마치 『문답서』에 있는 것처럼 잘못 인용한다는 것에 기인한다.

이를 통해 그는 독일인의 철저성을 발휘해 『산업에 관한 정치적 문답서』라는 책을 마음껏 비판했다. 그러나 우리는 그륀 씨의 뒤죽박죽인 책에서 여기저기 나오는 다른 구절 중에서 또한 이 『문답서』에 속하는 어구를 발견한다. 그륀 씨는 자신의 교활함에 관해 내심 만족을 느끼면서 『문답서』에 대해 슈타인이 그려놓은 특징 가운데 여기저기서 발견한 것을 전달하면서 이를 내세울 만한 배짱을 가지고 주물럭거린다.

그륀 씨, 87쪽:

"자유경쟁은 불순하며 혼란스러운 개념이었다. 이 개념은 투쟁과 불행이라는 새로운 세계, 자본과 노동 사이의 투쟁을 그리고 자본이 결여된 노동자의 불행을 자체 내에 함축해 왔다. 생시몽은 *산업이라는 개념*을 순화했으며, 이 산업이라는 개념을 *노동자라는 개념*으로 환원했으며, 제4 신분 즉 프롤레타리아의 권리와 노고를 공언했다. 그는 상속권을 폐지해야 했다. 왜냐하면 그런 상속권은 노동자에게, 산업가에게 부당한 것으로 됐기 때문이다. 생시몽의 『산업의 문답서』가 갖는 의미는 이런 것이다."

---

888 GA2주 재인용) 생시몽, 『산업 또는 정치적, 도덕적 그리고 철학적 토론』, 파리, 1817~1819

그륀 씨는 슈타인의 『문답서』의 169쪽에서 다음과 같은 글을 발견했다:

"따라서 생시몽의 진정한 의미는 이런 대립(부르주아와 peuple〈인민〉의 대립)을 이미 정해진 것으로서 예견했다는 것이다."

〈W, 490〉다음이 그륀 씨가 말하는 *『문답서』의 "의미"*에 해당하는 원전이다.
슈타인:
"그는"(『문답서』의 생시몽) "산업 노동자라는 개념에서 시작한다."

이것에서 그륀 씨는 어마어마한 난센스를 만들어 낸다. 즉 생시몽은 자유경쟁이 *"불순한 개념"*이라는 것을 발견했으므로 *"산업이라는 개념"*을 순화했으며 이 개념을 *노동자라는 개념*으로 환원했다고 한다. 자유경쟁과 산업에 대한 그륀 씨의 개념은 매우 "불순하고" "혼란스러운" 것이라는 점을 그는 곳곳에서 지적한다.
〈GA2, 561〉이런 난센스를 만들어놓고도 충분하지 못한지 그는 새빨간 거짓말조차 감행한다. 즉 생시몽이 상속권 폐지를 요구했다는 것이다.
그륀 씨는 『문답서』를 슈타인에 따라서 이해하는데, 이런 방식에 더 확고하게 의존하면서 그는 88쪽에서 다음과 같이 말한다:

"생시몽은 프롤레타리아의 권리를 확정했다. 그는 이미 새로운 구호를 제출했다. 즉 산업인과 노동자가 권력의 정상에 올라서야 한다는 것이다. 그런 올라섬이 일면적이기는 하지만, 모든 투쟁이란 그런 일면성을 동반하는 것이다. 일면적이 아닌 자는 투쟁할 수 없다."

그륀 씨는 일면성이라는 미사여구를 가지고 여기서 그 스스로 일면성을 범한다. 그래서 슈타인을 오해하면서 생시몽이 본래 노동자, 프롤레타리아를 "권력의 정상에 올려놓기를" 원한다고 말한다. 미셸 셰발리에 Michel Chevalier에 관해 말하는 102쪽을 참조하라:

"셰발리에는 *산업*을 무척이나 편들었다. 그러나 *장인*[匠人:셰발리에]의 눈에서와 달리 도제[생시몽]의 눈에는 *산업가*는 더는 *프롤레타리아*를 의미하지 않는다. 셰발리에는 자본가, 기업가와 노동자를 하나의 개념에 포괄하며 따라서 단지 가장 가난한 자나 가장 수가 많은 계급을 포함하는 것이 마땅한 범주에 게으른 자도 속한 것으로 간주한다."

생시몽은 산업가에게 노동자 말고도 fabricants, négociants〈제조업자, 거간꾼〉도 포함하며 간단하게 말하자면 전체 산업자본가를 포함한다. 그래서 그는 심지어 이들에게 특별하게 호소하기도 한다. 그륀 씨는 이를 『문답서』의 1쪽에 이미 발견할 수 있었을 것이다. 그런데도 그륀 씨는 그 저서 자체를 본 적도 없고 전해 들은 것만을 가지고서 문예적인 솜씨를 발휘해 이런 것에 대해 이런 방식으로 공상 펼친다는 것을 누가 모르랴.

『문답서』에 대해 비평하는 가운데 슈타인은 이렇게 말한다:

"그것에서 …. 생시몽은 국가권력에 대한 *산업의 관계가 전개하는 역사*에 이른다. 그는 산업에 관한〈W, 491〉학문 속에 국가의 계기가 은닉된다는 것을 처음으로 인식했던 사람이다. 그가 중요한 충격을 주었다는 것은 부인할 수 없다. 왜냐하면 프랑스는 생시몽 이래로 Histoire de l'économie politique〈정치 경제학의 역사〉를 소유하기 때문이다." 등등. (165, 170쪽)

슈타인이 "산업에 관한 학문" 속에 "국가의 계기"가 있다고 말하는 것을 보면[889] 그는 그 스스로 지극한 혼란에 빠져 있다. 그러나 그는 국가의 역사는 경제의 역사와 엄밀한 연관 속에 있다는 말을 덧붙이는 가운데 올바른 예감을 가지고 있다는 것을 보여준다.

그륀 씨는 나중에 생시몽 학파에 대해 말하면서 슈타인의 이와 같은 넝마 조각을 어떻게 자기 것으로 만드는지 우리는 곧 알게 된다.

"생시몽은 『산업의 문답서』에서 *산업의 역사*[890] 속에 국가적 지반을 강조하면서 산업의 역사를 시도했다. 그러므로 이런 대가다운 솜씨가 *정치 경제학*으로 가는 길을 깔았다."(99쪽)

889　GA2주 재인용) 슈타인, 『사회주의와 공산주의』, 170쪽: "국가 법률의 역사는 인민 경제의 역사와 또는 이제야 말할 수 있게 됐지만, 소유와 정확하게 연관된다."

890　CW주) 이는 그륀의 책, 『프랑스와 벨기에서 사회주의 운동』의 부 제목이다.

⟨GA2, 562⟩ 그륀 씨는 "그러므로" 우선 슈타인이 말한 "국가의 계기"라는 말을 "국가적 지반"이라는 말로 바꾸며 슈타인이 제시했던 더 구체적인 자료를 내버림으로써 이런 국가적 지반을 무의미한 상투어로 만든다. "집 짓는 자들이 버렸던 돌멩이"[891]를 실제로 이용해 그륀 씨는 자신의 책 『편지와 연구』의 "머릿돌"로[892] 삼았다. 그러나 동시에 그 돌은 걸림돌이 되기도 했다. 그러나 그 이상이다. 슈타인의 말은 생시몽이 이 국가의 계기를 산업이라는 학문 속에서 강조해 정치경제학이 역사적으로 전개하는 길을 깔았다는 것이다. 반면 그륀 씨는 생시몽이 정치 경제학 자체로 가는 길을 깐 것으로 만든다. 그륀 씨의 추론은 아마 다음과 같을 것이다: 경제학은 이미 생시몽 이전에 존재했다. 슈타인이 설명한 것처럼 그[생시몽]는 국가의 계기를 산업에서 강조했고 그러므로 경제학을 국민적으로 만들었다. 국민 경제학이 곧 정치경제학이다. 그러므로 생시몽은 정치경제학으로 가는 길을 깔았다. 그륀 씨는 이와 같은 구상을 꾸미는 가운데 정말로 마음이 들떠 있었을 것이라는 점은 부인될 수 없다.

그륀 씨가 생시몽이 정치경제학의 길을 연 사람으로 만드는 방식은 그가 생시몽을 과학적 사회주의의 길을 연 사람으로 만드는 방식과 같다.

891　CW주) 'Stein'은 돌멩이를 의미하며 동시에 슈타인 씨의 이름이기도 하다. 이를 이용한 말장난.

892　CW주) 『베드로 1서』, 2장 7절: 그러므로 이 돌은, 믿는 여러분에게는 귀한 것이지만, 믿지 않는 사람들에게는 '집 짓는 자들이 버렸으나, 모퉁이의 머릿돌'이 된 돌이요,

"그것은"(생시몽주의) " .... 과학적 사회주의를 포함할 것이다. 왜냐하면 생시몽이 그 전생에 걸쳐서 이 새로운 학문을 탐구했기 때문이다."(82쪽)

1절 c) 『새로운 기독교』

그륀 씨는 지금까지와 마찬가지로 호화찬란한 방식으로 슈타인과 레이보가 발췌한 문장에서 다시 발췌한 문장을 문예적인 방식으로 치장하며 슈타인과 레이보가 발췌한 문장에서는 함께 들어 있는 구절을 무자비하게 제거한다. 〈W, 492〉〈수, 7〉그가 발췌한 생시몽의 원전을 그가 절대 갖고 있었던 적도 없다는 사실은 한 가지 예만 보더라도 알 수 있다.

"생시몽은 유기적인 시대에 적합한 통일적인 세계관을 세울 필요가 있었다. 그것을 통해 그는 유기적인 시대를 비판의 시대와 *명백하게* 대립시킨다. 그의 견해에 따르면 우리는 루터 이래로 *비판의* 시대에 산다. 그는 이제 새로운 *유기적* 시대의 시작을 정초하려고 생각했다. 따라서 『Nouveau christianisme〈새로운 기독교〉』를 정초하려 했다."(88쪽)

생시몽은 한 번도 어디에서도 유기적인 시대를 비판의 시대에 대립시킨 적은 없다.[893] 그륀 씨는 새빨간 거짓말을 하고 있다. 이를 구분했

---

893 GA2주 참조) 이런 주장을 생시몽 자신이 하지는 않았고 생시몽주의자들에

던 것은 비로소 바자르Bazard[894]에 와서였다. 생시몽이 『새로운 기독교』라는 책에서 루터Luther가 수행한 *비판*을 인정하지만, 루터가 확정한 독단적인 *교의*는 결함이 있다고 본다는 사실을 그륀 씨는 슈타인과 레이보의 책에서 발견했다. 그륀 씨는 생시몽 *학파*에 관한 그의 글의 원천과 같은 원천에서 그가 회상한 것을 이 문장과 결합해 여기에서 위와 같은 주장을 주조한 것이다.

⟨GA2, 563⟩그륀 씨는 이상에서 묘사된 방식으로 생시몽의 생애와 그의 작품에 관해 오직 슈타인과 슈타인에게 실마리를 준 레이보를 이용해 약간 문예적으로 다듬어진 상투어를 만든 다음, 다음과 같은 외침으로 마무리한다:

"도덕의 속물, 레이보 씨와 함께 독일인 험담꾼 무리 전부는 생시몽과 같은 인간을 보호해야 한다고 믿었다. 왜냐하면 그런 인간, 그런 생애는 *일상적인* 척도에 따라서는 헤아릴 수 없다는 지혜 즉 그들[험담꾼 무리]에게 상식이 된 지혜를 그들은 신탁받았다고 생각했기 때문이다. 말해 다오, 당신들의 척도는 나무로 된 것인가? 진리를 말해 다오, 그런 척도가 제대로 된 단단한 떡갈나무 가지로 된 것이라면 우리는 만족해야 할 것이다. 그런 척도를 다오, 우리는 그런 척도를 값비싼 선물로 간주하며 고맙게 받으려 한다. 우리는 그런 척도를 불태워버리지 않고, 보존할 것이다! 신이여 보호하소서. 우리는 속물의 등을 그런 척도로 재어보

게서 발견된다. 하지만 이미 생시몽이 인간의 발전에서 두 대립적인 시기의 계열에서 시작했다. 『새로운 기독교』, 177~180쪽 참조.

894 CW주) 바자르의 저서, 『생시몽의 교의와 진술, 원년』, 참조

려 한다."(89쪽)

그륀 씨는 그런 문예적으로 무분별한 상투어라는 면에서는 그의 선구자들보다 그가 탁월하다는 것이 이렇게 기록된다.

1절 D) 생시몽 학파

그륀 씨는 생시몽 자신에 대해서보다는 생시몽주의자들에 관해서 훨씬 많은 것을 읽었으므로 비록 그 내용이 아무것도 아닌 것[Nichts]이기는 해도, 슈타인과 레이보에서 생시몽주의자들에 대해 발췌하는 일만은 적어도 질서정연해야 했다. 또한 그는 연대기적인 순서를 준수하고 사건의 경과를 설명하고 필요한 점을 아마도 보완해야 했다. 하지만 그는 그렇게 하기는커녕, 사악한 양심에 오도되어서 그 반대로 하고 만다. 그는 가능한 한 한껏 뒤섞어 버리고 필요한 모든 것을 생략하니 생시몽을 서술할 때보다 더 큰 혼란이 야기된다. 우리는 여기서 그런 사실을 아주 간단하게밖에는 살펴볼 수 없다. 〈W, 493〉왜냐하면 우리가 그의 모든 표절과 모든 잘못을 부각하려 한다면 그륀 씨가 쓴 책보다도 더 두꺼운 책을 써야 하기 때문이다.

생시몽이 죽은 이후[895] 7월 혁명[896]에 이르는 시대까지는 생시몽주의의 중요한 이론이 발전됐던 시대임에도 우리는 이에 대해 아무 얘기도 듣지 못한다. 따라서 생시몽주의의 가장 중요한 부분 즉 현존하는 사회 상태에 대한 비판은 그륀 씨에게서는 전적으로 날아가 버렸다고 해도 과언은 아니다. 이에 관해 그 원전 자체 즉 잡지 2권[897]을 모른다면 어떤 것을 말한다는 것은 사실상 어려웠다.

그륀 씨는 생시몽주의자들에 대한 자신의 강의를 아래와 같은 문장으로 시작했다:

"'각자에게 그 능력에 따라, 각자의 능력은 각자의 성과에 따라서'라는 주장이 생시몽주의의 실천적 교의이다."

레이보가 96쪽에서 이 문장을 생시몽에서 생시몽주의자들로 이행하는 전환점으로 서술하듯이 그륀 씨도 그렇다. 그래서 그는 이렇게 계속 말한다:

---

895 GA2주 참조) 생시몽은 1825년 5월 19일 사망했다. 그 이후 1830년까지가 바라르의 시대였다. 이 시대에 바자르, 앙팡탱, 로드리그의 지도 아래서 생시몽 학파가 형성됐고 점차 영향력을 증대했다. 무엇보다도 바자르의 영향 아래서 학파의 중심지였던 타란 가에서 강의가 시행됐다. 이 강의는 생시몽주의 교의를 확산했다. 이 강의는 1830년『생시몽의 교의, 진술, 1권』(파리, 1830),『생시몽의 교의, 1829~1830년의 진술, 2권』(파리, 1830)으로 발간됐다.

896 CW주) 1830년 7월 혁명

897 GA2주 참조)『산업과 과학, 예술의 잡지, 생산자』와『진보하는 일반 과학의 잡지, 조직자』그리고『정치와 문예의 잡지, 지구』를 지칭한다.

"생시몽의 이 유언에서 〈GA2, 564〉 다음과 같은 명제가 직접 도출된다: 모든 인간에게 그의 소질을 자유롭게 발전하게 보장하라."

여기서 그륀 씨는 레이보와 구별되기를 원했다. 레이보는 이 실천적 교의[자유로운 소질의 발전이라는 교의]를 "Nouveau christianisme〈새로운 기독교〉"라는 관념에 연결한다. 반면 그륀 씨는 "Nouveau christianisme〈새로운 기독교〉"란 관념을 레이보의 착상으로 간주하고 앞의 교의를 "Nouveau christianisme〈새로운 기독교〉"라는 관념에 연결하는 대신 거리낌 없이 생시몽의 유언에 연결한다.[898] 그는 레이보가 바자르의 『Doctrine de Saint-Simon, Exposition, première année〈생시몽의 교의, 진술, 초창기〉』라는 책 70쪽에서 말 그대로 발췌했다는 사실을 알지 못했다. 그륀 씨는 레이보가 자기 책에서 생시몽주의 가운데 종교적 위계체제에 관한 발췌문을 몇 개 열거한 다음, 갑자기 "실천적인 교의"를 들고 나오는 이유를 제대로 이해할 수 없는 모양이다. 이 실천적 교의에 관한 명제는 "Nouveau christianisme〈새로운 기독교〉"라는 종교적 관념과 연관 속에서 파악되면 비로소 새로운 위계체제를 지시할 수 있게 된다. 이 문장은 이런 위계체제라는 관념 없이 파악된다면 기껏해야 사회에 대한 세속적인 분류를 요구할 뿐이다. 그런데도 그륀 씨는 오직 이 문장에서 위계체제가 나오는 것으로 공상한다. 그는 91쪽에 이렇게 말한다:

---

898 GA2주 참조) 마르크스의 이 말은 사실이 아니다. 그륀은 생시몽의 유언을 임금과 업적과 처벌, 판매와 구매의 개념에 기초한 세계에 실현하는 것이 필연적이라는 데서부터 시작했을 뿐이다. 그는 이 유언을 새로운 기독교라는 저서와 연결하지 않았다.

"'각자는 그의 능력에 따라'라는 문장은 가톨릭의 위계체제를 사회질서의 법칙으로 삼는다는 것을 말한다. '각자의 능력은 그의 성과에 따라'라는 명제도 역시 작업장을 성소로 그리고 또한 전체 시민적인 삶을 신부가 통치하는 영역으로 전환하게 하려는 것을 말한다."

그륀 씨는 레이보가 위에서 언급했던 것과 같은 [바자르의] 『생시몽의 교의, 진술, 초창기』에서 발췌한 문장에서 다음과 같은 문장을 발견할 것이다:

"L'église vraiment universelle va paraître .... l'église universelle gouverne le temporel comme le spirituel .... la science est sainte, l'industrie est sainte .... et tout bien est bien d'église et toute profession est une fonction religieuse, un grade dans la hiérarchie sociale.-À chacun selon sa capacité, a chaque capacité selon ses œuvres." 〈"진정으로 모든 것을 포괄하는 교회가 출현할 것이다. .... 모든 것을 포괄하는 교회는 세속적인 것과 동시에 정신적인 것을 지배한다. .... 학문은 성화된다. 산업 역시 성화된다. .... 그리고 모든 재산은 〈W, 494〉교회의 재산이 되며 모든 직업은 정신의 소명이며 사회의 위계체제 가운데 한 매듭에 속한다.-*각자는 그 능력에 따라, 각자의 능력은 그 성과에 따라*"〉

그륀 씨는 분명히 단지 이 구절을 거꾸로 돌려놓았을 뿐이며 결론

속에 전건을 후건으로 전환했을 뿐이다. 그런데도 도무지 이해하지 못할 문장이 만들어졌다.

그륀 씨가 생시몽주의를 반영하는 방식은 "얼마나 뒤죽박죽이고 얽히고설킨 것"이었던지, 그는 90쪽에서 "실천적 교의"라는 말에서 "정신적인 프롤레타리아"라는 말을 도출하고, 이 "정신적 프롤레타리아"라는 말에서 "정신의 위계체제"라는 말을 도출하며 이 정신의 위계체제에서 위계체제의 정점을 도출한다. 그가 생시몽의 『생시몽의 교의, 진술』을 직접 읽기만 했더라면 그는 "Nouveau christianisme〈새로운 기독교〉"라는 종교관이 위계체제의 필요와 그 장점을 어떻게 끌어들이는가 하는 문제와 결합된다는 것을 보았을 것이다.

그륀 씨는 1828/29년에 지어진 『생시몽의 교의, 진술』에 대한 설명과 비판을 "À chacun selon sa capacité, à chaque capacité selon ses œuvres〈각자는 그 능력에 따라, 각자의 능력은 그 성과에 따라〉"라는 단 하나의 문장으로 완전히 끝냈다. 그 밖에도 그는 『*생산자*』[899]와 『*조직가*』에 관해서는 한 번도 언급하지 않는다. 그는 레이보의 책을 휙 훑어보면서 「생시몽주의의 세 번째 시대」라는 절 126쪽(슈타인, 205쪽)에서 다음과 같은 문장을 발견한다:

" .... et les jours suivants le Globe parut avec le sous-titre de Journal de la doctrine de Saint-Simon, laquelle était résumée ainsi sur la première page:〈이어지는 나날들에서 신문 『*지구*』[900]는 '생시몽의 학설을

---

899 W주 188) 『생산자』-생시몽주의 학파의 제일가는 언론 기관. 이 연보는 1825년과 1826년 파리에서 발간됐다.

900 W주 189) 『지구』-1824에서 1832년 파리에서 출현한 신문. 1831년 1월 18

위한 저널'이라는 부제를 달고 출현했다. 이 학설은 일 면에 아래
와 같이 요약된다:〉"
〈GA2, 565〉

종교
과학　　　　　　　　　　　　　산업
보편적 결합

이제 그륀 씨는 위의 문장에서 1831년의 문장으로 곧바로 도약하면
서 레이보의 말을 다음과 같이 가공한다:

"생시몽주의자는 자신의 체계에 관해 다음과 같은 도식을 제시
했다. 이 도식에 대한 공식적인 표현은 특히 바자르의 작품에 등
장했다."

종교
과학　　　　　　　　　　　　　산업
보편적 결합

〈수, 8〉〈W, 495〉그륀 씨는 "지구"라는 표제가 적힌 바로 그 면에 있
는 세 문장 즉 모두 실천적인 사회적 개혁과 연관된 세 문장을 생략한
다. 이 세 문장은 슈타인에게서 그리고 레이보에게서도 발견되는 것이
다.[901] 그륀 씨가 이렇게 생략한 목적은 그러면 한 신문의 제일 면을 채

일부터 이 신문은 생시몽주의자의 기관지가 됐다.

901　CW주 135) 참조된 문장은 아래와 같다: "모든 사회적 제도의 목적은 대다
수 극빈 계급의 윤리적 지적 물리적 조건을 개선하는 것이어야 한다." "모든 세습

계 선전의 "도식"으로 전환할 수 있기 때문이다. 그는 그 체계의 도식이 "지구"라는 표제가 적힌 면에 있다는 사실에 관해서는 침묵한 채, 이제 이 쪽의 표제를 손상해 종교가 그 책의 상위에 있는 것처럼 보이게 한다. 그는 이런 교활한 언급을 통해 생시몽주의 전체를 비판할 수 있게 된다. 게다가 그는 슈타인의 책을 보았다면 『지구』라는 신문의 본래 내용이 그렇지 않다는 사실을 발견할 수 있었을 것이다. 『지구』라는 신문은 현존하는 특히 경제적인 상황에 대한 가장 상세하고도 가장 중요한 비판을 담고 있지만, 그륀 씨는 이 사실을 알 수 없었다.

그륀 씨가 특히 이 도식을 *네 마디*의 말로 이루어진 공식으로 만든 일이 *바자르*의 업적이라는, 새롭지만 중요한 정보를 어디서 얻는지는 말하기 어렵다.

그륀 씨는 이제 다시 1831년 1월에서 1830년 10월로 되돌아간다:

"생시몽주의자가 짧지만, 포괄적으로 신앙 고백을 했던 것은 *Periode Bazard*〈바자르의 시대〉에서였다."(그 시대는 어디서 나온 것이더라?) "그 고백은 7월 혁명 직후였으며 의회에서였고, 뒤펭Dupin 씨와 모갱Mauguin 씨가 연단에 서서 생시몽주의자는 재산 또한 여성의 공유를 가르친다고 책망했던 다음이었다."

이제 이런 연설 뒤이어서 그륀 씨는 그 고백에 대해 언급한다.

"이 모든 것이 여전히 참으로 이성적이고 적절하다. 바자르는 의적인 특권은 예외 없이 폐지돼야 한다." "각자에게는 그의 능력에 따라, 각 능력에는 그의 성과에 따라."

회에 제출된 청원서를 편집했다."(92~94쪽)

결론으로 언급된 말을 먼저 살펴보자면, 슈타인은 205쪽에서 이렇게 말한다:

"그 형식이나 태도를 보건대 우리는 한순간이라도 지체하지 말고 그것(이 청원서 서류 쪼가리)을 앙팡탱의 것이라 하기보다는 차라리 바자르의 것이라고 보아야 한다."

그러면 레이보의 말을 보자, 123쪽:

"Aux formes, aux prétentions assez modérées de cet écrit il est facile de voir qu'il provenait plutôt de l'impulsion de M. Bazard que de celle de son collègue."〈"이 청원서의 형식이나 또한 상당히 매끄러운 요구를 볼 때 이 청원서가 그의 동료가 추진한 것이라기보다는 차라리 바자르 씨가 추진한 것이라는 사실은 쉽게 짐작된다."〉

그륀 씨의 천재적인 대담함이 있었기에 앙팡탱보다는 바자르가 이 청원서에 동력을 주었다는 레이보의 짐작이 바자르가 그 청원서를 전적으로 편집했다는 확신으로 변하게 된다. 그륀 씨가 청원서 서류 쪼가리로 이행하는 단서가 된 것은 레이보의 책 122쪽에서 번역된 [슈타인의] 구절이다:

"MM. Dupin et Mauguin signalèrent du haut de la tribune une secte qui prêchait la communauté des biens et la communauté des femmes.〈뒤펭 씨와 모갱 씨는 연단에서 재산 또한 여성 공유를 기도하는 분파를 손으로 〈GA2, 566〉가리킨다.〉"

〈W, 496〉그륀 씨가 한 일은 다만 레이보에서 밝혀져 있는 날짜를 제거한 것이며 그는 그 일에 대해 "7월 혁명 직후"라고 말한다. 이렇게 연대를 밝히는 짓은 자기 선구자에서 자신을 해방하게 하는 그륀 씨의 방식에는 도대체 어울리지 않는 일이다. 여기서 그가 슈타인에서 자기를 구별하기 위해 한 것이라고는 슈타인의 책의 비망록[또는 주]에 적혀 있는 것을 텍스트 속으로 옮기고, 청원서[902]의 도입 절을 제거하며 'fonds de production〈생산적 자본〉'을 '토지재산'으로 번역하고 'classement social des individus〈개인의[에 대한] 사회적 분류〉'를 '개인의[을 지배하는] 사회적 질서'라고 번역하는 것이다.

이어서 이제 생시몽주의 학파의 역사에 관해 몇몇 부정확한 비망록이 나온다. 이 비망록은 슈타인, 레이보 그리고 블랑에서 나온 것들을 예술가의 조형술을 통해 뒤죽박죽으로 섞어놓은 것이니 그 양상은 위에서 본 생시몽의 생애와 같다. 우리는 이런 뒤죽박죽을 그의 책 자체 속에서 음미하는 일은 독자에게 맡기려 한다.

우리는 생시몽주의에 대해 바자르 시대 즉 생시몽이 죽은 다음부터 최초의 분열[903]에 이르기까지 그륀 씨가 말할 줄 아는 모든 것을 전달했

---

902 GA2주 참조) 이 청원서는 바자르와 앙팡탱이 내각 총리에게 보낸 공개편지이며, 슈타인의 『사회주의와 공산주의』의 주에 기록된다.

903 CW주 136) 생시몽주의의 최초 분열은 1831년 가을에 일어났으며 앙팡탱과 바자르가 점차 종교나 결혼 그리고 가족에 관해 서로 의견을 달리하면서 일

다. 그는 이제 문예가적이며 비판적인 방식으로 북을 칠 줄 아는 모양이다. 그 결과 그는 바자르를 악한 변증론자라고 부르는가 하면 이어서 이렇게 말하기도 한다:

"그러나 공화주의자는 원래 그렇다. 공화주의자는 다만 죽을 줄 알 뿐이니, 그건 카토Cato나 바자르나 마찬가지다. 그들은 서로 단도로 찔러 죽이지 않는다면 서로 *심장을 터지게* 만든다."(95쪽) "이런 논쟁 이후 몇 달 지나지 않아서 그의(바자르) *심장*이 터졌다."(슈타인, 210쪽)

그륀 씨의 언급이 얼마나 정확한지는 공화주의자 예를 들어 르바쇠르 Levasseur, 카르노Carnot, 바레르Barère, 비요-바렌느Billaud-Varennes, 뷔오나로티 Buonarroti, 테스트Teste, 다르장성 d'Argenson 등등이 증명해 줄 것이다.

이제 앙팡탱에 관해 몇몇 낡아빠진 상투어가 나온다. 여기서 우리는 단지 그륀 씨의 다음과 같은 발견에만 주목하려 한다:

"이런 역사적 현상을 본다면 종교는 감각주의와 다를 바 없다는 사실을 그리고 대담하게도 유물론은 성스러운 교의 자체와 똑같은 기원을 가지고 있음을 주장할 수도 있다는 사실이 마침내 분명하게 된다."(97쪽)

그륀 씨는 뽐내면서 주변을 바라본다: "누가 정말 *그런 것에 대해 생*

어났다.

각해 본 적이 있었어?" 『할레 연보』가 낭만주의를 다루던 기회에[904] 그런 것에 대해 생각해 본 적이 없었다면 그는 절대 "그것에 대해 생각하지" 않았을 것이다. 그륀 씨가 그때 이후 생각에 진전이 있기를 사람들이 기대할 여지가 있었다면 얼마나 좋을까? 우리가 이미 보았던 것처럼 그륀 씨는 생시몽주의자의 정치경제학 비판[905] 전체에 관해 아무것도 알지 못한다. 그런데도 그는 앙팡탱을 이용해 이미 위에서 본 것처럼 생시몽이 정치경제학에 대해 내린 결론으로 그가 꾸며낸 것에 관해 한마디 말을 덧붙이려 한다. 즉 그는 레이보 129쪽 이하 그리고 슈타인 206쪽에서 앙팡탱의 『정치 경제학』에서 발췌된 문장을 발견하지만, 〈GA2, 567〉 그러나 여기에서조차 그는 〈W, 497〉 날조를 저지르고 만다. 그 이유는 이렇다. 가장 필수적인 생필품에 관해서는 조세를 폐지하자는 주장을 보면, 앙팡탱을 따르는 레이보나 슈타인은 이 주장을 상속권에 관한 제안의 귀결로서 묘사하지만, 그륀 씨는 이 주장을 이런 제안과 *병행하지만*, 그런 제안과는 무관한 독립적인 규제로 보기 때문이다.[906] 그

---

904 W주 190) 이 말은 칼 로젠크란츠Karl Rozenkarnz의 논문 「루트비히 티크 Ludwig Tieck와 낭만주의 학파」를 지칭한다. 역주) GA2주는 다르게 해석한다. GA2주는 이 말이 지칭하는 것은 아놀드 루게와 테오도르 에흐터마이어가 『할레 연보』(1839/1840)에 발표한 수고 『프로테스탄티즘과 낭만주의』이다. 그 논문에서 가장 내면적인 심정의 삶으로 복귀하는 것이 낭만주의의 근거로 규정된다. 주관적 감정을 자립적인 실체로 만들면서 낭만주의자 루게와 에흐터마이어는 종교와 신화, 기독교로 귀의했다.

905 CW주) 앙팡탱Barthélemy Prosper Enfantin, 『생시몽주의의 종교, 정치 경제학과 정치』, 62쪽의 문장을 말한다.

906 GA2주 재인용) 그륀, 『사회의 운동』, 99쪽: "앙팡탱, 이 공상가는 확실히 괴물 같은 존재로 여겨지는 목사 무리는 아니지만 그의 정치경제학에 나오는 다음

는 여기에서조차 그의 독창성을 발휘하면서 연대 순서를 위조해 *목사* 앙팡탱과 메니몽탕 Ménilmontant [907]을 먼저 언급하고 *경제학자* 앙팡탱은 나중에 언급한다. 하지만 그의 선구자는 앙팡탱의 경제학[908]을 바자르의 시대에 출현했고 앙팡탱이 기고했던『지구』와 동시대적인 것으로 다룬다. 여기서 그는 바자르의 시대를 메니몽탕의 시대 안으로 끌어들인다면 나중에 그가 경제학과 셰발리에M. Chevalier에 대해 언급할 때는 다시 메니몽탕의 시대를 경제학과 셰발리에 속으로 끌어들인다. 그에게 이런 기회를 준 것은 바로『새로운 책 Livre nouveau』[909]이다. 그는

과 같은 문장을 통해서 본래 인민 집단에 영향력을 행사했다: 힘든 자가 참을 수는 없다. 방계의 유산권은 폐지돼야 한다. 직계는 유산권을 보장하지만, 조세를 증가한다. 필수적인 생필품은 어떤 부과금 없이 보장돼야 한다."

907 W주 191, CW주 137) 메니몽탕 Ménilmontant-파리 교외의 지명이다. 여기서 앙팡탱이 1832년 '노동 코뮌'을 세우려고 시도했다. 앙팡탱은 바자르가 죽은 후 생시몽주의 학파의 공인된 지도자였고, 생시몽주의자에게는 고참 신부였다. 앙팡탱의 작품『정치 경제학과 정치학Économie politique et Politique』은『지구Le Glove』라는 신문에 연재된 후, 1831년 파리에서 책자의 형태로 인쇄됐다. GA2주 참조) 로드리그가 떠난 두 번째 분열 이후 그리고 1832년 4월 20일 신문『지구』의 중단 이후 앙팡탱은 40여 명의 잔류자와 더불어 메니몽탕에 있는 그의 땅으로 돌아갔다. 그들은 거기서 일종의 수도원과 같은 공동체 속에서 살았다. 앙팡탱의 이론과 메니몽탕에서의 삶은 프랑스 당국에 고소되는 계기가 됐다. 그 이유는 공개적인 도덕을 범하고 조합 법을 어겼다는 이유이다. 1832년 12월 앙팡탱이 판결을 받고 구금되면서 생시몽 학파는 최종적으로 붕괴했다.

908 W주 192) 여기서 다루어지는 것은 앙팡탱B. P. Enfantin의『정치 경제학과 정치』라는 책이다. 이 책은 1831년 파리에서 출판됐다. 원래 그 책은 신문『지구』에 일련의 기사로 연재됐다.

909 W주 193, CW주 138)『새로운 책』-생시몽주의를 담고 있는 수고. 이 수고

익숙하게 해 왔던 대로 레이보의 추측 즉 셰발리에가 이 저서의 저자라는 추측[910]을 확정적인 주장으로 변화시킨다.

그륀 씨는 이제 생시몽주의를 "전체적으로"(82쪽) 서술했다. 그는 "생시몽을 그의 문헌을 직접 들여다보면서 비판적으로 음미하지는 않겠다"라는 그 자신의 약속을 지켰으며 따라서 완전히 다른 문헌 즉 슈타인과 레이보의 책으로 들어가서 한껏 정신없이 좌충우돌했다. 이를 보상하기 위해 그는 셰발리에의 1841/42년 경제학 강의에[911] 관해 약간 설명한다. 하지만 그때는 셰발리에가 이미 오래전부터 생시몽주의자이기를 중단해 왔던 시기였다. 그륀 씨는 생시몽주의에 대해 비판했을 때와 마찬가지로 즉 『두 세계에 대한 비평』에 실린 이 강의에 대해 비판하면

는 생시몽주의 학파의 지도자들이 작성했으며, 그 선두에 앙팡탱이 있다. 이 수고는 1832년 6월 개최된 일련의 회의 과정을 통해 작성됐다. 이 수고에 소개된 지도자로는 바로Barrot, 포르넬Fornel, 셰발리에Chevalier, 두브리에Douvrier, 랑베르Lambert이다. 이 저자들의 의도는 이 책이 생시몽주의의 새로운 성경이 되는 것이었다. 새로운 책에서 발췌된 것과 그 책에 관한 다른 정보는 레이보의 책 『새로운 사회주의자의 개혁에 관한 연구Études sur les réformateur ou socialistes moderne』에서 발견될 수 있다.

910 GA2주 참조) 레이보는 『새로운 책』의 한 부분을 최종적으로 편집하는 일이 쉐발리에의 손에 맡겨졌다고 추측했을 뿐이다. 그 부분은 곧 성경의 창세기 장을 앙팡탱과 그 지지자들의 종교관에 비추어 새롭게 파악하려는 목적을 지닌 부분이다. 이 점에서 그륀은 레이보를 따라서 그러나 한 걸음 더 나아가서 이렇게 말한다. 즉 쉐발리에가 메니몽탕을 위해 『새로운 책』의 「새로운 창조」 부분을 서술했음이 아마도 틀림없다는 것이다.

911 CW주) 셰발리에Nichel Chevalier가 프랑스 단과 대에서 수행한 정치 경제학 강의를 말한다

서 이를 지금까지 슈타인과 레이보를 이용했던 것과 같은 방식으로 이용할 수 있었다. 그의 비판적 견해에 관한 한 가지 예가 있다.

"그의 주장은 생산이 충분하게 이루어지지 않을 것이라는 데 있다. 이 말은 전적으로 낡은 경제학파의 녹슨 편협성에서 나올 만한 말이다. …. 정치 경제학이 생산이 소비에 의존한다는 사실을 통찰하지 못하는 한 그리고 이런 소위 학문이라는 것이 어떤 푸른 나뭇가지를 자라게 하지 못하는 한 그런 말이 나올 것이다."(102쪽)

누구나 그륀 씨가 어떻게 해 진정 사회주의에서 전달받은 생산과 소비에 관한 상투어를 가지고 모든 경제학 저서를 훨씬 능가한 지위에 오르게 된 것인지 깨닫게 된다. 누구나 모든 경제학자가 공급은 〈수, 9〉수요에 즉 생산은 소비에 의존한다고 주장하는 것을 발견할 수 있을 것이다. 그런 사실은 제쳐놓는다고 하더라도 프랑스에서는 심지어 시스몽디Sismondi의 경제학파와 같은 고유한 경제학파도 생산이 수요에 의존한다고 주장한다. 시스몽디 학파에서[912] 그 방식이 자유경쟁을 통해서 이런 일이 일어나는 방식과 다른 방식으로 일어나기를 바란다. 그러기

---

912 GA2주 참조) 시스몽디Jean Charles Léonard Sismonde de Sismondi는 그의 책 『정치 경제학의 새로운 원리』(파리, 1827)에서 생산과 소비의 상호 제약에 관해 언급했다. 여기서 그는 부는 수입과 인구 증가에 비례한다는 주장을 발전시켰다. 왜냐하면 생산은 소비 즉 수입을 통해 제한될 수 있기 때문이다. 시스몽디에 따르면 생산은 일정한 조건 아래서 과소 소비 때문에 생겨난 전반적인 과잉생산 때문에 생산의 후퇴에 이를 수 있다.

에 시스몽디 학파는 그륀 씨가 적대시하는 경제학자에 가장 결정적으로 대립한다. 더욱이 우리는 그륀 씨가 나중에 가서 그에게 맡겨진 기금을 가지고 즉 생산과 소비의 통일을 통해 성공적으로 수익을 불렸음[913]을 보게 된다.

⟨GA2, 568⟩⟨W, 498⟩그륀 씨는 슈타인과 레이보에서 발췌된 것조차도 얄팍하게 만들고 날조했으며 상투어로 뒤덮어 버려 지루함을 일으켰던 것에 대해 독자에게 변상하기 위해 다음과 같은 청년 독일파다운 광채를 발하면서 인도주의적인 빛으로 반짝이면서 사회주의적으로 작열하는 화염을 내뿜는다:

"생시몽주의는 전체적으로 본다면 사회주의 체제라 하겠으며 이는 프랑스의 대지 위에 선의의 구름이 쏟아붓는 사상의 탄산 빗물에 불과하다."(보다 앞에서 즉 82, 83쪽에서 "빛의 덩어리, 그러나 아직 빛의 혼돈은 아니며"(!) "*질서정연한 지옥도 아니다*"는 말이 나온다!!) "생시몽주의는 동시에 가장 감동적이며 가장 흥겨운 공연물이다. 시인은 공연에 훨씬 앞서 죽었으며 한 명의 연출가는 공연 중에 죽었다. 나머지 연출가와 전체 배우는 그 분장을 벗어 놓았으며, 일상복 속으로 갈아입고 집으로 갔으며 마치 아무것도 일어나지 않는 것처럼 행동했다. 공연은 흥미로웠으며, 최종적으로 약간 어리둥절한 것이었고 몇몇 배우는 과장된 연기를 했다.–그게 전부다."(104쪽)

---

913 CW주)『마태복음』, 25장 15~30절, 『누가복음』, 19장 13~26절: 그러자 그의 주인이 그에게 말했다. 악하고 게으른 종아, 너는, 내가 심지 않은 데서 거두고, 뿌리지 않은 데서 모으는 줄 알았다. (탤런트의 비유)

하이네가 그를 따라 짖는 개를 얼마나 올바르게 평가했는지: "내가 용의 이빨을 뿌리자 이들이 튀어 올랐다."[914]

---

914 GA2주 참조) 이 전체 구절은 하이네에서 발견되지 않는다. 역주) 그리스 신화에 나오는 '용의 이빨을 뿌린다'라는 표현만은 하이네의 여러 곳에서 발견된다.

2절 푸리에주의

『네 가지 운동Quatre mouvements』에서 발췌된, 사랑에 관한 몇몇 구절에 대한 번역을 제외하면 우리는 여기서도 역시 모든 말은 이미 슈타인에게서 더 완벽하게 나타났다는 사실을 발견한다. 그륀 씨의 윤리는 이미 푸리에보다 오래전에 수백 명의 다른 작가가 말해온 한 문장으로 완성된다:

"푸리에에 따르자면 윤리는 인간의 격정을 억누르기 위한 체계적인 시도에 지나지 않는다."(147쪽)

기독교 윤리도 그것과 달리 정의되지 않았다. 그륀 씨는 현존하는 농업과 산업에 관한 푸리에의 비판에 대해서는 전혀 언급하지 않는다. 그리고 그는 서문에 (「정치경제학의 기원과 상업에 관한 논쟁의 기원 Origine de l'économie politique et de la controverse mercantile」, 『네 가지 운동Quatre mouvements』, 332, 334쪽) 나오는, 상업을 비판하기 위한 몇몇 일반적인 문장을 『네 가지 운동』의 한 절에 번역해 놓는 것으로 만족한다. 이어서 『네 가지 운동』이라는 책에서 나오는 몇몇 발췌문이 나오며 또한 『결합을 위한 계약』이라는 책에서 나오는, 프랑스 혁명에 관한 하나의 발췌문이 슈타인의 책을 통해 이미 알려진 문명에 관한 명세서와 더불어 나온다. 그러므로 푸리에의 [농업과 산업에 대한] 비판과 관련된 부분 즉 '논의에서 가장 중요한 부분은 28쪽에 축자적으로 번역된 문장이다. 이 문장은 매우 사소한 예외는 있지만, 가장 일반적이며 가장 추상적인 것에 제한되며 중요한 것과 중요하지 않은 것을 모조리 다

내버린 문장인데 가장 피상적으로 그리고 가장 성급하게 끝나고 만다.

〈GA2, 569〉〈W, 499〉이제 그륀 씨는 푸리에의 체계에 관한 서술로 이행한다. 더 완전하고 더 탁월한 해명은 오래전부터 이미 슈타인이 인용한 *추로아/Chouroa*의 저서[915]에 등장한다. 그륀 씨는 푸리에 계열[급수][916]을 심원하게 해명하는 것이 "회피할 수 없이 필수적인 것"으로 간주하지만, 이를 위해서 푸리에 자신에서 축자적으로 인용해 번역하는 것을 제외하고는 더 나은 일을 할 줄 모른다. 그는 나중에 수[數]에 관해 몇 가지 문예적인 상투어를 제시한다. 이 상투어는 나중에 보게 될 것이다. 그는 푸리에가 어떻게 계열이라는 개념에 이르렀으며 그와 그의 학파가 계열을 어떻게 구성했던가를 제시하는 데는 생각이 미치지 못한다. 그는 이런 계열을 내적으로 구성하는 것에 관해서는 가장 하찮은

---

915   W주 195) 로샤우스August Ludwig Rochaus, 『푸리에 사회이론에 관한 비판적 해명 Kritische Darstellung der Socialtheorie Fouriers』, 이 책은 추로아A.L. Churoa라는 익명으로 발간됐다.

916   역주) 급수-일정한 비율로 증가하는 수
CW주 139) 푸리에 계열[series: 급수]-푸리에가 여러 가지 자연 현상과 사회 현상을 분석하기 위해 사용했던 분류 방법이다. 그는 이 방법의 도움을 받아서 특히 감정의 견인과 반발에 기초한 새로운 사회과학을 수립하려고 시도했다. 그는 감정의 견인과 반발이 사회의 운동에서 주요 요소로 간주했다. (감정은 이번에는 푸리에를 통해 집단이나 계열로 분류된다.) 이런 방법을 통해 푸리에는 비과학적이고 환상적인 요소를 합리적인 관찰과 결합한다.
GA2주 참조) 푸리에는 새로운 사회질서와 연관해 열정의 계열과 대립 집단의 계열이라는 개념을 구상했다. 이 계열은 사회적 노동의 분배를 자연적인 열정에 따라서 보장한다고 가정된다. 이런 계열을 통해 노동이-주기적인 교체를 통해-매력적인 것으로 만들어져야 한다는 것이다.

해명조차 주지 못한다. 헤겔의 방법과 꼭 마찬가지로 그와 같은 구성이 어떻게 만들어질 수 있는지를 제시하고 이를 통해 인간이 그런 구성의 주인이라는 사실을 입증함을 통해서만 그런 구성은 비판될 수 있을 것이다.-슈타인이 적어도 어느 정도 강조하는 것 즉 travail répugnant〈반발하는 노동〉과 travail attrayant〈견인하는 노동〉의 대립이라는 것은 그륀 씨에게서는 최종적으로 완전히 배후로 사라진다.

이런 전체 서술에서 가장 중요한 것은 그륀 씨가 푸리에를 비판한다는 것이다. 우리는 독자에게 이미 위에서 그륀 씨의 비판이 어디에 원천을 두는지에 대해 말했던 것을 상기해보라고 청한다. 이제 몇 가지 예를 통해서 그륀 씨가 진정 사회주의의 문장을 처음에는 받아들이고 이어서는 과장하거나 위조하는 방식을 보여주려 한다. 푸리에가 자본과 재능 그리고 노동을 구분한 방식은 그가 총명한 체하며 거들먹거린다는 사실을 입증하는 눈부신 증거를 제공한다는 점,[917] 여기서 이런 구분을 노동과 자본의 *실제* 관계에서 비판하지 않더라도 이런 구분이 불가능하며 합당하지 않다는 점 그리고 임금노동을 도입하는 것 등에 관해 광범위한 논의가 발생할 수 있다는 점은 더는 언급할 필요도 없을 것이다. 푸르동은 그륀 씨에 앞서서 이미 모든 것을 무한히 더 탁월하게 언급했다. 물론 푸르동은 이를 통해 문제의 핵심은 조금도 건드리지 못했다.

그륀 씨는 푸리에의 심리학에 대한 비판을 그의 다른 모든 비판과 마찬가지로 『인간 본성』이라는 책에서 길어온다.

---

[917] GA2주 참조) 여기서 마르크스는 푸리에가 새로운 사회질서를 위해 발전시킨 분배 원리를 참조한다. 이 원리는 협의회로 결집된 성원들이 자본, 노동, 재능의 능력에 비례해 임금을 주게 준비한다.

"왜냐하면 인간 본성이 모든 것 중의 모든 것이기 때문이다."(190쪽)

"마찬가지로 푸리에는 인간 본성에 호소한다. 그는 인간 본성의 내적인 핵심을"(!) "자기가 해오던 방식에 따라서 12개의 감정 명세서 속에 해명한다. 또한 그는 모든 성실하고 이성적인 두뇌가 원하는 대로 인간의 내적인 본성을 현실화하고 실천하려 한다. 인간 속에 있는 것이 또한 인간 밖으로 실현돼야 하며 그럼으로써 내적인 것과 외적인 것의 차이가 전반적으로 제거된다. 인류의 역사는 이런 특징을 인식하고자 하는 사회주의자로 득실거린다. 누구에게나 중요한 것은 인간 본성이라는 개념 아래서 그가 스스로 무엇을 생각하는가에 있다."(190쪽)

⟨W, 500⟩또는 오히려 이렇게 말할 수 있다. 즉 진정 사회주의자에게서 중요한 것은 인간 본성에 관한 사상을 모든 사람이 받아들이게 하는 것일 뿐이다. 또 중요한 것은 ⟨GA2, 570⟩사회주의의 다양한 단계를 인간 본성에 관한 철학의 다양한 단계로 전환하는 것이다. 이런 비역사적인 추상적 생각에 오도되어 그륀 씨는 내적인 것과 외적인 것 사이의 모든 차이를 제거했다고 선언한다. 그는 이런 제거와 더불어 심지어 인간 본성을 증식하는 일도 끝이 있다는 사실을 알지 못한다. 더욱이 독일인은 자기가 인간 본성에 관해 현명하다는 생각을 스스로 왜 그렇게 무서울 정도로 자랑하는지 대체 이해하지 못하겠다. 독일인이 지혜라고 믿는 모든 것 즉 오성과 심정 그리고 의지라는 세 가지 일반적인 성질은 이미 아리스토텔레스와 스토아주의자[918] 이래로 상당히 일반적으로 알

---

918 CW주)『베스트팔렌 증기선』에 이런 말이 나온다: "또는 진정 사회주의자

려졌던 것이니 말이다. 그륀 씨가 푸리에가 인간을 12개의 감정으로 쪼 갰다는 것을 비난하는 것도 이런 관점에서 나온 것이다.

"심리학적으로 말하자면 이 명세서의 완전성에 관해 나는 전혀 말하고 싶지 않다. 나는 그 명세서를 만족스럽지 못한 것으로 여긴다."-(이 말에 "심리학적으로 말해서" 청중은 안심할지도 모른다.)-"이런 12개의 감정을 통해 인간이 무엇인지 알 수 있을까? 조금도 아니다. 푸리에는 5개의 감각만을 말해도 충분했을 것이다. 인간이 그런 5개의 감각을 설명한다면, 그 속에 들어 있는 인간적인 내용을 해석할 줄 안다면 그 5개의 감각 속에 *전체적 인간*이 들어 있다."(마치 인간의 내용이 마치 인간 사이의 생산과 교류의 단계에 전혀 의존하지 않는 것처럼 말한다.) "정말, 인간은 전적으로 오직 하나의 감각, 감정 속에 있다. 그는 동물과 다르게 느낀다." 등등.(205쪽)

우리는 그륀 씨가 전체 책 가운데 여기서 처음으로 포이어바흐의 입장을 통해 푸리에의 심리학에 관해 다만 조금이라도 말할 것을 얻고자 얼마나 긴장하는지를 보게 된다. 마찬가지로 우리는 이런 "전체적 인간"이 얼마나 환상적인지를 알게 된다. 왜냐하면 이 전체적 인간이란 실제 개인이 지닌 고유한 성질 속에 "들어 있는" 것이며 철학자를 통해

에게 중요한 것은 차라리 사회주의의 다른 단계를 인간 본성에 관한 다른 철학으로 변형하는 것이다. 진정 사회주의자에 따르자면 인간의 본성은-비 역사적인 추상물로서-포이어바흐를 통해 해명됐으므로, 진정 사회주의자는 이런 변형의 결과를 통해 동시에 사회주의적인 체계에 대한 비판을 제공했다."

그 유일한 성질에서 해석된 존재이기 때문이다. 도대체 그것은 어떤 종류의 "인간"이기에 실제 역사적인 〈수, 10〉활동과 현존 속에서 직관되지 않고 오히려 인간에게만 있는 귓불이나 그 밖에 인간이 동물과 구별되는 특징에서 추론되는가?[919] 이 전체적 인간은 인간에게 고유한 뾰루지처럼 자신의 왕국 속에 "놓여 있다." 인간의 감정이 인간적이지 동물적이 아니라는 [그의] 통찰은 당연하게도 어떤 심리학도 분석을 시도할 필요가 없는 인식이며 동시에 모든 심리학을 [불필요하다고] 비판하는 것이다.

그륀 씨에게 푸리에가 사랑을 다룬 방식을 비판하는 것은 매우 쉬웠을 것이다. 왜냐하면 그륀 씨로서는 푸리에가 추구한 자유로운 사랑에 대한 견해가 기초했던 환상을 현존하는 사랑의 관계에 대한 푸리에 씨의 비판과 대조해보면 되기 때문이다. 그륀 씨는 진정한 독일의 속물답게 이런 환상을 진지하게 받아들인다. 그 환상이 그륀 씨가 진지하게 받아들인 유일한 것이다. 그가 푸리에 체계에서 등장하는 〈W, 501〉이런 환상의 측면에 한 번이라도 관여하고자 했던 것이 사실이라면 교육에 관해 푸리에가 구상한 것에 관해 그가 전혀 관여하지 않는 이유를 알 수 없다. 왜냐하면 푸리에의 교육에 관한 구상이 〈GA2, 571〉이런 부류에 속하는 것들 가운데 최고의 것이며 가장 천재적인 관찰을 포함하고 있기 때문이다. 더욱이 그륀 씨는 사랑의 문제를 다루면서 청년 독일파에 속하는 문예가답게 푸리에가 했던 비판에서 배운 게 없다는 사실을 누설한다. 결혼의 폐지에서 출발하든, 사적 소유의 폐지에서 출발하든 매한가지이지만, 푸리에는 이 두 가지는 항상 서로를 요청한다고 생각한다. 그러나 그륀 씨처럼 이미 현존하는 부르주아 사회에서 실제로 일어

---

919 CW주) 헤겔의 『자연철학 강의』, 「서문」, 246항, 보유에 나오는 말이다.

나는 결혼의 해소와 다른 방식으로 일어나는 결혼의 해소를 출발점으로 삼으려 한다면 그것은 순전히 문예적인 환상일 뿐이다. 그가 푸리에를 읽었다면 [결혼의 해소에 관한] 푸리에의 출발점은 다만 생산의 변형에 있다는 사실을 발견했을 것이다.

푸리에가 비록 곳곳에서 물체의 경향성(견인력을 말한다.)[920]에서 출발하면서도 온갖 종류의 수학 실험을 시도한다는 사실은 그륀 씨를 놀라게 하는 모양이다. 그러므로 푸리에는 203쪽에서도 "수학적 사회주의자"[921]라고 불린다. 그륀 씨가 푸리에가 살았던 상황 전체를 무시했다고 하더라도 견인력에 대해 좀 더 상세하게 살펴보았더라면 그륀 씨는 거기서 자연 관계는 계산의 도움이 없이는 더 엄밀하게 규정될 수 없다는 사실을 곧바로 발견했을 것이다. 그륀 씨는 그렇게 하는 대신 수에 반대해, 헤겔의 전통과 연관해 출현하는, 문예적으로 치장된 매도[罵倒: Philippika]를 통해 우리에게 실컷 접대한다. 그런 매도 가운데 다음과 같은 구절도 있다:

푸리에는 "그대의 가장 비정상적인 취미의 분자 구조조차 계산한다."

---

[920] GA2주 참조) 푸리에는 그의 열정적인 견인과 반발의 이론을 모든 점에서 기하학의 정리와 일치하는 과학으로 표시했으며 네 가지 즉 물질적, 유기적, 동물적, 사회적 운동에 대한 유추와 물질 변용의 유추 그리고 인간과 동물의 감정에 대한 수학 이론에 대해 말했다.

[921] 역주) 수학적 사회주의자-푸리에가 수행했던 직업 생활에서 수학 즉 수학적 계산이 맡았던 특별한 역할을 지시하는 말로 보인다. 푸리에는 떠돌이 기능공, 자립적인 사업가, 상점 고용인, 중개인, 물품 검사관 그리고-나폴레옹의 백일치하에서-리용Lyon 시 통계부 대표였다.

그런 것이 있다면 진짜 기적이겠다.-나아가:

"그렇게 강하게 비난받아온 문명이란 무정한 구구표[九九表]에 기인했다. .... 수는 규정된 것에 불과하다. 하나란 무엇인가? 하나는 멈추지 않는다. 하나는 둘, 셋, 넷이 된다."

수[數]가 처한 상황은 독일 목사와 유사하다. 독일 목사란 부인을 얻고 새로운 아이를 갖기까지는 "절대 쉬지" 않는 존재이다.

"수는 모든 본질적인 것과 현실적인 것을 살해한다. 이 본질적인 것은 반은 이성적이며, 3분의 1은 진리다."

그는 다음과 같이 질문하면 좋았을 것이다: 푸름을 향해 질주하는 대수란 무엇인가? ....

"유기적 발전에 부딪히면 수는 까무러친다."

생리학과 유기 화학이 기초하는 문장이다.(203, 204쪽)

"수를 사물의 척도로 삼으려는 사람은 이기주의자가 될 것이다, 아니-그는 이기주의자다."

그는 과도하게도 헤스가 그에게 전해준 문장을(위를 보라) 이런 문

장에 결합할 줄 안다:

"조직을 위한 푸리에의 계획 전체는 이기주의밖에 다른 것에 기초하지 않는다. …. 문명화된 이기주의의 가장 악랄한 표현이 바로 푸리에다."(206, 208쪽)

⟨W, 502⟩ 그는 곧이어 푸리에가 주장하는 세계 질서에서 어떤 방식을 통해 가장 가난한 자가 매일 40개의 요리접시를 먹어 치우고, 매일 5번의 식사가 이루어지며, 사람들은 144살까지 살게 되는지 등등을 설명하면서 이런 이기주의를 입증한다. 푸리에는 소박한 유머를 통해 인간에 관한 거창한 견해를 왕정복고 시대 겸손하고 중용적인 인간[922]에 대립시킨다. 그륀 씨는 이 기회에 인간에 관한 그런 거창한 견해에 나타나는 푸리에의 가장 순진무구한 측면만을 부각하면서 그 견해를 속물이 즐겨 쓰는 윤리적 상투어를 사용해 판단한다.

⟨GA2, 572⟩ 그륀 씨는 푸리에가 프랑스 혁명을 파악하는 방식 때문에[923] 그를 비난한다. 바로 이런 비난을 통해 우리는 동시에 그가 혁명 시대에 관해 스스로 어떻게 통찰하는지를 맛보게 된다:

"사람들이 40년만 빨리 협의회[Association]에 관해 알았더라면"(

---

922 CW주)『베스트팔렌 증기선』텍스트 본에는 인간이란 말 다음에, 'les infiniment petits⟨무한히 작은⟩'이라는 표현이 괄호 안에 들어 있다

923 GA2주 참조) 푸리에는 프랑스 혁명을 인류에게 단순한 장애로 간주한다. 프랑스 혁명이 하나의 이행이었을지 모른다는 사실은 그의 마음에 전혀 들지 않는다.

그는 푸리에게 이렇게 말하게 만든다) "혁명은 피할 수 있었을 텐데. 그러나 튀르고 Turgot 장관이 노동에 대한 권리를 알았더라도 루이 16세의 머리가 잘리는 일이 가능했을까?"(그륀 씨의 물음이다.) "사람들은 노동의 권리를 얻었더라면 달걀을 얻을 때보다 기꺼이 국가의 채무를 지급할 수 있었을 것이다."(211쪽)

그륀 씨는 튀르고가 말한 노동의 권리[924]는 자유 경쟁이며, 바로 이런 자유 경쟁이 자기를 관철하기 위해서는 혁명이 필요했다는 아주 하찮은 지식도 간과한다.

그륀 씨의 푸리에에 대한 비판 전체는 다음과 같은 문장으로 요약할 수 있다. 즉 푸리에는 문명을 "철저하게 비판하지" 않았다는 것이다. 그러면 푸리에는 왜 그렇게 비판하지 않았는가? 그 대답은 이렇다:

"문명은 그 현상 속에서 비판되고 그 근본에서 비판되는 것은 아니다. 현존하는 문명은 혐오감을 불러일으키고 조소를 받고 있다. 그러나 그 근본에서는 검토되지 않았다. *정치학도 종교조차*도 비판의 광장으로 끌어내지 않았으며 그러므로 *인간 본성*은 검토되지 않은 채 남아 있다."(209쪽)

그러므로 여기서 그륀 씨는 인간의 실제 삶의 관계를 현상으로 단정

---

924 GA2주 참조) 1774부터 1776까지 루이 16세 치하에서 재정 총감독관으로 활동했던 튀르고는 1776년 3월 12일 자 포고에서 노동의 권리를 인간의 소유권으로 주장했다. 이 권리가 자유롭게 행사되는 데 길드 체제가 영향을 주어서는 안 된다는 것이다.

하고 반면 종교나 정치를 이런 현상의 토대와 뿌리로 단정한다. 우리가 이런 몰지각한 문장을 보면서 알게 되는 사실은 진정 사회주의자가 독일 철학의 이데올로기적인 상투어를 프랑스 사회주의자의 실제적인 해명에 대립해 더 상위에 있는 진리로 여기게 만드는 방식이며 동시에 진정 사회주의자가 자기의 본래 대상 즉 인간 본성을 프랑스인의 사회 비판에서 나오는 결과와 결합하려고 시도하는 방식이다. 종교와 정치가 물질적인 삶의 관계를 기초하는 것으로 파악된다면 결국 모든 것은 인간 본성에 관한 즉 인간의 자신에 대한 의식에 관한 탐구로 치달을 것이라는 점은 전적으로 당연하다.−동시에 우리는 그륀 씨에게 그가 베낀 상대를 그가 얼마나 무시하는지를 본다. 『라인 연보』에도 나오는 것과 같은 구절 즉 ⟨W, 503⟩그가 나중에 쓴 구절[925]을 보자. 그런 구절에서 그는 citoyen⟨공민⟩과 bourgeois⟨부르주아⟩의 관계에 대해 『독일 프랑스 연보』에서 말해진 주장[926] 즉 위에서 제시된 문장에 정반대 모순되는 주장을 가로채서 자기의 주장으로 삼는다.

우리는 생산과 소비에 관해 진정 사회주의가 그륀 씨에게 위탁해둔 문장을 독자에게 상세하게 설명하는 일은 마지막까지 유보해왔다. 그런 문장은 그륀 씨가 진정 사회주의의 문장을 프랑스인의 업적을 측정하는 척도로 삼아 그런 문장을 완전한 모호성에서 떼어내어서 어떤 방식으로 완전한 난센스로 해석하는지를 보여주는 충격적인 본보기이다.

⟨GA2, 573⟩"생산과 소비는 시간적 면에서나 공간적인 면에서 이론과 외적 실제로 분리되지만, 그 본질에서는 다만 하나일 뿐

---

925 CW주) 칼 그륀, 『정치와 사회주의』
926 CW주) 마르크스의 논문, 「유대인 문제에 관해서」를 참조하라.

이다. 가장 일상적인 영업 활동 예를 들어 제빵 활동은 수백의 다른 사람의 편에서는 소비가 되는 생산이 아닌가? 그렇다. 곡물, 물, 우유, 달걀 등은 제빵가의 편에서 소비하는 것이 아닌가? 구두와 옷의 소비는 제화가나 재단사의 편에서는 생산이 아닌가? …. 내가 빵을 먹을 때 나는 생산하는 중이 아닌가? 나는 엄청나게 많은 것을 생산한다, 나는 〈수, 11〉제분기, 반죽 통, 오븐을 생산하며 그것을 통해 다시 쟁기, 써레, 도리깨, 수차 바퀴, 소목, 미장을 생산한다."("다시 이를 통해" 소목장이, 미장이 그리고 건축가, "이를 통해", 그 양친, "이를 통해" 그 모든 조상, "이를 통해" 아담을 생산한다) "내가 생산하는 가운데 나는 소비하는 것이 아닌가? 게다가 그 소비는 대규모적인 소비이다. 내가 한 권의 책을 읽는다면 사실 나는 우선 일 년 동안의 생산물을 소비한다. 내가 그 책을 나를 위해 간직하거나 손상한다면, 나는 종이 제조업, 책 인쇄업, 제본업의 소재와 활동을 소비하는 것이다. 그런데도 내가 아무것도 생산하지 않는다는 말인가? 아마도 나는 새로운 책을 생산하며 이를 통해 새로운 종이, 새로운 활자, 새로운 인쇄 잉크, 새로운 제본 도구를 생산한다. 나는 책을 단순히 읽을 수도 있다. 수천의 다른 사람도 그 책을 읽는다. 그러면 우리는 이와 같은 소비를 통해 새로운 판본을 생산하며 이를 통해 책을 만들기 위해 필요한 모든 물질을 생산한다. 이 모든 것을 다 생산하기를 마친 다음에는 다시 그 원료 물질을 소비하니, 이 원료 물질은 앞으로 생산될 것이며 다만 그런 소비를 통해서 생산될 수 있다. …. 한마디로 말해 활동과 향락은 하나이며, 전도된 세계는 이 활동과 향락을 대립시킬 뿐이며, 양자 사이에 가치

와 가격이라는 개념을 끼워 넣어서, 이 개념을 통해 인간을 한가
운데서 분리하며 인간과 더불어 사회도 분리한다."(191, 192쪽)

현실에서는 생산과 소비는 여러 가지 면에서 서로 모순된다. 그러
나 우리가 필요로 하는 것은 다만 이런 모순을 올바르게 *해석하고*, 생
산과 소비의 진정한 *본질*을 *파악*[begreifen]해 양자의 통일을 만들어내
고 모든 모순을 제거하는 것이다. 따라서 독일 이데올로기의 이론은 현
존하는 세계에 가장 적합하다. 생산과 소비의 통일은 현재 사회의 예를
통해 입증된다. 이 통일은 *가능적*[an sich]으로 현존한다. 〈W, 504〉그
륀 씨는 무엇보다도 생산과 소비 사이의 관계가 일반적으로 현존한다
는 것을 입증한다. 그는 옷이나 빵이 생산되지 않고서는 옷을 입거나 빵
을 먹을 수 없다는 분석을 제시하며, 오늘날의 사회에서는 옷, 구두, 빵
을 생산하는 사람이 있으며 다른 사람은 그런 것의 소비자라는 분석을
제시한다. 그륀 씨는 이런 견해를 새로운 것으로 간주한다. 그는 이런
견해를 고전적이고 문예적인 이데올로기적인 언어로 표현한다.〈GA2,
574〉예를 들어 보자:

"우리는 커피, 설탕 등의 향락이 단순한 소비라고 믿는다. 그러나
이런 향락은 식민지 나라에서는 생산이 아닌가?"

그러면 그는 마찬가지로 이렇게 물을 수도 있었을 것이다. 즉 이런
향락은 흑인 노예가 채찍질 당함을 향락한다는 것이며, 식민지인이 몽
둥이로 때리는 것을 향락한다는 것이 아닌가 하고 말이다. 우리는 이런
과장된 표현에서 다만 현존하는 상태에 대한 변명밖에 나오는 것이 없

다는 것을 본다. 그륀 씨의 두 번째 견해는 *원료 물질*을, 일반적으로 말해 생산 비용에 해당하는 것을 생산하는 때 소비가 이루어진다는 그의 주장이다. 이는 무에서는 아무것도 나오지 않는다는 것 즉 그는 원료를 가져야 한다는 주장이다. 그는 모든 경제학에서 "생산적 소비"라는 장 아래서 이런 관계 속에 얼마나 엉클어진 연관이 존재하는지에 관해 상세한 설명을 발견할 수 있었을 것이다. 그런 후에나 우리는 인간은 가죽 없이는 장화를 만들 수 없다는, 있으나 마나 한 그륀 씨의 인식을 넘어서게 될 것이다.

지금까지 그륀 씨는 소비되기 위해서는 생산돼야 한다고 그리고 생산이 일어나면 원료가 소비된다는 사실을 확신하고 있었다. 그가 부딪힌 본래 어려움은 그가 소비하는 순간 생산이 일어난다는 것을 입증하려 할 때 시작된다. 여기서 그륀 씨는 수요와 공급 사이의 가장 하찮고 가장 흔한 관계에 관해 사소한 빛이나마 던져 보려고 시도하지만, 이 시도는 전적으로 잘못된 시도이다. 그는 자기의 소비 즉 그의 수요가 새로운 공급을 생산한다는 것을 그가 성취한 통찰로 본다. 그러나 그의 수요가 *유효* 수요여야 한다는 것 즉 그가 요구된 생산물에 대해 등가의 물건을 제공해야 비로소 그는 새로운 생산을 일으킬 것이라는 점을 망각하고 있다. 경제학자 역시 과잉생산이 절대 일어나지 않는다는 사실을 입증하려 할 때 바로 그때 수요와 공급의 불가분성이나 수요와 공급의 절대적 동일성에 관해 언급한다. 하지만 경제학자는 그륀 씨처럼 그렇게 서투르거나 하찮은 생각을 제시하지는 않는다. 더욱이 그륀 씨의 방식은 모든 귀족, 신부, 금리 생활자 등이 옛날부터 그들의 생산성을 증명했던 것과 전적으로 똑같은 방식이다. 나아가서 그륀 씨는 오늘날 빵은 증기방아를 통해서 생산되지, 이전처럼 풍차나 수차를 통해 또는 그보다 이전처럼 손방아를 통해 생산되지 않는다는 사실을 망각한다. 그는 또한 이런 다른 생산방식이란 단순히 빵을 먹는다는 사실과는 전적으로 무관하며 따라서 생산에는 역사적 〈W, 505〉발전이 개입한다는 사실을 망각하고 있다. 더구나 "대규모 생산"의 발전에 관한 한 그륀 씨는 생각조차 못 하고 있다. 생산의 다른 단계와 더불어 생산과 소비 사이의 다른 관계 그리고 양자 사이에 다른 모순이 일어난다는 사실, 이런 모순은 단지 하나의 고찰을 통해서만 이해될 수 있으며 단지 그때마다 생산방식이 실제로 변화하는 것을 통해 그리고 전적으로 그런 생산방식에 기초하는 사회적 상태가 실제로 변화하는 것을 통해서만 해결될 수 있다는 사실을 그륀 씨는 짐작하지 못한다. 〈GA2, 575〉나머지 예를 통해서 보면 그륀 씨는 이미 가장 흔해 빠진 경제학자보다 더 하찮은 존재이다. 그런데 책에 관한 예는 이 가장 흔해 빠진 경제학자가 그보다 훨씬 "인간적"이라는 점을 입증해 준다. 그런 경제학자는 그륀 씨가 책을 소비할 때 바로 그것이 새로운 생산이라고 절대 주장하지 않는다. 경제학자는 그렇게 책을 소비하면 자신의 교양이 생산되며 따라서 이는 생산에 대해 일반적으로 유리하게 작용한다는 정도를 말하는 것에 만족한다. 그륀 씨는 매개 항 즉 현금 지급을 생략한다. 왜냐하면 현금 지급을 바로 무시하기만 하면 이는 불필요한 것으로 된다고 그가 생각하기 때문이다. 이렇게 현금 지급을 무시하면 그의 수요는 곧 *유효 수요*가 될 것이다. 이런 생략을 통해서 그륀 씨가 말하는 재생산적인 소비는 진짜 기적으로 전환된다. 그는 책을 읽는다. 이렇게 단순히 읽기만 해도 그 덕분에 활자 주물공, 종이 제조업자, 인쇄업자가 새로운 활자, 새로운 종이, 새로운 책을 생산할 수 있게 된다. 그가 단순히 소비하기만 하면 이는 이 모든 사람에게 생산 비용을 보전한다고 본다. 더욱이 그륀 씨는 낡은 책에서 새로운 책을 읽어낼 수 있고 자신을 새로운 종이, 새로운 활자, 새로운 인쇄 잉크, 새로운 제본 도구를 생산하는 자로서 사업 세계에 기여할 줄도 안다. 우리는 그를 이렇게 만들어주는 그의 완벽한 기교를 지금까지 충분히 입증했다. 그륀 씨의 책의 첫 번째 편지는 다음과 같은 말로 끝난다: "나는 산업에 곤두박질할 순간에 왔다." 그륀 씨는 그의 책 전체 어디에서도 자신의 좌우명을 부인하지 않는다.

그렇다면 그륀 씨의 전체 활동은 어디에 있는가? 생산과 소비의 통일에 관한 진정 사회주의의 문장을 입증하기 위해 그륀 씨는 수요와 공급에 관한 경제학자의 가장 낡아빠진 명제로 도피한다. 그는 경제학자의 이 명제를 다시 자신의 목적을 위해 〈수, 12〉재단하기 위해 이런 경제학자의 명제에서 필수적으로 필요한 매개 항을 제거하고 이 명제를 순수한 공상으로 전환한다. 그러므로 이런 전체적 활동의 핵심은 현존하는 상태에 관해 알지도 못한 채 공상적으로 미화하는 것에 있다.

또한 진정 사회주의자다운 결론 역시 눈에 띈다. 그는 이 결론에서 다시 그의 독일인 선구자 전체를 모방한다. 생산과 소비가 분리되는 이유는 전도된 세계가 이 양자를 대립적으로 떼어냈기 때문이다. 이 전도된 세계는 어떻게 그런 분리를 시작했는가? 이 전도된 세계는 그들 사이에 하나의 *개념*을 끼워 넣었다. 이런 방식으로 개념이 끼워 넣어지면서 전도된 세계는 인간을 *그 핵심에서 서로 적대적으로* 분리한다. 〈W, 506〉그것으로도 만족하지 않고 전도된 세계는 이를 통해 사회를 즉 세계 자신을 마찬가지로 한가운데서 적대적으로 분리한다. 이런 비극이 1845년 일어났다.

생산과 소비의 통일은 진정 사회주의자에게는 활동 자체가 향락을 제공해야 한다는 것을 의미한다.(물론 진정 사회주의자에게서 이는 순수한 공상이다.) 그러나 그륀 씨는 이 통일을 더 상세하게 규정해서 "생산과 소비는 경제학적으로 말하자면 *등치*라는" 사실(196쪽), 〈GA2, 576〉수요가 직접 요구하는 것 이상으로 과잉 생산하는 일은 절대 일어나서는 안 된다는 사실, 만일 그렇게 과잉이 일어난다면 당연히 모든 운동이 끝난다는 사실이라고 말한다. 따라서 그는 으스대면서 푸리에조차도 이런 통일을 과잉 생산이라는 개념을 통해[927] 교란하려고 한다고 비난한다. 그륀 씨는 과잉 생산은 생산물의 교환가치에 영향을 미치는 것을 통해서만 등장한다는 사실을 그리고 푸리에에게서뿐만 아니라 그륀 씨의 최선의 세계에서도 교환가치 자체가 사라진다는 사실을 망각한다. 이런 속물적인 우둔함에 관해 과연 진정 사회주의라는 이름을 받을 만하다는 것밖에는 달리 말할 것이 없다.

    그륀 씨는 여러 곳에서 커다란 자부심을 느끼면서 생산과 소비에 관한 진정 사회주의의 이론에 대한 그의 주석을 반복한다. 그것은 심지어 프루동을 다룰 때 마찬가지였다. "소비자의 사회적 자유를 기도하라, 그러면 그대는 생산의 진정한 평등을 얻게 되리라."(433쪽) 그걸 기도하는 것보다 쉬운 일이 어디 있는가! 그는 지금까지 오류는 다만 다음과 같은 데 있었다고 한다:

> 즉 오류는 "소비자가 교육받지 않았고 교양을 쌓지 않았다는 것, 모든 사람이 인간적으로 소비하지 않는다는 데에" 있었다.(432쪽) 그러므로 "소비자가 생산의 척도이며 그 반대는 아니라는 관

---

[927] GA2주 재인용) 그륀, 『사회의 운동』, 196/197쪽: "푸리에는 조화 속에서 엄청나게 생산되니 모든 것을 소비하는 것은 전적으로 불가능하리라 생각한다. 활동과 향락, 생산과 소비를 분리하는 것은 소비의 본질 전체를 오해하는 것이다."

점은 지금까지 모든 경제학적 관점을 끝장낸다."(같은 곳) 또 "인간의 진정한 상호 연대가 존재한다면, 그 결과 각자가 소비하는 것은 모든 사람이 소비하는 것을 전제로 한다는 주장이 진리가 된다."(같은 곳).

각자의 소비는 경쟁의 내부에서 plus ou moins〈다소간〉지속해서 모든 사람의 소비를 전제로 하며, 각자의 생산 역시 모든 사람의 생산을 전제로 한다. 이런 일이 어떻게 그리고 어떤 방식으로 일어나는지가 다만 문제다. 이런 문제에 대해 그륀 씨는 인간적 소비라는 윤리적 요청을 가지고, "소비의 진정한 본질"(432쪽)에 대한 인식을 가지고 대답한다. 그는 실제 생산 관계와 소비 관계를 전혀 모르므로 진정 사회주의자의 최종적인 은신처 즉 인간 본성으로 도주하는 길밖에 없다. 마찬가지 이유로 그는 〈W, 507〉생산에서 출발하지 않고 소비에서 출발하는 것에 집착한다. 생산에서 출발한다면 우리는 실제의 생산조건과 인간의 생산 활동에 관심을 가져야만 한다. 그러나 소비에서 출발한다면, 우리는 지금은 소비가 "인간적"으로 일어나지 않는다는 설명으로 만족하거나 "*인간적 소비*"라는 요청이나 진정한 소비를 위한 교육이나 그와 같은 상투어들에 만족하면서 조금이라도 인간의 실제 생활 관계나 인간의 활동에 관여하지 않아도 될 것이다.

최종적으로 한 가지 더 언급하자면 바로 소비에서 출발했던 모든 경제학자는 반동적으로 됐으며 경쟁이나 대산업에서 존재하는 혁명적인 요소는 무시됐다.

3절 "고루한 신부 카베Cabet"와 그륀 씨

〈GA2, 579〉그륀 씨는 푸리에 학파와 레이보 씨에 관한 그의 여정을 다음과 같은 말로 끝맺는다:

"나는 노동을 조직하는 자에게 자기의 본질에 대해 자각하라고 주장하려 한다. 나는 그 노동 조직가에게 그가 어디서 유래하는지를 역사적으로 보여주려 한다. …. 그런 노동 조직가는 자웅동체[雌雄同體]적 동물이며 …. 스스로 전혀 어떤 생각도 창조하지 못한다. 그리고 나중에 나는 아마도 레이보 씨를 모범으로 삼을 여지를 발견하게 될 것이다. 물론 레이보 씨뿐만 아니라 또한 세이Say 씨도 그런 모범이 될 것이다. 근본적으로 본다면 첫 번째 즉 레이보 씨는 그리 나쁜 것은 아니고 다만 둔할 뿐이다. 그러나 두 번째 즉 세이 씨는 둔한 것 이상이며 곧 학자다. 그러므로."(260쪽)

그륀 씨가 투신하는 검투사의 자리, 레이보에 대한 그의 협박, 학식에 대한 경멸, 약속에 대한 그의 호언장담, 이 모든 것은 그가 여기서 엄청난 것을 구상하는 중이라는 사실을 확실하게 보여주는 징표이다. "본질에 대한 자각"이 완전하게 되면 우리는 이런 증상을 통해서 그륀 씨가 표절가로서는 가장 어마무시한 쿠데타를 감행할 수 있다는 사실을 예감했다. 누가 그의 전술의 꼬리를 한번 잡는다면 그가 외치는 호객소리는 순진하다는 느낌을 상실할 것이며 만사가 간교한 계산에 불과하다는 사실이 밝혀질 것이다.

"그러므로."

이어서 다음과 같은 제목을 단 장이 시작된다:

"노동의 조직!"

"이 사상은 어디에서 태어났던가?-프랑스에서-그러나 어떻게?"

그리고 아래와 같은 Etiquette〈표제〉아래:

"18세기에 대한 회고"

〈W, 508〉그륀 씨가 지은 이 장은 "어디서 나왔을까? 프랑스에서. 그러나 어떻게?" 독자는 그걸 곧 알게 된다.

독자는 다시 한번 그륀 씨가 여기서 프랑스의 노동 조직자[928]에게 그의 본질에 대한 자각을 근본적으로 말해 독일적인 방식으로 즉 역사적 증명을 통해서 부여하려 한다는 사실을 상기하기 바란다.

그러므로.

그륀 씨는 카베가 고루하고, 카베의 사명은 이미 오래전에 폐지됐던 것이며 당연히 이 사실을 카베가 이미 오래전에 인지하고 있었다는 점을 주목했다. 그렇다고 해서 "물론 모든 것이 다 해결된"것은 아니다. 반대로 그는 카베의 글에서 인용문을 자의적으로 합성함으로써 카베에게 새로운 사명을 부여했다. 그 사명이란 곧 프랑스를 배경으로 형성된 18세기 사회주의자의 발전을 그륀 씨가 파악한 독일식의 역사로 만드는 사명이다.

그는 이 모든 것을 어떻게 시작하는가? 그는 "생산적으로" 독해한다.

〈GA2, 580〉카베는 자기의 『이카로스 여행 Voyage en Icarie』이라는 책의 12, 13장에서 공산주의에 관해 옛날이나 오늘날의 권위자가 개진

---

928 CW주 140)『비망록』, 113쪽 참조

해 온 견해를 한데 뭉뚱그려 제시했다. 그는 역사적 운동을 서술한다는 방식으로 과장하는 짓을 전혀 하지 않는다. 공산주의는 프랑스 부르주아에게는 수상쩍은 인물로 간주된다. 카베는 이렇게 말한다: 좋다, 나는 당신들에게 모든 시대를 걸쳐 가장 존경할만한 사람에 대해 증언하겠다. 그 증언은 나의 고객의 인격을 옹호할 것이다. 그리고 카베는 변호사처럼 나아간다. 그는 자기의 고객에게 유리하지 않은 증언조차도 유리한 증언으로 변화시킨다. 역사에 충실하라는 말을 그와 같은 변호사에게 요구한들 들어 주겠는가? 유명한 사람이 때에 따라 한때 돈과 불평등, 부, 사회적 불행에 반대하는 말을 했다면, 카베는 그런 말을 집어 들고, 그런 말을 반복하게 청하며, 그런 말을 그 사람의 신앙고백으로 만들며, 그 말을 인쇄해 돌리고, 그 말에 손뼉 치며, 그 말 때문에 분노한 부르주아에게 아이러니한 친절을 베풀며 다음과 같이 호소한다: Écoutez, écoutez, n'était-il pas communiste?〈들어보라, 그는 공산주의자가 아니었던가?〉 그렇게 물어볼 때 그에게는 누구도, 몽테스키외Montesquieu도, 시예Sieyes도, 〈수, 13〉라마르틴Lamartine도, 귀조Guizot도 공산주의자임을 피하지 못한다. 모두 다 malgré eux〈그 자신의 의사〉와는 무관하게 공산주의자다. Voilà mon communiste tout trouvé!〈자, 이 사람들이 내가 발견한 공산주의자다!〉

그륀 씨는 카베가 끌어모은, 18세기를 대변하는 인용문을 창조적인 변덕을 발휘해 읽는다. 그는 한순간도 이 모든 것이 나름대로 정당성을 지닌다는 것을 의심하지 않으며, 그는 카베가 한편으로 본다면 우연히 끌어모은 저자들 가운데 사실 어떤 신비한 연관이 존재한다고 공상한다는 사실을 독자에게 제시하며 이 전체에 그 자신의 청년 독일파적인 문예적인 악취를 끼얹으며 그런 다음 위에서와 같은 방식으로 그 전체에게 세례를 베푼다.

그러므로.

⟨W, 509⟩ 그륀 씨:
그륀 씨는 다음과 같은 말로 자신의 회고를 시작한다:

"사회주의 관념은 하늘에서 떨어진 것이 아니다. 이 관념은 유기적이며 즉 점차적인 발전의 길 가운데서 발생했다. 여기서 나는 사회주의에 관한 완전한 역사를 서술할 수는 없다.

카베:
카베는 그의 인용문을 다음과 같은 말로 시작한다:

"Vous prétendez, adversaires de la communauté, qu'elle n'a pour elle que quelques opinions sans crédit et sans poids; eh bien, je vais interroger devant vous l'histoire et tous les philosophes:
⟨"당신들, 공동체의 적들은 공산주의자가 다만 편협한 생각만을 가지고 있으며 스스로 권위와 무게를 지니지 않는다고 주장한다. 이제 나는 당신들의 눈앞에 그 역사와 그 모든 철학자에게 질문을 던질 것이다.

écoutez! je ne m'arrête pas à vous parler de plusieurs peuples anciens, qui pratiquaient ou avaient pratiqué la communauté des biens! Je ne m'arrête non plus aux Hébreux .... ni aux prêtes Égyptiens, ni à Minos .... Lycurge et Pythagore

나는 사회주의에 관해, 인도나 중국에서 시작할 수 없고 페르시아나 이집트 그리고 유대를 거쳐 갈 수 없고, 그리스인이나 로마인의 의식을 물어 볼 수 없으며, 기독교와 신플라톤주의 그리고 교부 철학의* 의견을 〈GA2, 581〉청취할 수 없으며, 중세인과 아랍인이 말하게 할 수 없으며, 종교개혁과 계몽 철학을 탐구할 수 없으며 이런 방식으로 18세기까지 이를 수 없다."(261쪽)

들어 보라! 그렇게 함으로써 나는 당신들에게 재산공동체를 실천하고 또는 실천해 왔던 여러 고대 민족에 관해 설명하기를 중지하지 않을 것이다! 마찬가지로 나는 헤브라이인에게 제한되지 않을 것이며 .... 이집트의 승려나, 미노스Minos 왕국 .... 리쿠르쿠스Lycurgue와 피타고라스에 제한되지 않을 것이다.

.... je ne vous parle non plus de Confucius et de Zoroastre, qui l'un Chine et l'autre en Perse .... proclamèrent ce principe."

.... 나는 당신들에게 공자나 조로아스터 Zoroaster에 대해 아무것도 말하지 않겠다. 그중 한 사람은 중국에서 다른 사람은 페르시아에서 이런 원칙을 선포했던 사람들이다.">(『이카로스 여행』, 12판, 470쪽)

* 929

인용된 구절에 이어서 카베는 그리스와 로마의 역사에 개입하면서, 기독교와 신플라톤주의, 교부 철학, 중세와 종교개혁, 계몽 철학의 말

---

929 CW주 141) 교부철학-기독교에 관한 교부의 철학(3~5세기)

을 들어 본다.(카베, 471, 482쪽 참조) 그륀 씨는 이 11쪽을 베끼는 일을 "인내심이 더 강한 사람에게 넘긴다. 책에 쌓인 먼지에도 불구하고"(즉 모사를 위해) "필요한 인문주의적인 정신이 아직 심장에 남아 있을 사람에게 말이다."(그륀, 261쪽)930 아랍인의 사회적 의식만이 그륀 씨의 관심에 속한다. 우리는 그가 세계에 전달해주어야 하는, 이 아랍인에 관한 해명을 기대하며 기다려 보자. "나는 18세기에 제한해야 한다." 우리는 그륀 씨를 따라 18세기로 들어가자. 그러기 전에 다만 같은 말이 그륀 씨에게서나 카베에게서 모두 강조된다는 사실만은 미리 언급한다.931

〈W, 510〉그륀 씨: 　　　　　　　*카베*:
"Celui qui possède au delà de ses besoins, passe les bornes de la raison et de la justice primitive et enlève ce qui appartient aux autres.

---

930 GA2주 재인용) 그륀, 『사회의 운동』, 261쪽: "그런 저서는 지금까지 쓰인 것 가운데 가장 중요한 것이 될 것이다. 그 저서는 모든 역사서술과 모든 역사철학을 일거에 능가하는 것임이 틀림없을 것이다. 나는 인내심이 더 강한 사람에게 책에 쌓인 먼지에도 불구하고 필요한 인문주의적 정신이 심장에 남아 있다는 사실을 주목하게 만들겠다."

931 CW주) 이 마지막 문장 전체는 『베스트팔렌 증기선』 텍스트 본에서 생략된다.

"로크는 경험주의의 창시자인데 이렇게 말한다: 자기 욕망의 한계를 넘어 소유하려는 자는 이성의 한계를 뛰어넘으며 우리에서 근원적 정의를 박탈해 다른 사람에게 속하게 만든다.

모든 과잉은 일종의 강탈이며 곤궁한 자의 참상은 부자의 영혼 속에 양심의 가책을 일깨움이 틀림없다.(그륀에게서는 이는 필연적이다.)

과잉과 관능에 흐느적거리는 더러운 인간은 어느 날, 생존에 필수적인 것조차 결여한 불행한 자가 *인간의 권리에 대해 진정으로 알게 되면 전율하게 되리라.*

〈"그러나 여기 로크가 있다. 놀랄만한 그의 『시민 정부론』에서* 그가 외치는 것을 들어보라: '자기 욕구의 한계를 넘어서 소유하려는 자는 이성과 근원적인 정의의 한계를 넘어가는 것이며, *다른 사람에게 속하는 것을 빼앗는 것이다.*

Toute superfluité est une usurpation, et la vue de l'indigent devrait éveiller le remords dans l'âme du riche.

모든 과잉은 일종의 강탈이며, 곤궁한 자의 참상은 부자의 영혼에서 양심의 가책을 일깨움이 틀림없다.

Hommes pervers, qui nagez dans l'opulence et les voluptés, tremblez qu'un jour l'infortuné qui manque du nécessaire n'apprenne à connaître vraiment les droits de l'homme.' Ecoutez-le s'écrier encore:
과잉과 관능에 흐느적거리는 더러운 자는 어느 날, 필수적인 것조차 결여한 불행한 사람이 인간의 권리를 진정으로 인식하게 되면 전율할 것이다.'
그가 나아가서 이렇게 외치는 것을 들어보아라:

4장 칼 그륀 1073

기만, 불신, 소유욕은 소유의 불평등을 일으켜 왔으며, 그런 소유의 불평등 때문에 한편에는 부자 곁에 다른 한편에는 비참한 자 곁에 어디든 고통이 쌓이므로 그런 불평등은 〈GA2, 582〉인간 종족이 불행하게 되는 원천을 이룬다.	'La fraude, la mauvaise foi, l'avarice ont produit cette inégalité dans les fortunes, qui fait le malheur de l'espèce humaine, en amoncelant d'un côté tous les vices avec la richesse et de l'autre tous les maux avec la misere'" '기만, 불성실, 소유욕은 한편으로는 모든 악덕을 부자 곁에 쌓아놓으며 다른 한편으로는 모든 고통을 비참한 자 곁에 쌓아놓는 가운데 소유의 불평등을 일으키며 이는 *인간종족의 불행의 원천*을 이룬다.'" (woraus Herr Grün Unsinn macht). "Le philosophe doit donc considérer l'usage de la monnaie comme une des plus funestes inventions de l'industrie humaine."
철학자는 동전의 사용을 인간의 산업이 고안한 *가장 더러운 것으로서 고찰해야만 한다.*"(265, 266쪽)	(여기에서 그륀 씨의 난센스가 나온다.) "철학자는 화폐의 사용을 인간의 활동이 고안해낸 *가장 더러운 일로 고찰해야 한다.*"〉(485쪽)

*⁹³²

---

932   CW주) 로크, 『시민 정부에 관한 두 논문』

그륀 씨는 카베를 이런 방식으로 인용하는 것을 통해 로크가 "화폐 체제를 적대시하며"(264쪽), "화폐와 욕구를 넘어서는 온갖 종류의 소유를 가장 분명하게 적대시한다"(266쪽)라는 결론을 내린다. 로크가 화폐 체계를 학문적으로 옹호한 최초의 사람 중의 하나이며,[933] 〈W, 511〉 떠돌이와 가난한 자를 죽게 매질하는 것을 전적으로 특별하게 옹호한 사람이며, 근대 국민 경제학의 신봉자 중의 하나라는 사실은 유감스럽다.[934]

그륀 씨:

카베:
"Ecoutez le baron de Puffendorff, professeur de droit naturel en Allemagne et conseiller d'état à Stockholm et à Berlin,

---

933 GA2주 참조) 로크를 근대 국민 경제학자의 최연장자 중의 하나이며, 화폐 체제에 대한 경제학적인 최고의 옹호자라고 평가하는 데 기초가 될 수 있었던 것은 파리, 마르크스가 브뤼셀, 만체스터 등에서 수행한 선행 역사 경제학적 즉 정치경제학적 연구였다. 그곳에서 마르크스는 로크와 함께-그는 나중에 로크의 원전을 연구했다-일단 스미스, 로, 로더데일, 맥컬러치와 같은 작가들에 대해 몰두하고 있음을 알렸다.

934 CW주) 다음 노트가 베스트팔렌 증기선 텍스트 본에 괄호 안에 첨가된다: "로크의 책, 『이익의 저하라는 경향에 관한 몇 가지 생각』 등을 참조하라. 이 책은 1691년 발간됐다. 그리고 또한 그의 또 다른 생각 즉 『화폐의 가치를 높이는 것에 관해』를 참조하라. 이 책은 1698년 발간됐다."

"이미 보쉐Bossuet즉 모Meaux의 즈교는 그의 『성경에서 끌어낸 정치학』이라는 책에서 이렇게 말한다:

'정부가 없다면'('정치학이 없다면')"-그륀 씨의 웃기는 첨언이다-"'지구는 그 속에 있는 온갖 종류의 재화와 함께 공기나 물과 마찬가지로 인간에게 공동으로 속할 것이다.

〈"푸펜도르프Puffendorff의 공작이며 독일에서 자연권 이론에 관한 교수이면서, 스톡홀름과 베를린에서 국가의 재상인 그의 말을 들어보라.

qui dans son droit de la nature et des gens réfute la doctrine d'Hobbes et de Grotius sur la monarchie absolue, qui proclame l'égalité naturelle, la fraternité, la communauté des biens primitive

그는 『자연권과 민족권』이라는 책에서 홉스와 그로티우스Grotius가 절대군주제에 대해 가르친 학설을 반박하면서, 자연적 평등과 형제애 그리고 근원적인 재산 공동체를 선포한다.

et qui reconnaît que la propriété est une institution humaine, qu'elle résulte d'un partage consenti pour assurer

그는 소유제란 인간이 만든 제도 중의 하나라고 보며,

à chacun et surtout au travailleur une possession perpétuelle, indivise ou divise, et que par conséquent l'inégalité actuelle de fortune est une injustice qui n'entraîne les autres inégalités" (unsinnig von Herrn Grün übersetzt) "que par l'insolence des riches et la lâcheté des pauvres.

아무도 자연에 대한 근원적인 권리 밖에는 어떤 것에 대해 특수한 권리를 갖지 않는다. 모든 것은 모든 사람에게 속한다. 시민 정부에서 소유가 나온다.' 17세기 신부는 정직함을 지니기에 그런 일이나 그런 견해를 말할 수 있다. 독일의 푸펜도르프 Puffendorf 역시-사람들은 그에 대해서 다만 쉴러Schiller의 경구를* 통해서만 알고 있지만,

-이렇게 생각했다: '재산에 관한 현재의 불평등은 부정의이며 그 결과 부자는 뻔뻔스럽고 가난한 자는 비겁하니 이는 나머지 불평등을 매달고 다닐 것이다.'"(270쪽) 그륀 씨는 다음과 같이 덧붙인다: "우리는 프랑스를 〈GA2, 583〉벗어나기보다는 오히려 프랑스에 머무르기를 원한다."

이런 소유제는 공동의 합의에서 출현해 모든 사람에게 특히 노동자에게 지속해서 소유를 즉 분할 가능하거나 분할 불가능하거나 간에 소유를 보장해준다고 본다. 따라서 그는 재산에 관한 현재의 불평등은 부정의라는 것을 그리고 이 부정의는 *부자의 뻔뻔함과 가난한 자의 비겁함을* 통해서 …. 또 다른 부정의를 그 결과로 발생한다고 본다.

Et Bossuet, l'évêque de Meaux, le précepteur du dauphin de France, le célèbre Bossuet, dans sa 'Politique tiré de l'Ecriture sainte', rédigée pour l'instruction du Dauphin, ne reconnaît

-그리고 모의 주교이며 프랑스 왕당파의 교사인 보쉐, 그 유명한 보쉐는 그가 왕당파에게 강의하기 위해서 작성했던 책 즉 『*성경에서 끌어낸 정치학*』이라는 책-도펭Dauphin을 위해 쓴 책-을 보면 다음과 같은 사실을 인식하지 못한다:

-il pas aussi que sans les gouvernements la terre et tous les biens seraient aussi communs entre les hommes que l'air et la lumière: Selon le droit primitif de la nature nul n'a le droit particulier sur quoi que ce soit: tout est à tous, et c'est du gouvernement civil que naît la propriété."

즉 정부가 없다면 지구와 모든 재화가 인간에게 공기나 빛처럼 공동으로 속하게 되며,

아무도 자연에 대한 근원적인 권리밖에는 *어떤 것에* 대한 특별한 권리를 갖지 못하며, *모든 것은 모두에게 속하며*, 시민 정부에서 비로소 소유가 발생한다는 사실 말이다.">(486쪽)

*935

〈W, 512〉그륀 씨가 프랑스를 "벗어나기보다는 [오히려 프랑스에 머무르기를 원한다]"고 말할 때 그 의미는 카베가 독일인 푸펜도르프의 말을 인용한다는 말이다[그래서 그륀 씨는 이 말을 카베에서 베낀다는 것이다]. 그륀 씨는 심지어 독일인의 이름을 프랑스의 올바르지 못한 철자법에 따라서 표기한다. 그가 때때로 잘못 번역하거나 잘못 생략한다는 것을 제쳐놓더라도, 그는 자기가 개정해 놓은 말에 놀라 자빠진다.

---

935 CW주) 쉴러, 『철학자』

카베는 우선 푸펜도르프 Pufendorff에 대해 그리고 보쉐 Bossuet에 대해 말한다. 그륀 씨는 우선 보쉐에 대해 말하고 푸펜도르프에 대해 말한다. 카베는 보쉐를 유명한 사람이라고 말한다. 그륀 씨는 그를 "어떤 신부"라고 말한다. 카베는 푸펜도르프를 그의 모든 칭호를 부르며 인용한다. 그륀 씨는 푸펜도르프는 쉴러의 경구를 통해서 전해졌을 뿐이라는 사실을 솔직하게 언급한다. 이제 또한 그륀 씨는 푸펜도르프를 카베의 인용을 통해서 안다. 고루한 프랑스인 카베가 자기 나라 사람뿐만 아니라 독일인조차 그륀 씨보다 더 잘 연구했다는 사실이 드러난다.

카베는 말한다: "나는 서둘러 18세기의 위대한 철학자로 가서, 몽테스키외에서 시작하려 한다."(487쪽) 그륀 씨는 몽테스키외로 가서 그를 "18세기 법학의 천재"로 묘사하는 것에서 시작한다.(282쪽) 몽테스키외, 마블리Mably, 루소, 튀르고Türgot 가 서로 인용한 것을 참조해 보자. 여기서 우리는 카베와 그륀 씨가 루소나 튀르고에 대해 참조한 것에 국한하려 한다. 카베는 몽테스키외에서 루소로 간다. 그륀 씨는 이런 이행을 이렇게 구성한다: "몽테스키외가 법치주의자였듯이 루소는 급진적 정치학자였다."

| 그륀 씨는 루소를 인용한다: | 카베 :
 "Ecoutez maintenant Rousseau, l'auteur de cet immortel 'Contrat social' …. écoutez: |

"가난한 자를 옹호하고 부자를 재갈 물려야 한다면 이미 악이 최고조에 달했다는 것이다. 등".... (인용은 다음과 같은 말로 끝난다) "위의 사실에서 사회 상태에 관해서 인간 가운데 모두가 어떤 것을 가지되 그중에 누구도 너무 많이 가지지 않을 때가 인간에게 유익하다는 결론이 나온다."*

⟨이제 "불멸의 책 『사회계약론』의 저자인 루소의 말을 들어 보라. ..... 들어보라:

'Les hommes sont égaux en droit.La nature a rendu tous les biens communs .... dans le cas de partage le part de chacun devient sa propriété. Dans tous les cas la société est toujours seule propriétaire de tous les biens.'" (Pointe, die Herr Grün wegläßt.)

그륀에 따르자면 ⟨W, 513⟩ ⟨GA2, 584⟩ 루소는 이렇게 말한다: "다음과 같은 물음에 관해 설명을 요청받으면 그는 당황하고 완전히 동요하게 된다: 즉 야생적인 인간이 사회 속으로 들어올 때 그 이전에 가졌던 소유에 어떤 변화가 일어날 것인가? 그의 대답은 무엇인가? 그는 다음과 같이 대답한다: 자연은 모든 재화를 공동의 것으로 만들었다. ...."

'인간의 권리는 평등하다. 자연은 모든 재화를 공동의 것으로 만들었다. 분할할 때 각자의 몫이 자기의 소유이다. 어느 때라도 사회는 항상 모든 재화의 유일한 소유자다.'"(그 이후를 그륀 씨는 빠트렸다.)

(이 인용은 다음과 같은 말로 끝난다) "소유를 분할할 때 각자의 몫이 그의 소유이다."(284, 285쪽)

'Ecoutez encore: ' .... (endet:) "d'où il suit que l'état social n'est avantageux aux hommes qu'autant qu'il ont tous quelque chose et qu'aucun d'eux n'a rien de trop.' "더 들어보라." .... (여기서 끝났다.) "'이상의 사실에서 사회 상태에 관해서 인간 모두가 어떤 것을 가지고 그 중 누구도 너무 많이 갖지 않을 때만 인간에게 유익하다는 결론이 나온다.'

Ecoutez, écoutez encore Rousseau dans son 'Économie politique': 'Le plus grand mal est déjà fait quand on a des pauvres à défendre, et des riches à contenir'", etc. etc.

들어보라. 나아가 루소의 『정치경제학』의 말을 들어보라: '인간이 가난한 자를 변호하고 부자를 재갈 물려야 할 때 이미 악이 최고조에 달했다.'"〉(489, 490쪽)

* 936

여기서 그륀 씨가 천재적으로 이룬 쇄신이란 우선 그가 『사회계약론Contrat social』과 『정치 경제학Economie politique』에서 나온 인용문을 마구 뒤섞는다는 것이며 둘째 그륀 씨는 카베가 내린 결론에서 출발

---

936 CW주) 『베스트팔렌 증기선』 텍스트 본에는 괄호 안에 '문법적으로 맞는 말인가?'라는 구절이 추가된다.

한다는 것이다. 카베는 그가 인용한 루소 저서의 제목을 언급하지만, 그륀 씨는 이 제목에 대해 침묵한다. 그가 그런 방식으로 전술한 원인은 이렇다. 즉 카베는 루소의 『정치경제학』에 관해 말하지만, 그륀 씨는 그가 참조한 쉴러의 경구에서 루소의 『정치경제학』에 관해 한 번도 들은 적이 없기 때문이다. 그륀 씨는 『백과사전』의 모든 비밀을 통달했지만,[937] 루소의 『정치경제학』이 정치경제학에 관한 『백과사전』의 항목이라는 사실만큼은[938] 그에게 비밀이었던 모양이다.

튀르고로 넘어가 보자. 그륀 씨는 튀르고의 경우에는 인용문을 단순히 복사하는 것으로 더는 만족하지 못하고 카베가 튀르고에 대해서 제시한 묘사를 그대로 베낀다.

그륀 씨:	카베:
	"Et cependant, tandis que le roi déclare que lui seul et son ministre (Turgot) sont dans la cour les amis du peuple, tandis que le peuple le comble de ses bénédictions, tandis que les philosophes le couvrent de leur admiration, tandis que Voltaire veut, avant de mourir, baiser la main qui a signé tant d'améliorations populaires,

---

[937] GA2주 재인용) 그륀, 『사회의 운동』, 263쪽: "전체에 대립하는 것 즉 종교나 독재, 정신적 전제나 세속적 전제는 파괴돼야 한다. 그것이 백과사전의 비밀이었다. 이 비밀이 공공연한 비밀로 됐을 때 혁명이 이루어졌다."

[938] GA2주 참조) 마르크스의 주장과 달리 이 항목이 백과사전에 실렸을 뿐만 아니라 이미 18세기에 독립적인 책으로 발간됐다.

"곳곳에서 전체적으로 전복될 위험이 있는 낡은 것의 지반 위에 새로운 것을 이식하려는 시도는 가장 고귀하지만, 가장 허망한 시도 중의 하나이다. 그런데 튀르고를 이를 시도했으니. 헛되도다."

귀족제는 인위적인 궁핍을 일으키며, 반항을 실행하며 음모를 꾸미고 모략한다. 〈W, 514〉급기야 온순한 루이 Ludwig[Louis]는 그의 장관을 해고한다. 귀족제는 경청하기를 원하지 않았기에 결국 고통을 느껴야 했다.

〈"그러나 왕은 궁정에서 유독 자기와 그의 장관(튀르고)이 인민의 친구라고 선언한다. 인민은 튀르고를 축복으로 뒤덮고, 철학자들은 그를 경탄해 마지않는다. 그의 죽음 앞에서 볼테르는 인민을 위해 그토록 많은 자선 법령에 서명했던 그의 손에 키스하고자 원한다.

l'aristocratie conspire, organise même une vaste famine et des émeutes pour le perdre et fait tant par ses intrigues et calomnies qu'elle parvient à déchaîner les salons de Paris contre le réformateuret à perdre Louis XVI lui-même en le forçant à renvoyer le vertueux ministre qui le sauverait," p. 497

그런 반면 귀족체제는 작당하여 심지어 기아를 확대하게 조직하고 튀르고를 전복하려는 쿠데타를 조직하며 음모나 중상을 통해 심지어는 파리의 살롱을 속박에서 풀어주어 개혁가에 반대하게 하며," 루이 16세에게 그 자신을 구원했을지도 모르는 덕망 높은 장관인 튀르고를 해고하게 강제함으로써 루이 16세가 스스로 몰락하게 만들기에 이른다."(497쪽)

이 착한 천사는 파국에 직면해 긴박한 최종 경고를 외쳤지만, 〈GA2, 585〉인류의 발전은 항상 이 착한 천사에게 가장 무서운 방식으로 복수한다. 프랑스 인민은 튀르고를 축복하며, 볼테르는 그의 죽음 앞에서 손에 키스하기를 원했으며 왕은 그를 자신의 친구라고 불렀다

".... 튀르고, 그는 남작이며, 장관이며, 최후의 봉건영주 중의 하나이며 언론의 자유를 완전하게 보장하기 위해서는 가문 내 통신을 고안해야 한다는 사상을 지녀왔다."(289, 290쪽

"Revenons à Turgot, baron, ministre de Louis XVI pendant la première année de son règne, qui veut réformer les abus, qui fait une foule de réformes, qui veut faire établir une nouvelle langue et qui, pour assurer la liberté de la presse, travaille lui-même à l'invention d'une presse à domicile." p. 495

"이제 튀르고로 돌아가 보자. 그는 남작이며, 루이 16세의 통치 원년의 장관이며, 권력 남용을 개혁하고자 하며, 수많은 개혁을 관철하며, 새로운 언어를 도입하려 하며, 언론의 자유를 보장하기 위해 스스로 가문 내 통신을 고안하기 위해 애쓴 사람이다."〉(495쪽)

카베는 튀르고를 남작이며 장관으로 부른다. 그륀 씨는 카베를 이 점에서 그대로 베낀다. 카베의 말을 미화하기 위해 그는 파리 상인

Prévôts〈총수〉의 가장 어린 아들인 튀르고를 "가장 오래된 봉건 영주 중의 하나"로 전환한다. 카베는 1775년의 기아와 반란[Revolt][939]을 귀족체제가 일으킨 것으로 제시하는데 이런 주장은 잘못이다. 오늘날까지 기아와 이와 연관된 운동에 관해 최초로 절규한 자가 누군지는 알려지지 않는다. 어떻든 그런 반란에 대한 책임은 귀족제보다도 의회와 인민의 선입견에 더 있었다. 그륀 씨가 "고루한 신부" 카베의 이런 오류를 답습한다는 것은 당연하다.[940] 그는 카베의 말을 마치 복음처럼 믿고 있다. 그륀 씨는 카베의 권위에 따라서 튀르고를 공산주의자 가운데 집어넣는다.[941] 하지만 이 튀르고는 중농주의 학파의 수장 중의 하나이며, 자유경쟁의 가장 단호한 대변자이며, 〈W, 515〉고리대금업자의 변호사이고, 애덤 스미스를 가르친 자다. 튀르고는 위대한 사람이었지만, 그

---

939 CW주 142) 1775년 프랑스의 많은 지역에서 그리고 파리에서 발생한 자발적인 인민 봉기는 작황 부진과 기아에 원인을 두었다. 봉건 귀족은 튀르고의 개혁을 반대하면서 이 봉기를 이용해 프랑스를 조종하는 총감독의 직위에서 그를 추방했다. 튀르고는 해고됐으며 그가 도입한 개혁(곡물의 자유 무역, 봉건적 특권 중 약간의 폐지, 길드의 폐지)은 철회됐다.

940 GA2주 참조) 튀르고는 재정 총감독관으로서 일련의 근본적 개혁을 명령했다. 그래서 프랑스에서 자유로운 곡물 거래도 도입됐다. 1774년 흉작과 연관해서 다음 해에 곡물 가격과 빵 가격이 올랐으며 이 때문에 여러 지역에서 소요가 일어났다. 이 소요는 밀가루 전쟁으로 역사에 기록됐다. 당시 유포된 가정은 보수파가 튀르고에 대항해 꾸민 음모가 문제였다는 가정이다. 오늘날 출발점이 되는 사실은 프랑스 구체제에서 자주 일어났던 자발적인 기아 폭동이 문제였다는 것이다.

941 GA2주 참조) 마르크스의 주장과 달라 그륀은 튀르고를 공산주의자로 간주하지 않았다. 그는 튀르고를 오히려 개혁가로 표시했다. 여기서 그는 카베의 서술에 따랐다.

것은 그가 그의 시대에 상응했기 때문이지, 그륀 씨의 공상에 상응하기 때문은 아니다. 그륀 씨의 공상이 어떻게 일어나는지는 이미 제시됐다.

이제 프랑스 혁명기의 사람들로 넘어가 보자. 카베는 그의 논적[論敵]인 부르주아를 가장 명백한 곤경 속에 빠뜨린다.[942] 왜냐하면 그는 시예Sieyes를 공산주의의 선구자 중의 하나로 간주하기 때문이다. 그것도 시예가 법의 평등을 인정하고 국가가 소유를 인정하게 하므로 그렇다는 것이다.(카베, 499~502쪽) 그륀 씨는 "프랑스 정신 근처에 다가갈 때마다 항상 이 정신이 불충분하고 피상적이라는 사실을 발견하게 자기가 저주받았다"고 하면서도 프랑스 정신을 기꺼이 베끼고 카베와 같은 늙은 당 대표가 그륀 씨의 "인도주의"를 〈수, 14〉"좀이 쓸지 않게" 보존하는 사명을 받았다는 공상에 빠진다. 카베는 이어서 이렇게 말한다: "Écoutez le fameux Mirabeau!〈저 유명한 미라보의 말을 들어보라!〉"(504쪽). 그륀 씨는 이렇게 말한다: "미라보의 말을 들어보라!" 그리고 카베가 강조한 〈GA2, 586〉구절 가운데 몇몇을 인용한다. 이 구절에서 미라보는 자손 사이에 유산을 동등하게 나누는 것을 지지하는 발언을 한다.[943] 그륀 씨는 이렇게 외친다:"가족에게 공산주의를!"(292쪽) 그륀 씨는 이런 방식으로 전체 부르주아 제도를 돌아다니면서 곳곳에서 공산주의의 한 조각을 발견할 수 있었다. 그래서 그런 제도 전체를 다 합치면 공산주의가 완성된다고 한다. 그는 나폴레옹 법전을 Code de la

---

942 GA2주 참조) 『이카로스로의 여행』에서 카베는 이카로스에 사는 학자의 디나로스Danaros의 모습으로 재산공동체에 대한 적과 대결한다. 그의 저서에서 등장하는 재산공동체의 노골적인 대변자는 스파니에Spanier, 안토니오Antonio이다.

943 GA2주 참조) 미라보의 이 발언은 1791년 4월 2일 국민의회 연설에서 나온다. 이 발언은 미라보 사후에 공개되어 그 자신이 직접 읽지는 못했다.

communauté〈공산주의자의 법전〉[944]이라고 명명하며 매음굴이나 병영 그리고 감옥에서 공산주의자의 집단주거지를 발견할 수 있다고 한다.

마지막으로 콩도르세Condorcet를 거론하면서 이런 지루한 인용을 마무리하자. 여기서 두 권의 책을 비교해보면 독자는 그륀 씨에 대해 아주 특별한 것을 알게 될 것이다. 즉 독자는 그륀 씨가 어떤 방식으로 생략하거나 어떤 방식으로 뒤섞는지를 알게 된다. 그리고 독자는 그륀 씨가 때로는 제목을 어떤 방식으로 인용하고 때로는 제목을 어떤 방식으로 빼먹는지를 알게 된다. 또한 독자는 그륀 씨가 연대기의 날짜를 생략하지만, 반대로 카베가 정확하게 연대를 따르지 않는 때는 오히려 카베의 연대를 그대로 따른다는 사실을 그리고 최종적으로 카베에서 조악하게 그리고 꼼꼼하게 왜곡한 발췌밖에는 어떤 다른 것도 성취하지 못한다는 사실을 알게 될 것이다.

그륀 씨:

"

카베:

"Entendez Condorcet soutenir dans sa réponse à l'académie de Berlin."(kommt lange Stelle bei Cabet, schließt:)

"'C'est donc uniquement parce que les institutions sont mauvaises que le peuple est Si souvent un peu voleur par principe.'"

Écoutez-le-dans son journal, L'instruction sociale. .... il tolère meme de grands capitalistes

---

944   CW주) 드자미Dezamy의 주요 저서 『공산주의의 법전』을 상기시킨다.

콩도르세는 급진적 지롱드파이다. 그는 소유의 분배가 불공정하다는 것을 인정하며, 가난한 인민을 변호한다. 인민이 원칙에 비추어볼 때 약간 도둑 같다고 하더라도, 그 원인은 제도에 있다고 한다. 『사회적 교육』이라는 그의 잡지에서 …. 그는 심지어 대자본가를 인정한다.

〈"베를린 학회에 대한 그의 답변 중에 포함된 콩도르세의 말을 들어 보라."(이 사이에 카베의 긴 구절이 들어 있다:) "'인민이 그렇게 자주 원칙적으로 약간 도둑질하는 버릇이 있다면 그것은 오직 제도가 나쁘기 때문이다.'"

『사회적 교육』이라는 그의 잡지에서 …. 그는 심지어 대자본가에게 묻는다.

"Écoutez l'un des chefs Girondins, le philosophe Condorcet, le 6 juillet 1792 à la tribune de l'assemblée législative: 'Décrétez que les biens des trois princes, français'"
〈"지롱드파의 지도자 중의 하나인 철학자 콩도르세가 1792년 7월 6일 입법회의의 연단에서 한 말을 들어 보자: '세 명의 프랑스 왕자의"
("Louis XVIII, Charles X, et le prince de Condé"-was Herr Grün wegläßt-)
"'soient sur-le-champ mis en vente …. ils montent à près de 100 millions, et vous remplacerez trois princes par cent mille citoyens …. organisez l'instruction et les établissements de secours publics.'"

⟨W, 516⟩콩도르세는 세 명의 이민 간 왕자가 소유한 백만의 땅을 십만 명에게 분배하자는 청구를 입법부에 제기했다. .... 그는 교육과 공공 부조 제도를 조직한다."

"공공 교육에 관해 입법부에 그가 보고한 것에 따르면 콩도르세는 이렇게 말한다:"

("루이 18세, 샤를 10세 그리고 콩데 Condé 왕자"라는 구절을 그륀 씨는 빠트렸다) "재산들 즉각 매매돼야 한다. .... 그 재산은 거의 백만에 다다르니 당신들은 세 명의 왕자를 십만의 공민으로 대체하라 .... 교육과 공공 부조 제도를 조직하라.'"⟩

"Mais écoutez le comité d'instruction publique présentant à l'assemblée législative son rapport sur le plan d'éducation rédigé par Condorcet, 20 avril 1792:

⟨"그러나 위원회의 공공 교육을 지지하는 말을 들어보라. 이것은 콩도르세가 1792년 4월 20일 작성한 교육계획에 관한 위원회의 보고가 입법 회의에 제출한 것이다. 그 내용은 다음과 같다:

'L'éducation publique doit offrir à tous les individus les moyens de pourvoir a leurs besoins .... tel doit être le premier but d'une instruction nationale et sous ce point de vue elle est pour la puissance politique un devoir de justice'"

'인간 종에 속하는 모든 개인은 자신의 욕구를 충족할 수단을 받아야 한다. .... 그런 일은 교육의 대상이며 국가권력의 의무이다.' 등. (여기서 그륀 씨는 콩도르세의 계획에 *관한* 위원회의 보고를 콩도르세에 관한 보고로 전환했다.)(그륀, 293, 294쪽)*

'공공교육은 모든 개인에게 그 욕구를 충족할 수단을 제공해야 한다. .... 이것은 국가교육의 제일 목표여야 하며 이런 관점에서 공공교육은 정의가 정치권력에 요구하는 의무이다.'"〉(502, 503, 505, 509쪽) 등등.

*945

그륀 씨는 카베를 철면피하게 베끼면서 프랑스의 노동 조직가들을 역사적 순서에 따라 그 본질을 인식하며 그것에 그치지 않고 이런 인식을 Divide et impera〈분할해 지배하라〉라는 원칙에 따라서 처리한다.

그는 인용문 사이에 심지어는 그가 조금 전 어떤 구절에서 알게 됐던 사람에 관한 최종 판결을 집어넣고 나아가서는 〈W, 517〉프랑스 혁명에 관한 몇몇 상투어를 집어넣는다. 그리고 그는 전체를 모렐리 Morelly에서 가져온 몇몇 인용문을 통해서 두 부분으로 나눈다. 그 인용문은 비예가델 Villegardelle946을 통해 파리에서 en vogue〈유행되고〉 있었으니 이는 그륀 씨를 위해서는 정말로 때맞춘 것이다. 이 인용문 그 가운데 핵심적인 구절은 그륀 씨보다 이미 오래전에 파리의 『전진』947이라는

---

945 GA2주 참조) 이 이의는 옳지만, 그런데도 틀릴 수 있다. 왜냐하면 언급된 위원회의 보고는 입법국민회의 1792년 4월 20일, 21일의 공개강의를 위해 마련된 것이었기 때문이다.

946 CW주) 모렐리, 『자연의 법전. 비예가델에 의한 모렐리 사회 체계에 대한 합리적 분석과 함께』

947 W주 197) 『전진』-1844년 1월에서 12월까지 파리에서 매주 두 번 발간된

잡지에 번역되어 있었다. 여기서 다만 그륀 씨가 번역에 덧붙인 부주의함에 관한 눈부신 예를 몇 가지 들자면 다음과 같다.

모렐리 :

"L'intérêt rend les cœurs dénaturés et répand l'amertume sur les plus doux liens, qu'il change en de pesantes chaînes que détestent chez nous les époux en se détestant eux-mêmes."〈"이익은 심정을 퇴화하게 하며 가장 달콤한 유대 위에 쓰라림을 유포하며 따라서 이익은 이런 유대를 아주 무거운 사슬로 변화시킨다. 우리 사회에서 부부는 *이런 사슬을 혐오하게 되면서 동시에 서로를 혐오하게 된다.*"〉

그륀 씨 :

"이익은 심정을 부자연스럽게 만들며 가장 소중한 유대 위에 쓰라림을 유포하며 이 유대를 무거운 사슬로 변화시킨다. *우리의 부부는 이런 사슬을 혐오하며 게다가 자신을 혐오한다.*"(274쪽)

순전한 난센스다.

모렐리 :

신문. 마르크스와 엥겔스는 이 신문에 공동으로 일했다. 1844년 여름부터 신문의 편집에 긴밀하게 참여했던 마르크스의 영향으로 이 신문은 공산주의의 특징을 띠기 시작했다. 즉 신문은 프로이센의 반동적 상태를 날카롭게 비판했다. 프로이센 정부의 요청으로 기조 장관은 1845년 1월 마르크스와 이 신문의 몇몇 나머지 공동 편집자를 프랑스에서 추방했다. 그 결과 『전진』은 발간이 정지됐다. 72호, 73호에 모렐리의 『자연의 법전』에서 나온 발췌문이 실려 있고, 87호에 「프리드리히 빌헬름 4세와 모렐리」라는 논문이 실려 있다.

"Notre âme .... contracte une soif si furieuse qu'elle se suffoque pour l'étancher."〈"우리 영혼은 그렇게 애타게 갈증을 겪으면서 갈증을 해소하고자 하면 숨이 막힌다."〉

그륀 씨:
"우리 영혼은 애타는 갈증을 겪으면서 *그 갈증을 해소하기 위해 질식사한다*."

마찬가지로 순전한 난센스다.
모렐리:
"Ceux qui prétendent régler les mœurs et dicter des lois" pp.
〈"*감히 도덕을 규제하고 법을 선포하는 사람들*"〉 등등.

그륀 씨
"도덕을 규제하고 법을 선포한다고 속이는 사람들"

이 세 가지 실수는 모렐리의 책에서는 모두 한 구절에 나오는 것인데 그륀 씨의 책에서는 14줄에 걸쳐 있는 것이다. 모렐리에 대한 서술은 비예가델을 엄청나게 표절한 것이다.[948]

---

948 CW주) 이 문장은 『베스트팔렌 증기선』 텍스트 본에는 빠진다. GA2주 참조) 이 표절은 두 가지 관점과 연관된다. 하나는 비예가델에서 여러 번 다루어진 단정이다. 그는 견인력을 인간 사회의 일반 운동 법칙으로서 표시하는 점에서 모렐리와 푸리에 사이에 엄밀하게 이론사적으로 연관이 있다고 단정한다. 두 번째는 그륀이 모렐리의 체계를 다루면서 비예가델의 견해를 '진정한 유기체의 원칙'

⟨GA2, 588⟩⟨W, 518⟩그륀 씨의 능력이란 18세기와 혁명에 관한 자신의 온갖 지혜를 다음과 같은 말로 요약하는 것이다:

"감각주의, 이신론[理神論] 그리고 인격신론은 힘을 합해 폭풍과 같이 구세계에 대항한다. 구세계는 전복됐다. 신세계가 구축되지 않을 수 없을 때, 이신론은 제헌의회에서, 인격신론은 국민의회에서 승리를 거두었으며 순수 감각주의는 처단되거나 침묵했다."(263쪽)

사람들은 그륀 씨가 철학적인 방식으로 역사를 교회사의 몇몇 범주를 가지고 재단하는 것을 보면 그런 철학적 방식이 그에게서 어떻게 해 가장 천박한 문장이나 단순한 문예적 상투어로 전락하는지 알게 된다. 그리고 그런 철학적 방식이 어떻게 해 그륀 씨가 표절한 것을 숨기는 장식으로 기여할 뿐이라는 사실을 알게 된다. Avis aux philosophes!⟨철학자에게 경고를!⟩

이제 그륀 씨가 공산주의에 대해 말한 것으로 넘어가 보자. 그의 『역사 비망록』[949]은 카베의 팸플릿에서 베낀 것이며 『이카로스 여행』이라는 책을 진정 사회주의에 맞는 방식으로 파악한 것이다.(『시민 교본』이나 『라인 연보』를 참조하라.[950]) 그륀 씨가 카베를 "프랑스 공산주의의

이라고 이름을 바꾸어 받아들인 것이다.

949 GA2주 참조) 그륀의 『7월 혁명 이후 프랑스 공산주의 역사』를 말한다. 여기서 그륀은 특히 카베의 이카로스 공산주의와 드자미의 심리적 공산주의를 집중적으로 비판한다.

950 GA2주 참조) 마르크스는 여기서 그륀의 카베에 대한 비판과 『시민 교본』에

오코넬 O'Connell"이라고 부른다는 것을 본다면 이를 통해 그가 프랑스의 상황이나 동시에 영국의 상황을 알고 있다는 사실이 입증된다. 그륀 씨는 이어서 이렇게 말한다.

"카베가 내 목을 매달 힘을 가졌더라면 그리고 내가 그에 대해 생각하고 서술하는 것을 알았더라면 그렇게 하게 했을 수 있다. 이런 선동자는 편협하므로 우리 같은 사람에게는 위험하다."(382쪽)

서 헤스의 카베에 대한 평가와 『라인 연보』에서 세밍의 카베에 대한 평가를 비교한다. 『라인 연보』의 글이 그륀의 『사회 운동』이 나온 다음에 즉 이 저서의 발간과 동시적으로 나왔으므로 그륀은 카베에 대한 평가를 물론 알지 못했다.

4절 프루동 Proudhon

"슈타인 씨는 프루동을 en bagatelle〈아무것도 아닌 존재〉로 다루었으니 이를 통해 자신이 지적으로 빈곤하다는 가장 눈부신 증거를 과시한다."(『21개의 화살』, 84쪽 참조)[951] "이런 헤겔 논리학의 육화를 따르려면 헤겔의 삶은 양배추 이상의 것이 필요하다는 점은 분명하다."(411쪽)

몇 가지 예만 들어보면 그륀 씨가 이 절에서조차 제 버릇을 버리지 못한다는 사실이 나타날 것이다.

그는 프루동이 소유의 불가능성에 관한 주장을 국민 경제학적으로 증명하는 문장 가운데 437~444쪽에 나오는 몇 가지 발췌문을 번역해[952] 결국 이렇게 외친다:

---

[951] GA2주 참조) 헤스, 『사회주의와 공산주의』, 84쪽: "슈타인은 공산주의 초기의 엉성한 인물만을 알고 있다. …. 그는 생시몽, 푸리에, 푸르동 등의 사회주의 학설을 사회주의 관념이 발전하고 관철되는 단계로 간주하지 않고 고립적으로 독립적인 현상으로 다룬다. 그는 그들의 연관을 평등에 관한 일반적 관념을 통해 예감하기는 하지만, 이런 사회주의가 공산주의와 특별한 연관을 가지고 있다는 것을 그는 거의 의식하지 못했다. 그래서 그는 예를 들어 프루동을 라메네 옆에 분류하면서 그를 어느 자리에 배치해야 하는지를 알지 못하기에 그를 주변적인 저자로 만든다.

[952] GA2주 참조) 그륀은 먼저 프루동의 『소유란 무엇인가』의 상당 구절을 독일어로 인용한 다음 이 책의 4장에서 …. 직접 또는 간접으로 발췌한 것을 번역한다. 이에 따르면 프루동은 소유가 경제학적 또한 도덕적 정치적인 관점에서 불가능하다는 것을 입증하려 시도한다. 이때 푸르동은 주된 논거로서 생산 없이 소비

"소유에 대한 이런 비판은 소유를 완전하게 해체하는 것이므로 우리는 이를 위해 더는 덧붙일 필요가 없다! 여기서 우리는 새로운 비판을 작성하려 하지 않는다. ⟨W, 519⟩왜냐하면 그런 비판을 작성한다면 그것은 다시 생산의 균등성과 평등한 노동자의 개별화를 제거하게 될 것이기 때문이다. 나는 이미 위에서 필요한 것을 암시했다. 남은 것은"(즉 그륀 씨가 암시하지 않았던 것) "사회를 다시 재구성할 때 그리고 진정한 소유 관계의 기초를 세울 때 발견될 것이다."(444쪽)

⟨GA2, 589⟩이런 방식으로 그륀 씨는 프루동이 국민 경제학적으로 논증한 것에 관여하는 일에서 슬그머니 도망치려 하면서 그런 프루동의 논증을 넘어서려 한다. 프루동의 전체 증명은 잘못된 것이지만,[953] 그렇다고 하더라도 그륀 씨가 그런 잘못을 발견하게 된 것은 다른 사람들이 그 잘못을 증명한 다음이다.

푸르동에 관해『신성 가족』에서는 프루동이 국민 경제학적인 관점에서 국민 경제학을 비판하며 법학자의 관점에서 법을 비판한다는 사

만 하는 소유자의 비생산성을 또한 소유자와 동등하게 교환하지 못하는 것 때문에 등장하는 노동자의 저소비를 인용한다.

953 GA2주 참조) 푸르동에 대한 마르크스의 비판은『철학의 빈곤(1847)』에서 시도됐다. 여기서 언급된 경고에도 그륀의 프루동에 대한 관계는 적어도 1848/1849년까지 불변적이었다. 그륀은 푸르동의 특정 견해에 관해『사회의 운동』에서 했던 비판을 1847년 내내 더 완화했고 최종적으로 전적으로 포기했다. 푸르동의 두 권으로 된 저서『경제적 모순의 체계, 빈곤의 철학』에 대한 그의 독일어 번역이 1847년 등장한다.

실이 언급됐는데, 그륀 씨는 이 사실을 그대로 베낀다. 그러나 그는 무엇이 문제 되는지를 거의 이해하지 못한 결과 본래의 논점을 생략하고 프루동이 법학자와 경제학자의 환상을 그들이 실제로 하는 것에 반해 정당화한다고 말하니,[954] 그는 앞에서의 『신성 가족』에서의 문장을 완전히 무의미한 상투어로 만든다.

프루동의 책 즉 "De la création de l'ordre dans l'humanité"〈『인간 속에서 질서의 창조에 관해』〉에서 가장 중요한 것은 그의 dialectique sérielle〈계열 변증법〉이다. 이 변증법은 사유*과정*이라는 독립적인 사상을 대체하는 사유 방법을 제시하려는 시도이다. 프루동은 헤겔이 실제로 제시했던 변증법을 프랑스적인 관점에서 추구한다. 그러므로 프루동이 헤겔과 가깝다는 사실은 여기에서 공상적인 유추가 아니라 여실하게 나타난다. 그러므로 헤겔의 변증법에 대한 비판이 완료된 이상 여기서 프루동의 변증법을 비판하는 것은 간단한 일이 됐다. 그러나 진정 사회주의자들은 그들이 복종해온 철학자 피히테가 변증법 비판과 같은 일을 하지 않았으므로 더욱더 이런 비판을 요구하지 않았다. 우스꽝스럽게도 그륀 씨는 주문을 외어 자신의 과제를 연기처럼 사라지게 한다. 그가 두터운 독일식 갑옷으로 무장하고 나서야 할 바로 그 자리에서 그는 무례한 거동으로 도망치고 만다. 그는 우선 몇몇 쪽을 번역으

---

954 GA2주 재인용) 그륀, 『사회의 운동』, 447쪽: "혁명은 근본적인 것으로서 과거와 미래 사이의 모든 실마리를 단절하는 것이다. 이 혁명은 정치학 내부에서 어떤 개선이 아니며, 오히려 정치학에 대항하는 혁명이며, 역사의 전체 결과에 대항하는 혁명이다. 푸르동은 이 사실을 완전히 이해하지 못했다. 이것이 그의 의식의 결함이다. 이런 결함은 삼중적인 방식으로 표출된다. 즉 그가 계속해서 법률가로서 법률가와 함께하며, 국민 경제학자로서 국민 경제학자와 함께 하고, 정치가로서 정치가와 함께한다는 사실로 표현된다."

로 채우고 이어서 프루동에게 거들먹거리는 문예적인 말투로 captatio benevolentiae〈대중을 낚시하면서〉 푸르동의 dialectique serielle〈계열 변증법〉 전체의 목적은 *학자를 희롱하려는* 것일 뿐이라고 단정한다.[955] 물론 그는 프루동을 아래와 같은 찬양으로 위안하고자 한다.

"아, 나의 소중한 친구여, 학자"(그리고 "사강사") "라는 존재에 관해 속지 말기 바란다. 우리는 우리의 학생이나 먹물이"(슈타인, 레이보 그리고 카베는 제외하고) "그렇게나 무한한 수고를 통해서 그리고 그들의 편에 대해서나 우리의 편에 대해서 그렇게나 많은 혐오를 느끼면서 우리에게 부여하고자 했던 모든 것을 다시 잊어버려야 했다."(457쪽)

〈W, 520〉그륀 씨는 아마도 여전히 "그렇게 많은 혐오"를 느끼는 것은 아니더라도 이제 더는 그렇게 무한한 수고를 해가면서 배우는 것은 아니다. 이 점을 입증하려는 목적을 가지고 그는 사회주의자로서의 연구와 11월 6일 『파리에서의 편지』」를 시작한다. 그리고 그는 다가오는 1월 20일까지 "완전한 경과를 진정으로 전체적으로 표현하기 위해" 반드시 연구를 마칠 뿐만 아니라 서술도 완료할 것이다.

---

955 GA2주 재인용) 그륀, 『사회의 운동』, 457쪽: "일찍부터 그대는 나에게 말한다. 우리와 다른 사람들, 학자와 박사는 그대보다 훨씬 우월하다. 그대는 가난한 독학자가 돼라. 그대는 그대의 유치함을 전적으로 버리라. 그대의 연구 속에는 어떤 규칙도 설정하지 말라. 그대는 그대가 어떤 것을 알고 있으며, 그대가 필연적으로 동등한 위치에 오를 수 있다는 것을 증명해야 한다."

5장 "홀스타인에서 온 조지 쿨만 박사"
또는
진정 사회주의의 예언자
새로운 세계 또는 지상에 세워진 정신의 왕국
선포[956]

〈GA2, 590〉〈수, 1〉〈W, 521〉서문에 이런 말이 나온다. 즉 "한

---

956 W주 199, CW주 143) 『독일 이데올로기』, 2권의 현존하는 다른 장은 엥겔스의 필적이지만, 이 5장은 요셉 바이데마이어Joseph Weydemeyer의 필적이고 글의 끝에 "N. Hess"라고 적혀 있다. 1845년 12월, 잡지 『사회의 거울』, 6호에는 「공산주의 예언자의 책동」이라는 제목으로 쓴 헤스의 논문이 실려 있다. 이 논문은 이 장에 나오는 것과 유사한 방식으로 같은 주제를 논의한다. 아마도 이 5장은 헤스가 쓴 것이며, 바이데마이어가 정서하고 마르크스와 엥겔스가 편집한 것일 가능성이 있다.
『새로운 세계 또는 지상에 세워진 정신의 왕국』은 이 장에서 비판의 대상이 되는 책이며, 1845년 익명으로 발간됐다. 이 책은 게오르그 쿨만이 스위스 '정의로운 자의 연맹' 위원회에서 했던 강의로 이루어져 있다. 이 연맹은 빌헬름 바이틀링Wilhelm Wetling이 세운 것이다. 이 연맹은 독일 노동자와 기술자의 비밀 조직이며, 독일, 프랑스, 스위스, 영국에 지부를 두고 있다. '진정 사회주의'라는 관념은 당시 이 연맹 구성원 사이에 광범위하게 퍼져 있었다. 그 연맹의 많은 구성원은 해외에 사는 기술자였다. 쿨만의 활동과 그의 책에 대한 비판은 엥겔스가 1894년에 쓴 「원시 기독교의 역사」라는 논문에서도 발견될 수 있다.

사람이 필요했다. 즉 그 사람의 입으로 우리의 모든 고통과 우리의 모든 동경과 희망을, 한마디로 말해서 가장 내적인 면에서 우리 시대를 움직이는 모든 것을 언표하는 사람 말이다. 그리고 그는 이런 충동이나 번민하는 회의 그리고 동경 속에 있는 정신의 고독에서 걸어 나와서 가장 생동적인 모습으로 우리를 둘러싼 수수께끼를 해결하는 사람이어야 했다. 이런 사람, 우리 시대가 고대해왔던 사람, 그가 등장했다. *그는 홀스타인에서 온 게오르그 박사이다.*"

그러므로 이 인물은 매우 순박한 정신을 가지고 있으며 또한 매우 모호한 성격을 지니고 있다. 이 인물은 위의 구절을 작성한 아우구스트 베커August Becker의 머릿속으로 다음과 같은 생각을 주입한다. 즉 아직 한 개의 수수께끼도 해결되지 않았으며 아직 하나의 행위 능력도 일깨워지지 않았다는 생각이다. 또한 공산주의 운동은 이미 문명화된 모든 나라를 휩쓸고 있음에도 그 핵심은 발견될 수 없는, 속이 빈 호두이며, 거대한 세계적 암탉이 수탉도 없이 생산했던 세계적 달걀이라는 생각이다.―반면 진정한 핵심이며, 광주리 속에 있는 본래 수탉은 홀스타인에서 온 게오르그 쿨만 박사이다.

그러나 거대한 세계적 수탉은 항상 전적으로 그렇듯이 거세되어 있기에 독일의 수공업자를 통해 스위스에서 상당 기간 길러졌으나 결국 자신의 운명을 피하지 못한다.

그렇다고 마치 우리가 홀스타인에서 온 쿨만 박사를 전적으로 통상적인 협잡꾼이며 교활한 사기꾼으로 간주하는 것은 아니다. 그런 통상적인 협잡꾼이나 사기꾼은 자기 생명의 정기가 지닌 치유력을 스스로 믿지 않으며 그의 〈GA2, 593〉장생술 전체의 목적은 자기의 고유한 인격이 생명을 얻기를 바라는 〈W, 522〉것일 뿐이다.-아니다. 우리는 이 영감을 부여받은 박사가 정신적인 협잡꾼이며, 경건한 사기꾼이며, *신비한* 능구렁이라는 것을 매우 잘 안다. 그러나 그런 종류에 속하는 사람은 누구나 그렇듯이 수단을 선택하는 데서 그렇게 양심적인 것은 아니다. 왜냐하면 그의 인격은 그의 신성한 목적과 내적으로 유착되어 있기 때문이다. 즉 신성한 목적은 신성한 인격과 항상 내적으로 유착된다. 왜냐하면 신성한 목적은 그 본성에서 순수하게 관념적이며, 단지 머릿속에서만 현존하기 때문이다. 철학적이든 종교적이든, 고대적이든 근대적이든 모든 관념주의자는 영감과 계시를 믿으며 구세주와 주술사를 믿는다. 그리고 이런 믿음이 소박하고 종교적인 형태를 취하는가 아니면 세련되고 철학적인 형태를 취하는가 하는 차이는 다만 교양의 단계에 의존하는 것일 뿐이다. 이런 사정은 아래 경우도 마찬가지다. 즉 관념주의자가 주술에 대한 믿음에 수동적으로 관계하는가 아니면 능동적으로 관계하는가 하는 차이를 보자. 또한 관념주의자가 주술을 수행하는 양치기인가 아니면 양인가 하는 차이를 보자. 또 관념주의자가 이때 이론적 목적을 따르냐 아니면 실천적 목적을 따르는가 하는 차이를 보자. 그런 차이는 그저 그 관념주의자의 활력과 성격 그리고 사회적 지위 등에 의존하는 것일 뿐이다.

쿨만은 매우 활력적인 인간이며 철학적 교양이 없지는 않다. 그러기에 그는 주술에 대한 믿음에서 절대 수동적으로 관계하지 않으며 이때 실천적 목적을 따른다.

아우구스트 베커는 쿨만과 더불어 자기 민족에 고질적인 정신병을 앓을 뿐이다. 선량한 그는 "다만 개별자만이 한 시대의 의지와 사상을 언표할 수 있다는 사실을 이해할 능력이 부족한 사람을 한탄한다." 관념주의자가 볼 때 세계를 변형하는 운동은 모두가 어떤 선택받은 자의 두뇌 속에서만 현존한다. 세계의 운명은 이 선택받은 자가 그가 받은 계시를 자신에서 꺼내서 전하기 전에 어떤 실재하는 돌에 부딪혀 두뇌를 다쳐 죽게 된 것은 아닌지에 달려 있다. 왜냐하면 그의 두뇌가 모든 지혜를 사적인 소유자처럼 소유하고 있기 때문이다. "또는 그 선택받은 자의 두뇌가 지혜를 소유한 게 아니라면?"하고 아우구스트 베커는 대들듯이 덧붙여 말한다. "그 시대 모든 철학자와 신학자를 한데 모으고 그들이 토의하고 표결하게 하라. 그런 다음 거기에서 나오는 것이 무엇인지를 보라!"

이데올로그가 볼 때 역사 발전의 전체는 역사적 발전에 대한 추상적인 이론으로 환원된다. 이런 이론은 "그 시대 모든 철학자와 신학자의 두뇌" 속에서 형성됐던 것과 같은 이론이다. 모든 "두뇌"를 "한데 모으고" "토의하고 표결하게" 한다는 것은 불가능하므로 하나의 신성한 머리가 있어서 모든 철학적이며 신학적인 두뇌의 정수리[Spitz]를 차지해야 한다. 그리고 이 *교활한 자*[Spitzkopf]가 바로 *우둔한 자*[Dickkopf]의 사변적인 통일-즉 구세주이다.

이와 같은 두뇌 체제는 이집트의 피라미드만큼이나 오래된 것이며 피라미드와 많은 점에서 유사하고 프로이센의 군주제와 마찬가지로 새로운 것이어서 〈W, 523〉프로이센의 수도에서 순식간에 다시 젊음을 되찾아 소생했다.-그와 같은 〈GA2, 594〉관념의 달라이 라마는 실제의 달라이 라마와 공통으로 자기의 먹거리를 끌어내는 세계가 자기의 신성한 배설물이 없이는 존립할 수 없다는 주장을 스스로 믿고 싶어 한다. 이런 관념주의자의 광기가 실제 광기가 되는 순간 관념주의자의 악의적인 성격이 폭로되며 모든 관념주의자가 지닌 것 즉 성직자에 고유한 지배욕, 종교적인 광신주의, 협잡, 경건한 체하는 위선, 번지르르한 기만이 폭로된다. 주술이란 관념의 왕국에서 *실천*으로 건너가는 *당나귀 다리*[Eselsbrücke: 요점]이다. 홀스타인에서 온 게오르그 쿨만 박사씨는 그러한 당나귀 다리이다.-그는 영감을 받았다.-따라서 그의 주술을 부리는 말은 가장 확고하게 서 있는 산조차 옮긴다는 주장이 빠질 수가 없을 것이다. 그런 주장은 지질한 피 창조물에는 위안이 된다. 왜냐하면 이런 피 창조물은 이 *산*을 *자연적인 화약*으로 폭파할 만큼 충분한 활력을 자기 안에서 탐지하지 못하기 때문이다. 그런 주장은 맹인이나 소심한 사람에게는 확신을 주는 주장이다. 왜냐하면 그런 사람들은 혁명 운동에서 다양하게 흩어진 현상 사이에 존재하는 물질적인 연관을 볼 수 없기 때문이다.

    아우구스트 베커는 이렇게 말한다: "지금까지 합일점이 결여되어 왔다."

    성 게오르그[쿨만]는 약간의 노력으로 모든 실재하는 장애를 극복한다. 왜냐하면 그는 모든 실재하는 사물을 관념으로 전환하고 자신을 그런 관념의 사변적인 통일로서 구성하기 때문이다. 그는 이를 통해 실재하는 사물을 "통제하고 그것에 질서를 부여할" 수 있다고 한다.

> "관념의 사회가 곧 세계이다. 관념의 통일이 세계에 질서를 부여하고 통제한다."(138쪽)

    이런 "관념의 사회" 속에서 우리의 예언자는 마음대로 스위치를 돌리고 지배한다.

"그곳에서 우리는 우리의 고유한 관념에 인도되어서 이리저리 배회하며 모든 것을 우리 시대가 요구하는 만큼 상세하게 고찰하고자 한다."(138쪽)

난센스의 사변적인 통일이라니!
그러나 기록된 것이라고 모두 맞는 것은 아니다. 독일의 청중은 그 예언자의 신탁을 들었지만, 자기 조국의 철학적 발전에 관해 거의 알지 못했으므로 이런 위대한 예언자가 사변적인 신탁을 통해서 가장 낡아빠진 철학적 상투어만을 반복했으며 그런 상투어를 실제의 목적 대신 정당화했다는 것을 한 번도 눈치채지 못했다.

의학적 차원에서 주술사나 주술적 치유사는 *자연법칙*에 대한 전적인 무지에 발을 딛는 것과 마찬가지로 사회적 차원에서 주술적 치유사는 *사회적 세계*의 법칙에 대한 전적인 무지에 발을 딛고 있다. 홀스타인에서 온 기적의 의사는 니더엠프트Niederempt에서 온 *사회주의 기적의 제조가*다.

〈W, 524〉이런 주술을 부리는 목자는 우선 그가 기를 양을 창조해야 한다:

"나는 내 앞에 선택된 자의 모임을 본다. 그는 나보다 앞서 출현해서 말과 행위를 통해 시대의 지복[至福]을 위해 일했으며 이제 내가 인류의 복지와 고통에 대해 말하려는 것을 듣기 위해 모였다."〈GA2, 595〉"여러 사람이 이미 자기의 이름으로 말하고 글을 써왔다. 그러나 아직 아무도 자기가 본래 무엇을 고통스러워하며 무엇을 희망하고 고대하는지 그리고 그것을 어떻게 얻을 수 있을 건지에 대해 말한 적은 없다. 그러나 그런 것이 내가 말하고자 하는 것이다."

그러자 그의 양들은 그의 그런 말을 믿는다.

이 "신성한 정신"의 저서 전체에는 독창적인 사상이라곤 하나도 없다. 거기에는 다만 이미 낡은 사회주의 이론을 가장 빈약하고 가장 흔한 추상으로 환원시킨 것만이 존재한다. 그 형식이나 양식 자체가 이미 독창적인 것이 아니다. 더 행운인 것은 이미 다른 사람들이 성경의 신성한 양식을 모방했다는 것이다. 쿨만은 이런 점에서 라메네Lamennai[957]를 모범으로 삼았다. 그러나 그는 라메네를 희화화했을 뿐이다. 여기서 우리는 우리의 독자에게 그런 양식의 아름다움에 관한 본보기를 하나 제시하겠다.

"우선 당신들이 당신들에게서 이루어져야 할 영원한 운명이 무엇인지를 생각해 볼 때 당신들이 기대하는 것이 무엇인지를 나에게 말해 다오"

"사실 많은 사람은 조롱하면서 이렇게 말한다:'영원이 나에게 무슨 걱정거리란 말인가?'"

"다른 사람은 눈을 비비면서 이렇게 묻는다: '영원-그게 뭐란 말인가?'"

---

957 역주) 라메네Hugues Félicité Robert de Lamennais(1782~1854)-프랑스 가톨릭 신부이며, 왕당파 철학자. 그는 자유주의 가톨릭 또는 사회주의적 가톨릭의 선구자다.

"나아가서 무덤이 당신들을 삼켜버릴 때를 생각해 볼 때 당신들은 어떤 느낌일까?"

"그리고 나는 많은 목소리를 듣게 될 것이다." 그 가운데 하나의 목소리는 그러므로 다음과 같이 말한다:

"최근 사람들은 정신은 영원하며 죽음 이후 그들이 태어난 원천인 신 속으로 다시 〈수, 2〉해소될 뿐이라고 배운다. 그러나 그런 것을 가르치는 사람들은 나에게 그런 죽음 이후 나에게 남아 있는 것이 무엇인지를 말할 수 없다. 오. 내가 태어난 적이 없었더라면! 내가 계속 살아간다고 한다면-오 나의 부모여, 나의 자매여, 나의 형제여, 나의 아이여 그리고 내가 사랑하는 모두여,-그렇다면 나는 당신들을 언제 다시 보게 될 것인가? 오, 내가 당신들을 한 번도 본 적이 없었다면!" 등등.

"나아가서 당신들은 무한성에 대해 생각한다면 어떤 느낌이 드는가?"

쿨만 씨, 죽음에 대해 생각하는 것 앞에서가 아니라 죽음에 대한 그대의 *환상* 앞에서, *심정*에 영향을 끼치는 그대의 *방식*과 그대의 *가련한 수단* 앞에서 우리는 역겨움을 느낀다.

사랑하는 독자여, 어떤 성직자가 그의 양에게 정말 뜨거운 지옥을 만들어 그 양의 심정을 정말 연약하게 만든다면 또 그 성직자의 웅변이란 게 전적으로 그의 말을 듣는 청중의 눈물샘을 자극하는 데 그친다면 또한 그 성직자가 그가 속한 회중이 *겁먹게* 하는 데만 골몰한다면 그대는 "어떤 기분이 드는가?"

『선언』의 *내용*이 얼마나 빈약한지 보자. 우선 「신세계」 장의 1절 또는 서론은 다음과 같은 단순한 사상으로 귀착된다. 즉 그 사상은 쿨만 씨는 홀스타인에서 와서 "정신의 왕국" 즉 "하늘나라"를 지상에 〈W, 525〉세우려 한다는 사상이며 그리고 그 앞서서 어떤 사람도 본래 〈GA2. 596〉지옥이 무엇인지 그리고 본래 하늘이 무엇인지를 알지 못했다는 사상이다.-즉 지옥이란 지금까지 사회이고 하늘이란 미래의 사회 곧 "정신의 왕국"이라는 사상이다.-그리고 그 자신은 대망의 성스러운 "정신"이라는 사상이다.

이 모든 위대한 사상은 성스러운 게오르그의 전적으로 독창적인 사상은 절대 아니며 "세계"에 그의 "얼굴"을 알리기 위해서라면 그는 굳이 홀스타인에서 스위스를 향해 오려고 애쓸 필요가 없었으며 "정신의 고독"에서 나와서 수공업자로 전락할 필요도, 스스로 계시에 이를 필요도 없었을 것이다.

그러나 홀스타인에서 온 쿨만 박사 님이 주장하는 "*대망의 성스러운 정신*"이라는 사상은 그의 전적으로 배타적인 사적 소유에 해당하며 앞으로도 계속 그럴 것이라는 점은 틀림없다.

성 게오르그의 성스러운 저서는 이제 그가 "깨달은" 대로 아래와 같이 흘러간다.

그는 이렇게 말한다. "이 저서는 정신의 왕국이 지상에서 어떤 형태를 취하는가를 해명할 것이다. 그럼으로써 당신들은 정신의 왕국이 얼마나 경건한지를 보게 될 것이다. 그리고 또한 당신들은 정신의 왕국에서의 구원을 제외한다면 어떤 다른 구원도 없다는 것을 보게 될 것이다. 다른 측면에서 본다면 그 저서는 당신들의 눈물 왕국을 폭로해 줄 것이다. 그럼으로써 당신들은 당신들의 비참함이 무엇인지를 보게 될 것이며 당신들의 모든 고통의 근거를 인식하게 된다. 그러면 나는 이 근심으로 가득한 현재에서 나와서 기쁨이 가득한 미래로 건너가는 길을 보여 줄 것이다. 이런 목표를 위해서 나의 저 높은 곳에 있는 정신을 따라 오라. 바로 그런 높은 곳에서 우리는 드넓은 주변의 영토를 자유롭게 조망하게 될 것이다."

그러므로 예언자는 우선 우리에게 그의 "*아름다운 지역*"[958]을, 그의 *하늘나라*를 보게 만든다. 우리는 생시몽주의 대한 오해가 슈타인 씨의 책에서 기억해낸 것으로 가장자리를 장식하고 우스꽝스럽게 왜곡된 라메네 방식의 의상을 입고 가련한 듯이 무대에 출연한다는 것밖에는 보지 못한다.

이제 우리는 하늘나라에서 나온 가장 중요한 계시를 인용하려 한다. 그것은 예언자가 어떤 방식으로 말하는지를 확증해 준다. 37쪽을 참조하라.

"선택은 *자유*이며 각자의 경향성에 *따른다*. 각자의 경향성은 그의 소질에 *따른다*."

성 게오르그는 이런 신탁을 내린다. 즉 "사회 속에서 각자가 자신의 경향성을 따른다면 각자의 소질이 모두 발전한다. 그리고 이렇게 되면 또한 정신의 왕국에서나 물질의 왕국에서도 모든 사

---

[958] CW주) '아름다운 지역'이라는 구절은 라이프치히 전투(1813년)에서 살해당한 군인의 어머니를 위로하기 위해 어느 여인이 "그래도 그곳은 아름다운 지역이었어요"라고 말했다는 이야기에서 유래한다.

람이 욕구하는 모든 것이 언제나 성취될 것이다. 왜냐하면 사회는 욕구를 갖는 만큼의 소질이나 능력을 소유하기 때문이다." …. "Les attractions sont proportionelles aux Destinées"⟨"경향성은 각자의 사명에 비례한다."⟩ 프루동을 참조하라.[959]

⟨W, 526⟩ 이 지점에서 쿨만 씨는 사회주의자나 공산주의자와 자기를 구별한다. 그 이유는 다만 그가 지닌 오해 때문이니, 그가 그렇게 오해한 이유는 쿨만이 실용적 이익이 되는 목적을 추구해 왔다는 데서나 그리고 의심할 바 없이 그의 편협성에서 찾아질 수 있다. 그는 소질과 능력의 차이를 소유와 그 소유에 제약된 향락의 부등성과 혼동하면서 공산주의에 반대하는 논증을 전개한 것이다.

⟨GA2, 597⟩ 그 때문에 예언자는 성급한 결론을 내린다.

"아무도 거기서는"(즉 공산주의에서는) "다른 사람보다 *우월해서는 안 된다.*" "아무도 다른 사람보다 *더 많이 소유하지* 않으며 *더 잘 살지* 않는다. …. 당신들이 그것에 대해 회의를 품고 그들의 외침에 동조하지 않는다면 그들은 당신들을 욕하고 저주하고 박해하며 당신들을 교수대에 매단다."(100쪽)

그러나 쿨만은 때때로 전적으로 올바른 예언을 하기도 한다.

---

959 W주 200) 푸리에, 『네 가지 운동과 일반적 운명에 관한 이론』에서 나오는 인용이다. 한편으로는 인간의 경향성, 일정한 직업적인 능력의 행사가 다루어지며 다른 한편에는 세계를 지배하는 신적인 법칙이 다루어진다.

"그런 대열 속에서 사람들은 모두 이렇게 부르짖는다: 성경과 함께 가라! 무엇보다도 기독교와 함께 가라. 왜냐하면 기독교는 순종과 순종하는 태도를 지닌 종교이기 때문이다! 무릇 모든 신앙과 더불어 가라! 그러나 우리는 신에 대해서 모르며 불멸에 대해서도 모른다. 다만 머릿속에 있는 유령에 불과한 것을 거짓말쟁이와 사기꾼이 자기에게 유리하게 이용하며"(이렇게 말해져야 하지 않을까: 성직자가 자기에게 유리하게 이용하는 것이라고) "하염없이 그런 유령을 실처럼 자아낸다. 참으로 아직도 그런 유령을 믿는 사람은 가장 커다란 바보이다!"

즉 쿨만은 *신앙*에 대한 그리고 순종 그리고 *부등성 즉 신분과 태생의 차이*에 대한 교의를 원칙적으로 적대시하는 사람들에 대항해 격렬하게 논쟁한다.—그의 사회주의가 기초하는 근거는 예정론적인 노예제다. 이는 쿨만적으로 표현됐지만, 프리드리히 로머Friedrich Rohmer를 강하게 상기하게 하는 비열한 교의이며 이론적인 위계체제에 근거하며 궁극적으로는 그 자신이 *성스러운 인격*이라는 주장에 근거한다!

42쪽에 이런 말이 나온다: "노동의 모든 분야는 본래 공동으로 노동하는 자들 가운데 가장 적절한 자를 통해 인도되며 향락의 왕국에서의 모든 분야는 본래 공동으로 향락하는 자들 가운데 가장 많은 즐거움을 느끼는 자를 통해 인도된다. 그러나 사회는 분할되지 않으며 다만 하나의 정신을 가지듯이 전체의 질서도 하나의 인간을 통해서만 인도되고 통치된다. 그리고 이 인간이 바로 *가장 현명한 자, 가장 덕이 높은 자, 가장 축복받은 자*다."

34쪽에서 우리는 이런 말을 들을 수 있다:

"인간이 *정신적으로* 덕을 추구한다면, 그는 자신이 속한 *매듭을* 움직이고 운동하게 하며 모든 것을 *자신의 마음에 드는 대로* 사물의 본성에 따라[an sich] 그리고 현상을 넘어서게[außer sich] 발전하고 형성하고 형상화한다. 그리고 그가 정신 속에서 스스로 건재함을 느낀다면 그는 거기 그의 곁에서 사는 모든 것에서 그런 건재함을 느껴야 한다. *따라서* 인간은 먹고 마시며 그것을 직접 체험하기를 원한다. *따라서* 그는 노래하고 놀고 춤추며 키스하고 울고 웃는다."

신을 직관하는 것이 식욕에 어떤 영향을 미치며, *정신적 행복이* 성*적 충동에* 어떤 영향을 미친다는 주장은 사실 쿨만주의의 ⟨W, 527⟩사적인 소유물이라 할 수조차 없다. 그래도 그런 영향은 *이 예언자의 많은 모호한 구절을* 해명해 준다.
예를 들어 36쪽을 보자.

"양자는"(소유와 향락) "자기의"(즉 인간의) "노동에 따른다. 노동이 그의 욕구의 척도이다."(이런 방식으로 ⟨GA2, 598⟩쿨만은 *공산주의 사회는 전체적으로* 욕구의 수만큼이나 많은 소질과 능력을 갖춘다는 문장을 곡해한다.) "왜냐하면 노동은 이념과 충동의 표현이기 *때문이다.* 그리고 욕구는 그런 이념과 충동에 깃들어 있다. 그러나 인간의 소질이나 욕구는 항상 각자에게 다르고 각자에게 할당되어 있어서 각자가 항상 다른 사람을 위해 생산하고 모든 사람의 생산물이 교환되며 업적에 따라 분배될 때 비로소 각자의 소질은 발전될 수 있을 뿐이며 비로소 각자의 욕구가 만족할 수 있다."-(?)-"그러므로 각자는 자신이 노동한 것만큼의 *가치*만을 받아들인다."

이런 수다는 전체적으로 동어반복에 불과하다.--베커 때문에 유명해진 말인 "계시"는 "고상한 *단순성과 명백성*"을 가지고 있다. 그런데도 예언자가 추구하는 *실천적*[praktish] 목적 속에서 그 계시를 해결할 열쇠를 구하지 않는다면, 아래 문장과 마찬가지로 그리고 또 우리가 독자를 성가시게 만들기를 원하지 않은 다른 많은 문장과 마찬가지로 이런 수다는 곧바로 *이해할 수 없*는 말이 될 것이다. 이 *열쇠*만 구하면 곧 이 수다는 전적으로 이해될 것이다.

쿨만 씨는 나아가서 이런 신탁을 내린다: "가치란 모든 사람의 욕구에 따라서 결정된다."(?) "각자의 노동은 항상 가치 속에 포함되어 있으며, 가치를 대가로 해"(?) "그는 그가 심정적으로 다만 소망하기만 해온 것을 실제로 구할 수 있다."
"나의 친구여 보라."(39쪽에 나오는 말이다) "진정한 인간의 사회는 *삶*을 항상. .... 자기를 *교육하는* .... 학교로 여긴다. 그리고 그런 교육을 통해 인간은 축복받게 될 것이다. 그러나 그런 삶은"(?) "*현상해야* 하며 가시화돼야 한다."(?) "그렇지 않다면 그 삶은"(?) "*가능하지 않을 것이다*."

홀스타인에서 온 게오르그 쿨만 씨는 "그러한 삶이"(삶? 또는 축복?) "현상하고", "가시화"돼야만 한다고 말한다. 또 그는 이렇게 말한다. 즉 그렇지 않으면 "그 삶"이 "가능하지" 않기 때문에 "노동"이 "가치 속에 포함되어" 있으며 사람은 〈수, 3〉그것을 대가로 해서(무엇에 대한 대가?) 그가 심정적으로 소망하는 것을 실제로 구할 수 있으며, 마지막으로 "가치"란 "욕구"에 따라서 결정된다는 것이다. 만일 사람들이 전체 계시의 *요점*을, *실천적*[praktish] *요점*을 무시한다면 이런 말을 통해 그가 말하고자 하는 것은 무시될 것이다.

따라서 우리는 실천적[praktish] 해명을 시도하고자 한다.

홀스타인에서 온 성스러운 게오르그 쿨만은 우리가 아우구스트 베커에서 본 적이 있는 것과 마찬가지로 자신의 조국에서 행복을 전혀 얻을 수 없었다. 그는 스위스로 가서 여기서 전적으로 "새로운 세계"를 발견한다. 즉 그것은 독일 수공업자 사이에 퍼져있는 공산주의 사회이다. 그것은 그에게 두말할 것 없이 올바른 것이다.-그는 곧바로 공산주의와 공산주의자에 접근한다. 그는 아우구스트 베커가 우리에게 설명한 것과 같이 "자신의 학설을 더 *세련*하며 이를 위대한 시대가 도달하는 높은 *수준*에까지 고양하기 위해 항상 부단하게 연구했다."〈W, 528〉즉 그는 ad majorem Dei gloriam〈신의 크나큰 영광을 위해〉공산주의자 중의 공산주의자가 됐다. 여기까지는 모든 것이 전적으로 잘 되어나갔다.

그러나 이제 그가 자기를 반동적인 사회주의에서 구별하기 위한 수단으로 공산주의의 가장 본질적인 원칙 중의 하나를 받아들인다. 이 원칙은 〈GA2, 599〉경험적인 견해이지만, 인간의 본성에 기초한다는 견해이다. 그 원칙에 속하는 견해는 다음과 같다: 즉 우선 *머리*와 지적 능력의 차이가 일반적으로 *위*와 육체적인 욕구 사이의 차이를 발생하는 조건이 되지 못한다는 견해가 그것이다. 또한 "*각자는 자기의 능력에 따라서*"와 같은 명제는 우리의 현존하는 관계에 기초하지만, 엄밀한 의미에서 향락이라는 말과 관련되는 한, 옳지 못한 명제이니 이런 명제는 '각자는 욕구에 따라서'라는 문장으로 변형돼야 한다는 견해가 있다. 또한 달리 말하자면 활동 즉 노동에서의 *차이*가 소유와 향락의 부등성이나 우선권을 절대 기초하지 못한다는 견해가 그렇다.

하지만 예언자는 이런 원칙을 그대로 인정할 수 없었다: 왜냐하면 다른 사람 앞에 앞선 특권과 우월성, 선민의식이 예언자의 몸을 *간질이는 자극제*로 필요하기 때문이다. "그러나 그런 삶은 현상해야 하며 가시화돼야 한다. 그렇지 않다면 그런 삶은 불가능하다." 실천적 우월성이 없다면, *느낌으로 다가오는 간질임*이 없다면 예언자는 예언자가 아니게 되며, *실천적* 신의 아들이 아니라 다만 이론적인 신의 아들인 철학자가 되고 말 것이다.-그러므로 예언자는 공산주의자에게 다음과 같은 이유를 이해할 수 있게 설명하지 않을 수 없다: 우선 활동, 노동의 차이가 *가치*와 *행복*(향락, 공적, 만족, 모든 그런 것과 같은 것)이 차이가 나는 근거가 되지 못한다고 주장하는 이유를 설명해야 한다. 그리고 각자가 자신의 행복을 자신의 노동과 마찬가지로 스스로 결정하므로-이 지점이 계시가 실천적인 지점이다.-예언자인 그가 보통의 *수공업자*보다 *더 나은 삶*을 약속받아야 한다면 그 이유를 설명해야 한다. {〈W, 노트 77: 528-하단 주〉〈수, 3-하단 주〉예언자는 어떤 인쇄된 강의에서 이것을 솔직하게 언급했다.}

이런 과정을 보면 예언자의 온갖 모호한 구절이 명백하게 된다: 즉 각자의 "소유"와 "향락"은 그의 "노동"에 따른다는 구절, 인간의 "노동"이 그의 "욕구"의 척도라는 구절, 그럴 때 각자는 자신의 노동에 부합하는 "가치"를 받아들인다는 구절, "가치"는 "욕구"에 따라서 스스로 결정된다는 구절, 각자의 노동은 가치 속에 "포함되어" 있고 그는 그가 "심정적으로" 소망하는 것을 실제로 획득할 수 있다는 구절, 마지막으로 선택받은 자의 "행복"은 "현상하고 가시화돼야" 하며 그 이유는 행복은 그렇지 않다면 "가능하지" 않기 때문이라는 구절이다.-이 모든 난센스가 이제 이해될 것이다.

우리는 수공업자에 대항하자는 쿨만 박사의 실천적 요청이 어디까지 나갈지를 알지 못한다. 그러나 우리는 그의 학설이 그의 모든 정신적이며 세속적인 〈W, 529〉지배욕의 바탕에 있는 근본적인 교의이며, 그의 모든 위선적인 향락의 욕망을 은폐하는 신비한 베일이며, 그의 모든 비열함을 미화하는 것이며, 그의 수많은 전도의 원천이라는 것은 안다.

홀스타인에서 온 쿨만 씨에 따르자면 "이 근심으로 가득 찬 현재를 벗어나 기쁨으로 충만한 미래로 건너가는" 길을 독자들에게 제시하는 일을 벌써 중단해서는 안 된다.-이 길은 〈GA2, 600〉꽃 피는 광야의 봄과 같이 또는 봄에 꽃이 핀 광야같이 사랑스럽고 흥겨운 길이다.

"부드럽고 가볍게-따뜻한 손으로-그리고 꽃봉오리들이 흔들린다.-꽃봉오리에서 꽃이 나오며-그리고 종달새와 나이팅게일이 노래 부르며-그리고 초원에는 귀뚜라미가 깨어난다. 따라서 봄과 마찬가지로 새로운 세계가 다가온다."(114쪽 이하)

예언자는 현재 사회의 고립에서 공동체로의 이행을 정말로 목가적으로 그린다. 그는 현실의 사회를 "관념의 사회"로 변화해서 "고유한 관념에 이끌려서 그 속으로 이리저리 걸어 다니며, 모든 것을 그의 시대가 요구하는 것처럼 상세하게 고찰하게 된다." 이와 마찬가지로 그는 비록 현실의 사회 운동이 모든 문명화된 나라에서는 이미 무서운 전복의 선구자로서 나타난다고 하더라도 이 운동을 기분 좋고 *조용한 개종*으로, *정물 같은 삶*으로 변화시킨다 그 결과 소유자와 세계의 지배자는 이와 같은 정물화 같은 삶에서 정말 편안하게 잠들 수 있게 될 것이다. 실제로 주어진 것에서 얻은 *이론적인 추상물*, 관념적인 상징은 관념주의자에게는 *실제*이며, *실제로 주어진 것*이 오히려 구세계가 몰락했다는 것에 대한 *상징*이다.

118쪽에서 예언자는 이렇게 분노를 터뜨린다: "당신들이 일상의 현상에 따라서 그렇게 소심하게 파악하는 것은 구세계가 몰락했다는 것에 대한 상징에 불과하지 않을까? 그리고 당신들의 힘을 낭비하면서 당신들의 희망과 기대를 충족할 수 없는 노력에 허비하는 것이 아닐까?"

"당신들은 당신들의 길 가운데 현존하는 것을 끌어당겨 쓰러뜨리거나 파괴해서는 안 되며 오히려 이를 우회하고 내버려야 한다. 그리고 당신들이 우회하고 내버렸을 때 그런 장애는 스스로 중단한다. 왜냐하면 그런 장애는 아무런 양분을 발견할 수 없기 때문이다."

"당신들이 진리를 추구하고 빛을 전파하면 당신들 사이에 거짓과 암흑이 사라진다."(116쪽)

"그러나 많은 사람은 이렇게 말할 것이다: '구질서가 여전히 존립하면서 우리를 방해하는데 어떻게 우리가 새로운 삶을 세운다고 하는가? 먼저 구 세계가 파괴돼야 하지 않을까?'"-"절대 아니다." "가장 현명한자, 가장 덕 있는 자, 가장 행복한 자는 대답한다: '절대 아니다. 그대가 다른 사람과 함께 무너진 집에 그리고 그대에게는 너무 좁거나 불편한 집에 거주하는데 다른 사람들이 그 속에 들어와 살면서 머무르려고 원한다면, 그대는 그런 뜻을 꺾어서 그들을 빈 하늘 아래 살아가게 하지 말며 오히려 그대가 이제부터 새로운 집을 지어라. 그리고 그 집 짓는 일이 완성된다면 그때 그대는 이주하면서 낡은 자신의 운명을 내버리기 바란다.'"(120쪽)

⟨W, 530⟩이제 예언자는 두 쪽에 걸쳐서 어떻게 우리가 새로운 세계에 *기어들어* 갈 수 있는지 그 규칙을 제시한다. 그런 다음 그는 호전적으로 된다.

"그러나 당신들이 결속해 구세계를 거부하는 것으로 충분하지 않다.-또한 당신들은 구세계에 대항하는 무기를 사용해 구세계와 투쟁하게 될 것이다. 그리고 당신들의 왕국을 확대하고 강화할 것이다. 그러나 폭력의 길을 통해서가 아니라 자유롭게 확신하는 길을 통해서이다."

⟨GA2, 601⟩그러나 *그런데도* 실제 칼을 잡기에 이른다면 그리고 *실제* 삶에 모험을 걸어 "하늘을 폭력을 통해 정복해야" 한다면, 예언자는 자신을 따르는 성스러운 무리에게 러시아적인 불멸성을 약속한다.(러시아인들은 전쟁 중에 적을 통해 살해된다면 각자에게 정해진 마을에 부활한다고 믿는다.)

"그리고 도중에 쓰러지는 자는 새로이 태어날 것이며 그 이전에 그랬던 것보다 더 아름답게 꽃 피게 될 것이다. 그러므로"(그러므로) "당신들의 삶에 대해 걱정하지 말며 죽음을 두려워하지 말라."(129쪽)

그러므로 실제의 무기를 들고 하는 싸움에서 예언자는 자신을 따르는 성스러운 무리를 진정하면서 이렇게 말한다: 당신들은 당신들의 삶을 실제로 이 싸움에 개입하게 할 필요는 없으며 다만 *가상적*으로만 개입하면 된다.

예언자의 학설은 한마디 한마디마다 위안의 힘을 가진다. 그의 성스러운 저서 가운데 시험적으로 이런 문장을 검토해 보면 그의 저서가 몇몇 *어리숙한 부인네*[Schlafmützen: 수면용 머리 모자]에서 찬성을 얻었다는 사실은 확실히 놀랄 일도 아니다.

마르크스 비망록[MEW 부록]

1) 헤겔과 포이어바흐에 대한 마르크스의 관계[960][961]

〈W, 536〉 *헤겔이 정신현상학을 구성한 방식*

---

960 역주) W 부록의 첫 번째(W, 533~535쪽)에는 「[포이어바흐 테제]」의 마르크스 수고가 실려 있다. 이는 나중에 엥겔스가 개정해 「1. 포이어바흐에 붙여[ad]」라는 제목을 달았다. 다만 몇 줄 정도의 차이만 있다. 그 때문에 본 역서에서는 마르크스의 수고 [포이어바흐 테제]를 이 책의 맨 앞에 있는 엥겔스 개정판 「1. 포이어바흐에 붙여」에 괄호를 표시해 그 차이를 밝히고 여기에 다시 수록하지 않았다.

961 W주) 이 메모는 「[포이어바흐 테제]」와 함께 마르크스의 비망록 16쪽에서 발견된다. 1932년 모스크바 마르크스 엥겔스 연구소의 발표에 따른다.
역주) 수고의 제목은 W 편집자가 붙인 것이다. 1845년 1월경 집필했다. GA2, CW에서는 생략했다.

1) 인간 대신 자기의식. 주체-객체.

2) 실체가 자기를 구성하는 활동으로 파악되거나 자기를 구별하는 활동, 구별의 활동 그리고 지성의 활동이 본질적인 것으로 파악되므로, 사태가 지닌 차이는 중요하지 않다. 그러므로 헤겔은 사태를 파악하게 하는 진정한 차별성[Distinktion]을 사변 속에서 제시했다.

3) *소외*를 제거하는 것은 대상의 *대상적 성격*을 제거하는 것과 같은 것을 의미한다.(이 대상적 성격이 포이어바흐를 통해 발전한 측면이다.)

4) 관념의 대상을 제거하는 것 즉 의식의 대상으로서 대상을 제거하는 것이 실제 대상, 사유와 구분되는 감각의 작용, 실천 그리고 실질적인 활동(좀더 설명할 것)을 제거하는 것과 같은 것을 의미한다.

2) 부르주아 사회와 공산주의 혁명[962]

〈W, 537〉1) 근대 국가가 발생한 역사 또는 프랑스 혁명
정치 체제의 자기 해방[SelbstÜberhebung]-고대 국가와의 혼동-혁명과 부르주아 사회의 관계. 모든 구성 요소의 부르주아 체제와 국가 체제로의 이중화.

2) 인권선언과 국가의 헌법. 개인의 자유와 공적인 권력,
자유, 평등과 통일. 인민 주권.

3) *국가와 부르주아 사회.*

4) *대의제와 헌장.*
입헌적 대의제 국가, 민주적 대의제 국가.

5) *권력분립. 입법권과 행정권.*

6) *입법권과 입법 기구, 정치 클럽.*

7) *행정권.* 중앙집권과 위계 체제. 중앙집권과 정치 문화. 연방제와

---

962 W주)이 메모는 「[포이어바흐 테제]]」와 함께 마르크스의 메모록 22~23쪽에서 발견된다. 1932년 모스크바 마르크스 엥겔스 연구소의 발표에 따른다.
역주) 1845년 1월경 집필했다. 제목은 W 편집자가 붙인 것이다. GA2, CW에서는 생략했다.

산업주의. 국가의 통치와 지방 자치 단체의 통치.

8¹) *재판권과 법.*

8²) *민족과 대중.*

9¹) *정당.*

9²) *선거권, 국가와 부르주아 사회를 폐지하기 위한 투쟁.*

3) 포이어바흐에 관해[über][963]

⟨W, 538⟩ 이기적인 인간에 대립하는 신성한[göttlich] 이기주의자.

혁명 가운데서 발생한, 고대 국가 체제에 관한 착각.

"개념"과 "실체".

혁명=근대 국가의 발생사.

---

963 W주) 이 메모는 「[포이어바흐 테제]」와 함께 마르크스의 메모록 51쪽에서 발견된다. 1932년 모스크바 마르크스 엥겔스 연구소의 발표에 따른다.
역주) 1845년 1월경 집필했다. 제목은 W 편집자가 붙인 것이다. GA2, CW에서는 생략했다.

4) 1. 포이어바흐에게서 [aus][964]

〈W, 539〉과학의 발전에 미치는 노동 분업의 영향

국가, 법, 도덕 등에서 나타나는 억압은 무엇인가?

부르주아는 법을 통해 자신을 일반적으로 표현해야 한다. 바로 그 이유는 부르주아는 하나의 계급으로서 지배하기 때문이다. {〈노트〉(가톨릭의) 종교적 관념은 고대국가나 봉건체제, 절대 군주제에서 출현하는 자치 단체[Gemeinwesen], 유대[Band]에 상응한다.}

자연과학과 역사

정치, 법, 과학 등, 예술, 종교 등에는 역사가 없다.

*****

이데올로그는 왜 모든 것을 전도하는가?

종교가, 법률가, 정치가.

법률가, 정치가(국가를 운영하는 사람들 일반), 윤리적 인간. 종교가.

하나의 계급에 존재하는 이런 이데올로기에 관련하는 자의 세부 구분에 대해, 1) 이는 노동 분업을 통해 *직업이 독립된 결과*다. 각 개인은 자신의 직업을 진리로 생각한다. 그들은 자신의 직업이 현실과 맺는 연계에 관해서 환상을 가질 수밖에 없다. 그것은 이런 환상이 직업의 본성 자체에서 나오기 때문이다. 사법, 정치 등에서 직업과 현실의 관계

---

964 W주) 이 메모는 「[포이어바흐 테제]」와 함께 마르크스의 메모록 마지막 쪽에서 발견된다. 1932년 모스크바 마르크스 엥겔스 연구소의 발표에 따른다.
역주) 1845년 1월경 집필했다. 제목은 W 편집자가 붙인 것이다. GA2, CW에서는 생략했다.

는 의식 속에서 개념적으로 파악된다. 이 관계는 이렇게 개념적으로 파악된 관계를 넘어서지 못하므로 이러한 관계를 파악하는 개념도 또한 그들 머릿속에서 고정된다. 가령 재판관은 법전을 적용한다. 따라서 재판관에게는 입법은 진정으로 능동적인 추구로 보일 것이다. 각자는 자기의 상품을 존중한다. 왜냐하면 자기의 직업은 일반적인 것을 다루기 때문이다.

법의 이념, 국가의 이념. *일상적인* 의식에서 사태는 전도된다. ....
〈W, 540〉종교는 처음부터 *초월자*에 대한 의식이며, 이런 의식은 *진정한* 당위에서 출현한다.
이 상당히 흔한 일이 .... 법과 종교 등에서 전통이다

개인은 언제나 자기에서 시작했고 항상 자기에서 시작할 것이다. 개인의 관계는 개인이 처한 실제 삶의 과정에서 맺는 관계이다. 개인의 관계가 개인에 대립해 자립화하는 이유는 무엇인가? 개인의 고유한 삶의 힘이 개인을 지배하는 힘으로 되는 이유는 무엇인가?
한마디로 하면, *노동 분업*이다. 노동 분업의 단계는 그때마다 생산력이 발전한 수준에 의존한다.

지역 공동체[Gemeinde] 소유
토지소유, 봉건적인 소유, 근대적 소유
신분제적 소유. 매뉴팩처 소유, 산업 자본.

5) 포이어바흐[포이어바흐 노트Noizen]⁹⁶⁵

〈GA2, 124〉〈수, 18〉〈W, 541〉a)포이어바흐 철학 전체가 귀착하는 곳은 자연철학과 인간학과 윤리학이다. 1) 그의 자연철학은 수동적인 자세로 자연의 영광과 전능을 숭배하며 그 앞에 황홀함을 느끼며 무릎 꿇는 것이다. 2) 인간학, 특히 α) 생리학을 보면, 여기에서는 육체와 정신의 통일에 관해 유물론자가 말했던 것밖에 새로운 것은 전혀 없다. 다만 그 통일은 그가 말하듯이 기계적인 것은 아니고 그 대신 조금 더 왕성한[Überschwenglich] 것이다. β) 심리학을 보면, 이것은 사랑을 신격화하는 찬가에 귀착하며, 자연숭배와 비슷하고 새로운 것이라곤 없다. 3) 윤리학은 인간의 개념⁹⁶⁶에 걸맞게 행동하라고 요청한다. 이는 impuissance mise en action〈행위에서 나타나는 무기력 증상〉⁹⁶⁷이다. 아래를 참조하라. 54절 81쪽: "위장에 대해 인간이 도덕적 또한 이성적으로 맺는 관계는 위장을 금수의 위장이 아니라 인간의 위장으로서 다루라는 것이다." 61절: "인간은 …. 윤리적 존재이다."⁹⁶⁸ 그리고『기독교

---

965 CW주 3) 이 메모는 명백히 엥겔스가『독일 이데올로기』, 1장을 위해 작성한 것이다. 이 메모는 1932년 소련에서 독일어 GA1로 발표됐다.
역주) W는 부록에 '포이어바흐 노트'라는 제목으로 실었다. CW판은 이를 「포이어바흐 테제」와 함께 1권 앞에 '포이어바흐'라는 제목으로 실었다. GA2에서는 본문 124~128에 제목 [포이어바흐 메모](H6)로 삽입됐다.

966 CW주) 포이어바흐의『미래 철학의 근본 원리』, §52참조하라

967 CW주) 푸리에,『네 가지 운동 이론 또한 일반적 운명의 이론Théorie des quatre movements et des destinées générales』, 12부, 결론, 279쪽

968 GA2주 재인용) 포이어바흐,『미래 철학의 근본 원리』, 83쪽: "개별 인간을 고립적으로 보면 자체 내에 인간의 본질을 포함하지 않는다. 즉 도덕적 존재로서

본질』속에 수많은 도덕적 설교가 들어 있다.

*****

b) 현재의 발전단계에서 볼 때 인간은 그 욕구를 사회 속에서만 충족할 수 있다. 일반적으로 말하자면 인간은 처음 출현했던 이래 계속해서 서로를 필요로 했으며 교류 관계에 들어가서야[969] 그 욕구와 능력 등을 발전시킬 수 있었다. 이런 사실은 포이어바흐에게서 다음과 같이 표현된다:

"개별 인간은 고립적으로 본다면 인간의 본질을 자기 내에 가지고 있지 않다. 인간의 본질은 다만 공동체 즉 인간과 인간의 통일체 속에만 존재한다. 그러나 이런 통일체는 나와 네가 실제로 구별된다는 것에 기초하고 있을 뿐이다. 일상적 의미에서 보면 고립적 인간이 인간이다. 인간과 더불어 있는 인간, 나와 너의 통일이 신이다."(즉 비범한 의미에서 인간이다.)(61,62 §, 83쪽)

인간 사이에 교류가 불가피하다는 것은 진부한 사실이다. 이런 교류의 불가피성을 인식하지 못했다면 후세대도 생산되지 않았을 것이다.

자신에서도 그리고 사유하는 존재로서 자신에서도 그러하다. 인간의 본질은 다만 공동체 속에, 인간과 인간의 통일 속에 포함된다. 그러나 이 통일은 나와 너의 구별이 실재하는 한에서 그것을 토대로 한다."

969 CW주) CW주 11 참조: "교류[Verkehr]"라는 용어는『독일 이데올로기』에서 매우 광범위한 뜻을 갖는다. 이 용어는 개별적 개인이나, 사회집단 그리고 국가 전체 사이의 물질적 정신적인 교류를 포괄한다. 마르크스와 엥겔스는『독일이데올로기』에서 물질적인 교류 그리고 무엇보다도 생산과정에서 인간 사이의 교류가 여타의 다른 교류를 위한 토대를 이룬다는 주장을 제시한다."

〈W, 542〉그러나 후세대는 어디서나 존재했다. 어디서나 성별의 구별이 존재했다는 것 속에 이미 그런 교류의 불가피성이 나타난다. 이제 철학은 이 사실을 그 전체 흐름의 끝에서 겨우 발견한 최고의 성과로 제시하기에 이른다. 게다가 이 사실은 "나와 너의 통일"이라는 신비한 형식으로만 제시될 뿐이다. 만일 포이어바흐의 생각이 성행위, 종[種]의 행위, 나와 너의 공동체에 〈GA2, 127〉 κατ'ἐξοχήν〈직접〉이르지 않았더라면 이러한 구절도 절대 가능하지 않았을 것이다. {〈W, 542-하단 주〉인간은 두뇌와 심장의 합이며, 인간을 서술하기 위해 이 두 가지가 필요하다. 따라서 하나는 두뇌로서 다른 하나는 심장으로서 서로 교류한다. 남자와 여자, 그렇지 않으면 왜 두 사람이 한 사람보다 더 인간성에 가까운가를 판단할 수 없다. 생시몽적인 개인.} 그리고 그가 말한 공동체는 실천적인 공동체라 하더라도 성행위, 철학적인 사유와 문제를 변호하는 것, "진정한 변증법"(64§)[970] 그리고 대화에 그치며, "인간의 생산 즉 정신적이며 또한 육체적인 인간의 생산"[971]에 그친다.(67쪽) 이 "*생산된*" 인간이 정신적으로 그리고 육체적으로 인간을 생산하는 것 밖에 또 무엇을 하느냐는 물음에 대해서는 그는 아무런 대답도 하지 않는다. 포이어바흐가 아는 것은 다만 양자[나와 너] 사이의 교류에 불과하다. 그가 아는 것은 다음과 같은 주장이다:

---

970 GA2주 재인용) 포이어바흐, 『미래 철학의 근본 원리』, 83쪽: "진정한 변증법은 사유하는 사람이 자기와 대화하는 것이 아니라 나와 너의 대화이다."

971 GA2주 재인용) 포이어바흐, 『미래 철학의 근본 원리』, 67쪽: "육체적으로 인간을 생산할 때와 마찬가지로 정신적으로도 인간을 생산하는 때도 두 인간이 있어야 좋다."

"진리는 어떤 존재도 그 자신만으로는 진정으로 완전한 절대적 존재가 아니며 진리와 완전성은 모두 본질상 똑같은 두 존재의 결합, 통일에 있을 뿐이다."(83~84쪽)

*****

⟨수, 19⟩⟨W, 542⟩c)『미래 철학』의 시작 부분을 보면 곧 우리와 포이어바흐 사이의 차이가 드러난다.

§ 1: "근대의 과제는 신을 실현하는 것이며 신을 인간화하는 것이다. 즉 신학을 인간학으로 전환하고 해소하는 것이다." 다음을 참조하라. "신학의 부정은 근대의 본성이다."『미래 철학』, 23쪽[972]

*****

d) 포이어바흐는 2절에서 가톨릭과 프로테스탄티즘을 구별했다. 우선 가톨릭에서 "신학"은 "신이 본래 무엇인지 생각하며", "사변적 관조적 경향"을 갖는다. 반면 프로테스탄티즘은 단지 그리스도론에 불과하며 본래의 신 즉 철학적 사변과 관조를 포기한다.[973] 이런 구별은 학문이 발달하지 않은 상태에 상응해 종교와 철학이 역할을 분담한 것에 지나지 않는다. 포이어바흐는 *신학 내부에 존재하는* 이 단순한 필요를 토대

---

972   CW주) 포이어바흐,『미래 철학의 근본 원리』, 12절

973   GA2주 재인용) 포이어바흐,『미래 철학의 근본 원리』, 1쪽: "프로테스탄티즘은 더는 가톨릭처럼 신이 그 자체로 무엇인지 고민하지 않으며 다만 신이 인간에 대해 무엇인지만을 고민한다. 그러므로 프로테스탄티즘은 더는 가톨릭처럼 사변적이거나 명상적인 경향을 보이지 않는다. 프로테스탄티즘은 더는 신학이 아니다. 프로테스탄티즘은 본질에서 그리스도론 즉 종교적인 인류학일 뿐이다."

로 프로테스탄티즘을 설명한 다음, 여기에서 자연스럽게 자립적인 철학사를 도출한다.

*****

〈W, 543〉e) "존재는 사물에서 떼어낼 수 있는 일반 개념이 아니다. 존재는 존재하는 사물과 하나이다. ..... 존재는 본질이 있음을 말한다. *나의 본질에서 본질적인 것이 나의 존재이다*. 고기는 물속에 있지만, 이 존재에서 그 본질을 분리할 수 없다. 이미 언어가 존재와 본질의 같음을 가리키고 있다. 다만 인간의 삶에서만 더구나 삶이 〈GA2, 128〉*비정상적이고 불행한 때*만 존재가 본질에서 분리된다.[974]—즉 인간은 그가 존재하는 곳에 자신의 본질도 함께 갖지 못 하는 일이 발생한다. 바로 이런 분리 때문에 인간은 실제로 육체와 함께 있는 곳에 진정으로 존재하지 않으며 영혼과 함께 있지 못 하는 일이 발생한다. 다만 당신의 마음이 있는 바로 그곳에만 당신은 존재한다. 그러나 모든 사물은—*자연에 반하는 때를 제외한다면*—그것이 존재하는 곳에 있는 게 일반이며 그 본질로 존재하는 게 일반적이다."(47쪽)

현존 세상에 대한 아름다운 찬사. 반자연적인 때나 비정상적인 소수의 경우를 별도로 하자. 그대는 기꺼이 일곱 살이 되면 탄광의 땅 벌레가 되며 14시간이나 홀로 어둠 속에 있기를 바란다. 그리고 그대의 존재가 그러므로 그대의 본질도 그렇게 된다. Selfactor〈자동직조기〉 옆

---

[974] GA2주 재인용) 포이어바흐, 『기독교의 본질』, 231/232쪽: "남자와 여자는 서로 교정하며 서로 보완한다. 그렇게 통일돼야 비로소 유적 인간, 완전한 인간을 드러낼 수 있다."

에서 실을 이어주는 소녀[975]도 마찬가지다. 노동 부문에 포섭된 것이 바로 그대의 본질이다.[976] 『신앙의 본질』 11쪽을 참조하라. "채워지지 않는 배고픔"[977]

*****

f) § 48, 73쪽: "대립되거나 모순된 규정을 동일 존재 속에 모순 없이 합일하는 *수단*은 다만 *시간*뿐이다. 적어도 생물에는 그렇

---

975 W주 207) piecer an einem selfactor: 'selfactor'는 방추기계 중 자동으로 작동하는 부분이다. 작은 소녀가 이 기계를 관찰하면서 실이 끊어지면 다시 이어준다.

976 CW주) 여기서 엥겔스의 사유가 중단됐다. 유사한 사유는 『독일 이데올로기』, 42쪽에 전개된다. 그것 역시 수고가 누락됨으로써 중단됐다.
역주) W판 42쪽에 다음과 같은 유사 구절이 들어 있다: 기존의 것을 승인하면서도 오인하는 것은 포이어바흐가 여전히 우리의 적들과 공유한 것이기도 하다. 이제 그 예를 들기 위해 우리는 『미래 철학』의 한 구절을 상기하고자 한다. 그 구절에서 포이어바흐는 이런 주장을 전개했다. 즉 사물이나 혹은 인간이나 그 현존이 바로 그 본질이며, 동물적 개체나 인간 개인이나 그 특정한 생존상황과 생활방식과 활동 속에서 그 "본질"이 자기 충족이라는 느낌을 얻는다는 것이다. 이때 예외가 있다면 그것은 분명히 하나의 불행한 우연일 뿐이며 곧 어쩔 도리가 없는 부조리로 파악된다. 이에 따르면 수백만의 프롤레타리아들이 그들 생활 상황 속에서 조금도 만족을 느끼지 못한다면 또한 그들의 "존재"가 [....] 자신들의 "본질"에 눈곱만큼도 부합되지 않는다면, 이는 그러니까 결국 감내하는 것밖에는 별도리가 없는 불행인 것이다.

977 GA2주 재인용) 포이어바흐, 『신앙의 본질』, 라이프니츠, 1844, 11쪽: "왜냐하면 채워지지 않은 배고픔은 다만 인간이 끝날 때 끝나기 때문이다. 그러나 이런 가정은—계산할 수 없는 불규칙할 때를 제외하고—모순적이며, 저절로 제거된다. 왜냐하면 배고픔의 의미는 음식의 향락이기 때문이다. 배고픔이란 음식을 요구하는 것에 불과하다."

다. 그러므로 예를 들어 인간에게 *모순*이 출현한다면 그 방식은 오직 이런 것이다. 즉 지금은 *이러한* 규정 또한 의도가 다음에는 전혀 다른 정반대 규정이 나를 지배하고 나를 충족한다."

이것을 포이어바흐는 이른바 1) 모순 2) 모순의 합일이라 부른다. 3) 또 그는 시간만이 합일을 수행한다고 말한다. 물론 시간은 "충족된"다고 하더라도 언제나 시간[이라는 형식]이지 시간 속에서 지나가는 것은 아니다. 이 명제는 시간 속에서만 어떤 변화가 가능하다는 것을 의미한다.

역서 부록

부록1 브루노 바우어의 반비판에 대한 대답[978]

〈수, 6〉*브뤼셀, 11월 20일.* 『*비간트의 계간지*』, 3권 138쪽 이하에서 *바우어*는 마르크스와 엥겔스의 『신성 가족 혹은 비판가의 비판에 대한 비판Die heilige Familie oder Kritik der kritischen Kritik)』(1845)에 응답해 몇 마디 말을 우물거렸다. 그 글머리에서 *바우어*는 마르크스와 엥겔스가 자신을 이해하지 못했다고 주장한다. 바우어는 순진무구하게도 자신의 낡고 과장된 어투로 이미 한참 전에 아무것도 아닌 것이 되어버린 헛소리를 되풀이한다. 그는 "비판이 전개하는 끊임없는 투쟁과 승리, 파괴와 창조가 역사의 유일한 힘이라는" 자신의 슬로건을 마르크스와 엥겔스가 이해하지 못한다고 유감스러워한다. 그는 "비판과 오직 비판

---

978 CW주 5) 이 소품은 마르크스가 『신성 가족』에서 바어우를 비판하자, 바우어가 『루트비히 포이어바흐의 특징』이라는 글에서 반박하니, 이에 대해 마르크스가 답하는 글이다. 바우어의 글은 『비간트 계간지』(1845년)에 발간됐다. 이 소품의 내용은 거칠게 말하자면 『독일 이데올로기』, 1권 2장에서 말한 것과 같다.

가[즉 바우어 자신]만이 종교 전체를 그리고 국가의 다양한 현 상태를 분쇄하고" 있는지, "*비판가가 어떻게 지금까지 작업해왔고, 지금도 여전히 작업하고*" 있는지에 관한 그의 설명을 그리고 마찬가지로 목청을 높인 항의나 고조된 감정의 토로를 마르크스와 엥겔스가 이해하지 못한다는 사실을 유감스럽게 생각한다. 또한 *바우어*는 『신성 가족』에 대해 응답하면서 "*어떻게 비판가가 작업해왔고, 작업하는지*"에 관한 새롭고도 놀라운 증거를 직접 제시한다. 이 "*이런 열성적인 작업*" 속에서 비판가는 마르크스와 엥겔스의 책 대신 〈수, 7〉 *그 책에 대한 서평*을 감탄과 인용의 대상으로 만드는 것이 자신의 *목적*에 도움이 된다고 생각한다. 그 서평이란 곧 『*베스트팔렌 증기선*』(5월호, 208쪽 이하)[979]에 실린 진부하고도 혼란스러운 서평을 말한다. 그는 신중하게 비판하는 척하면서 자신의 *눈속임*을 독자들에게 숨기고 있다.

바우어는 『*베스트팔렌 증기선*』의 서평을 *베끼는* 가운데, 이런 "*힘든 일*"을 비웃는 듯하지만, 몹시 모호한 의미를 지닌 으쓱하는 어깻짓

GA2주 참조) 1846년 1월, 『사회의 거울』, 2권 7호에 「성 브루노 대 신성 가족의 저자들」이라는 제목으로 실린 글이다. GA2의 설명(『1/5』, 836쪽)에 따르면 이 글은 1845년 11월까지 작성하던 H5a[포이어바흐장 수고 첫 번째 뭉치]를 작성하던 도중 새로 기획된 계간지에 발표하기 위해 일시 중단하면서 『신성 가족』에 대한 브루노 바우어의 비판에 긴급하게 대응하기 위해 간단하게 쓴 소품이라 한다. 그러므로 『독일 이데올로기』의 계획에서 유발된 것이기는 하지만, 본래 기획된 내용은 아니다. CW판에는 「포이어바흐 테제」 뒤에 삽입, GA2판과 W판에는 배제했다. 본 번역에서는 부록에 싣기로 한다.

979　CW주 6) 이 서평은 『신성 가족 또는 비판가의 비판에 대한 비판』이라는 제목 아래 익명으로 발표됐다. 역주) 이 서평은 오토 뤼밍의 것으로 알려져 있으나 불확실하다.

하나로 중단해버린다. 비판가의 비판이 이렇게 어깨를 으쓱하는 것으로 그치고 만 이유는 그가 더 할 말이 없기 때문이다. 비판가의 비판은 구원을 *어깻죽지*에서 찾지만, 사실 그는 *감각적 세계*를 증오한다. 그는 이 감각적 세계를 다만 "*막대기*"의 형태로 인식할 뿐이다(『비간트의 계간지』, 130쪽 참조). 그 막대기가 신학적인 불모성을 처벌하는 수단이다.

『베스트팔렌 증기선』의 서평가는 날림으로 요약하지만, 이 우스꽝스러운 요약은 그가 서평한 책[『신성 가족』]과 명백히 다른 것이다. "*힘든 일을 마다하지 않은*" 비판가는 이 서평가가 날조한 것을 베끼면서, 이 날조된 내용이 *마르크스와 엥겔스가* 한 말이라고 생각하며 비판적 능력이 없는 대중에게–한 눈으로는 대중을 깔아뭉개면서도, 다른 한 눈으로는 대중에게 아양을 떨며 추파를 던지면서–승리에 찬 목소리로 외친다. '보라, 저기 나의 적들을!'

이제 두 자료에 나오는 말을 일일이 대조해 보자. 『*베스트팔렌 증기선*』의 서평가는 다음과 같이 쓰고 있다:

"유대인을 죽이기 위해서 그는"(바우어) "유대인을 신학자로 변형하며 정치적 해방의 문제를 인간 해방의 문제로 변형한다. 헤겔을 무너뜨리기 위해 그는 헤겔을 힌리히 씨로 바꾼다. 또한 프랑스 혁명, 공산주의, 포이어바흐를 청산하기 위해 그는 '대중, 대중, 대중!'을 그리고 다시 '대중, 대중, 대중!'을 외친다. 그는 대중을 정신의 영광을 위해 십자가에 못 박았다. 이런 것이 비판이며, 샤로텐부르크Chalottenburg의 브루노에게는 곧 절대이념의 진정한 육화이다."(『베스트팔렌 증기선』, 1 호, 212쪽)

그리고 "*힘든 일을 마다않는*" 비판가는 다음과 같이 쓰고 있다: "비판가의 비판을 비판하는 자"는 "결국에는 유치"해져서 "theatro mundi〈통속극〉의 어릿광대 역할을 하면서" "정말 진지하게" "브루노 바우어가 유대인을 죽이려 한다"라고 "사람들이 믿게 만들려 한다." 등등.(『*비간트의 계간지*』, 142쪽)

『*신성 가족*』, 그 어디에서도 발견되지 않는 이런 구절들이 『베스트팔렌 증기선』에서는 *말 그대로* 나오고 있다. 위의 주장을 유대인 문제와 정치적 해방의 문제에 대해 비판가의 비판이 지닌 입장이 『신성 가족』에서 특히 163~185쪽에 어떻게 묘사되어 있는지를 비교해 보라. 또한 사회주의와 공산주의에 관한 비판가의 비판적 입장에 관해서는 22~74쪽을 보고, 프랑스 혁명에 대해 비판가의 비판의 입장에 관해서는 185~195쪽을 보고, 게롤드슈타인Geroldstein의 왕자 루돌프Rudolf라는 인물로 등장하는 비판가의 비판을 다룬 전체 장 즉 258~333쪽을 보라. 또 *헤겔*에 대한 비판가의 비판적 입장에 관해서는 "사변적 구성"의 비밀과 79쪽 이하에 이어지는 상술을 비교해 보라 또한 121쪽과 122쪽, 126~128쪽, 136~137쪽, 208~209쪽, 215~227쪽 그리고 304~308쪽을 보라. *포이어바흐*에 대한 비판가의 비판적 입장에 대해서는 138~141쪽을 그리고 마지막으로 프랑스 혁명, 유물론, 사회주의에 대항하는 비판가의 투쟁이 지닌 경향과 그 결과에 대해서는 214~215쪽을 보라.

이러한 인용문들을 보면 누구나 베스트팔렌의 서평가가 완전히 왜곡하고 오직 상상으로 요약했다는 것을 알 수 있다. 이 요약은 그가 『신성 가족』의 내용을 터무니없이 오해했다는 것을 보여준다. 바로 이런 요약을 통해 "*순수*"하고도 "*힘든 일을 마다않는*" 비판가가 원본을 "*창조적이고도 가공할 만한*" 민첩성으로 *대체한다*.

게다가!

『베스트팔렌 증기선』의 서평가는 이렇게 말한다.

"그는"(곧 *바우어*) "*어리석게도 자기를 신격화*하는 가운데 다음과 같은 사실을 증명하려 시도한다. 즉 이전에 자신이 대중의 선입견에 사로잡혀 있었을 때, 이것은 그때마다 단지 비판을 위해 부득이한 가장이었을 뿐이었다는 것이다. *마르크스*는 그런 자기 신격화에 대해 다음과 같은 스콜라적인 소논문을 제시하면서 응수한다: '왜 동정녀 마리아의 수태는 하필이면 *브루노 바우어* 씨를 통해 증명돼야만 하는가?'" 등등.(『베스트팔렌 증기선』, 213쪽)

또 "*힘든 일을 마다않는*" 비판가.

"마르크스는"(비판가의 비판을 비판하는 자) "*우리가 그의 헛소리를 믿게 만들려 했*으며, 결과적으로 그도 자신의 헛소리를 *믿고 있다*. 그 헛소리에 따르자면 바우어는 이전에 대중이 지닌 선입견에 사로잡혀 있었는데 그는 이것을 단지 비판을 위해 〈수, 8〉부득이한 가장으로 제시하고자 원하며 반대로 이것을 비판의 필연적 발전이 낳은 결과로 제시하고자 원한 것은 아니라는 것이다. 또한 이 어리석은 "*자기 신격화*"에 대한 응수를 위해 *마르크스*는 다음과 같은 스콜라적인 소논문을 제시한다: '왜 동정녀 마

리아의 수태는 ...."(『비간트의 계간지』, 142~143쪽)

독자는 『신성 가족』 150~163쪽에서 브루노 바우어의 *자기 신격화*에 관해 소개한 독자적인 절을 발견할 것이다. 하지만 그곳에는 유감스럽게도 스콜라적인 소논문에 관한 어떤 말도 적혀 있지 않다. 그러므로 그 소논문은 베스트팔렌의 서평가가 말하는 것처럼 *브루노 바우어의 자기 신격화*에 대응해 제공된 것은 절대 아니다. 그런데도 친절하신 브루노 바우어는 그의 말을 『신성 가족』에서 인용된 것처럼 가정하고-심지어 어떤 말은 인용부호를 붙이면서-이 말을 베낀다. 이 소논문의 언급은 다른[『신성 가족』에 나오는] 절과 다른 맥락에서 이루어진다.(『신성 가족』, 164쪽과 165쪽을 보라.) 과연 그 소논문이 그 맥락에서 어떤 의미를 가질 수 있는지는 독자들 자신이 확인할 수 있을 것이며, 독자들은 재차 "*힘든 일을 마다않는*" 비판가의 "순전한" 교활함에 탄복하게 될 것이다.

우리들의 "힘든 일을 마다않는" 비판가는 마침내 다음과 같이 외친다:

"*이것은*"(곧 브루노 바우어가 『베스트팔렌 증기선』에서 베낀 것임에도 『신성 가족』의 저자들의 말로 전가한 인용문) "당연히 *브루노 바우어*의 입을 닥치게 해야 했으며 그의 비판을 정신 차리게 만들었어야 했다. 오*히려* 마르크스는 스스로 우스꽝스러운 코미디언으로 전락해 우리에게 볼거리를 제공해 주었다."(『비간트의 계간지』, 143쪽)

여기서 말하는 "*오히려*"를 이해하기 위해서는 우리는 브루노 *바우어*를 표절자로서 일하게 만든 *베스트팔렌의 서평가*가 그의 비판적이고도 힘든 일을 마다않는 필사가에게 다음을 받아쓰게 했다는 사실을 알고 있어야만 한다.

"이 세계사적 드라마는"(곧 대중에 대한 바우어의 비판이 벌이는 투쟁) "어이없을 정도로 우스꽝스럽기 짝이 없는 희극으로 해체되고 만다."(『*베스트팔렌 증기선*』, 213쪽)

이 대목에서 이 불운한 표절자는 놀라서 펄쩍 뛸 것이다. 자신에 대해 선고를 옮겨적은 것조차 이제 자신의 능력을 벗어나는 일이 된다. "*오히려*"-그는 베스트팔렌 서평가의 말을 가로막고-"*오히려.... 마르크스가 .... 우스꽝스럽기 짝이 없는 코미디언이다!*" 그리고는 이마의 식은땀을 닦아낸다.

브루노 *바우어*는 참으로 졸렬한 속임수와 애처롭기 그지없는 요술을 최후 수단으로 삼음으로써 마르크스와 엥겔스가 『신성 가족』에서 그에게 내렸던 사형 선고를 결국 정당화하고 말았다

부록2 진정 사회주의자[980]

⟨GA2, 602⟩⟨수, 1⟩⟨W4, 248⟩[981]진정 사회주의자에 대해 앞에서 서

---

[980] W4주 131, CW주 144) 엥겔스의 저서 「진정 사회주의자」는 『독일 이데올로기』 2권과 직결된다. 1847년 초 진정 사회주의가 발전하면서 이런 조류의 일반적인 틀 내에서 여러 집단(베스트팔렌 집단, 작센 집단, 베를린 집단)이 형성됐다. 그러므로 엥겔스는 이 다양한 진정 사회주의 집단에 대한 비판적인 검토를 『독일 이데올로기』 2권에 추가하고자 결정했다.(마르크스에게 보내는 엥겔스의 1847년 1월 15일 편지를 보라.) 그 결과가 여기서 진정 사회주의자로 불리는 수고이다. 엥겔스는 4월 중순까지 그 수고에 작업을 계속했다. 왜냐하면 1847년 4월 10월 발간된 잡지 『경계선Grenzboten』의 한 기사 테스트가 이에 대해 언급하기 때문이다. 수고는 제목이 없으며 마지막 구절을 고려해 볼 때 미완성으로 남았다. 이 수고는 소련 중앙위 마르크스 레닌주의 연구소에서 1932년 독일어(『GA1』)로 처음 발간했다. 영어 번역본은 1964년 프로그레스 출판사 『마르크스 엥겔스 총서CW』, 5권 『독일 이데올로기』에 함께 편집되어 발간됐다.

[981] 역주) 이 수고는 W에서는 4권에 편집되었다. 위의 쪽과 주는 4권에 따른다. CW와 GA2는 2권 5장 다음에 장 표시 없이 편집했다. 본 역서에서는 부록 4에 집어넣는다.

술한 이래로[982] 여러 달이 지나갔다. 이 시기 동안 진정 사회주의는 비록 지금까지는 단지 산발적인 차원이지만, 여기저기에서 출몰해서 대대적인 붐을 일으켰다. 진정 사회주의는 전체 조국의 모든 지역에서 대변자를 발견했으며 심지어 문예적 당파라는 의미를 가질 정도로 융성했다. 나가서 진정 사회주의는 이미 여러 집단으로 분화되면서 각 집단은 독일인의 성실성과 학문적 성격이라는 공동의 끈을 통해 또한 공동으로 추구하는 목적을 통해 밀접한 연대를 맺었으나 그런데도 각자의 특수한 개성 때문에 서로 구분됐다. 그륀 씨가 이미 말했던 것처럼 진정 사회주의는 과거 "혼돈 속에 있던 에테르"였으나 이제는 이런 방식으로 "질서 정연한 빛"으로 이행했다. 이런 에테르는 집결해 성좌[星座]로 됐다. 그런 성좌가 비추는 온화하고 고요한 빛 때문에 독일 시민은 적은 재산이나마 정직하게 획득하는 계획과 낮은 곳에 머무르는 민족의 지위를 고양하는 희망에 몰두할 수 있다.

우리는 진정 사회주의를, 적어도 그 가장 발전한 집단을 먼저 관찰한 다음이 아니라면 멀리해서는 안 된다. 우리는 진정 사회주의의 집단 가운데 각각이 (뤼닝Lüning 박사, 이 분야에 확실히 유능한 권위자가 표현하듯이) 처음에는 일반적인 인간애의 은하수에서 가물거리다가, 점

---

982 GA2주 참조) 여기서 언급된 진정 사회주의에 대한 서술은 처음 기획된 계간지 2권에 실릴 예정인 진정 사회주의 비판의 전승된 부분[앞의 2권 1장 진정 사회주의]과 전승되지 않은 부분[2권 2, 3장]이다. 이 수고[진정 사회주의자]는 일찍 잡아도 1847년 1월 중순에 완료됐고 1846년 3월 말까지 작성됐다. 그러므로 엥겔스는 여기서 적어도 7달의 기간을 말하고 있다. 이 수고는 1846년 여름 이후 등장한 여러 진정 사회주의자의 공개 간행물을 비판한다.

차 격렬하게 타오르면서 "인류를 위한 진정한 열광"[983]을 통해, 스스로 특별한 거품으로 응고되어 부르주아적이고 자유주의적인 유청[乳淸]에서 어떻게 분리되는지를 보게 될 것이다. 또한 우리는 진정 사회주의의 각 집단이 어떻게 해 일정한 기간 사회주의의 하늘에서 성운[星雲]의 형태로 머물고, 어떻게 해 이 성운의 크기나 성스러움이 증가해 최종적으로는 마치 불꽃이 갈라지는 것처럼 별 무리와 성좌라는 눈부신 집단으로 갈라지는지를 보게 될 것이다.

가장 오래된, 아주 초기부터 독립적으로 발전한 집단은 *베스트팔렌 westfälisch 지역의 사회주의 집단*[984]이다. 이 집단은 〈GA2, 605〉프로이

---

983   GA2주 재인용) 뤼닝, 『정치와 사회주의, 이 책은 인민에 속한다』, 빌레펠트, 1845: "우리는 위대한 고귀한 목적을 위해, 인류의 노예적 편견에서의 해방을 위해, 모든 인간의 정신적이고 육체적인 행복을 위해 열광적으로 그리고 지치지 않고 싸우고 노력한다는 것을 알고 있다.

984   GA2주 참조) 이 집단은 뤼닝이 주간하는 잡지 『베스트팔렌 증기선』의 영향권 아래서 활동하는 작가들을 말한다. 뤼닝은 레다Rheda에서 의사로 살았으므로 이 집단은 나중에 레다 집단으로 불리기도 했다. 오토 뤼닝과 요셉 바이데마이어 그 밖에 『베스트팔렌 증기선』의 서적상이며 언론인인 율리우스 헬미히Julius Helmich, 헤르만 크리게Hermann Kriege, 기업가인 루돌프 램펠Rudolf Rampel, 율리우스 마이어Julius Meyer도 이 집단에 속한다. 이 마지막 두 명은 마르크스 엥겔스 헤스기 기획했던 계간지를 재정적으로 지원하기로 했던 사람들이다. 이 집단은 율리우스 마이어를 중심으로 한 홀트 집단과 동일시된다. 민주주의자 사회주의자 그리고 여러 반대파는 홀트 집단의 손님으로 홀트Holt 성에 집결했다. 엥겔스는 1844년 11월 베스트팔렌을 여행하면서 그곳 등등에서 뤼닝을 만났다. 1845년 2월 엥겔스는 이 지역을 또 한 번 여행했다.

센 왕국의 경찰과 거래하는 것을 지나치게 중시했다는 사실,[985] 베스트팔렌 지역의 〈W, 249〉진보적인 인사들이 인기를 갈망했다는 사실은 독일 청중에게 이득이 됐다. 그 덕분에 이 집단의 전체 역사는 『쾰른 신문』[986]과 『트리에 신문』 그리고 다른 신문을 통해 누구나 읽을 수 있게 됐다. 따라서 우리는 여기서 다만 필요한 것을 언급하기만 하면 된다.

베스트팔렌 지역의 사회주의는 빌레펠트Bielefeld, 지역이나, 튜터부르거Teutoburger 숲을 고향으로 삼는다. 신문은 사회주의가 가장 초기에 지닌 신비한 성격에 관해 당시로써는 비밀스럽게 암시했다. 그러나 곧 베스트팔렌 사회주의는 성운의 단계를 넘어섰다.[987] 『베스트팔렌 증기선』의 첫 호와 더불어 베스트팔렌 사회주의는 자기를 드러냈으며, 놀란 눈에 반짝이는 별들의 군단을 보여주었다. 북반구에서 사는 우리는 누구나 이런 오랜 각운[脚韻: Reim]을 알고 있겠다.

---

985 GA2주 참조) 엥겔스는 이 구절로 『베스트팔렌 증기선』이 다룬 사건을 암시한다. 즉 우선 뤼닝이 스위스에서 허가 없이 자기의 시를 발간했던 것에 대해 프로이센 당국이 고발하자 자기 시를 개정한 사건 또 1846년 여름 프리드리히 안네케Annecke 중위가 장교 사이에서 사회주의와 공산주의를 전파하려는 시도로 해임된 사건이다.

986 W주 132) 『쾰른 신』문-1802년 쾰른에서 발간된 일간지. 19세기 30년대와 40년대 초에 이 신문은 프로이센을 지배하는 프로테스탄티즘에 대항해 가톨릭을 옹호했다. 이 신문은 마르크스가 1842/43년에 편집한 『라인 신문』에 가혹한 전쟁을 상시적으로 전개했다.

987 GA2주 참조) 1845/1846년 『베스트팔렌 증기선』의 두 연보가 빌레펠트에서 헬미히 출판사에서 발간됐다. 나아가서 빌레펠트에서는 노동계급을 위한 조합을 형성하기 위해 레다 집단의 대변자들이 조직적으로 모임을 했다. 이 조합은 수천 명의 수공업자와 농민이 참가했다.

북반구에는 *백양좌*와 *황소좌*[St-ier]를 볼 수 있다,
쌍둥이좌, *크랩좌* 그리고 *사자좌*, *처녀궁좌*[Z-ier]도 함께 본다.

"처녀궁좌"가 현존하고 있다는 사실을 이미 일찍부터 "제대로 된 언론"[988]들은 주장해 왔다. 그와 같은 언론들이 보기에 "사자좌"는 체루스커의 헤르만Hermann der Cherusker[989]이었다. 그 사자좌는 베스트팔렌 지역의 성운이 피어나자 곧 그의 흉허물없이 지내던 친구를 떠나 [바다를] 건너가서 지금은 미국의 『인민의 호민관』[990]이 되어 그 금빛 갈기를 흔들고 있다. 사자좌를 뒤이어 불쾌한 우왕좌왕의 역사를 겪기는 했으

---

988 CW주) 이 문구는 프리드리히 빌헬름 4세가 1842년 10월 14일 발표한 내각 [추밀원] 명령에서 사용됐다.

989 W주 133, GA2주 참조) 헤르만 크리게Hermann Kriege를 지칭한다. 그는 1845년 늦여름 뉴욕으로 이주해 『인민의 호민관』 지를 발간했다.

990 W주 135, CW 주 145) 여기와 이 아래에서 성좌의 이름은 진정 사회주의의 어떤 분파를 묘사하기 위해 아이러니하게 사용된다. 이 분파들은 『이 책은 인민의 것이다』, 『베스트팔렌 증기선』 그리고 『사회의 거울』과 같은 독일 정기 간행물에 기고해 왔다. 사자좌란 헤르만 크리게Hermann Kriege를 지칭하며, 크랩좌는 율리우스 헬미히Julius Helmich를 지칭하고, 쌍둥이좌 중의 하나는 루돌프 램펠Rudolf Rampel이며 다른 하나는 율리우스 마이어Julius Meyer를 지칭한다. 백양좌는 요셉 바이데마이어Joseph Weydemeier를, 황소좌란 오토 뤼닝Otto Lüning을 지시한다. 엥겔스는 여기서 사자좌가 나중에 『인민의 호민관』이 됐다고 언급하는데 이는 헤르만 크리게가 미국으로 이주해 뉴욕의 주간지 『인민의 호민관』의 편집자가 된 것을 가리킨다.

나 오래지 않아 크렙좌[991]가 등장했다. 이 때문에 베스트팔렌 사회주의는 과부가 됐으나 그렇다고 역할이 위축된 것은 조금도 아니었다. 쌍둥이좌[992] 중의 하나는 마찬가지로 미국으로 건너가 식민지를 세웠다. 거기서 그중 하나가 없어졌으나 그사이 나머지 하나는 "국민 경제학의 미래 형태"를 생각해 냈다.(참조, 연보『이 책은 인민의 것이다』, 2권)[993] 그러나 이 모든 다양한 형태들은 비교적 중요하지 않은 것들이다. 이 집단의 무게 중심은 백양좌[994]와 황소좌[995]에 집중된다. 두 성좌는 진짜 베스트팔렌에 속하는 성좌이며,『베스트팔렌 증기선』은 확실히 그런 성좌의 옹호 아래 파도[Wogen]를 가르며 나갔다.

『베스트팔렌 증기선』은 오랫동안 진정 사회주의라는 mode simple〈단순 모드〉를 유지했다. "밤의 한순간도"[996]『베스트팔렌 증기선』이 고통당하는 인류의 비참함을 생각하며 쓰라린 눈물을 흘리지 않은 "시간은 없었다."『베스트팔렌 증기선』은 인간에 관한, 진정한 인간에 관한,

---

991 GA2주 참조) 율리우스 헬미히를 지칭한다. 그는 1846년 정치적 이유로 미연방을 여행했다. 그는 1845년 3월 프로이센의 입법에 관한 논쟁 때문에 한 중위를 통해 생명이 위험할 정도로 상해를 당했다.

992 GA2주 참조) 율리우스 마이어와 그의 형제인 칼 마이어를 지칭한다. 칼 마이어는 1845년 미국으로 여행가서 [남미] 식민지로 가려고 궁리했다.

993 W주 134, CW주) 메이어J. Meyer의 논문 「국민 경제론의 오늘날의 형태와 미래의 형태」를 시사하는 말이다. 연보『이 책은 인민에 속한다』는 오토 뤼닝이 1845~1846년 빌레펠트에서 그리고 1847년 파데보른Padeborn에서 발간했다.

994 GA2주 참조) 요셉 바이데마이어를 지칭한다.

995 GA2주 참조) 오토 뤼닝을 지칭한다.

996 W주 136, CW주) 독일의 민요 '내가 새였다면'에 나오는 구절

진정한 실제적인 인간에 관한, 진정한 실제적인 살아 있는 인간에 관한 복음을 온몸의 힘을 다해 설교했다. 그 힘들은 물론 그렇게 각별하게 큰 것은 아니었다. 『베스트팔렌 증기선』은 스페인의 고추라기보다는 물컹한 군것질거리나 달큰한 우유 푸딩이었다.

그러니 『베스트팔렌 증기선』의 비판은 매우 온건한 성격이었으며 최근 등장한 무자비한 차갑고 날카로운 비평가보다는 동정심을 지닌, 사랑으로 가득한 비평가들과 기꺼이 연결됐다. 그러나 『베스트팔렌 증기선』은 가슴이 넓지만, 〈W, 250〉용기는 없었다. 무정한 "신성 가족"조차 그 잡지의 눈에서 은총을 발견했다.[997] 『베스트팔렌 증기선』은 〈GA2, 606〉노동 계급이 봉기하게 하기 위하여, 빌레펠트, 뮌스터 Münster 등의 지역 조합[998]이 겪은 다양한 국면을 최대한 양심적으로 보도했다. 빌레펠트 박물관에서 일어난 중요한 사건[999]이 가장 많이 주목받았다. 『베스트팔렌 증기선』의 각 권의 끝에 제공된 세계정세에 관한

---

[997] CW주) 『베스트팔렌 증기선』에 실린 논평 『신성 가족 또는 비판적 비판의 비판. 바우어와 그런 부류에 대한 비판』을 가리킨다.

[998] CW주 146) 이 조합은 수많은 프로이센 도시들에서 1844부터 1845년에 이르기까지 독일 자유주의 부르주아의 주도로 이루어졌다. 독일 자유주의 부르주아는 1844년 여름 실레지엔Silesien 노동자 봉기를 통해 위협을 느끼면서, 이런 조합을 세워 독일 노동자들이 자기의 계급적 이익을 위한 투쟁에서 일탈하게 하려 했다. GA2주 참조) 프로이센 왕이 지지하는 노동계급의 복지를 위한 중앙조합은 1844년 10월 7일 봉기를 했다. 프로이센 내무상이 훈령으로 동의를 하지 않았으므로 이 조합은 1845년 봄 즉각 금지됐다.

[999] GA2주 참조) 1845/1846년 군대와 빌레펠트 시민 사이의 대결을 가리킨다. 시민들은 상인과 다른 지역 명망가의 사교 모임인 '여가'에서 결집됐다. 이 대결은 상인이자 중위인 요한니히Johannig에 대한 일련의 결혼 소송을 일으켰다.

관찰에서는 자유주의자가 찬사를 받았으나 각 권의 나머지 기사에서는 똑같은 자유주의자가 공격을 받았다.[1000] 그 결과 베스트팔렌 부르주아와 신사[Landmann]는 이를 통해 어떤 경고의 종이 울렸는지를 경험하게 됐으리라. 부수적으로 베스트팔렌 읍민과 촌민은 빅토리아 여왕이 언제 출산했는지, 이집트에서는 언제 페스트가 돌았는지, 러시아인이 코카서스 전투에서 언제 패배했는지에 관해 소식을 얻었다.

우리는 『베스트팔렌 증기선』이 모든 제대로 사유하는 사람들의 감사를 받을 자격이 있으며 그리고 슈나케Friedrich Schnake 씨가 『사회의 거울』[1001]에서 말했던 정력적인 애호를 요청할 자격이 있다고 믿는다. 황소좌는 진정 사회주의의 질퍽한 풀밭을 마음껏 뜯으며 돌아다니면서 웃음을 참을 수 없는 즐거움을 느꼈다. 때때로 심지어 검열관이 황소좌의 살을 파고들지만, 황소좌는 절대 "딱 걸렸네" 하고 탄식할 필요는 없었다. 베스트팔렌의 황소좌는 마차용 황소이지, 사육용 황소는 아니었다. 『라인 관찰자』조차 일반적으로는 『베스트팔렌 증기선』이 저지른 암살을, 특수하게는 오토 뤼닝Otto Lüning 박사가 저지른 암살을 감히 도덕적으로 비난하지 않았다. 간단히 말하자면 사람들은 이런 망상

1000 GA2주 참조) 뤼닝이 평가한 세계정세에 대해 트리어 신문이 비난했던 사실을 가리킨다. 트리어 신문에 의하면 뤼닝은 자유주의에 너무 많이 주목했다. 그는 이런 맥락에서 자기가 자유주의의 지지자를 즉 용기와 영혼을 가지고 폭력에 반대해 등장한 지지자들을 당연히 좋아할 것이라고 주장했다.

1001 W주 137) 프리드리히 슈나케의 논문 「베스트팔렌 증기선」(『사회의 거울』, 7, 8호)을 보라. 잡지 『사회의 거울』은 1845년에서 1846년까지 출현했으며, 모제스 헤스가 지도하는 가운데 12호까지 발간했다. 진정 사회주의자의 기사를 주로 실었으나 마르크스, 엥겔스, 게오르크 베르트의 글도 실었다. 엥겔스는 이 월간지의 창립에 기여했으나 편집원은 아니었다.

을 가질 수도 있었다. 즉 『증기선』은 베저Weser 강을 지나다니는 것을 금지당한 이후,[1002] 신비하게도 별들 사이로 이동한 에리다누스Eridanus 강[1003]을 지나다닌다는 것이다(왜냐하면 빌레펠트에서 다른 강이 없었기 때문이다)-『증기선』은 인간의 완전성이 획득할 수 있는 최고 등급에 이르렀다.

그러나 『증기선』은 지금까지 노력을 통해 단지 진정 사회주의의 가장 단순한 국면을 발전시켰을 뿐이다. 1846년 여름 『증기선』은 황소좌를 벗어나 백양좌에 접근했다. 또는 오히려 역사적으로 정확하게 말하자면 백양좌가 『증기선』에 접근했다.[1004] 백양좌는 견문이 넓은 사람이었고 시대의 정점에 우뚝 섰다. 백양좌는 황소좌에게 현재 세계의 본래

1002 CW주)『베저 증기선』이라는 저널이 금지된 것을 가리킨다. GA2주 참조) 이 주간지는 우편 판매의 금지로 1844년 10월 중단되고 검열이 필요 없는 월간지 『베스트팔렌 증기선』으로 전환했다.

1003 CW주 147) 에리다나우 강-남반구에 있는 성좌로, 강으로 묘사된다. 『베저 증기선』은 1844년 말 금지됐고 1845년 1월 『베스트팔렌 증기선』이라는 표제로 다시 출현했다. 『베저 증기선』의 편집자였던 오토 뤼닝이 『베스트팔렌 증기선』의 편집자였다.
W주 139 추가) 베저 증기선-점차 진정 사회주의자의 기관지로 전락한 소시민 신문. 이 신문은 1844년 민덴Minden에서 출현했고, 1월부터 10월까지는 일주에 두 번 그리고 11월과 12월에는 한 번 발간됐다. 11월부터 오토 뤼닝이 편집자로서 참가했다. 1844년 말 신문은 금지됐으며 1845년 초 베스트팔렌 증기선이라는 이름으로 새로 출현했다.

1004 GA2주 참조) 1846년 여름 이후 『베스트팔렌 증기선』에서 요셉 바이데마이어의 영향이 증가했다. 그는 뤼닝의 처남이며 1845년 8월 호부터 기고하면서 마르크스에게 1846년 4월 적합한 대중 기관으로 이 신문을 추천했다.

진정 사회주의자 1151

모습대로 "실제 관계"가 이제 핵심이며, 그러므로 새로운 방향 전환이 일어나야 한다고 설명했다. 황소좌는 이런 설명을 완전하게 이해했으며, 그 순간부터 『베스트팔렌 증기선』은 훨씬 탁월한 볼거리를 제공한다. 그것은 진정 사회주의의 mode compose〈복합 모드〉이다.

〈W, 251〉"백양좌와 황소좌"는 이런 전회[轉回]를 우아하게 수행하기 위해 뉴욕의 『인민의 호민관』에 실린 우리[마르크스, 엥겔스]의 비판을 동시에 인쇄하는 것보다 더 잘하는 길은 없다고 믿었다.[1005] 우리는 이 신문에 우리의 비판을 수고로 보냈으며, 신문은 그 수고[1006]를 받아들였다. 『증기선』은 멀리 미국에서 있는 고유한 사자좌를 비난하는 일을 이제 피하지 않는다.(〈GA2, 607〉진정 사회주의의 mode composé〈복합 모드〉는 mode simple〈단순 모드〉보다 훨씬 더 대담함을 보여준다.) 게다가 『증기선』은 충분히 교활해 위의 비판에 대해 다음과 같이 인류애적인 진술을 언급할 정도이다:

"누가 위의 논문에서 『증기선』의 자기비판을 보고 싶다고 부탁한다면"(?!) "우리는 그것에 이의가 없다."

1005 W주 140, CW주 148) 마르크스 엥겔스의 저서 『크리게H. Kriege에 반대하는 통문[通文]』은 1846년 6월 『인민의 호민관』신문에 게재됐으며, 『베스트팔렌 증기선』, 6월 호에 발간됐다. 그러나 증기선 편집자인 오토 뤼닝은 텍스트를 임의로 바꾸어, "진정 사회주의"의 정신에서 그가 고유하게 쓴 것을 추가로 삽입했다.
1006 GA2주 참조) 마르크스 엥겔스가 '브뤼셀 공산주의자 통신위원회'의 이름으로 작성하고 『인민의 호민관』지에 발표한 「크리게에 반대하는 통문」(1846년 2월)을 지칭한다.

〈수, 2〉이를 통해 진정 사회주의의 mode composé〈복합 모드〉는 충분한 지도를 받았으니 이제 새로운 궤도를 따라 앞으로 더 강화된 힘으로 질주한다. 백양좌는 본성상 호전적인 피조물이기에 지금까지 호의적인 방식의 비판에 안주하지 않을 것이다. 베스트팔렌 집단의 양떼를 이끄는 새로운 숫양의 마디마다 숨어 있는 전투욕이 경련을 일으켰다. 소심한 동료들이 그 숫양의 앞을 가로막을 수도 있으니 그 전에, 그 숫양은 뿔을 앞으로 내밀고 함부르크에 사는 게오르그 쉬르게스Georg Schirges 박사를 향해 돌진했다. 이전에는 『증기선』의 조타수들은 쉬르게스 박사를 그렇게 나쁜 사람으로 여겨지지 않았다. 그러나 이제 사정이 달라졌다. 불쌍한 쉬르게스 박사는 진정 사회주의의 mode simplicissimus〈단순 모드〉를 대변한다. mode composé〈복합 모드〉는 초창기에는 함께 공유했던 단순성을 여전히 지닌 박사를 용서하지 않았다. 그러므로 백양좌는 『증기선』의 1846년 가을호 409~414쪽에서 쉬르게스의 『작업장』 벽에 난 틈을 인정사정없이 밀어제쳤다.[1007] 잠깐 그 구경거리를 즐겨보자.

몇몇 진정 사회주의자와 soi-disant〈소위〉 공산주의자는 부르주아의 생활 상황에 관한 푸리에의 눈부신 풍자를 적어도 그런 풍자에 대해 알고 있었던 한에서, 독일 부르주아의 도덕을 표현하는 언어로 번역했다. 그들은 이런 기회에 이전 세기의 계몽주의자나 우화 작가에게 이미 알려진 이론 즉 부유한 자의 불행에 관한 이론을 발견했으며 이를 통해 끝이 나지 않는 도덕적 수다를 위한 소재를 얻었다. 게오르그 쉬르게스 박

1007 W주 141, CW주) 바이데마이어, 『작업장: 게오르그 쉬르게스Georg Schirges 편집』(『베스트팔렌 증기선』, 1846). 『작업장』은 쉬르게스가 편집해 1845년~1847년 함부르크에서 발간된 진정 사회주의의 잡지이었다.

사는 진정한 교의가 지닌 신비를 아직 충분히 깊이 전수받지 못했으니 "부유한 자는 가난한 자와 마찬가지로 불행하다"라는 생각을 전혀 갖지 못한다. 베스트팔렌 집단의 우두머리 숫양은 쉬르게스 박사가 그런 데 대해 박사에게 격심한 타격을 가했다. 그런 타격은 "로토에 당첨되면 세상에서 가장 행복하고 가장 만족스러운 인간으로 되는 인간이 받을 수 있는" 타격이다.

"그렇다" 하고 스토아주의적인 백양좌가 부르르 외쳤다. "쉬르게 씨가 무어라 한들 〈W, 252〉가진 것[Besitz]이 사람을 행복하게 만들기에 충분하지 않으며, 우리의 부자들 가운데 대부분은 전혀 행복감을 느끼지 않는다는 것은 사실이다."(정직한 백양좌여, 건강이 어떤 돈으로도 살 수 없는 선이라는 점에서 그대는 옳다.) "부자가 굶주림과 추위로 고통을 당할 필요는 없지만, 그래도 또 다른 악이 존재한다."(예를 들어 성병, 장마, 독일에서 때때로 나타나는 양심의 가책) "그런 악의 압력에서 부자도 도피할 수 없다."(알려진 바에 따르면 죽은 자리에 풀이 자라지 않는다.) 〈GA2, 608〉 "대부분 가족의 내면을 들여다보면 .... 모든 것은 썩어 문드러지고 있다. .... 남자는 증권 사업이나 교역 사업에 전적으로 매달려 있고"(*beatus ille qui procul negotiis*〈사업의 충동을 멀리하는 자는 행복하도다〉(호레이스Horace, 「서정시[Epodon]」, 『송가』, 2장 1연)-가난한 자에게 아이를 만들 시간이 아직 약간 남아 있다니 경이로운 일이 다) .... "돈의 노예로 전락한다."(가장 불쌍한 자여!) "여자는 내용 없이"(임신한 때를 제외하면) "공허한 살롱의 부인으로 길러지거나 덕 있는 가정 부인으로 교육된다. 가정 부인은 그저 요리하고, 빨래하며, 아이를 기르고"(이런 말은 여전히 "부자"에 대한 이야기인가?) "그리고 기껏해야 담소 모임을 갖는 것밖에는 아무런 의미를 갖지 않는다."(보라, 우리는 오직 독일의 땅에 여전히 머무르고 있다. 여기서는 "덕 있는 가정의 부인"이 "자기를 의미 있게 만드는" 것[요리, 빨래 등]에 헌신하는 가장 아름다운 기회를 얻는다. 그런 의미란 최고로 "불행하게" 되기에 충분한 이유이다): "이때 남자와 여자는 드물지 않게 서로 부단한 전쟁 중이니 …. 부모와 아이들 사이의 끈조차도 사회적 상황을 통해 자주 분열된다." 등등.

우리의 저자는 가장 나쁜 고통을 망각했다. 모든 "부유한" 독일의 가부장은 저자에게 이렇게 말할 수 있다 즉 결혼에서의 불만 때문에 점차 욕구가 생겨나며, 인정받지 못한 아이는 그래도 바타비아Batavia로 보내 잊어버릴 수 있으나[1008] 도둑질하거나 반항적인 하인은 참을 수 없는 악덕이며, 상스러운 남녀의 시시덕거림이 만연하면 그것은 이제 거의 피할 수 없는 "악덕"이라고 말이다. 로트칠드Rothschild 씨, 파리의 풀쉬롱Fulchiron 씨와 데카제 Decazes 씨, 런던의 로이드Samuel Johnson Loyd 씨, 베링 Baring 씨와 런던의 웨스트민스터Westminster 경이 부자가 느끼는 비애에 관한 이런 묘사를 읽었다면 그들은 착한 베스트팔렌의 백양좌를 어떻게 동정할까?

1008 GA2주 참조) 하인츠Karl Heinz의 저서 『독일 낭만주의자의 바타비아 여행』(만하임, 1845)이라는 책을 가리킨다. 하인츠는 대학 당국에 반대하는 연설 때문에 연구에서 배제되자 1829년 네덜란드 외인 군단에 등록해 하급장교로 바타비아로 갔다. 그의 체험이 이 책에 기록된다.

.... "그러나 부자에 대한 우리의 관계가 가난한 자에 대한 우리의 관계보다 더 강력한 것은 아니지만, 마찬가지로 압박감을 느낀다."(즉 제곱 1인치[inch]당 15파운드의 대기 압력을 받는다.) "이를 입증할 때"(위에서 보았듯이) "드러나는 사실은 우리의 상황과 상태를 묘사하는 데서 일반적으로 드러나는 사실이다. 그것은 곧 알고자 노력하는 자는 알게 된다는 사실이다."(mode compose〈복합 모드〉에서 진정 사회주의는 mode simple〈단순 모드〉에서보다 훨씬 적은 성과가 "드러난다"라는 사실은 거의 틀림없는 것으로 보인다.) "물론 부유한 자가 느끼는 불만에서 프롤레타리아를 위한 전복이 출현하는 것은 아니다. 프롤레타리아를 위한 전복이 출현하려면 더 힘 있는 원동력이"(즉 서술용 펜[1009]) "필요하다. 또한 '수백만 명을 포옹하라, 전 세계에 키스를 보내라'[1010]라는 말로 그런 전복이 완성되는 것은 아니다. *그러나 못지않게* [부자의 경우도] 〈W, 253〉엉성한 수선이나 진정제로"(위의 불행한 가정사를 달래려는 시도) "고통을 줄이는 것은 소용없으며, 그런 일에 관한 용단[勇斷] 즉 실제 개혁을"(결국 이혼) "전적으로 망각하는 것도 소용없다."

위의 문장에서 "물론"이라는 말과 "또한"이라는 말 그리고 "그러나 못지않게"라는 말 사이의 연관은 〈GA2, 609〉"물론" 단순한 진정 사회

1009 CW주) 'Triebfeder'-원동력, 'Schreibfeder'-펜, 'feder'-깃털. 유사어를 이용한 말장난.

1010 W주, 142, CW주) 쉴러F. Schiller의 시, 「환희에 붙여」

주의에서 복잡한 진정 사회주의로 이행하는 것과 더불어 베스트팔렌 집단의 머릿속에 일어난 혼란을 보여주는 한탄할 만한 예를 전한다. "또한" 우리가 바로 그다음 쪽(413쪽)에서 "정치적으로 발전한 나라에서는 어떤 제한도 없이 성립하는 상태"라는 말[1011]을 발견한다고 하더라도 우리의 한탄은 줄어드는 것은 아니다. 같은 쪽에서 "이기주의는 …. 혁명이 가장 찬란하게 일어났던 시대, 국민공회[Konvent]의 시대에조차 *드물지 않게*-아마도 태형으로-처벌됐다"고 하더라도 그것은 "그러나 못지않게" 베스트팔렌 사회주의가 지닌 역사 지식을 입증하는 말은 아니다. 그러나 "우리는 '우리의 백양좌'가 더 멀리 영향을 미친다고 해서 더 나은 것을 기대할 아무 이유가 없으니 그렇게나 곧바로 그에게 되돌아가려고 하지는 않을 것이다."

그러면 기꺼이 황소좌로 고개를 돌려보자. 이 황소좌는 그동안 "세계정세"[1012]에 골몰했으며, 421쪽에서(1846년 9월) "명백히 던질 만한 질문을" 소리쳐 외쳤다. 그리고 "야단법석[Charivari]" 뒤에 황소좌는 어떤 정치적 사건 속으로 곤두박질 한다.[1013] 이 사건은 기조Guizot 씨에

1011 GA2주 참조) 바이데마이어, 『작업장』, 413쪽: "그들은 상태를 제거하기 위해 아마도 아무것도 기여하지 못할 것이다. 이런 상태는 적어도 정치적으로 발전한 나라에서는 제한 없이 성립한다."

1012 W주 143) 세계정세-오토 뤼닝은 베스트팔렌 증기선에 1846년부터 세계의 정치적 경과에 관해서 세계정세라는 이름으로 기사를 올렸다.

1013 GA2주 참조) 『샤리바리』는 1832년 창간된 정치 풍자잡지다. 여기서 기조가 1846년 5월 28일 내각에서 한 연설이 발췌되어 실렸다. 그 속에서 기조는 7월 혁명 이후 정부의 '위대한 정치'에 관해 말했다. 『샤리바리』는 다음 호에 이 위대한 정치라는 개념을 '야만인이 이용할 만큼 발전한 위대한 정치에 대한 작은 강의'라는 제목으로 풍자했다.

게 "위대한"이라는 호칭을 수여했던 사건이다. 여기에서조차 단순 사회주의라는 이전 시기에 대립하는 진보가 눈에 뜨인다. 아래에서 이를 약간 음미해 보자.

프로이센 정부가 화폐 부족에 빠져서 매우 쉽게 헌법을 반포할 수밖에 없다는 소문이 베스트팔렌으로 들려왔다. 동시에 베를린 증권시장을 지배하는 화폐 부족에 관한 기사가 신문에 등장한다. 우리의 베스트팔렌 마차용 황소는 정치경제학에는 별로 아는 바가 없으니 tout bonnement〈곧바로〉 베를린 정부의 화폐 부족을 베를린 Commerçants〈상인〉의 전적으로 다른 화폐 부족과 동일시하며, 다음과 같은 원대한 가설을 발전시킨다:

"아마도 올해 안에 지방의 각 신분은 제국[Reich]의 각 신분으로 소환될지 모른다.[1014] 왜냐하면 화폐 부족은 다 같은 것이며, 은행은 그런 화폐 부족을 해결해 줄 수 없는 것으로 보이기 때문이다. 그렇다. 심지어 이미 시작된 그리고 계획된 철도를 건설하는 자본가는 화폐 부족을 통해 심각하게 위협을 받을 수 있다. 그런 경우라면 국가는 쉽게"(o sancta simplicitas!〈오 성스러운 단순성이여!〉)[1015] "개별 철로를 인수하는 쪽으로 유인될 수 있지만,"(지

[1014] GA2주 참조) 뤼닝은 1846년 지방의회 선거 이후 제국 신분이 소집되리라 예측했다. 이 예측은 1846년 실현되지 않았지만, 그다음 해에 실현됐다. 엥겔스는 1847년 2월 3일의 임명에 언급하지 않았다는 것을 보면, 1847년 2월 이전 이 구절에 이르기까지 수고를 작성하고 있었다고 짐작된다.

[1015] GA2주 참조) 이 표현은 일화에 따르면 [종교 개혁가] 얀 후스Jan Hus가 1415년 화형장에서 어느 늙은 부인이 나무를 추가로 들고 오자 외쳤다는 말이다.

극히 예리하시군) "그런 일은 다시 보면 차관이 없으면 불가능한 일이다."

⟨W, 254⟩이 나중의 말은 정말 진리다. 우직한 베스트팔렌 사람은 사람들이 실제로 여전히 부모와 같은 정부의 지배를 받는다고 믿는다. mode compose⟨복합 모드⟩를 취하는 우리의 극단적 [진정] 사회주의자 자신은 프로이센 정부가 헌법을 부여해 베를린 증권 시장의 궁지를 외국의 차관을 통해 해결하려 할 정도로 순박하다고 믿는다.—행복한 맹목적 믿음이여!

그러나 우리의 베스트팔렌 마차용 황소의 예민한 코는 외국의 정책에 관한 어구에서 가장 예민하다는 것을 보여준다. 진정 사회주의 mode composé⟨복합 보드⟩는 몇 달 전 다음과 같은 파리와 런던의 새로운 신비를 냄새 맡았다. 우리는 독자의 흥겨움을 위해 이 신비를 전달하고자 한다:

⟨GA2, 610⟩ 9월 호.
프랑스—"행정부는 선거투쟁에서 승리했다. 이는 달리 기대될 수는 없었다."(베스트팔렌 사람치고 "기대될 수 있었던 것"과 "다른 것"을 기대했던 적이 있었을까?) "붕괴의 온갖 지렛대가 작동하든, 앙리Henrich의 암살이 .... 충분했든지 간에 구 반대파(티에르Thiers, 바로Barrot)는 심각한 패배를 당했다. *그러나* 기조 씨 역시 더는 그렇게 행정부를 quand meme⟨무조건⟩ 지지해 투표하는, 긴밀하고 보수적인 당파를 염두에 둘 수는 없을 것이다. *왜냐하면* 보수당조차 두 개의 분파로 분열됐기 때문이다. 그 하나는 conservateurs bornés〈타고난 보수파〉이고 잡지 『토론과 시대 Débats und Époque』를 통해 뭉친다. 그리고 다른 하나는 conservateurs progressives〈개혁 보수파〉이며 그 기관지는 『언론 Presse』이다."-(황소좌는 기조 씨가 리지외Lisieux[1016] 지구에서 그의 선거민 앞에서 했던 연설에서 처음으로 개혁 보수파라는 문구를 사용했다는 사실만은 잊어버렸다.)-"*일반적으로*"(여기서 위에서 이미 백양좌를 다룰 때 언급했던 기이한 논리적 비약이 다시 시작한다. 하긴 "달리 기대될 수 없었을" 것이다.) "티에르가 장관이 돼야 하는가 아니면 기조가 돼야 하는가 하는 문제*만*을 둘러싸고 소용돌이쳤던 몰 정치적인[abstrakt-politische] 당내 물음 *때문에*"(이런 물음을 베스트팔렌에서는 "몰 정치적인 당내 물음"이라 하며 거기 사람들은 지금까지 프랑스에서는 "그런 문제만을 둘러싸고 소용돌이쳤다"라고 여전히 믿는다!) "어떤 사건이 은폐된다. 블랑키 Blanqui 파의 국민 경제학자들이 …. 내각에 선출됐다. 확실한 것은 그들과 더불어 거기서도 정말"(베스트팔렌 사람의 계몽을 위해) "국민 경제학적인 물음이 화제가 됐다."(지금까지 거기서 화제에 오른 물음에 관해 베스트팔렌 사람이 어떤 종류의 "생각"이든 생각을 가질 수 있었던 게 있었던가!)(426, 427쪽)

1016　CW주) 기조F. Guizot, 「1846년 7월 17일 리지외 연설」. W주 144) 기조는 리지외의 선거민이 그를 위해 개최한 연회에서 연설했다. 이 연설에 관한 보고는 기조의 연설 텍스트와 함께 논쟁 잡지, 1846년 7월 28일에 실렸다. GA2주 참조) 이 연설에서 기조는 보수적인 여당이 정치적인 진보라는 의미에서 영향을 미친다는 사실을 강조했다.

물음:영국 귀족은 군인에게 채찍질을 왜 지속하는가? 답: "채찍질을 폐지하려 한다면 다른 소집 체제가 설립돼야 한다. *더 좋은 군인을 만들려면 더 좋은 장교가* 즉 그 지위를 매매나 호의를 통해서가 아니라 업적 덕분에 얻는 장교가 *필요하다.*(!!) 영국의 귀족은 '채찍질을 폐지하는 것'을 반대한다. 왜냐하면 영국의 귀족은 그것을 폐지하면 새로운 보루 즉 '연소한 아들들'을 보충할 수단을 상실하기 때문이다. 그러나 중산층은 귀족의 장점을 한 걸음 한 걸음 따라잡으며 또한 이점에서도 승리를 획득할 것이다."

⟨W, 255⟩(무슨 개뿔 같은 말인지! 인도나 아프가니스탄 등에서 영국이 전개한 야전[野戰]이 입증하는 대로, 영국인은 이미 "더 나은 장교를 필요로 하지 않는다." 영국의 중산층은 더 나은 장교도, 더 나은 군인도 바라지 않으며, 다른 소집 체제도 바라지 않고, 그래도 채찍질의 폐지에 별 관심을 두지 않는다. 그러나 『증기선』은 얼마 전부터 영국에서 중산층과 귀족제의 투쟁과 다른 낌새를 알아차리지 못한다.)(428쪽)

⟨수, 3⟩ *10월 호.*
프랑스-"티에르씨는 그가 수년 동안 애용했던 도구인 『헌법 수호자』라는 신문을 상실했다. 신문은 보수파 대의원들이 매입했으며, ⟨GA2, 611⟩점차 그리고 눈에 뜨이지 않은 채"(물론 진정 사회주의의 mode composé ⟨복합 모드⟩에게는 "눈에 뜨이지만,") "보수 진영으로 넘어갔다. 티에르 씨는 일이 그에게 그렇게 심하게 곤란한 일이 된 것이 아니라면 신문 『국민』에서 그의 옛날의 펜대를 다시 부여잡을 것이라고 일찍부터 협박하더니 지금 『국민』을 실제로 구매했다고 전한다."

(1839년의 『국민』은 유감스럽게도 1834년의 공화주의적인 『국민』과는 완전히 다른 『국민』 즉 헌법을 수호하고자 하는 오를레앙파의 『국민』이었다. 티에르씨가 1846년 "실제로 구입했다고 전하는"것은 1834년의 공화주의적인 『국민』이다. 게다가 『증기선』을 향해 무책임한 장난이 자행됐다. 어떤 양심 없는 악한, 대의[大義]의 적이 편집자에게 『사탄의 협잡꾼Corsaire-Satan』1017에 실린 몇 장의 편지를 보냈다. 1018 『증기선』은 베스트팔렌 독자가 보기에 도덕적으로 절대 충분하지 않은 이 편지 속에 묘사된 저잣거리의 소문을 bona fide〈성의를 다해〉 신탁을 받은 것처럼 실었다. 『증기선』은 『사탄의 협잡꾼』이 최소한 자신만큼 도덕적인 내용과 언론으로서 고매한 직업의식을 가진 것은 아니라는 사실을 과연 의심할 수 있었을까?)

"티에르 씨가 이런 발걸음을 통해 공화주의자로 넘어간 것인지 보게 될 것이다."

1017 W주 145) 『사탄의 협잡꾼』-『협잡꾼』이라는 프랑스 신문은 1822년 창간됐으며, 1844~1847에는 위의 이름으로 발간했다.

1018 GA2주 참조) 뤼닝은 티에르가 『헌법』을 『국민』과 교환한 사실에 관한 정보를 『사탄의 협잡꾼』에서 끌어냈다는 주장은 추측이다. 다른 신문도 그 사실을 보고했다. 『국민』에서 일어난 여기 언급된 과정에 관해 엥겔스는 브뤼셀 공산주의자의 통신위원회에 보내는 1846년 10월 23일 그의 편지에서도 언급했다.

존경하는 체루스크인이여, 그대는 티에르 씨가 그런지 아닌지 알 게 된 것은 『협잡꾼』의 덕분이 아니다: cela sent la forêt teutobourgienne d'une lieue!〈그 냄새는 수 마일이나 떨어져 튜토부르거 숲에도 풍긴다!〉 니 말이다.-그런데도 체루스크인은 그 대가로 교역의 자유를 편들어 왔던 『협잡꾼』의 유혹에 몸을 맡겼다. 『협잡꾼』의 유혹은 프랑스에서 libre échange〈자유로운 교역〉을 지지하는 선동이 성과를 얻고 중요하 게 되는 것이었다. 그러나 협잡꾼의 선동은 그런 중요성을 단연코 얻 지 못한다.

"그러므로 심지어 모든 산업 국가는 영국과 같은 길을 가며 같 은 목표에 이르러야 한다는 우리의 예언은 그렇게 전적으로 틀 린 것으로 보이지는 않는다. 왜냐하면 그런 예언이 지금 실현되 고 있기 때문이다. 실천하는 사람은 실천적인 상태에 관한 자신 의 경험과 자신의 인식을 뽐내기를 즐기지만 심지어 그런 '실천 하는 사람'보다 우리, '비실천적인 이론가'가 실제 상황을 더 잘 알고 있으며 〈W, 256〉더 잘 평가하는 것처럼 보인다.(만세!)"

불쌍한 튜토부르거의 "이론가"들이여! 당신들은 『협잡꾼』의 실제 상황을 "알지" 못한다!(이 아름다운 상황은 479쪽에서 발견된다.)

11월 호.
프랑스-"학자들은 이 자주 반복되는 홍수의 원인이 무엇인지에 관해 헛되이 머리를 찧고 있다. 이전에는 *아카데미의 한 판정[判 定]*을 통해 산 위에 있는 살랑거리는 숲이 이 악의 원인으로서 베

어졌으며 후에는 이 숲에 나무들이 이식됐으나 악은 여전히 같았다."(522쪽)

"학자들이 헛되이 머리를 찧는" 문제는 다음과 같은 최고의 난센스가 어디에 원인이 있는지에 관한 것이다. 그 난센스란 곧 다음과 같은 난센스다: 1) 베스트팔렌 사람은 프랑스에서 아카데미가 판정하면 숲이 베어진다고 믿는다는 난센스. 2)그는 숲이 목재와 그 금액 때문이 아니라 홍수 때문에 베어진다고 믿는다는 난센스. 〈GA2, 612〉3) 그는 학자들은 이 홍수의 원인에 관해 머리를 찧고 있다고 믿는다는 난센스. 4) 프랑스에서 한때 모든 아이조차도 숲의 황폐화가 이것[홍수]의 원인이라는 사실을 알고 있을 때 그 당시에 오히려 숲이 홍수의 원인으로 간주됐다고 그가 믿는다는 난센스. 그리고 5) 재생을 고려하지 않고 숲의 나무를 거듭 계속하면서 베어내면서 산림을 등한시하는 것에 관해 프랑스에서보다 더 많이 비난당한 곳이 없었는데도 숲이 [베어졌다가] 다시 이식됐다고 그가 믿는다는 난센스다.(전공 잡지 밖에 『개혁』, 『국민』, 『평화적 민주주의』와 다른 반대 신문의 1846년 10월 11월 호를 참조하라.) 베스트팔렌의 황소좌는 어떤 맥락에서도 불행했다. 그는 『사탄의 협잡꾼』을 따라가서도 뒤죽박죽이 되고 그 자신의 수호천사를 따라가서도 마찬가지로 뒤죽박죽이 됐다.

우리가 이미 보았듯이 활력을 거듭제곱으로 배가한 진정 사회주의는 더 고차적인 정치학의 영역에서 위대한 힘을 행사했다. "세계정세"에 관한 그 이전의 보고보다 얼마나 예리한 시선인지, 얼마나 복합적으로 파악하는지, "실제 상황"에 관해 얼마나 근본적으로 아는지를 보라! 그러나 『증기선』에 가장 중요한 "실제 상황"은 프로이센 왕국의 한 장교가 지닌 지위이다. 얼마 전부터 독일의 정기 언론을 보면 피할 수 없이 만나게 되는 아네케Annecke 소위, 그가 빌레펠트 박물관에서 좌천당한 것 때문에 벌어진 중요한 토론, 여기에서 발생한 군법회의 과정 등은 10월 11월 호의 핵심 내용을 이룬다. 우리는 여기서 발간되지 못한 ⟨W, 257⟩『독일 신문』에 관해, 프랑스에서 17세기 몰락했고 몽테유[1019]를 통해 묘사된 거지 왕국에 관해 그리고 마찬가지로 "실제적인" 다른 상황에 관해 흥미로운 정보를 획득한다. 그 사이 때때로 X 표시가 떠돌아다닌다. 이 표시는 진정 사회주의의 mode simple⟨단순 모드⟩를 더 완벽하게 대변하며 최고로 솔직담백하게 그 모든 격언을 무더기로 토해놓는다: 독일의 이론과 프랑스의 실천은 합일돼야 한다. 인도주의가 관철되려면 공산주의가 관철돼야 한다.(455~58쪽)[1020] 때때로 유사한 자취[표시]가 백양좌 또는 황소좌 자신에게서도 또한 새어나가지만, 그래도 "실제 상황"의 신적인 조화를 조금도 해치지 않는다.

이제 베스트팔렌의 군단의 본대를 버리고, 분견대의 진화를 따라

1019   CW주) 몽테유Amans Alexis Monteil, 『프랑스의 다양한 계층에 관한 역사 Histoire des Français des divers états』, 인용문은 『베스트팔렌 증기선』에서 발간한 「17세기 프랑스의 거지 왕국에 관한 기사」에 전거를 두고 있다.
W주 146) 17세기 프랑스 거지 왕국은 1846년 베스트팔렌 증기선에 실렸으며, 몽테유의 『프랑스의 다양한 계층에 관한 역사Histoire des Français des divers états』에서 번역한 발췌문에 나온다. 여기서 프랑스 거지 왕국의 몰락이 묘사되어 있다. 그 왕국은 15세기, 백년 전쟁으로 이 나라에 만연한 참상의 결과로 등장했다. 거지들이 선출한 왕과 더불어 공식적인 프랑스 왕국의 국가 기능과 유사한 국가 기능이 수행됐다.
1020   W주 146, CW주) 이 표시는 특정한 작가를 암시하는 표시다. 이 구절은 X 표로 표시된 「인도주의-공산주의」라는 기사를 가리킨다.

가 보자. 이 분견대는 축복받은 부퍼탈Wuppertal에서 튼실한 복수의 여신[1021]의 속치마를 보루로 삼았다. 슈나케 씨는 오래전부터 *페르세우스*Perseus의 역할을 하면서 청중에게『사회의 거울』이라는 고르곤Gorgon의 방패[1022]를 펼쳐 놓았고 사실 청중이『*사회의 거울*』위에 잠들 뿐만 아니라『사회의 거울』이 청중 위에 잠든다는 성과를 거두었다. 〈GA2, 613〉그러나 우리의 페르세우스는 익살꾼이다. 그는 이런 부러워할 만

1021 W주 148, CW주 149) 네메시스Nemesis-복수의 여신,『사회의 거울』이라는 잡지의 표지에 그려져 있다.
GA2주 참조)『사회의 거울』표지 면에 정의의 여신 주노Jusititia가 그려져 있다. 흔히 그렇듯이 눈을 가린 것 대신 여신은 머리 위로 후드를 쓰고 있다. 이는 자코뱅주의자의 모자를 암시한다.
GA2주 참조)『사회의 거울』은 헤스가 편집하고 1845년 5월부터 1846년 7월까지 엘베펠트(부퍼탈)에서 발간된 월간지다. 이 신문의 기고자에는 헤스 밖에 슈나케Friedrich Schnake, 피트만Hermann Putmann, 뷔르거스Heinrich Burgers, 마타이Rudolf Matai, 마이어Julius Meyer, 베르트Georg Weerth이다. 마르크스와 엥겔스도 편집을 위한 준비모임에 참여했으며, 엥겔스는 1845년 4월 브뤼셀로 이주한 다음에는 편집에 참여하지 않았으며 기고도 하지 않았다. 3, 4, 5호에 엥겔스가 작성한『영국 노동계급의 처지』가 연재됐고 또한 그가 영어에서 번역한 시가 실렸다.
GA2주 참조) 이 월간지는 처음 헤스가 편집했으나 그가 1845년 9월 브뤼셀로 가자 그 이후 슈나케가 편집을 담당했다.
1022 W주 149) 고르곤의 방패- 고르곤은 그리스 전설에 따르면 3명의 여자다. 그들은 뱀의 머리칼을 가지고 공포를 일으키는 모습을 지닌다. 그들의 시선은 사람을 돌로 변하게 한다. 그중의 한 여자인 메두사는 페르세우스가 살해했다. 그 잘린 머리에는 돌로 만드는 영향력이 남아 있었다. 그리스 전설에 따르면 고르곤의 머리를 모사한 조각품이 페르세우스의 방패에 새겨져 있어서 적을 마비하게 하고 공포에 질리게 해 그의 승리를 보장한다.

한 결과를 얻은 다음, 이렇게 광고한다.(지난 호, 최종 쪽): 1)『사회의 거울』은 잠들었으며[1023] 2) 지체되는 것을 피하자면『사회의 거울』과의 관계를 앞으로 우편으로 해야 한다는 것이다. 이 광고와 더불어 그는『사회의 거울』이 저지른 최근 인쇄상의 실수를 개선한다는 명목으로 퇴장했다.[1024]

    사람들은 "실제 상황"에 관한 이런 고려를 통해 우리에게 중요한 것은 진정 사회주의의 mode composé〈복합 모드〉라는 것을 알게 된다. 그러나 백양좌와 황소좌 그리고 우리의 페르세우스 사이에는 중요한 차이가 있다. 백양좌와 황소좌가 실제 상황 즉 베스트팔렌과 독일 일반의 실제 상황에 관해 지속해서 가능한 한 충실히 보고한다는 사실을 우리는 그들에게 인정해야 한다. 이를 증명하는 것은 백양좌가 눈물을 흘리는 위의 장면이며 또 이를 증명하는 것이 독일의 정치적 삶을 배경으로 황소좌를 정감있게 묘사한 구절-이는 위에서 빼놓고 넘어가야 했던 것-이다. 그들은 mode simple〈단순 모드〉에서 인정된 독일의 실상 특히 단순하고 꾸밈이 없는 소시민성을 새로운 관점에서 끌고 다녔다. 그 사이 인간의 정당화, 독일의 이론의 정당화 등은 계속해서 꽤 많은 X 표시한 자와 별 표시를 한, 나머지 종속적인 자들에게 떠넘겨졌다.『사회의 거울』에서 사정은 반대이다. 여기서 무리의 지도자 페르세우스는

1023 CW주) 독일어 'schlafen(잠자다)', 'einschlafen(잠이 들다)', 'entschlafen(소멸하다)'를 가지고 한 말장난.

1024 GA2주 참조)『사회의 거울』은 12호 마지막 면에 일시 중단을 예고하면서 앞으로 우편으로 보내겠다고 예고했다. 헤스의 의도는 드론케Ernst Dronke와 공동으로 지속하려는 것이었으나, 드론케가 1846년 11월 27일 체포되면서 불가능해졌다.

가능한 한 최대로 소시민적인 실상을 벗어던진다. 그는 이 소시민적 실상을 이용하는 일은 그의 시종들에게 넘겨주고, 자신은 신화와 똑같이 독일 이론의 하늘 높이 올라간다. 그가 훨씬 더 세부적으로 규정된 관점에 서 있을 때일수록 〈W, 258〉그가 "실제 상황"을 어느 정도 경시하고 있음이 더 잘 입증될 수 있다. 베스트팔렌 출신 별들은 mode composé〈복합 모드〉를 대변한다면, 페르세우스는 tout ce qu'il y a de plus composé en Allemagne〈독일에서 합성된 것에는 여전히 성립하는 바로 그것〉이다. 그는 이데올로기적으로 가장 대담하게 비행하더라도 항상 "물질적 토대" 위에 선다. 이 확고한 받침대 덕분에 그는 무모하게 투쟁한다. 구츠코프Gutzkow, 슈타인만Steinmann, 오피츠Opitz 그리고 다른 중요 인물들은 몇 년 뒤에 여전히 그런 무모함을 기억할 것이다. 그러나 우리의 페르세우스의 "물질적 토대"는 주로 다음과 같은 것에 존재한다:[1025]

1) "사적인 영업이라는, 우리 사회의 *물질적 토대*를 제거함으로써만 인간도 달라진 인간이 된다."(10호, 53쪽)

mode simple〈단순 모드〉는 케케묵은 이런 사상을 그렇게 자주 주장하는 데 그치지 않고 우리 사회의 물질적 토대가 사적인 영업이라는 것만이라도 의식했더라면, mode composé〈복합 모드〉가 됐을 것이며, 우리의 페르세우스가 비호하는 가운데 온갖 추앙과 존경을 받으며 안정

[1025] W주 150) 이하에서 엥겔스는 구츠코프, 슈타인만, 오피츠에 대항하는 『사회의 거울』에 나오는 슈나케의 기사를 인용한다. CW주) 이하는 공산주의에 관한 구츠코프의 기사에 대한 슈나케Friedrich Schnake의 노트에서 인용된 것이다. 슈나케, 『공산주의에 관한 구츠코프 씨』, 53쪽.

되고 겸허한 삶을 지속해서 이끌어갈 수 있었을 것이다. 그러나 단순 모드 자신은 어떤 물질적 토대도 갖지 않았기에 예언자 괴테에서 서술된 것과 같은 것이 그에서 이루어졌다.

엉덩이가 없다면
귀족이라도 앉을 수 있을까?[1026]

〈GA2, 614〉사적 영업이라는 이 토대가 얼마나 물질적인가는 무엇보다도 다음의 구절에서 드러난다:

"이기주의, 사적 영업은"(그러므로 양자는 똑같은 것이며, 이기주는 이에 따라 "물질적 토대"이기도 하다) "'각자는 자기를 위해서' 등과 같은 원칙으로 세계를 파괴한다."(53쪽)

그러므로 "물질적 토대"는 "물질적" 사실을 통해서가 아니라 오히려 관념적인 "원칙"을 통해 "파괴된다고 한다."-알다시피(그것이 알려지지 않았다고 가정된 자에게, 페르세우스는 위의 인용이 나온 자리에서 스스로 그것을 해명한다) 비참도 또한 "우리 사회"의 한 측면이다. 그러나 우리가 알게 되듯 "물질적 토대, 사적 영업"이 아니라 "au contraire〈반대로〉초월자가 인류를 이런 비참으로 전락시킨다."(54쪽. 이 세 구절 모두 한 논문에서 나온 말이다.)

"물질적 토대"가 페르세우스를 비참으로 "전락시켰다니," 부디 "초월자"가 불쌍한 페르세우스를 가장 빠르게 비참에서 해방해 주기를

1026 W주 151, CW주) 이 구절은 괴테의 경우 『총체성』의 마지막 절이다.

바란다.

2) "이념이 아니라 '합당[合當]한 이익'이 실제 대중을 움직인다. .... 사회 혁명에서 보수 〈W, 259〉당파의 이기주의에 구원을 갈망하는 대중의 더 *고귀한* 이기주의가 대립한다."(혁명을 일으키는 것은 "구원을 갈망하는" 대중이다!) .."사적 개인의 배타적이고 잔인한 이익에 대립해 바로 그 자신의 '합당한 이익'을 위해 대중은 투쟁한다. 대중의 합당한 이익은 *도덕의 힘과 쉼 없는 정진*을 통해 지탱되며 유지된다."(12호, 86쪽)[1027]

우리의 "구원을 갈망하는" 페르세우스의 "합당한 이익은 의심할 바 없이 도덕의 힘과 쉼 없는 정진을 통해 지탱되며 유지되는 것이지만," 이것이 성립하기 위해서는 무언[無言]의 "더 고귀한 이기주의"가 "보수 당파의 이기주의와 대결"해야 한다. 그 이유는 페르세우스는 진정 사회주의의 mode composé〈복합 모드〉를 시련에 곧바로 내맡기지 않고서는 "어떤 *이념*의 운동을 실행하지 못하기" 때문이다.

〈수, 4〉3) "가난은 소유의 결과이다. 소유는 사적 소유이며 본성상 배타적이기 때문이다!!"(12호, 79쪽)[1028]

4) "어떤 협의체[Association]를 여기서 *생각하는지는 규정되지*

1027　W주 152) 슈나케의「새로운 비판적 복음주의자」라는 기사에서 나온다. 이 글은 슈나케가 편집한『사회의 거울』, 12호에 발표됐다.
1028　W주 153) 슈나케의『슈타인만의 '빈곤과 공산주의'에 관해』.

않았다. 그러나 저자는 자본가의 이기주의 협의체를 *생각하고* 있
다. 그러므로 저자는 수공업자가 일자리를 주는 자의 자의에 대
항해 만든 중요한 협의체를 망각했다!"(12호, 80쪽)

페르세우스에게 더욱 다행한 일이지만 어떤 난센스를 만들어도 "좋
다." 그러나 그는 단순히 양식상의 난센스를 "생각하고" 있었으나 그래
도 그는 마찬가지로 "중요한" 논리적인 난센스를 전혀 "망각"하지 않
았다. 또한 협의체에 관해 말한다면 우리는 84쪽에서 "본래적 의미에
서 협의체"에 관해 아래와 같은 설명이 있다는 사실을 또한 언급하고자
한다: "그런 본래적 의미에서 협의체는 프롤레타리아의 의식을 고양하
며 기존의 상태에 대해 정력적으로(!), 프롤레타리아적으로(!!) 전반적
으로(!!!) 반대한다."

〈GA2, 615〉우리는 이미 위에서 그륀 씨를 다룰 때 진정 사회주의자
의 습관에 관해 말했다. 그 습관이란 논리 전개를 이해하지 못하고 개별
문장과 격언을 통째로 외우는 것을 통해 그것을 습득하는 방식이다.[1029]

1029 CW 주 150) 엥겔스의 『독일 사회주의의 시와 산문』이란 수필에서 한 구
절을 가리킨다. 이 수필은 『독일 브뤼셀 연보』, 1847년 가을호에 발표됐다. 이 수
필은 『독일 이데올로기』의 2권과 밀접하게 연관되어 있으며, 원래는 이 2권의 상
실된 텍스트의 부분을 형성하는 것일 수 있다.
GA2주 참조) 이 구절은 엥겔스의 그륀의 괴테에 관한 기사[『인간적인 관점에서
본 괴테』(다름슈타트, 1846)]에 포함된 구절을 가리킨다. 이 기사는 2권으로 출판
하기로 계획된 『독일 이데올로기의 수고』에 포함됐으리라고 가정된다. 이 수고
의 출판이 좌절되자, 엥겔스는 그륀의 책에 관한 그의 논평을 익명으로 『독일 브
뤼셀 신문』(1847년 11월 25일 94호)에 발표했다. 이 논평은 그가 작성한 연속 기
사 『독일 이데올로기의 시와 산문』의 2절을 이루는 것이다. 이 논평 속에 엥겔스

mode compose〈복합 모드〉를 mode simple〈단순 모드〉에서 구별하는 것은 그에게 은밀하게 공급되기에 더 성급하게 흡수되어 소화되지 않은 채 남아 있는 음식물의 양이며, 이를 통해 그에게 일어난 졸도할 만큼 창자를 끊는 듯한 고통이다. 베스트팔렌 사람이 "실제 상황"이라든가 "국민 경제학적 물음" 등과 같은 말로 무엇을 떠올리는지를, 또한 무서운 것을 모르는 페르세우스가 "물질적 토대," "합당한 이익," "프롤레타리아의 반대"라는 말로 어떤 짓을 저지르는지를 우리는 보았다. 최근 등장한 거울의 기사[1030]는 그 밖에도 또한 "화폐의 봉건주의"라는 말을 끌고 들어와 임의로 사용한다. 그러나 그는 봉건주의라는 말을 임의로 사용하는 것에 관해서라면 그의 원조인 푸리에[1031]에게 맡겨두는 것이

의 비판에 속하는 구절이 발견된다. 그 구절은 이렇다: "진정 사회주의자는 일반적으로 다음과 같은 습관을 지니고 있다. 그 습관이란 곧 철학이 결여되고 법학적이며 경제학적인 표현으로 가득하므로 그가 이해하지 못하는 발전이 있으면 이를 즉석에서 철학적인 표현으로 옮겨 문구로 요약하면서 이런 난센스를 마음대로 사용하기 위해 외우는 것이다."

1030 역주) '거울의 기사'는 낭만주의 작가인 코제부August von Kozebu가 지은 동명의 드라마의 주인공이다. 코제부는 1817년 러시아 대사를 지내기도 했는데, 학생연맹 회원인 잔트Karl Ludwig Sandt에게 살해됐다. 덕분에 메테르니히가 학생운동을 탄압하는 명분이 됐다. 그는 정치적으로 보수적이었으나 그의 작품은 낭만적이어서 많은 작곡가에게 영감을 주었다. 대표적인 것이 슈베르트의 작품「거울의 기사」이다.
CW주) 거울의 기사란 잡지『사회의 거울』을 가리킨다.
1031 GA2주 참조) 푸리에는 보편적 통일에 관한 이론에서 모리배적인 봉건주의와 상업적 봉건주의를 구별한다. 이 구분은 그가 인간 문명의 역사가 전개하는 네 번째 국면에 속한다.

더 좋았을 것이다. 거울의 기사는 아무 생각도 없이 화폐의 봉건주의라는 말을 "표어"로 사용한다. 그래서 그는 7호, 〈W, 260〉79쪽에서 이렇게 주장한다: 이 [화폐의] 봉건주의는 "봉건 귀족체제 대신 소유[Besitz: 점유]의 귀족체제[즉 금융 자본주의]를 창조한다."[1032] 이에 따르면 1) "화폐의 봉건주의" 즉 "소유의 귀족체제"는 그러므로 저절로 "발생"하며, 2) "봉건 귀족체제"는 "소유의 귀족체제"와는 전혀 다르다. 나중에 그는 79쪽에서 "화폐의 봉건주의"(따라서 이런 비유 자체에 충실하자면 은행가, *소자본가, 산업가*를 봉신[封臣]으로 삼는다)와 "산업"의 봉건주의(이는 *프롤레타리아*를 봉신으로 삼는다)는 봉건주의의 "*일종일 뿐*"이라고 생각한다. 거울의 기사가 지닌 그런 경건한 소망은 "물질적 토대"와 더 자연스럽게 연결되어 있으니, 그런 소망은 베스트팔렌 사람이 기뻐하는 소망을 상기시킨다. 베스트팔렌 사람의 소망이란 곧 프랑스의 의원 내각이 베스트팔렌 사람의 즉 튜토부르크인의 가르침에 따라서 국민 경제학을 강독[Collegium]하는 것이다.

> "우리는 『인민의 호민관』(뉴욕) 가운데 우리가 받은 호[號] 속에서 .... *교역과 산업*에 관해 지금까지 거의 아무것도 읽은 것이 없다는 사실을 명기하지 않을 수 없다. .... 미국의 산업 상황이나 국민 경제학적 상황에서 사회 개혁이 거듭 생겨나고 있음에도 불구하고"(정말로[ei]?) "그 상황에 관해 *배울 만한 기사가 없다.*" 등(10호, 56쪽)[1033]

1032   GA2주 참조) 슈나케, 『슈타인만의 '빈곤과 공산주의'에 관해』

1033   CW주) 슈나케의 『인민의 호민관』에 관한 노트를 참조할 것.

『인민의 호민관』은 미국에서 직접 인민을 향해 선전하고자 하는 신문인데도, 그가 그 신문을 비난하는 이유는 자신의 일[Sache]을 전도해 시작한다는 것 때문이 아니라, 오히려 그 신문이 『사회의 거울』이 배울 만한 기사를 전하는 일을 중단한다는 것 때문이다. 『인민의 호민관』은 그런 기사가 관련되는 일에 관해서라면 조금도 그가 여기서 요구하는 방식으로 관여하지 않았다. 페르세우스는 "물질적 토대"가 있다는 것은 알았지만, 그런 토대에서 그가 무엇을 취해야 하는지 알지 못하니, 그 이래로 그는 누구에게나 그에게 그런 물질적 토대에 관해 해명해 주기를 요구한다.

덧붙여 말하자면 페르세우스는 우리에게 경쟁은 소규모 중산층을 몰락하게 하며, "옷의 취향에서 사치는 〈GA2, 616〉…. 무거운[schwer: 비싼] 소재 때문에 매우 부담스럽다"라고 설명한다.(12호, 83쪽—페르세우스는 아마도 공단[貢緞]이 장갑[裝甲]만큼이나 무겁다[schwer]고 믿는 모양이다) 등등. 그리고 우리의 페르세우스가 생각하는 물질적 토대가 무엇을 의미하는지에 관해 독자가 어떤 회의도 남기지 않게 10호 53쪽에 나오는 말을 보자.

"구츠코프Gutzkow 씨가 독일의 사회 과학을 알아보는 일을 오직 한 번이라도 정말 해본다면, *경멸을 받는 프랑스 공산주의자*, 바뵈프Babeuf나 카베Cabet에 대한 기억이 그의 앞길을 가로막지 않을 텐데."

그리고 52쪽도 보자:

"독일 공산주의는 사회를 서술하고자 한다. 이런 서술에서 노동과 향락은 동일하며 더는 *외적인* 임금을 통해 서로 분리되지 않는다."

⟨W, 261⟩우리는 위에서 "독일의 사회 과학"뿐만 아니라 [독일 공산주의가] 앞으로 "서술"하게 될 사회 자체의 성립 근거가 무엇인지를 보았다. 우리는 최선의 사회에서 살았던 것은 아니다.

거울의 기사를 둘러싼 동료들에 관해서 말한다면 그들이 "서술하려는 사회"는 가장 극단적으로 지루한 사회이다. 그들이 시도했던 것은 얼마간은 독일의 부르주아와 신사의 뜻에 놀아나는 것이다. 『사회의 거울』이 알지 못하고 원하지 않으니 어떤 지붕 수선공도 지붕에서 떨어지지 않으며 어떤 작은 아이도 물에 빠지지 않는다. 경쟁이 위험 지경에 이르니 경쟁하는 『마을 신문』에는[1034] 다행하게도 거울의 형제단은 이런 피곤한 활동을 곧 포기한다. 형제단은 차례로 피곤에 지쳐 잠든다. 형제단을 격려해서 언론에 새로운 생명의 피가 돌게 하려고 모든 수단이 강구됐지만, 이는 헛된 일이 됐다. 고르곤의 방패가 미치는 영향이 파급되어 형제단의 동료들은 돌이 되어 간다. 결국 우리의 페르세우스는 그의 방패와 그의 물질적 토대를 들고 홀로 서 있다. 거기, "시체들 사이에서 오직 육감적으로 느껴지는 가슴"[1035]과 거대한 복수의 여신의 보이지 않는 허리는 온통 썩어들어갔으니 『사회의 거울』은 존재하기를 중단했다.

1034 CW 주 151) 이 말은 1838년에서 1947년까지 엘버펠트Elberfeld에서 발간됐던 소부르주아 신문인 『마을 신문』을 지칭하는 것으로 보인다.
1035 W주 154, CW주) 쉴러Schiller의 시 「잠수부Tauche」에 있는 한 구절

그 무덤[Asche]에 평화를! 그동안 몸을 돌려 북반구의 이웃하는 성좌에서 다른 좀 더 명석한 두뇌를 찾아보자. Ursa〈큰 곰〉, *거대한 곰* 또는 북극성인 피트만Püttmann이 빛나는 꼬리를 달고 반대 방향에서 빛을 비춘다. 왜냐하면 이 성좌는 북두칠성이라 불리기도 하는데 왜냐하면 이 성좌는 필요한 20개의 전지[Bogen]을 채우기 위해[1036] 항상 일곱 쌍으로만 출현하기 때문이다. 용감한 선전포고군! 그는 천궁[天弓] 지도에 늙은, 네발 달린 [큰 곰]성좌로 그려진 것을 지켜워하면서 마침내 뒷다리로 서서, 전쟁을 준비했으니, 이에 대해서 이렇게 서술된다: 이제 주인공에게 제복을 입히자, 준엄한 마음을 마련하자. 당신들의 어깨에는 호언장담의 견장을 부착하고 열정의 삼각모자를 쓰고 당신들의 남자다운 가슴은 제3신분을 위해 희생하겠다는 십자훈장으로 장식하라. 전제자에 대한 증오의 독살스러운 창으로 무장하라. 그리고 발로 성큼성큼 걸어가 가능한 한 적은 비용을 들여 선전하라.[1037] 그런 방식으로 차려입은 채 우리의 우두머리는 〈GA2, 617〉대대의 제일선으로 걸어가, 그의 전사들을 끌어모아, 명령한다. 차려! 그리고 다음과 같이 연설한다:

병사들이여, 저 출판사의 높은 담장을 넘어 40명의 오를레앙의 루이Louis가 당신들을 쳐다보고 있다![1038] "사회의 전체적인 개혁"을 지지

1036 W주 155, CW 주 152) 많은 게르만 국가에 현존하는 언론법에 따르자면 전지 20장 이상을 채우는 책은 예비검열을 면제받는다. 헤르만 피트만이 편집한 『라인 연보』는 전지 20장 이상이다.

1037 CW주) 『에베소서』, 6장 11, 14, 15절 참조: "마귀의 간계를 능히 대적하기 위해 하나님의 전신 갑주를 입으라 .... 그런즉 서서 진리로 너희 허리띠를 띠고 의의 호심경을 붙이고 평안의 복음이 준비한 것으로 신을 신고"

1038 CW주) 나폴레옹이 1798년 6월 21일 피라미드 전투에 앞서서 군대에게 했

하는 용감한 전사들이여, 당신들 주변을 보라, 저 태양이 당신들에게 보이는가? 저 태양이 우리에게 승리를 알리는 아우스텔리츠Austerlitz의 태양이다!"[1039]

⟨W, 262⟩ "용기, 두려움을 모름, 끝까지 고요히 기다리기가 우리에게 오직 *가난한 자와 버림받은 자*를 위한, *배반당한 자와 절망하는 자*를 위해 투쟁하려는 의식을 부여한다. 우리가 방어하려는 것은 *반쪽짜리*가 아니다. 우리가 원하는 것은 *불분명한 것이*"(차라리 어떤 total confuses⟨완전히 혼동된 것⟩) "아니다. 그러므로 우리는 결단했으며 온갖 것에도 불구하고 *대중*{Volk}에게 즉 *억압된 대중*에게 항상 충실하게 머무르려 한다."(『라인 연보』, 2권, 서문) 어깨 총!-주목-앞으로 총! 우리가 바뵈프를 따라서 전쟁 규칙 14개 조항과 63개 사항[1040] 속에서 개선했던 새로운 질서를 세우자! "물론 최종적으로 본다면 우리가 제시했던 것이 일어나나 일어나지 않나 매한가지다. 그러나 적이 믿는 것과 다른 것, 지금까지 존재했던 것과 다른 것이 일어날 것이다! 수세기가 지나는 동안 개 같은 노동으로 대중과 인간을 몰락하기

던 연설을 아이러니하게 말을 바꾸었다: "병사들이여, 피라미드의 꼭대기에서 사십 세기가 그대들을 내려다보고 있다."

1039 CW주) 나폴레옹이 아우스텔리츠 전투에 앞서 했던 말
1040 GA2주 참조) 이 구절은 피트만의 「대홍수 앞에서Aprés le déluge」라는 기사를 가리킨다. 그 기사에서 피트만은 바뵈프François Noël Babeuf에 따라 폭력적 전복을 통해 등장하는 사회개혁의 원칙을 발전시킨다. 이 기사는 14개의 조항과 63개의 사항을 포함한다.

진정 사회주의자 1177

위해 만들어졌던 모든 저열한 제도는 몰락할 것이다!"(『라인 연보』, 2권, 240쪽)[1041] 제기랄! 주목-총 들어! 좌향좌! 총 내려! 뛰어! 앞으로 가!

그러나 곰은 본성상 진정으로 게르만적인 동물이다. 곰이 이런 말로 만세 소리를 깨우고 만사를 내닫게 한다. 이렇게 우리 세기에서 가장 대담한 행위를 실행한 다음 곰은 고향에 주저앉아 그의 여리고 사랑으로 가득 찬 가슴이 "위선"에 관한 길고 아련한 비가 속에서 자유롭게 뛰어다니게 할 것이다."(『라인 연보』, 2권, 129~149쪽) 유감스럽게도 이 시대에 우리는 이기심이라는 벌레가 육체와 영혼을 갉아먹어 내적으로 이미 부패했으니 가슴에 따뜻한 장부[丈夫]의 심장을 지니지 않은 개인만 존재한다. 그런 자의 눈에 동정의 눈물이 반짝이는 법은 없으며, 인류애를 향해 불붙는 열정의 섬광이 메아리치며 황폐한 두개골을 가로질러 경련하는 법이 없다. 독자여, 그대는 그러한 가슴을 발견하라, 오 그래서 위대한 곰이 그런 가슴이 지닌 "위선"을 읽게 하라. 그는 울 것이다, 울 것이다, 울 것이다! 여기서 그는 자기가 얼마나 비참하며 가난하고 벌거벗은 지를 보게 될 것이다. 왜냐하면 그는 신학자, 법학자, 의학자, 관료, 상인, 빗자루 제조가 또는 수위실지기이므로 여기서 그는 모든 신분에서 독자적인 위선이 독자적으로 노출된다는 것을 발견한다. 여기서 그는 위선이 얼마나 곳곳에 깃들어 있으며 이른바 법률가의 판결이 얼마나 무거운 판결인지를 알게 될 것이다. 이것이 그를 참회하고 개종하게 만들지 않는다면 그는 위대한 곰의 세기에 태어날 만한 가치가 없다. 사실 사람들은 정직한 사람이어야 한다. 영국인이 말하

1041　CW주) 피트만, 「대홍수 앞에서Aprés le déluge」

듯이 궤변을 부리지 않는 곰이 돼야 한다. 그래야 그는 악의 세계가 지닌 위선을 모든 걸음에서 탐지해낼 수 있다. 그가 몸을 돌려 어디로 향하더라도, 곳곳에서 위대한 곰은 〈GA2, 618〉위선에 부딪힐 것이다. 그는 자기의 선구자와 마찬가지로 우연히 "백합 공원"에 이를 것이다.[1042]

〈W, 263〉왜냐하면 하! 나는 구석에 서서
멀리서 들려오는 재잘거리는 소리를 듣는다.
파닥거리는 것을 보라.
몸을 돌리니,
으르렁거리는 소리가 들린다.
그리고 뒤쪽으로 한 마당 뛰어가,
몸을 돌리니,
또 으르렁거리는 소리가 들린다.
다시 한 마당 달려가,
마침내 다시 돌아서니,

물론, 그 이유는 우리의 근본적으로 더럽혀진 사회에서 위선이 어떻게 제거될 수 있겠는가 하는 것 때문이다. 그러나 슬픈 일이다.

"모든 사람은 정말 medisant, süffisant, perfid, maliziös〈헐뜯기 좋아하고, 자기 만족적이며, 간계를 꾸미며, 악의적이고〉 그 밖에 다른 모든 것이어도 좋다. 적절한 형식이 발견되기 때문이

1042 W주 156, CW주) 이 이하는 괴테의 「백합 공원Lilis Park」이라는 시에 나온다.

다."(145쪽)

사람들이 큰 곰Ursa Major이라면 진정으로 절망적이다.

"아뿔싸! 가족 역시 거짓으로 모독된다. .... 거짓의 실꾸리는 가족 한가운데 가로질러 이어지며 가족의 한 성원에서 다른 성원으로 유전된다."

슬프도다, 세 배로 슬프도다! 조국 독일의 아버지들이여,

> 〈수, 5〉그때 분노가 갑자기 들끓어 .
> 강력한 정신이 코에서 뿜어나오니
> 내적 본성은 길길이 날뛴다.

그리고 큰 곰이 다시 뒷다리로 선다:

"이기심에 저주를! 끔찍하게도 그대는 사람들의 머리를 짓밟고 다니는구나! 그대, 검은 날개를 지닌 .... 그대, 날카로운 까마귀 소리를 가진 .... 이기심에 저주를! .... 수백만 그러나 수백만 가난한 노예들은 .... 울면서 탄식하면서 비난하면서 한탄하면서 .... 이기심을 저주한다! 이기심에 저주를! 발Baal 사제의 무리 .... 이기심에 저주를! .... 이기심이라는 괴물!"(146~148쪽)

> 나는 목을 **빳빳**하게 추켜세운다,

굴종하기에는 익숙하지 못하기에.
모든 괴어놓은 빗장이 나를
조롱하누나! 나는 Bowlinggreen〈볼링장〉에서
짧게 매끄럽게 깎아놓은 풀밭에서 도망치니
회양목이 나의 코를 잡아 이끈다.
나는 지쳐, 완전히 뻗어서,
마침내 인공의 폭포 곁에 누워
반추하며 울면서 반죽음이 되어 이리저리 구른다
아, 나의 궁핍을 들어보라
오직 도자기로 된 오레아드[Oread: 님프]여!

〈GA2, 619〉〈W, 264〉그러나 전체 예레미야Jeremia에서 최고 "위선"은 낡아빠진 문학적 상투어와 소설의 찌꺼기를 한데 끌어모아 만든 비참한 쓰레기를 오늘날 사회에서 "위선"에 대한 묘사로 속이는 것이며 마치 사람들이 고통당하는 인류의 이익을 고려해 이런 허수아비에 관해 과도하게 열중하는 것처럼 행동하는 것이다. 천궁의 지도를 보면서 조금이나마 돌아다닌 사람이라면 큰 곰 성좌가 거기서 하품 나는 외관을 지닌 어떤 개인[1043]과 친밀하게 담소하고 있다는 것을 알 것이다. 그 개인은 여러 그레이하운드를 한 줄에 묶어 끌고 다니며 목동좌[1044]라는

1043 GA2주 참조) 그 즉 곰 사냥꾼로 알려진 성좌는 세밍 씨를 의미한다.
1044 W주 157) 목동좌[Bootes]-그리스어로 소몰이꾼이라는 뜻. 아르크투르 Arktur를 머릿별로 하는 북반구 성좌이며 큰곰 성좌를 선두에서 이끈다. 엥겔스가 여기서 목동좌라고 아이러니하게 말한 사람은 진정 사회주의자인 헤르만 세밍이다.

이름을 가진 자다. 이런 담소는 『라인 연보』, 2권 241~256쪽에 등장하는 진정 사회주의의 창공[蒼空]에서 재연[再演]된다. 목동좌의 역할을 세밍Semming씨가 인수했다. "사회주의, 공산주의, 인도주의"에 관한 그의 논문은 이미 위에서 논평한 적이 있다. 우리의 시선을 작센Sachsen 집단[1045]에 속하는 그에게 고정해 보자. 그 집단의 가장 탁월한 두뇌가 그다. 그 때문에 그는 작센의 상태에 관한 작은 책[1046] 하나를 쓰기도 했다. 이 작은 책에 관해서라면 큰 곰 성좌[피트만]는 인용된 적이 있는 구절에서 마음에 쏙 든다고 중얼거리면서 여기에서 전체 쪽을 "배 속에서 흘러나오는 만족감"[1047]으로 재인용한다. 이 인용은 작은 책자 전체의 특징을 부여하는 데 충분하며, 목동좌의 저서가 외국에서는 그런 인용이 없다면 얻어 볼 수 없기에 더 큰 환영을 받는다.

『작센의 상태』에서 목동좌가 사변의 높은 자리에서 실제 상황으로 하강했다고 하더라도 그는 전체 작센 집단과 더불어, 육체와 영혼 모두에서 진정 사회주의의 mode simple〈단순 모드〉에 속하니, 이는 큰 곰 성좌 역시 그랬던 것과 마찬가지다. mode compose〈복합 모드〉는 모두 베스트팔렌 사람이며 거울 형제단 특히 백양좌와 황소좌 그리고 페르세

1045   GA2주 참조) 이 집단에는 세밍 씨와 그 밖에 오스트리아 3월 봉기의 정치 시인 마이스너Alfred Meißner와 하르트만Morits Hartmann, 작가 오토Louise Otto 가 속한다. 이들은 모두 1840년대 단지 짧은 시기 동안 작센에서 활동하면서 출판했다.

1046   GA2주 참조) 세밍, 『작센의 상태』, 함부르크, 1846. 이하 세밍의 글은 모두 이 기사에서 나온다. 이 글은 『라인 연보』에 실렸다. 이 연보의 편집자가 피트만이다. 마르크스의 인용은 『라인 연보』를 따른다.

1047   W주 158, CW주) 괴테의 『파우스트』에 나오는 표현

우스로 끝났다. 따라서 작센과 뒤따르는 모든 집단은 이미 위에서 그 특징을 규정한 적이 있는 단순한 진정 사회주의가 어떻게 더 발전했는지, 그 형태를 우리에게 보여준다.

목동좌는 독일에서 모범 헌정 국가의 시민이며 그 서술자이니, 특히 자유주의에 대항해 자기의 그레이하운드 개 한 마리를 풀어놓는다. 우리는 이 거품을 품는 웅변가Philippika를[1048] 검토할 필요는 더 없다. 왜냐하면 그 웅변은 진정 사회주의의 모든 장광설과 마찬가지로 그런 주제에 관한 프랑스 사회주의의 비판을 진부하게 독일어로 *번역한 것*에 지나지 않기 때문이다. 목동좌에 일어난 일은 자본가에게 일어난 일과 똑같다. **목동좌**는 외국 자본가가 맹목적으로 유증[遺贈]한 결과, 프랑스의 노동자들과 그들을 대변하는 문예가가 생산한 산물을 취득해 자기 말처럼 이용한다.(『라인 연보』, 2권, 256쪽) 목동좌는 한 번도 독일어로 번역한 적은 없다. 왜냐하면 이런 짓은 그에 앞서서 다른 책이 (〈W, 265〉『독일 시민의 책』,[1049] 『라인 연보』 1권, 등)이 했기 때문이다. 목동좌는 이런 "맹목적 유증"을 오직 몇 가지 "맹목성"을 덧붙여 더 부풀렸으니 그 덧붙인 맹목성은 단순히 *독일적인 것*일 뿐만 아니라 특히 작센적인 맹목성이다. 그래서 목동좌는 같은 책 〈GA2, 620〉243쪽에서 이렇게 생각한다: 자유주의자가 "공적인 재판 절차에 대한 지지

1048 역주) 웅변가Phillippika-마케도니아의 필립 2세의 그리스 침략을 경고하면서 시민들에게 맞서 싸우자고 웅변을 터뜨렸던 아테네 정치가 데모스테네스 때문에 나온 말이다. 그 이후 투쟁적인 웅변가를 지칭한다.

1049 W주 159) 『1845년 독일 시민의 책』은 헤르만 피트만이 1844년 12월 다름슈타트에서 발간되었고, 『1846년 독일 시민의 책』은 1846년 여름 만하임에서 발간됐다. 이 연보의 일반적인 방향은 진정 사회주의의 대변자들이 결정했다.

를 선언하는 이유는 이를 통해 재판정 속에서 자신의 수사학 연습을 암기하기 위한 것이다." 그러므로 목동좌는 부르주아[Bourgeois], 자본가[Capitalisten] 등에 반대하는 열정에도 불구하고 자유주의자 속에서 자유주의자를 보기보다는 차라리 부르주아나 자본가 등이 특별하게 고용한 변호인을 본다.

자유주의에 관해 우리의 목동좌가 예리하게 조사한 결과는 언급할 만한 가치가 있다. 진정 사회주의는 자신의 정치적으로 반동적인 경향을 그전에는 한 번도 그렇게 결정적으로 언급하지 않았다.

"그러나 당신들 .... 프롤레타리아는 .... 일찍이 자유주의적인 부르주아의 선동에 넘어가 소동을 일으키는 데 스스로 기여했으니 (1830년을 생각해 보라) 조심할지어다! 자유주의 부르주아의 추구와 투쟁을 지지하지 말며 .... 자유주의 부르주아가 오직 자신의 이해 때문에 시작하는 것을 오직 혼자서 해결하게 하라. 그러나 무엇보다도 불만을 지닌 소수가 시작하는 정치적 혁명에 한 순간이라도 참여하지 말라, 그런 소수 자신은 지배욕 때문에 지배 권력을 전복하며 정부를 참칭하고 싶어 한다!"(245, 246쪽)

목동좌는 작센 왕국의 정부에게 감사를 표명하기를 요구했다. 이는 가장 정당한 요구였으니─운향[Raute][1050] 화환은 작센 정부가 목동좌에 감사할 수 있는 최소의 수단이다. 독일 프롤레타리아가 목동좌의 충고

1050 W주 160, CW주) 작센의 최고 훈장인 운향 화환. GA2주 참조) 1807년 작센 왕 아우구스트 1세가 고위 관리를 찬양하기 위해 제정했다. 역주) 운향이란 다년생 풀의 이름이다.

를 따른다면, 봉건적-소부르주아적-농민 부르주아적인 국가의 표본인 작센은 오랫동안 존재를 보장받을 것이다. 목동좌는 이렇게 꿈꾼다. 즉 부르주아가 지배하는 프랑스와 영국에 좋은 것은 작센에도 좋은 것이 틀림없다고 말이다. 그러나 작센은 부르주아가 오래 뒤까지도 여전히 지배하지 못할 것이다. 게다가 당연한 일이지만, 심지어 영국과 프랑스에서조차 프롤레타리아는 일단 부르주아의 이해 또는 부르주아의 한 분파의 이해에 불과한 물음이라도 그것에 무관심할 수는 거의 없었다. 이런 사실에 관해 목동좌는 저쪽에서 나온 프롤레타리아 언론에서 매일 읽을 수 있다. 그와 같은 물음이란 특히 영국에서는 국교의 제거나, 소위 국가 채무의 equitable adjustment〈공정 조정〉, 직접세와 같은 문제이며, 프랑스에서는 소부르주아로 선거권을 확대하는 것, 도시 관세 등의 문제이다.

결론적으로 모든 작센의 "널리 알려진 사상의 자유란 공허한 바람이며 거품이고 .... 말장난이다." 그 이유는 사상의 자유가 있더라도 아무것도 관철되지 않으며, 이를 통해 부르주아가 한 걸음도 더 앞으로 나가지 못하기 때문이 아니다. 오히려 그 이유는 "그런 사람" 즉 자유주의자가 "그런 것이 있더라도 병든 사회를 근본적으로 치유할 아무 능력이 없기 때문이다."(249쪽) 자유 부르주아가 더욱 그렇게 할 수 없는 이유는 자유 부르주아는 사회를 한 번이라도 병든 것으로 간주한 적이 없기 때문이다.

〈W, 266〉이 점에 관한 한 이제 충분하다. 248쪽에 목동좌는 두 번째 경제학적인 그레이하운드를 풀어놓았다.

라이프치히로 가 보자 .... "전체 도시 구역이 *새*로 생겨났다."(

목동좌는 "*새로운 것*"이 *아니라* 처음부터 곧바로 "*낡은 것*"으로 생겨난 도시 구역을 알고 있다는 말인가?) "그러나 이때 주거에는 긴박한 불균형이 출현했다. 왜냐하면 〈GA2, 621〉적당한"(!) "가격을 지닌 주거가 없기 때문이다. 모든 신축 건물주는 높은 *세[Zins]*를 노렸으니"(높은 집세[Mietzinse]라고 말해야 한다!) "그 이유는 신축 건물은 대규모 가정만을 위한 것이기 때문이다. 다른 크기의 주거가 없으므로 많은 가족은 어쩔 수 없이 그 가족이 필요로 하고 지급할 수 있는 것보다 더 커다란 주거를 빌려야 했다. 그 결과 빚과 압류, 어음 압류 등이 누적됐다!"(이 느낌표 "!"는 반[半] 느낌표 정도다.) "*간단히 말해 중산층은 사실상 추방돼야 한다는 것이다.*"

이 경제학적인 그레이하운드의 원시적 단순성이 놀랍다. 목동좌는 라이프치히 신개발 도시의 소부르주아가 몰락하고 있으며 그 몰락 방식은 우리를 최고로 흥겹게 만든다는 사실을 알 것이다. "모든 구별이 유[類] 속에서 지워지는 오늘날의 시대에"(251쪽) 이런 현상[소부르주아의 몰락]은 목동좌에게도 마찬가지로 흥거운 것이어야 했다. 그러나 그 현상은 목동좌의 마음을 어둡게 하며 목동좌에게 그 원인을 찾게 촉구한다. 목동좌가 찾은 원인은 건축 투기꾼의 악의이다. 그 악의가 겨냥하는 목표는 대부의 자격을 지닌 모든 재단사와 모든 수제화 장인이 커다란 저택에 살면서 과도한 집세를 지급하는 것이다. 라이프치히의 "신축 건물주"는 모든 경쟁의 법칙 너머에 있다. 이는 우리가 볼 때 목동좌의 작센 독일어가 서툴고 혼란스러운 점에서 누구도 능가하지 못하는 것과 꼭 마찬가지다. 신축 건물주는 수요자가 필요로 하는 것보다 더 비싼 집을 짓는다. 그들은 시장의 처지를 고려하지 않으며 "높은 세"를 고려한다. 다른 곳이라면 어디에서도 경쟁 법칙의 결과로 신축 건물주는 자기의 집을 가격 이하로 세놓을 수밖에 없게 되겠지만, 라이프치히에서 신축 건물주는 시장을 자신이 bon plaisir〈원하는 대로〉지배하며 세입주가 높은 집세 때문에 스스로 몰락하기에 이른다는 말인가! 목동좌는 각다귀를 코끼리로 간주했고, 주거 시장에서 수요와 공급의 일시적인 불균형을 영구적인 상태로, 더구나 소부르주아가 몰락하는 원인으로 간주했다. 그래도 그와 같은 Bonhomien〈머저리〉도 작센의 사회주의에는 용납될 것이다. 다만 그런 용납은

> 그가 여전히 "*인간*[자체]에게 가치 있는 어떤 일을 수행하는" 한에서이며 또 "그 때문에 인류가 그를 축복하게 될 어떤 일을 수행하는" 한에서이다.[1051](242쪽)

우리가 이미 알고 있듯이 진정 사회주의는 심각한 우울증 환자다. 그러나 목동좌는 『라인 연보』 1권에서 사랑스러울 만큼 대담하게 〈W, 267〉판단한다는 것을 입증했으니,[1052] 이런 우울증에서 벗어날 것이라는 희망을 제기해도 무방하다. 252, 253쪽에서 목동좌는 다음같이 한탄하는 그레이하운드를 풀어놓는다.

1051 GA2주 재인용) 피트만, 『작센의 상태』, 242쪽: "처벌이 불필요하게 하며 범법이 중지되게 하라. 그러면 당신들은 인간 자체에게 가치 있으며 인류가 그 때문에 당신들을 축복하게 될 일을 수행한다."
1052 GA2주 참조) 세밍의 기사 「공산주의, 사회주의, 인도주의」를 지시한다.

"드레스덴의 새 사냥꾼 .... 대중 축제를 보라, 사람들이 풀밭에 발을 들여놓자마자, 맹인의 손풍금이 들려오지만, 체제가 맹인을 배부르게 하지 않는다. .... 또한 장인의 호객 소리에 부딪히지만, 장인의 관절이 탈구되면 사회는 이를 기뻐한다. 왜냐하면 사회의 질서 자체가 일그러지고 역겨운 방식으로 왜곡되어 있기 때문이다."

⟨GA2, 622⟩(줄 타는 광대가 곤두박질치면 그것은 목동좌가 보기에는 오늘날의 사회가 전도된다는 사실을 표시하는 것이다. 공중제비돌기의 신비로운 의미는 파산이다. 달걀 춤[1053]의 비밀은 진정 사회주의를 지지하는 작가가 되기 위한 경력이다. 진정 사회주의 작가는 온갖 "탈구" 밖에도 때때로 미끄러져 전체 "물질적 토대"를 달걀노른자로 더럽힌다. 손풍금은 배 부르게 하지 못하는 체제를 의미하며, 풀피리[Trödelbude]는 배부르게 하지 못하는 언론 자유이며, 고물상은 마찬가지로 배부르게 하지 못하는 진정 사회주의다. 목동좌는 이런 상징 속으로 빠져들어 탄식하면서 군중 사이를 헤맨다. 목동좌는 이미 위에서 본 페르세우스와 마찬가지로, "애벌레 중에는 유일하게 느끼는 가슴을 가진 존재"[1054]라는 생각으로 자부심을 느낀다.

"그리고 거기에서 즉 유곽의 주인이 .... 자기의 철면피한 장사를 하는 텐트에서"(다음과 같은 긴 수다가 뒤따른다): .... ⟨수, 6⟩"

1053 역주) 달걀을 여러 개 일렬로 세워놓고 그사이를 눈감고 지나가면서 추는 춤

1054 CW주) 쉴러, 「잠수부」

매춘, 숨 속에 페스트균을 퍼뜨리는 요괴, 그대는 오늘날 우리 사회의 최종적인 산물이다."(항상 최종적인 것은 아니다. 아마도 나중에 또한 서출 아이가 올 것이다.) "나는 소녀가 낯선 남자에게 어떻게 짓밟히는지 그 얘기[역사: Geschichte]를".... (이야기가 이어지고) .... "나는 설명할 수는 있지만, 아니다. 나는 하고 싶지 않다."(그는 그 이야기를 이미 바로 앞에서 얘기했다) .... "아니다, 그들을, 궁핍과 유혹의 비참한 희생물을 비난하지 말라. 오히려 그들을 뻔뻔스러운 뚜쟁이인 재판석 앞으로 데리고 오라 .... 아니, 아니, 그런 뚜쟁이조차도 비난하지 말라! 그가 다른 사람이 하는 것과 다르게 할 수 있을까? 모두가 장사꾼인 곳에서 그도 장사꾼이다." 등.

진정 사회주의자는 이를 통해 모든 개인의 모든 잘못을 떼어내어 침범할 수 없는 "사회"에 전가했다. Cosi fan tutti.〈모두가 다 같아.〉[1055] – 결국 문제 되는 것은 모든 세계와 좋은 친구로 남는 것일 뿐이다. 매춘의 특징이 되는 측면은 그것이 부르주아가 프롤레타리아를 가장 손쉽게, 직접 육체와 관련해 착취하는 것이라는 사실이다. 이런 측면은 253쪽에서 언급된 "행위를 다짐하는 심정의 고통" 속의 도덕의 묽은 거지 죽이 파산에 처하는 측면이며, 고통이 즉 복수에 갈증을 느끼는 계급적 증오감이 시작되는 측면이지만, 진정 사회주의는 이 측면을 알지 못한다. 오히려 진정 사회주의는 매춘녀 속에 Epicieren〈여점원〉과 여공이 사라

1055   W주 161, CW주) 모차르트의 오페라 제목 중의 하나이다. 역주) 모차르트의 1890년 오페라 부파로서 극 중 주인공 철학자 철학자 알폰소가 내뱉은 말 "여자는 다 같아"에서 유래했다.

진 것을 오히려 한탄한다. 〈W, 268〉진정 사회주의가 그런 여성 속에서 찬탄할 수 있는 것은 이제 더는 "창조의 장인적 솜씨"가 아니라, "가장 성스럽고 가장 달콤한 감정이 풍기는 가슴[꽃받침]"이다. Pauvre petit bonhomme!〈한심한 머저리여!〉

작센 사회주의의 꽃[Blüte]은 한 작은 주간지다. 그 이름은 『제비꽃, 건전한 근대적인 비판을 위한 작은 신문[Blättchen]』이며[1056] 바우첸Bautzen 출신 슈뤼셀G. Schlüssel이 편집하고 출판한다. 그러므로 이 『제비꽃』은 근본적으로 슈뤼셀의 꽃[Schlüsselblumen: 앵초]이다. 이 집단의 한 동지인 어떤 라이프치히 통신원은 이 온화한 작은 꽃에 관해 『트리에 신문』에 (올해 12월 12일) 다음과 같은 글을 실었다:

"『제비꽃』에서 등장한 작센 예술 문학의 진보나 발전을 우리는 환영할 것이다. 이 신문은 〈GA2, 623〉아직 연소[年少]하므로, 작센의 구시대 정치적 어중간함을 요즈음의 사회이론과 열심히 매개한다."

"작센의 구시대적 어중간함"은 작센 주교[Erzsachsen]가 보기에는 아직 충분히 어중간하지 않다. 그 어중간함은 이런 작센 주교를 통해 한 번 더 어중간하게 돼야 한다. 비로소 작센 주교는 그 어중간함을 "중재"할 수 있을 것이다. "가장 건전하군!"

1056 W주 162, GA2주 참조) 이 주간지는 진정 사회주의자의 주간 신문이다. 이 신문은 1846년 9월 이래 작센의 바우첸에서 서적상 슈뤼셀Gustav Schlüssel이 발간했고 1847년 3월 중단됐다. 여기에 속하는 작가는 세밍과 오토Louise Otto 그리고 비티히Ludwig Wittig이다.

우리는 이 제비꽃의 다만 한 송이만 그 얼굴을 들여다보자. 그러나:

고개를 숙이고 눈에 뜨이지도 않은,
그 한 송이는 *사랑스러운* 제비꽃이었다.[1057]

친구인 목동좌는 이 호에-1847년 1호-"건전한 모던[modern] 부인"의 발밑에 구애의 표시로 몇몇 귀여운 시구를 던졌다.

부인의 부드러운 *마음*에
전제를 증오하는 감정의 *가시가 돋아나니*[1058]

우리의 목동좌의 부드러운 마음엔 어느덧 그런 비유의 뻔뻔스러움 때문에 양심적 죄책감의 가시가 돋아났을 것이다.

그 한 송이는 *사랑의 화염*으로 타오를 뿐만 아니라

목동좌는 "그 얘기[역사: Geschichte]를 설명할 수"는 있다고 하더라도 어떤 것도 이야기하기를 "원하지" 않는다. 왜냐하면 오직 전제를 증오하는 감정의 "가시"에 관해서 말한 것으로 이미 설명을 다 한 것이기 때문이다. 그러면 단정하고 교양을 갖춘 남자인 목동좌가 부인과 처녀의 "아름다운 뺨"까지 모호한 사랑의 화염으로 불타오르게 할 줄 알아

1057 W주 163, CW주) 괴테의 시, 「제비꽃」에서
1058 W주 164, CW주) 여기 그리고 이 이하는 엥겔스가 세밍 Friedrich Hermann Semming의 시, 「족보 속에 있는 한 여성」에서 인용한 구절이다.

야 하는가?

> 그 한 송이는 사랑의 화염으로 불타오를 뿐만 아니라
> 자유를 향한 선명한 분노로
> 아름다운 뺨을, 마치 장미와 같은 뺨을 사랑스럽게 돛을
> 펴는 선명한 분노로 불타오른다.

〈W, 269〉자유를 향한 분노가 불타오름은 더 순결하고 더 도덕적이며 더 선명한 Couleur〈색깔〉 때문에 사랑의 불장난이라는 불타오르는 검붉은 색과 물론 구분돼야 한다. 특히 목동좌와 같은 남자는 그런 구분이 가능할 것이다. 왜냐하면 그는 전제에 대한 증오감의 "가시"를 다른 모든 "가시"에서 구별할 수 있기 때문이다.

『제비꽃』은 우리에게 심지어 그런 아름다운 존재 중에 하나를 알게 될 기회를 준다. 그 아름다운 존재의 "부드러운 심정엔 전제에 대해 증오하는 감정의 가시가 돋아나며", 그 "아름다운 뺨은 자유를 향한 선명한 분노로 불타오른다." 진정 사회주의자의 창공에서 안드로메다(루이스 오토Louise Otto 양)는 반자연적인 상황이라는 바위에 묶인 채로 벼려져 왔으며, 시효가 지난 편견의 파도가 둘러싸고 철썩대는 근대 여성이다. 그녀는 알프레드 마이스너Alfred Meißner의 시 작품에 대한 "건전한 근대적 비판"을[1059] 전해준다. 여기서 넘쳐흐르는 열정이 독일 처녀의 부드럽고 부끄러워하는 마음과 어떻게 싸우는지는 특이하지만, 매력적인 구경거리이다. 이 열정은 〈GA2, 624〉시의 제왕을 향한 것이니, 그는

1059 W주 165, CW주) 루이스 오토Luise Otto, 『마이스너의 최근 시Alfred Meissners neueste Poesien』

여성이 지닌 심정의 가장 깊이 있는 현을 울리게 해, 그 현으로 소리를 내니, 그 소리는 더 깊고 더 부드러운 감정과 경계를 맞대는 경외감의 소리이며, 그 소리는 가수의 그 순진무구한 열린 마음에 가장 아름다운 보상을 준다. 독일 처녀의 전적으로 소박한 근원성 속에서 처녀의 영혼을 가장 추어주는 고백을 들어보라. 이 악한 세계 속에서는 처녀의 영혼에 아직도 많은 것이 어둠 속에 묻혀 있다. 순수한 자에게 모든 것은 순수하다는 말을 들어 보라. 또한 그 말을 잊지 말라. 정말,

"마이스너의 시에서 숨 쉬는 깊은 내면성을 다만 공감할 수 있을 뿐, 그것에 대해 어떤 설명도 줄 수 없다. 왜냐하면 그런 설명은 그런 내면성에 이를 수 없기 때문이다. 이 노래는 뜨거운 불꽃을 반영하는 황금빛이니, 시인은 자유의 제단 위에서 심정의 성스러움 속에 온몸을 바치면서 이 불꽃을 솟아오르게 한다. 이 불꽃을 반영하는 빛은 쉴러Schiller의 말을 상기하게 한다. 쉴러는 후세대는 그의 작품 *이상*의 존재가 못 되는 저자 쉴러를 무시해도 좋다고 말한다.−시인 쉴러 *자신*은 그의 아름다운 노래 *이상*의 존재라는 느낌이 우리에게 솟아난다."(전적으로 확신한다. 안드로메다 양이여, 전적으로 확신한다.) "시인 쉴러 속에는 어떤 *언표될 수 없는 것*, 햄릿이 말하듯이[1060] *모든 한계를 넘어서 있는 것*이 있다는 느낌 말이다."(오 그대, 예감에 가득한 천사여!)[1061] "이 *어떤 것*이란 곧 자유를 노래하는 많은 근대 시인에게 결여된 것이다. 그것은 예를 들어 호프만Hoffmann von Fallersleben이

1060 W주 166, CW주) 세익스피어, 『햄릿』, 1막 2장
1061 W주 167, CW주) 괴테, 『파우스트』, 1부, 「마가레트의 정원」

나 프루츠 Prutz에게는 전적으로 결여되어 있으며"(정말 그렇다고 가정되는가?) "허베그Herwegh나 프레이리그라트Freiligrath에게는 부분적으로 결여된 것이니, 이 *어떤 것*이란 아마도 곧 천재성일 것이다."

아름다운 처녀여, 아마도 그것은 목동좌의 "*가시*"일 것이다!

"그러나" 같은 기사에서 이렇게 말해진다, "비판은 그들의 의무이다.-그러나 비판은 내가 보기에 그런 시인보다 매우 무감각한 것으로 보인다!"

〈W, 270〉정말 처녀 같도다! 확실히 말하건대, 젊은 순수한 소녀의 영혼은 시인보다 매우 무감각한 것임이 틀림없다. 왜냐하면 시인은 정말로 경이에 가득 찬 그 "어떤 것"을 갖고 있기 때문이다.

"마지막 시구까지 계속 읽어 보자. 그 시구는 우리의 기억에 충실하게 머무르기를 바란다:
  그리고 마침내 그가 왔다. ....
  그날 ....
  이윽고 민족은 손에 손을 잡고 앉는다.
  마치 아이들처럼, 창공의 거대한 마당 아래
  그리고 다시 성배와 성배가 돌려질 것이다.
  민족의 사랑의 향연에서 사랑의 성배가!"

안드로메다 양은 이를 통해 "손에 손을 잡은 아이들처럼" 침묵 속에 빠지지만, 그 침묵은 무엇보다도 많은 것을 말하고 있다. 그러니 그녀의 침묵을 깨뜨리지 않게 조심하자.

따라서 우리의 독자는 시의 제왕 *알프레드 마이스너*와 그의 그 "어떤 것"을 더 상세하게 알아보려 갈망하게 된다. 그는 진정 사회주의의 창공[蒼空]에서 오리온 성좌이다. 진정으로 그는 자기의 자리에 〈GA2, 625〉부끄럽지 않은 사람이다. 〈GA2, 625〉시라는 빛나는 검으로 무장하고, 근심의 망토를 두르고(마이스너의 시, 2판, 라이프치히, 1846년 67쪽~260쪽) 마이스너는 건장한 주먹으로 몰지각의 곤봉을 휘두르니, 그는 이 곤봉으로 대의의 모든 적을 때려눕혀 승리한다. 그의 발꿈치 뒤를 따라 강아지처럼 등장하는 것은 분명 모리츠 하르트만 Moritz Hartmann이다. 그는 대의에 최선을 다하기 위해 『성배와 검』(라이프치히, 1845)이라는 제목으로 정력적으로 짖어댄다. 이런 영웅들과 더불어 우리는 이미 오래전부터 진정 사회주의를 위해 수많은 강력한 지원군을 배출했던 지역인 보헤미아의 숲으로, 시쳇말로 말하자면, 잠입한다.[1062]

보헤미아 숲에 사는 최초의 진정 사회주의자는 알려진 대로 칼 무어 Karl Moor[1063]이다. 그는 재탄생의 작업을 끝까지 마치는 데 성공하지 못했다. 그의 시대는 그를 이해하지 못했으나 그는 스스로 정의에 몸을 바쳤다. 오리온 성좌인 마이스너는 이 고귀한 자[칼 무어]의 발자국을

1062 GA2주 참조) 마이스너, 하르트만은 보헤미아 출신이었다. 두 사람은 프라하 대학을 다녔다.

1063 GA2주 참조) 칼 무어는 쉴러의 극 『군도』의 인물이다. 그는 보헤미아 숲의 도둑 집단과 함께 살았다.

밟아 적어도 정신으로는 그의 고매한 작품을 그 목표에 더 가까이 가게 이끄는 일을 떠맡았다. 이때 앞에서 언급했던 모리츠 하르트만 즉 카니스 미노Canis Minor〈작은 개〉[1064]가 충직한 스위스인[1065]이 되어 그 즉 칼 무어 2세를 동반한다. 그는 신과 왕 그리고 조국을 비가적인 방식으로 찬양했으며 특히 저 바보, 황제 요셉Joseph의 무덤 위에서 감사함을 기억하는 마음으로 눈물을 쏟았다.[1066] 이 보헤미아 무리의 나머지에 관해서라면 그중에 아무도 슈피겔베르그[Spiegelberg: 거울 산]의[1067] 역할을 떠맡을 만한 지성과 총명함을 발전시킨 것으로 보이지 않는다는 사실만 언급하고자 한다.

〈W, 271〉사람들은 칼 무어 2세[마이스너]가 보통 사람이 아니라는 것을 그를 보자마자 알아차린다. 그는 칼 벡스 Karl Becks의 독일어 학교에서 배웠으며 그를 따라서 오리엔트의 화려한 방식 이상의 말투로 자기를 표현한다.[1068] 그에게 믿음은 "나비"이고(13쪽), 심정은 "꽃"이며(16쪽), 나중에 가면 "황폐한 숲"이고, 최종적으로는 "대지"다(31쪽) 그

1064 W주 168, CW주) 오리온 성좌 동쪽에 있는 작은 개 성좌를 지칭한다.

1065 W주 169, GA2주 참조) 스위스인-쉴러의 『군도』의 인물. 그는 칼 무어의 종복이다.

1066 GA2주 참조) 하르트만의 시 「보헤미아 농부」를 가리킨다. 하르트만은 황제 요셉 2세의 숭배자로 알려져 있다.

1067 GA2주 참조) 슈피겔베르그-쉴러의 『군도』에 나오는 인물.

1068 GA2주 참조) 마이스너는 첫 작품에서 칼 벡스의 시에서 영향을 받았다. 벡스와 마찬가지로 그는 사회의 부조리를 묘사했다. 이때 그는 이미지가 풍부한 언어를 이용했다.

에게 저녁 하늘은(65쪽)[1069]

> 안구[眼球]처럼 붉고 멍하다.
> 이 안구에는 이제 동자가 없으니 빛남도 영혼도 없다.

그가 사랑하는 애인의 미소는 "신의 아이들을 보듬는 대지가 보낸 아이다." 그러나 세계에 관한 그의 거대한 고뇌가 그의 화려한 상형 언어보다 훨씬 더 일상적인 가사적[可死的]인 존재에서 그를 구별하는 특징을 이룬다. 그는 이런 세계에 관한 고뇌를 통해 칼 무어 1세의 진정한 아들이요 후계자로 자격을 얻는다. 이는 그가 65쪽에서 "황량한 세계고[世界苦]"가 모든 세계 구원자의 제일 요건 중의 하나라는 주장을 입증한 것에서 알 수 있는 것이다. 사실 세계에 관한 고뇌에 관한 한, 오리온좌인 무어는 그의 모든 선행자와 경쟁자를 능가한다. 그의 말을 그대로 들어보자. "나는 원망의 십자가에 못 박혀 죽었다."(7쪽) "이 심장은 죽음에 바쳐졌으니"(8쪽) "나의 감각은 칠흑같이 어둡다."(10쪽) 그를 향해 "심정의 황폐한 숲에서 태고[Uraltes]의 고통이 한탄한다."(24쪽) "태어나지 않았으면 좋았을 것을, 그러나 죽음도 또한 좋을 것이다."(29쪽)

> ⟨GA2, 626⟩이 가혹한 악의 시간에
> 냉정한 세계는 그대를 잊었노라,
> 나의 심장은 창백한 달을 보면서 인정하노라,
> 그대가 말할 수 없이 비참하다는 것을.(30쪽)

1069 GA2주 참조) 이하의 시는 마이스너의 『시집』(라이프치히, 1846)에서 인용됐다.

100쪽에서 그는 "감추어진 많은 상처에서 피를 흘리면서" 101쪽에서는 인류의 이해를 생각하면서 마음이 편치 않으니 그는 "터질 것 같은 가슴을 마치 두 개의 꺾쇠처럼" 〈수, 7〉팔로 꼭 껴안고 눌러야 한다. 그리고 79쪽에서 그는 총을 맞은 두루미니, 그 형제들과 함께 가을에 남쪽으로 날아갈 수 없으며, "납탄의 관통으로 떨면서" 덤불 속에서 버둥거리며 "홍건한 피에 젖은 날개를 파닥거린다."(78쪽) 이 모든 고통은 어디서 오는가? 이 모든 한탄은 단지 베르테르Werther가 느꼈던 일상화된 사랑의 비탄이지만, 불만을 통해 우리의 시인이 느끼는 개인적인 고통을 넘어 더 배가한 것일까?[1070] 절대 아니다. 우리의 시인은 사실 훨씬더 고통을 당했으나 그는 자기의 모든 고통에서 일반적인 측면을 뽑아낼 줄을 알았다. 그가 자주 암시한 일이지만, 예를 들어 64쪽에서 보듯이 행실 나쁜 여성이 그에게 많은 사악한 장난을 쳤고(이는 독일인의, 특히 시인의 일상적인 운명이다.) 또한 그는 살아가면서 쓰라린 경험을 겪었다. 그러나 그 모든 것은 그가 보기에 세계의 사악함과 사회 상황의 변화가 불가피함을 〈W, 272〉입증하는 것에 불과하다. 알프레드 마이스너가 아니라 인류가 그 속에서 고통을 당했으며 그러므로 그는 자기의 모든 근심에서 유일한 결론을 끌어냈으니, 그 결론이란 인간이라는 존재는 거대한 곡예이며 무거운 고통이라는 것이다.

> 심정은 여기(황무지)에서 생의 온갖 처지를 겪으며 배우노라,
> *인간 존재의 무거운 멍에를 용기 있게 견디는 법을.*(66쪽)

1070 W주 170) 괴테의 『젊은 베르테르의 슬픔』에 나오는 글

오, 달콤한 고통이여, 오 저주에 찬 행복이여,
오 달콤한 비애여, 인간으로 존재한다는 것은.(90쪽)

그와 같은 고귀한 고통은 우리의 무정한 세계 속에서는 다만 무관심과 상처를 줄 뿐인 맞받아치기와 조롱으로 간주될 수 있다. 칼 무어 2세 역시 이런 경험을 한다. 우리는 이미 위에서 냉정한 그를 "세계가 잊어버렸다"는 것을 보았다. 실제 이런 맥락에서 그에게는 매우 사악한 일이 일어난다.

나는 인간의 차가운 경멸을 피하고자
나를 감옥에 넣었으니, 무덤과 같이 차가운 감옥에.(227쪽)

언젠가 그는 스스로 분출[噴出]한다:

너, 나를 경멸하는 너, 창백한 위선자여, 그 이름을 말해보라,
나에게 이 심정을 저미지 않는 고통이 있다면,
내가 태워버릴 수 없는 오만이 있다면.(212쪽)

그러나 그에게는 너무나 많은 시련이 생겨나 그는 자기 속으로 움츠러들어, 65쪽에서 보듯이 "황무지"로 가고, 70쪽에서 보듯 "산속의 오지"로 간다. 이는 칼 무어 1세와 전적으로 같다. 여기서 그는 냇물이 그에게 해주는 해명을 듣는다. 왜냐하면 고통당하기는 모든 사물이 마찬

가지기 때문이다. 예를 들자면 독수리가 살을 찢어 놓은 양이 고통당하며 매가 고통당하며 〈GA2, 627〉바람 속에 우는 갈대가 고통당한다. "거기서 보면 인간의 비애란 얼마나 작은가?" 그리고 거기서 인간에게 남아 있는 것으로 "즐기다 사라지는 것"밖에 무엇이 있는가? 그러나 즐기는 것은 그에게 심정이 곧바로 느끼지 못하는 것으로 보이고, 사라지는 것은 그에게 완전히 어울리지 않는 것처럼 보이므로, 그는 말을 타고 달려나가서 광야의 소리를 듣는다. 여기서 그에게는 더 나쁜 것이 일어난다. 세 명의 은밀한 기사는 말을 타고 차례로 그에게 다가와 그에게 상당히 무미건조한 말로 좋은 충고를 준다. 그는 차라리 땅에 묻히는 것이 마땅하다는 것이다.

> 그대여, 정말 더 좋은 것은 아마도
> 차가운 나뭇잎 속에 그대를 묻어버리는 것이며,
> 풀과 축축한 흙으로 덮어 죽어버리는 것이네.(75쪽)

이것이 그의 고통의 정점이다. 인류가 그를 그의 한탄과 함께 쫓아내자, 그는 자연으로 향해 몸을 돌리니, 그는 이 자연에서도 다만 성가신 듯한 표정과 거친 대답만 만난다. 칼 무어 2세의 고통이 〈W, 273〉 "피에 흥건하게 젖은 날개를"…. 구역질을 느끼게 우리에게 보여준 다음 우리는 211쪽에서 한 소네트를 발견한다. 그것을 보면 시인은 자기를 방어해야 한다고 믿는다.

> *침묵*과 *감금* 가운데
> 나는 나의 고통과 나의 상처를 견디기에

그리고 나의 입은 공허한 한탄을 경멸하면서
끔찍한 경험을 *자랑하고 싶지 않기에*

그러나 "세계 구원자"는 필연적으로 고통스러울 뿐만 아니라 또한 거칠어지게 된다. 따라서 "격정의 조야한 충동이 가슴을 가로질러 솟구친다."(24쪽) 세계 구원자는 사랑을 할 때 "그의 태양을 뜨겁게 경배한다."(17쪽) "사랑은 뇌우의 섬광이며, 폭풍이 그의 시다."(68쪽) 우리는 이 조야함이 얼마나 조야한지, 그중의 한 예를 곧 얻게 될 것이다.

오리온좌 무어의 사회주의적인 시 중 몇몇을 재빨리 훑어보자.

10쪽에서 106쪽까지 그는 "흥건히 피에 젖은 날개"를 파닥거리면서 현재의 사회악을 조감[鳥瞰]하려 한다. 그는 "황량한 세계고"가 미친 듯 발작하는 가운데 라이프치히[1071]의 거리를 지나 달려간다. 그의 주변에 또한 그의 심정에 어둠이 깔린다. 그는 마침내 일어선다. 신비한 악령이 그에게 다가와 야경꾼의 목소리로 이렇게 늦게 길 거리에서 그가 무엇을 찾아야 하는지를 그에게 묻는다. 칼 무어 2세는 그의 그만 터질 것 같은 가슴 언저리를 그의 팔로 꺾쇠처럼 꼭 껴안고 누르는데 정신이 없던 중, 그의 눈은 "뜨겁게 경배하는 태양"을 바라보듯 악령의 얼굴을 미친 듯 응시하면서 마침내 침묵을 깨뜨린다.(102쪽)

정신의 빛 속에서 *나는 그렇게도 많은 것을 본다*,
신앙의 별이 빛나는 밤에 깨어나서.
골고다의 언덕에 있던 그는 아직

1071 GA2주 참조) 마이스너의 시 「군중」에서 라이프치히에 대해 말하지 않고 다만 어떤 도시라고 말했다.

이 세계의 구원을 성취하지 못했으니!

〈GA2, 628〉칼 무어 2세가 "그렇게도 많은 것"을 보다니! 심정의 황폐한 숲에서, 그의 근심의 망토에서, 인간 존재의 무거운 멍에에서, 납탄의 관통으로 생긴 시인의 떨림에서 그리고 칼 무어 2세가 그렇지 않다면 여전히 신성하게 생각하는 모든 것에서.-밤에 거리를 달리면서, 터질 듯하고 기침의 발작으로 위태로운 그의 가슴을 쓸어내리며, 특별한 악령을 불러내어 최종적으로 이런 발견을 우리에게 보고하는 것은 노력할 만한 가치가 없었다! 그러나 더 들어보자. 악령은 여기서 진정하지 못한다. 이때 이윽고 칼 무어 2세는 그가 돈으로 산 소녀의 손을 어떻게 잡았는지 그리고 그것을 통해 어떻게 온갖 고통스러운 반성을 그의 기억 속에 불러냈는지를 이야기한다. 그런 반성은 마침내 다음과 같은 부르짖음[Apostrophe: 영탄]으로 표출된다:

〈W, 274〉
여성이여, 당신의 비참에 다만 책임 있는 것은
사회, 인정사정없는 사회로다!
창백한 희생자여, 슬픈 마음으로 응시하나니,
이단의(!!) 제단을 세운 죄를.
당신은 누우라, 하여 무구한 다른 부인들이
집에 머무르며 더럽힘 없이 보존될 것이리라!(103쪽)

악령은 이제 정말 보통의 부르주아임이 밝혀진다. 악령은 이 시구에 들어 있는, 진정으로 사회주의적인 매춘 이론에 대항하지 않으며 오히려 전적으로 단순하게 다음과 같이 응답한다: "모든 사람은 그의 행복의 대장장이고", "모든 개인은 그의 죄에 책임 있다." 그 밖에 다른 것도 모두 부르주아의 상투어이다. 그는 이렇게 언급한다: "사회는 공허한 말이다."(그는 아마도 슈티르너를 읽었을 것이다.)[1072] 칼 무어 2세는 더 많이 들려달라고 요구한다. 악령은 그가 어떻게 프롤레타리아가 사는 집을 관찰하면서 어린아이들의 울음을 들은 것인지를 이야기한다.

> 어머니의 마른 가슴은 그들을 위해
> 한 방울의 달콤한 원기도 간직하지 못하니,
> 어머니의 오두막에서 죄 없는 아이들이 죽어간다.
> *그런데도*(!!) 사랑스럽고 온화한 기적이 있도다.
> 어머니의 가슴속에 붉은 피에서,
> 흰 젖이 분리되어 생성되도다.

그리스도가 물에서 포도주를 만들었다는 것은 믿을 수 없는 사람이라도, 위의 기적을 보았다면 슬퍼할 필요가 없으리라 생각한다. 가나의 결혼식에서 일어난 역사[役事: Geschichte][1073]는 우리의 시인이 기독교에 매우 호의적인 태도를 보이게 했던 것으로 보인다. 세계에 관한 고뇌는 여기서 너무나도 압도적이어서, 칼 무어 2세는 닥치는 대로 말한

1072 W주 171) 슈티르너의 『유일자와 그의 소유』를 시사한다.

1073 CW주) 『요한복음』, 2장 1절~10절: 예수께서 저희에게 이르시되 항아리에 물을 채우라 하신 즉 아구까지 채우니 이제는 떠서 연회장에게 갖다 주라 하시매 갖다 주었더니 연회장은 물로 된 포도주를 맛보고 어디서 났는지 알지 못하되 물 떠온 하인들은 알더라.

다. 악령 같은 부르주아는 그를 진정하려 노력하면서 그가 다음과 같이 더 이야기하게 만든다:

> 다른 아이들, 핼쑥한 피를
> 나는 보았네, 거기, 높은 굴뚝이 수증기를 뿜는 곳에서.
> 그리고 놋쇠로 된 바퀴가 작열하는 빛 속에서
> 무거운 박자로 춤을 추면서 땅을 밟는 곳에서.

〈GA2, 629〉그것이 어떤 종류의 공장이었든지 간에, 거기서 칼 무어 2세는 "작열하는 빛 속에서 바퀴"를, 게다가 "땅을 밟는, 춤추면서 땅을 밟는 바퀴"를 보았다! 마찬가지로 "무거운 박자로 춤을 추면서 땅을 밟는"이라는 우리 시인의 시구가 제작된 것도 바로 그 똑같은 공장일 수밖에 없다. 공장의 아이들이 처한 처지에 관한 시구 몇 줄을 더 따라가 보자. 악령 같은 부르주아는 의심할 바 없이 공장주를 의미하며 그런 시구는 그의 돈지갑을 포착한다! 그는 흥분해서 대답한다. 즉 그것은 무의미한 것이며, 프롤레타리아의 아이들이 든 넝마 자루에는 아무 것도 없다고, 천재는 그런 사소한 것들 때문에 굴복하는 것은 〈W, 275〉 절대 아니라고, 일반적으로 개인이 중요한 것이 아니라 다만 전체로서 인류가 중요하다고 그리고 개인은 알프레스 마이스너가 없더라도 상황을 타개할 수 있다고 말이다. 어떤 때는 궁핍과 비참이 인류의 운명이 된다. 그 밖에도,

> 창조자가 잘못 만든 것은
> 인간이 절대 개선하지 못한다.(107쪽)

그런 말을 마치고 그는 사라지고 우리의 곤궁한 시인은 혼자 서 있게 된다. 시인은 멍해진 머리를 흔들며 집으로 가서 이 모든 것을 한마디도 빠짐없이 종이에 적어 언론에 발표하는 것보다 더 나은 행위를 알지 못한다.

109쪽에서 "가난한 남자"는 물속으로 몸을 던지려 한다. 고귀하게도 칼 무어 2세는 그를 붙들고 그에게 이유를 묻는다. 가난한 남자는 그가 많은 여행을 다녔다고 이야기한다.

> 영국의 굴뚝이 핏빛으로(!) 나부끼는 곳에서
> 나는 보았다, 고통 속에서 *멍하니 그리고 말없이*
> 새로운 지옥과 저주받은 자를.

영국에서 참정권 운동가[Chartist]는 전체 독일에서 일어난 모든 정치적이며 사회적이며 종교적인 당파보다 많은 행동을 개별 공장 도시에서 전개한다. 그런 영국에서 가난한 남자는 기이한 것을 보았다. 그는 스스로 "멍하니 말없이" 있을 수밖에 없었다.

> 바다를 건너 프랑스로 돌아오면서
> 나는 보았다, *경악과 공포*를 느끼며
> 마치 용암이 내 주변에 들끓는 듯이
> 프롤레타리아 대중은 출렁거린다.

"경악과 공포로" 그는 즉 "가난한 남자"는 그것을 보았다! 그는 곧

곳에서 가난한 자와 부자 사이의 투쟁을 본다, 그 자신은 "Helot〈노예〉 중의 하나"이다. 부자는 들으려 하지 않고 "인민의 날은 아직 멀리 있으니", 그는 물속으로 뛰어드는 것밖에 더 좋은 행위를 할 수 없었다. 마이스너는 태도를 바꾸어 그를 놓는다: "잘 가게, 나는 그대를 더는 잡고 있을 수 없다네!" 이 고루한 겁쟁이는 영국에서 아무것도 보지 못했으며, 프랑스에서는 프롤레타리아의 운동 때문에 "경악과 공포"를 가득 느꼈으며, 너무나도 lâche〈비겁하기에〉 억압자에 대항하는 자기 계급의 투쟁에 참여하지 못하는 자다. 우리의 시인은 그런 겁쟁이를 〈GA2, 630〉편안히 익사하게 내버려 두었으니, 정말 잘했다. 하여튼 그 사내는 다른 어떤 것에도 쓸모없는 존재였다.

〈W, 276〉237쪽에서 오리온좌인 무어는 티르타이오스[tyrtäisch]적[1074]인 찬가를 "여성에게" 바친다. "이제, 남자들이 비겁의 죄를 짓는 이 때," 금빛 머리칼을 지닌 게르만의 딸들은 일어나 "자유의 선언을 포고하기"를 요구할 것이다. 우리의 부드러운 금빛 머리칼을 가진 여성들은 비로소 무어가 요구하기까지 기다리지 않았다. 청중은 독일의 규방 여성[1075]이 처음으로 바지를 입고 시가를 피울 수 있게 되자마자 어떤 고귀한 행위를 할 수 있는지, 그 한 예를 "경악과 공포로" 보았다.

이제 우리는 우리의 시인을 통해 이루어진 기존의 사회에 대한 이

1074   W주 172) 티르타이오스-그리스 서정 시인이며, 스파르타 정신을 찬양했다. 역주) 티르타이오스Tyrtaeus: 그는 기원전 7세기경 스파르타 시인이며, 내전에 지쳐있는 스파르타군에 초청되어 수많은 비가를 읊어 사기를 북돋아 마침내 승리하게 했다고 한다.

1075   역주) 규방의 여성[Frauenzimmer]-이 말의 의미 속에는 방정하지 못한 여성이라는 뜻이 있다.

런 비판 다음에, 사회와 연관해 제시된 그의 pia desideria〈경건한 소망〉을 탐구해 보자. 우리는 결론에서 토막 산문으로 작성된 「화해」라는 글을 발견한다. 이 글은 칼 벡의 시 전집의 결론부에 있는 「부활」을 모방한 것 이상의 시다. 거기서 u. a.〈특히〉다음과 같이 말한다: "인류는 개인을 낳기 위해서 살고 투쟁한 것은 아니다. 인류는 곧 *하나의* 인간이다." 이에 따라 우리 시인은 물론 "개인"이니 "인간은 아니다.""인류가 올 것이다. 그 시대가 올 것이다. ....〈수, 8〉그러면 인류는 제거되고 메시아, 단순함 속에 있는 신이 등장할 것이다." .... 그러나 이 메시아는 "수천 년이 지나야 비로소 온다. 새로운 구세주가 그때"(그는 다른 구세주에게 그 실행을 맡긴다) "노동 분업에 대해, 지상의 모든 아이를 위한 형제적인 형평성에 관해 말할 것이다." 그러면 "쟁기날이, 정신의 그늘로 덮인 지상의 상징이 .... 내적인 존경의 기호가 .... 자기를 고양하며, 빛을 발하며, 장미 화환을 쓰며, 그 자체 옛날의 기독교 십자가보다 더 아름다운 것이 된다."

"수천 년에 또 수천 년" 뒤에 무엇이 올지에 대해 우리는 근본적으로 상당히 무관심할 수 있다. 따라서 우리는 그때 현존하는 인간이 새로운 구세주의 "말씀"을 통해 한 뼘[Zoll] 더 성취하지 않을지, 그때의 인간이 일반적으로 여전히 구세주의 말씀을 듣고자 원하게 될지 말지 그리고 이 구세주의 형제애 이론이 수행 가능한지 아닐지 아니면 경악스러운 경제적 파산에 부딪혀도 여전할지[sicher] 아닐지 신경 쓸 필요가 없다. 우리의 시인은 이번에는 "그렇게 많은 것을 보지" 못한다. 이 전체 절에서 다만 흥미로운 것은 장차 목가적인 "쟁기날"로 나타날 Sakrosanktum〈손상할 수 없는 존재, 지고의 존재〉앞에 그가 경건하게 무릎을 꿇는 것이다. 진정 사회주의자의 계열에서 우리가 지금까지 발견했던 것은 다만 부르주아[Bürger]일 뿐이며, 우리는 여기서 이미 칼 무어 2세가 일요일 날에서처럼 차려입은 신사[Landmann]를 우리에게 선보일 것을 주목한다. 사실상 우리는 154쪽에서 그가 정상에서 사랑스러운 일요일 같은 골짜기를 내려다보는 것을 본다. 그곳에서 농부와 목동은 전혀 미동[微動]도 없이 만족을 느끼며, 기쁜 마음으로 신적인 신뢰로써 그에게 떨어진 나날의 일을 채워 넣는다. 그리고

나의 회의하는 심정에 이런 외침이 크게 소리친다:
오, 경청하라, 가난이 얼마나 경건하게 노래할 수 있는지를!

〈W, 277〉여기서 가난은 "매매되는 여성이 아니다. 가난은 아이이며, 그 벌거벗음은 악의 없음을 의미한다."

〈GA2, 631〉그리고 나는 이해한다, 기쁘고, 경건하며, 선하게
된다는 것을.
수많은 시험을 거친 인류가 생겨날 것이니, *그것은 오직*
축복받은 망각 속에서 휴식하고 있을 때며,
지상의 가슴에서 수고할 때다.

더욱이 그의 진지한 견해를 분명하게 말하자면, 그는 159쪽에서 시골의 대장장이가 느끼는 가족의 행복을 우리에게 묘사하면서 이렇게 소망한다. 즉 그의 아이들이

절대 전염병을 알지 못하기를.

악한 또는 바보가
개선장군 같은 목소리로 이름 붙인 것,
즉 교양, 문명이란 전염병을.

진정 사회주의는 조금도 쉬지 않고 부르주아적인 목가 옆에 농민적인 목가를 재건하고, 라퐁텐Lafontaine의 소설 옆에 게스너Geßner의 목동[牧童]극을 재건한다. 알프레드 마이스너 씨의 인격을 통해 드러나는 진정 사회주의는 로초프Rochow가 말한 "어린아이의 친구"[1076]라는 지반 위에 서서 이 고상한 관점에서 인간의 사명은 농부가 되는 것이라고 선포한다. "황량한 세계고"의 시인에서, "뜨겁게 경배하는 태양"의 소유자에서, "뇌우 속의 벼락" 같은 칼 무어 2세에서 누가 그런 어린아이 같음을 기대했을까?

그는 시골에서의 생활이 지닌, 평화를 향한 농민적인 동경에도 불구하고 대도시가 그의 활동의 본래 터라고 선언한다. 그에 따라 우리의 시인은 파리를 향해 떠났다.[1077] 그는 여기서 마찬가지로

경악과 공포로

1076　W주 173, GA2주 참조) 로초프Friedrich Eberhard vo Rochow, 『어린아이의 친구, 브란덴부르크 지방 학교에서 사용하기 위한 교과서』, 라이프치히, 1776. 이 책의 특징은 엥겔스의 『반듀링론』에서도 나타난다.

1077　GA2주 참조) 마이스너는 그 자신의 말을 통해 볼 때 1847년 2월 파리로 갔다. 거기서 그는 1847년 9월 초까지 머물렀다. 거기서 경험한 것에 관해 그는 『경계선』에서 보고했다[『파리에서의 통신』]. (『경계선, 정치 문학 연보』, 쿠란다I. Kuranda 편집, 1847년 1 반기, 14호 32~36쪽 참조)

> 용암이 들끓는 것 같이 그 자신의 주변에서
> 프롤레타리아 대중이 출렁거리는 것을

본다. Hélas! il n'en fut rien.〈그러나 아, 거기에서 아무것도 생기지 않는다.〉「국경의 전령」이란 작품에서-『파리에서의 통신』에 있다-그는 자기를 끔찍하게 환멸을 느낀 자로 선언한다. 성실한 시인은 이 출렁거리는 프롤레타리아 대중을 곳곳에서 찾는다. 심지어 그는 당시 북과 대포로 올림픽을 공연했던 Cirque olympique〈올림픽 서커스〉에서도[1078] 대중을 찾는다. 그러나 그가 찾아왔던, 어둠 속에 묻힌 덕의 영웅 대신 그리고 farouchen〈야생의〉 공화주의자 대신 그가 발견한 것은 단지 교란할 수 없는 명랑함으로 시끌벅적하게 움직이는 대중일 뿐이다. 이런 대중은 인류에 대한 거창한 물음에 대해서보다는 귀여운 규방의 여성에 더 많은 관심을 보여준다. 그는 똑같은 방식으로 대의원실에서 "프랑스 인민의 대변자"를 찾았다. 〈W, 278〉그러나 그는 다만 잘 자란 서로 수다를 떠는 Ventrus〈배불뚝이〉만 발견했다. 파리의 프롤레타리아가 칼 무어 2세에게 경의를 표명하기 위해 소규모 7월 혁명을 수행해서, 칼 무어 2세가 "경악과 공포로" 프롤레타리아에 대한 개선된 견해를 갖게 그에게 기회를 주지 않았으니, 정말 무책임한 일이다. 〈GA2, 632〉이 모든 불행에 관해 우리의 성실한 시인은 거대한 비애의 고함을 지르며, 진정 사회주의의 배불뚝이에서 새롭게 토해져 나온 요나Jonas가 되어, 니느웨Saine-Ninive의 몰락을 예언한다.[1079] 이는 1847년 『파리

1078 W주 174) 올림픽 서커스-파리에 있는 대중 극장.

1079 CW주) 『요나서』, 2장 10절: 여호와께서 그 물고기에게 명하시매 요나를 육지에 토하니라, 3장 2~4절: 일어나 저 큰 성읍 니느웨로 가서 내가 네게 명한 바

에서 통신』14호에 실린 「국경의 전령」에 더 상세하게 읽을 수 있을 것이다. 바로 거기서 우리의 시인은 최고로 유쾌하게 그가 어떤 방식으로 einen bon bourgeois du marais〈마레marais에서 온 착한 시민: 고루한 속물〉을 프롤레타리아로 오인하는가를 설명하며 또 여기에서 어떤 기묘한 오해가 발생하는지를 설명한다.

그의 작품 『지시카Zišika』로 그에게 왈가왈부하고 싶지 않다. 왜냐하면 그 『지시카』는 단지 지루할 뿐이기 때문이다.

우리는 다름 아닌 시에 대해 말하고 있으니, 혁명을 도발하는 6개의 선동시를 몇 마디 말로 언급하고자 한다. 그 선동시는 우리의 프레이리그라트 Freiligrath가 『자, 해보자Ça ira』(『헤리사우-Herisau』, 1846년)라는 제목으로 공표했던 시다. 그 선동시 중 첫 번째 것은 「독일의 마르세예즈Marseillaise」이다. 그 시는 "그런 방식으로 오스트리아나 프로이센에서 혁명을 떠드는" 무모한 해적을 노래한다. partibus infidelium[1080]에

를 그들에게 선포하라 하신지라 요나가 여호와의 말씀대로 일어나서 니느웨로 가니라 니느웨는 극히 큰 성읍이므로 삼일 길이라 요나가 그 성에 들어가며 곧 하룻길을 행하며 외쳐 가로되 사십일이 지나면 니느웨가 무너지리라 했더니

1080　W주 175) 허베그Herwegh의 애국시 「독일 함대」(1841)와 프라이리그라트 Freiligrath의 시 「함대의 꿈」(1843)과 「두 개의 깃발」(1844년)에도 나오는 말이다. 여기서 아직 현존하지 않는 미래의 독일 함대가 찬양된다.
CW 주 153) partibus infidelium은 '불신자가 거주하는 지역'이라는 의미이다. 비기독교인이 거주하는 나라에 설치된 순전히 명목적인 교구에 임명된 로마 가톨릭 주교의 이름에 이 말이 덧붙여진다. 비유적인 의미로는 '실제로 존재하지 않는 것'이라는 의미이다. 엥겔스는 이 말로 아직 현존하지 않는 독일 함대의 미래를 찬양하는 시 즉 허베그Georg Herweg의 「독일 함대」(1841)와 프레이리그라트의 「함대의 꿈」(1843)과 「두 개의 깃발」(1844)을 이 말로 아이러니하게 지칭한다.

서 유명한 독일 함대의[1081] 사기를 매우 북돋웠던 고유의 깃발을 단 배에 그는 다음과 같은 요구를 전한다:

> 소유에 속한 은빛 함대를
> 대담하게 겨눈다, 대포의 구멍은.
> 피로 물든 바다의 표면 위에서
> 소유욕의 보고가 썩어가게 하라.[1082]

덧붙여 말하자면 전체 노래는 너무나도 감상적으로 작성되어 있으니, 운과 격을 무시하고 「일어나, 선원아, 닻을 올리자」[1083]라는 노래의 멜로디에 따라 부르는 것이 최선이다.

그의 특징을 가장 잘 보여주는 것이 「사람들은 하듯이」라는 시다. 즉 '프레이리그라트가 혁명을 하듯'이라는 뜻이다. 시대는 지금 인민이 굶어가고 룸펜으로 전락하는 바로 그 나쁜 시대이다: "빵과 옷가지 때문에 싸움이 일어나는 곳은 어딘가?" 이때 충고할 줄을 아는 "대담한 청년 학생"이 출현한다. 그가 전체 무리를 군수품 창고로 끌고 가 제복을 나누어주자, 무리는 곧바로 제복을 입는다. 사람들은 소총을 향해 달려가 붙잡으며 시험 삼아 그걸 들고 간다면, "재미있을지" 모른다는 생

1081 GA2주 참조) 허베그Georg Herwegh의 시 「독일 함대」를 가리킨다. 여기서 독일 함대는 민족적 통일과 민족의식의 성장을 상징한다는 의미에서 찬양된다.

1082 CW주) 프레이리그라트Ferdinand Freiligrath, 「항해 전Vor der Fahrt」, 『마르세예즈의 멜로디Melodie der Marseillaise』

1083 CW주) 게하르트Wilhelm Gerhard의 시 「선원Matrose」. 그러나 GA2주는 유명한 뱃사공 노래라고 말한다.

각을 발견한다. 이때 우리의 "대담한 청년 학생"에게 어떤 착상이 떠오른다. 즉 "이런 익살스러운 제복을 입는 것이 아마도 심지어 반란이라고 즉 침입과 약탈이라고 불릴 수도 있겠구나" 하는 생각이다. 거기서 사람들은 "입은 옷에 걸맞게 이빨을 드러내야 한다."〈W, 279〉따라서 군모, 군도 그리고 탄약통이 함께 떠돌며, 동냥자루가 깃발로 세워진다. 이런 방식으로 사람들은 거리에 나간다. 이때 "왕의 진영"이 등장하고 장군이 포격을 명령한다. 그러나 군인들은 환호하면서 익살스러운 제복을 입은 방위군을 자기의 대열 속에 끌어넣는다. 그리고 사람들은 이제 일단 길에 나선 김에 "재미 삼아" 수도로 계속 진격하다가 한 패를 발견한다. 그리해 그 "익살스러운 제복" 때문에 〈GA2, 633〉"왕좌와 왕관이 혼비백산하며, 왕국의 추축[樞軸]이 뒤흔들리며", "인민은 의기양양해 오랫동안 짓밟혀왔던 그의 머리를 쳐든다." 모든 것이 너무 급속하게 정말 미끄러지듯 일어나니, 그 전체 과정에 걸쳐서 "프롤레타리아 대대"의 어떤 성원에서도 예외 없이 정보가 유출되지 않은 것은 확실하다. 우리의 프레이리그라트의 머릿속에서만 제외하고는 어디에서도 혁명이 그렇게 심하게 명랑하고 자연스럽게 성공한 적은 없다는 점을 우리는 인정해야 한다. 그런 자연스러운 목가적인 소풍 속에서 대역죄를 탐지해낼 수 있으려면 『일반 프로이센 신문』이 보여주는 검은 담즙질의 진한 우울증이 실제로 필요하다.[1084]

1084 GA2주 참조) 이 구절은 『일반 프로이센 신문』에 익명으로 실린 비드만Adolf Widmann에 관한 기사를 가리킨다. 이 기사는 프레이리그라트와 마르Wilhelm Marr, 하인쩬Karl Heinzen이 혁명을 위해 암약한다고 공개적으로 고백한 사실을 비난한다. 기사는 모든 국민들에게 그와 같은 경향에 경각심을 가질 것을 호소했다. 비드만은 그 기사의 끝에 프레이리그라트의 시 「항해 전」과 「자 해보

이제 진정 사회주의의 최후 집단으로 향해 보자, 이 집단은 베를린의 집단[1085]이다. 우리는 이 집단에서 다만 한 명의 특출한 개인을 찾아낸다. 즉 에른스트 드론케Ernst Dronke 씨다. 왜냐하면 그는 새로운 시 장르를 고안해 냄으로써 독일의 문학에 지속해서 기여해 왔기 때문이다. 우리 조국의 로망[Roman: 연애담] 작가이며 소설가인 그는 오래전부터 소재 부족 때문에 당혹해했다. 그의 산업을 위한 원료의 가격 상승이 오늘날처럼 느껴진 적은 한 번도 없었다. 프랑스의 제조업자들이 사실 많은 이용 가능한 소재들을 전달해왔으나, 이런 공급은 수요를 충족하기에는 충분하지 못하므로 많은 소재들은 곧바로 번역의 형태로 소비자에게 공급됐다. 이런 번역물은 로망 작가에게 위험한 경쟁이 됐다. 여기서 드론케 씨의 독창성이 입증됐다: 진정 사회주의 회사의 *오피우쿠스*Ophiuchus[1086] 즉 뱀과 싸우는 자의 형태로 그는 독일의 경찰법 제정이라는 똬리를 튼 거대한 뱀과 싸우면서 이 경찰법 제정을 그의 『경찰의 역사』 속에서 일련의 흥미로운 소설로 가공한다. 이 배배 꼬인 뱀처럼 교활한 법 제정 과정은 시 장르를 위한 가장 풍부한 소재를 간직하고 있다. 모든 조항마다 하나의 소설이 들어 있으며, 모든 규정마다 하나의 비극이 들어 있다. 드론케 씨는 베를린의 문학자이고 스스로 경찰

자」를 실었다.

1085 GA2주 참조) 진정 사회주의자 베를린 집단에 속하는 사람으로서 드론케 밖에 저널리스트이며 작가인 자스Friedrich Saß가 있다.

1086 CW주) 오피우쿠스좌-적도 근처의 성좌,
역주) 고대 그리스에서는 거대한 뱀과 싸운 아폴로, 뱀에 물려 죽은 라오쿤을 상징한다. 여기서는 의미상 아폴로 신에 가깝다.

관리와 강력한 투쟁을 했던 사람이니[1087] 여기서 자신의 경험에서 말할 수 있었다. 길이 일단 놓였으니, 그 길의 추종자가 없을 리 없다. 그 영역은 소재가 풍부했다. 프로이센의 지방법은 무엇보다도 긴장된 갈등과 강렬한 인상을 주는 장면을 담는 무궁무진한 보고이다. 이혼법 〈W, 280〉, 양육법, 혼인의 순결법만 해도-반자연적인 은밀한 쾌락에 관한 장에 관해서는 언급할 필요도 없겠지만-전체 소설 산업에서 수 세기 동안 사용해도 될 소재가 있다. 게다가 그런 조항을 시적으로 가공하는 것보다 쉬운 일은 없다. 충돌과 그 해결은 이미 완성되어 있으며, 불베르Bulwer, 뒤마Dumas 또는 수Sue의 일곱, 최고 소설에서 얻은 장식만 더하면 충분하다. 그리고 약간 애를 쓰면 소설은 완성된다. 이런 방식으로 독일의 부르주아와 신사 그리고 또한 〈GA2, 634〉ingleichen der Studiosus juris oder cameralium〈일반법 또는 행정법 학생〉은 점차 당시의 법 제정에 관한 일련의 주석을 소유할 것이라고 소망한다. 더구나 이런 주석은 그들이 놀고먹으면서 이 분야를 철저하게 알게 해 주고 현학적 연구도 전적으로 배제할 수 있게 해준다.

우리는 드론케 씨를 보면서 우리가 너무 많은 것을 소망한 것은 아니라는 것을 알게 된다. 그는 거주권 법의 제정을 통해 두 개의 소설을 쓴다. 그중의 한 소설(「경찰의 결정에 따른 이혼」)에서 쿠르헤센

[1087] GA2주 참조) 1844년부터 감시받아 왔던 드론케는 1845년 7월 5일 베를린에서 따라서 동시에 프로이센에서 추방됐다. 그는 1846년 11월 27일 그의 책 『베를린』(프랑크푸르트, 1846) 때문에 코비엔츠에 거주했고 1847년 4월 10일 2년간의 금고형을 선고받았다. 선고는 1847년 5월 6일 항소 법정에서 내려졌고 이때 금고형이 성채에 감금되는 형벌로 변경됐다.

Kurhessen[1088]의 문학자는(독일의 문학자는 항상 문학자를 자신의 주인 공으로 삼는다) 프로이센의 어떤 여성과 법적으로 정해진 참사회의 동의 없이 결혼한다. 그 부인과 아이는 이 때문에 쿠르헤센의 신민 자격을 얻지 못하며 이 때문에 부부의 이혼은 경찰이 개입해 전개된다. 문학자는 분노하면서 기존의 체제에 대해 기분 나쁘다고 말하다가, 경위에게서 그것에 대해 추궁을 받다가 칼에 찔려서 죽는다. 경찰이 개입하자, 그 대가는 비쌌다. 이 대가는 그의 재산을 거의 파괴했다. 부인은 외국인과 결혼을 통해 프로이센의 신민이라는 자격을 상실했으므로 이제 가장 비참한 상태에 빠지게 된다.—두 번째 거주권 법 관련 소설에서 한 가난한, 가엾은 녀석이 14년 동안 함부르크에서 하노버로 그리고 하노버에서 함부르크로 보내졌다. 여기서는 〈수, 9〉발 물레에서의 달콤한 고문을 맛보고 저기에서는 감옥의 친구들에게 얻어터지는 등 엘베 강 연안의 두 도시에서 매타작을 받았다. 경찰의 인권 침해에 대항하려면 단지 경찰 자신에게만 고소할 수 있다는 처참한 상황이 같은 방식으로 다루어진다. 베를린의 경찰이 일자리 없는 하인을 추방하는 규칙 때문에 오히려 매춘을 조장한다는 사실도 매우 감동적으로 묘사된다. 그리고 다른 충돌도 인상적으로 그려진다.

진정 사회주의의 덕분에 드론케 씨는 가장 호의적인 방식으로 자기의 분신[그의 책]을 만들었다. 그는 『경찰의 역사』를 근대 사회에서 생겨난 갈등을 그린 그림으로 오인했다. 사실 그 역사는 독일의 고루한 속물이 겪는 비참한 삶을 "인간에 대한 증오와 회한"[1089]이라는 목소리로

1088 역주) 프랑크푸르트 북쪽의 카셀Kassel을 주도로 한 지역, 나치를 통해 나누어지기 전에는 프로이센의 헤세-나사우 공국의 주의 한 부분이었다.

1089 W주 176, CW주) 코제부August Kotzebue의 『인간에 대한 증오와 회한』

묘사한 참극[慘劇]에 〈W, 281〉지나지 않는다. 그는 이 책을 통해 사회주의적인 선전이 이루어진다고 믿었다. 그는 한순간도 그와 같은 비탄의 장면이 프랑스, 영국, 미국에서는 전적으로 불가능하다는 것을 생각하지 못했다. 그런 나라들에서는 어떤 종류의 사회주의이든, 그 반대가 지배하는데도 말이다. 또한 그는 자기가 사회주의적인 선전이 아니라 자유주의적인 선전을 하고 있다는 사실을 생각해 본 적이 없다. 그러나 여기서 드론케 씨 자신이 그 모든 것에 대해 아무것도 생각하지 못했기에 다행으로 진정 사회주의는 더 쉽게 용서를 받을 수 있다.

드론케 씨는 『인민에서』라는 역사책을 서술했다. 여기서 우리는 다시 문학자를 주인공으로 하는 소설을 체험하게 된다. 이 소설 속에서 근면한 작가가 겪는 비참이 공중의 동정을 받게 표현된다. 이 이야기에 프레이리그라트가 감동해 그 때문에 프레이리그라트는 드론케의 이야기를 시로 〈GA2, 635〉만들었다. 이 시 속에 프레이리그라트 씨는 문학자를 지지해 주기를 다음과 같이 간청하고 호소한다: "그 역시 프롤레타리아이다!"[1090] 독일 프롤레타리아가 부르주아와 그 밖의 소유 계급과 더불어 대차대조표를 작성하기에 언젠가 이르게 되면, 독일 프롤레타리아는 얼마나 프롤레타리아적인가를 독일 프롤레타리아 자신이 '가로등에 매달기'[1091]를 통해 모든 임금 노동 계급 가운데 가장 룸펜적인 존재인 이 펜의 기사에게 입증할 것이다. 드론케의 책에 나오는 나머지 소설은 상상력의 전적인 결여와 실제 삶에 관한 상당한 무지가 뒤섞여 있

을 참조하라

1090 W주 177, CW주) 프레이리그라트의 「레키엠[Requiescat: 진혼곡]」

1091 CW 주 154, GA주 22 참조) 혁명 가요 마르세예즈 카마뇰라의 후렴에 나오는 "Les aristocratie a la lantern!〈귀족을 가로등에 매달자!〉"에서 나오는 말.

으며, 드론케 씨의 사회주의적인 사상을 사회주의 사상과 도무지 어울리지 않을 것 같은 사람들의 입에 올리는 데 기여할 뿐이다.

나아가서 드론케 씨는 베를린에 관한 책[1092]을 지었다. 그 책은 지난해의 문학에서 유통되어 온 견해들이 즉 청년 헤겔파의 견해, 바우어의 견해, 포이어바흐의 견해, 슈티르너의 견해, 진정 사회주의의 견해, 공산주의의 견해가 얼룩덜룩 한데 뒤얽혀 있으니, 그 책은 이런 방식으로 근대 학문의 수준을 따라잡는다. 그 책 전체의 최종 결론은 베를린이 뭐라 하더라도 여전히 근대 교양의 중심이며 지성의 중점이며, 이천오백만 주민이 사는 세계적 도시이며 파리와 런던은 베를린과 비교될까 조바심을 낸다는 사실이다. 베를린에는 심지어 *재봉사*[Grisetten: 바람기 있는 여자]들도 있다. 그러나 하늘은 알겠지만, 그녀들은 그렇게 그렇게 산다!

진정 사회주의의 베를린 Couleur〈색깔: 분파〉에는 프리드리히 자스[1093]도 속한다. 그도 마찬가지로 그의 정신이 고향으로 삼는 도시에 관해 책[1094]을 썼다. 그러나 그에 관해서 우리에게 알려주는 시는 다만 하나만 눈에 띈다. 그 시는 나오자마자 상세하게 비평했던 피트만의 『서화집』 29쪽에서 읽을 수 있다. 이 시는 낡은 유럽의 미래를 노래하는 방식은 "레어노어는 아침 빛이 밝자 떠났다"라는 시[1095]의 방식과 같다. 그렇지

1092 CW주) 드론케Ernst Dronke, 『베를린』

1093 CW주) 자스Friedrich Saß, 「낡은 유럽의 미래」

1094 W주 178, CW주) 자스, 『베를린의 최근과 발전Berlin in seiner neuesten Zeit und Entwicklung』(라이프치히, 1846)

1095 W주 179, CW주) 뷔르거Gottfried August Bürger의 시 「레어노어Lenore」의 첫 연

만 그의 시는 우리의 저자가 독일어 전체에서 찾을 수 있는 욕지기 나는 표현으로 가득하며 문법적 실수가 가능한 최고로 많이 들어 있다. 자스 씨의 〈W, 282〉사회주의는 유럽은 "음탕한 부인"이지만, 곧바로 사라질 것이라는 점으로 요약된다.

> 그대에게 구혼하는 자는 시체 구더기이다.
> 그대 듣는가, 그대 듣는가, 결혼식의 소란 속에서
> 코사크족과 타타르족이
> 그대의 썩은 침대를 짓밟는 것을?
> 아시아인의 황량한 석관 곁에
> 나란히 그대의 석관도 놓여 있으니.
> 회색의 거대한 시체들이
> 산산 조각나면서(퉤, 악마들) 사라져 간다,
> 멤피스와 피라미드가 파열하듯(!)
> 언젠가 야생 독수리가 보금자리를 지으리라,
> 그대의 썩어가는 이마에.
> 그대 늙어버린 소녀여!

〈GA2, 636〉시인의 환상과 언어는 그의 역사관에 못지않게 파열된다는 것은 분명하다.

미래를 보는 이런 시선을 통해 우리는 최종적으로 진정 사회주의의 다양한 성단[星團]을 전체적으로 조망한다. 사실상 우리의 망원경 앞으로 다가오는 것은 성좌의 찬란한 계열이다. 진정 사회주의가 그 군대로 계속 점령하는 것은 천체의 가장 밝게 빛나는 반구이다. 부르주아적 박애의 부드러운 빛이 은하수로 흐르는 것과 더불어 이런 밝은 성좌 모두를 둘러싸고 『트리에 신문』1096이 놓여 있다. 이 신문은 진정 사회주의와 육체적으로 그리고 영혼으로 연결된다. 오직 지극히 멀리에서라도 진정 사회주의에 영향을 미치는 사건이 일어나면 『트리에 신문』은 열 중해 그 경계로 다가가지 않는 법이 없다. 아네케 Anneke소위에서 하츠펠트Hatzfeld 백작에 이르기까지, 빌레펠트Bielefeld 박물관에서 아스톤 Aston 부인에 이르기까지 『트리에 신문』은 진정 사회주의의 이익을 위해 투쟁했으니1097 그 에너지는 『트리에 신문』의 이마에 고귀한 자의 땀이 흐르게 했다. 『트리에 신문』은 말 그대로 온화함과 자비로움 그리고 인류애의 은하수이며, 아주 드물 때만 신 우유로 대접하곤 한다. 『트리에 신문』이 진정한 은하수였다면 기대되는 것과 같이 고요하며 순전하게 정해진 자신의 길을 따라 계속 흘러서 지속해서 독일의 용감한 부르주아를 상냥함의 버터와 속물의 치즈로 돌본다면 그것도 괜찮겠다! 누가 그 신문에서 크림을 길러내려 한다면 『트리에 신문』을 고려할 필요가 없을 것이다. 왜냐하면 『트리에 신문』은 내용이 너무나도 빈약해서 거기에는 어떤 크림도 침전할 수 없기 때문이다.

그러나 진정 사회주의는 우리가 순전히 명랑한 기분으로 자기를

1096 GA2주 참조) 이 신문은 1840년대 자유주의 신문이지만, 초기 사회주의 입장에 열려 있었다. 그 주요 참여자가 칼 그륀이다. 그는 1843년 이래로 이 신문에 기사를 썼다. 1844년 11월부터 1845년 말까지 바이데마이어도 그 신문에 기고했다. 그는 처음에는 통신원이었으나 1845년 6월 1일부터는 편집자였다.

1097 GA2주 참조) 이 신문은 반복적으로 아네케와 하츠펠트Sophie von Hatzfeldt 백작 부인에 관해 보고했다. 그들의 1846년 이혼 소송 또 이것과 연결된 상자 사건에 대해 보고했으며 또한 빌레펠트 박물관 협회에 관해 그리고 1846년 국사범으로서 베를린에서 추방당한 작가 아스톤Louise Aston에 관한 보고했다.

벗어나게 『선집[Album]』의 형태로 이별의 향연을 마련했다. 이 『선집[Album]』은 피트만H. Püttmann과 보르나Borna가 편집했으며 1847년 라이헤Reiche 인근에서 〈W, 283〉발간됐다. 큰 곰 성좌의 비호 아래서 불꽃 축포[Girandola]가 발사됐다. 로마의 부활절 축제에서도 그보다 더 밝게 타오르는 불꽃은 볼 수 없다. 모든 사회주의적인 시인은 자발적이든 강제이든 그 불꽃 축포를 위한 로켓을 제공했다. 이 로켓은 공중으로 쉿 소리를 내고 불꽃이 타오르면서 하늘을 향해 날아올라 공중에서 폭음 소리를 내면서 수백만 개의 별로 흩어지고 마법을 부려 밤과 같은 우리 상황의 한 가운데서 우리 주변을 대낮 같이 밝힌다. 그러나 아, 이 아름다운 구경거리는 다만 한순간만 지속하니, 불꽃이 다 타버리면 자욱한 연기만 남기고, 그 때문에 밤은 다시 실제보다 더 어둡게 보인다. 남은 연기를 통해 마치 밝은 항성처럼 반짝이는 것은 다만 *하이네의 7개의 시*다. 이런 시들이 이런 사회에 발견된다는 사실은 엄청 놀라운 일이며 그 때문에 큰 곰 성좌는 절대 적지 않은 당혹감을 느낀다. 그러나 이런 일 때문에 혼란에 빠지지는 말자. 마찬가지로 *베르트*Weerth에 관해 여기서 다시 인쇄된 많은 글에 대해 큰 곰 중대[中隊]가 불가피하게 불쾌감을 느낀다는 사실에 충격받지 말자. 그리고 불꽃놀이의 인상을 빠짐없이 즐겨 보자.[1098]

1098 W주 180/181, CW 주 155) 피트만은 그의 『선집』에서 하인리히 하이네의 7개 시를 출판했다. 그 시 속에는 『포마레Pomare』, 『여 박사에게Zur Doctrin』, 『슐레지아의 방직공Die Schlesischen Weber』이 포함된다. 그는 또한 『선집』에서 게오르크 베르트의 여러 시도 출판했다. 그 시들 가운데에는 「수공업 도제들의 노래Handwerkburschenlieder」, 「대포 주물공der Kanonengiesser」, 「아일랜드인의 기도Gebet eines Irländers」가 들어 있다.

〈GA2, 637〉우리는 여기서 매우 흥미로운 주제들이 다루어지고 있다는 것을 발견한다. 세 번 또는 네 번에 걸쳐 봄은 진정 사회주의가 차릴 수 있는 온갖 것을 차린 식탁으로 찬양된다. *여덟 번* 이상으로 유혹된 소녀가 우리 앞에 가능한 모든 관점에서 제시된다. 우리는 여기서 유혹의 행위를 볼 수 있을 뿐만 아니라 그 결과도 볼 수 있다. 임신 과정의 모든 주요 시기는 적어도 하나의 주제로 대변되며, 이어서 지당한 일이지만, 분만이 따라온다. 그 결과가 아이의 죽음이든 자살이든 간에 상관없다. 쉴러의 「아이를 살해한 여자」라는 시가 포함되지 않은 것이 유감일 뿐이다. 그러나 편집자는 유명한 외침인 "요셉, 요셉"[1099] 등이 책 전체에 걸쳐 울림을 던진다는 사실로 충분하지 않은가 하고 생각했을 수도 있다. 이 유혹의 노래가 어떤 느낌을 주는지에 관한 증거를-잘 알려진 자장가의 멜로디를 따른 시의 한 연이 남긴다.

> 우네, 엄마하고, 우네!
> 당신 딸의 마음이 아프다네!
> 우네, 엄마하고, 우네!
> 당신 딸의 무구함이 무너졌네!
> 아이야, 용기를 내렴! 이런 당신의 말을
> 그녀는 **뻔뻔스럽게** 바람 속으로 던지네.

일반적으로 말하자면 『시화집』은 범법을 진정으로 신격화한다. 앞에서 언급했던 수많은 아이 살해 밖에도 또한 칼 에크 Karl Eck 씨가 노

[1099] W주 182, CW주) 쉴러의 시 「아이를 살해한 여자」

래했던 「도벌[盜伐]」,[1100] 그의 다섯 아이를 살해했던 슈바벤 사람 힐러 Hiller가 요한 쉐르Johannes Scherr 씨의 짧은 시에서 그리고 〈W, 284〉큰 곰 자신의 무궁한 시에서 찬양됐다.

> 볼이 붉은 아이야, 너 지옥의 아이야,
> 말해라, 너는 여기 어떻게 있게 된 것인지를.
> 네 앞에 그리고 네가 살해된 구덩이 앞에서.
> 누구나 그 때문에 떨었도다.
> 690명의 인간 생명을
> 악한이 살해했도다.
> 그는 그들을 더는 살게 두지 않았으니
> 그는 재빠르게 그들의 목을 부러뜨렸다. 등.

이런 생동적인 시인들 그리고 온정이 넘치는 그들의 생산물 가운데 어느 것을 선택하기는 쉽지 않다. 왜냐하면 이름이 테오도르 오피츠 Theodor Opitz나 칼 에크Karl Eck라고 불리든, 요하네스 쉐르Johannes Scherr나 요셉 슈바이처Joseph Schweitzer[1101]라 불리든 매한가지기 때문이다. 어떻게 불리든 모두 똑같이 아름답다. 되는대로 파악해 보자.

〈GA2, 638〉여기서 우리는 우선 우리의 친구인 목동좌-세밍 Semming이 봄을 진정 사회주의의 사변적 수준으로 고양하는 데 몰두하고 있다는 사실을 다시 발견한다.(35쪽)[1102]

1100   CW주) 칼 에크의 시 「도벌」

1101   GA2주 참조) 이들은 모두 『선집』에 실린 시의 주요 작가다.

1102   CW주) 이하 세밍의 시 「봄의 호소」에서

깨어나라! 깨어나라! 봄이 왔도다. ....
폭풍이 지나간 다음 계곡과 산을 넘어
자유는 구속 없이 질주한다.

그게 어떤 자유인지, 바로 다음에 알게 된다.

왜 노예처럼 십자가만 응시하는가?
자유로운 사람은 신 앞에 무릎 꿇을 수 없다.
그는 우리 앞에 조국의 상수리나무를 쓰러뜨리니
자유의 나무 앞에서 신들은 도주하기 바쁘다!

그러므로 게르만의 원시 숲속에서 존재했던 자유의 그림자 속에서 목동좌는 "사회주의, 공산주의, 인도주의"에 대해 편안히 명상하며, 원하는 대로 "전제자를 증오하는 가시"를 기를 수 있다. 이 가시에 대해서라면 우리는

장미는 가시 없이는 피지 않는다는 것을 안다.

이에 따라서 피어오르는 "장미"인 안드로메다가 곧 자기만의 "가시"를 발견하며, 그러면 더는 위에서처럼 "서투른 방식으로 출현하지" 않을 것이라는 기대가 생겨난다. 또한 "제비꽃"은 비록 당시에는 물론 아직 피지 않았더라도, 목동좌는 그 제비꽃에 대한 관심 속에서 움직이니, 여기서 목동좌는 〈W, 285〉특별한 시를 마련한다. 그 제목과 후렴은

다음과 같다: "제비꽃 사시오! 제비꽃 사시오! 제비꽃 사시오!"

N..h..s〈노이하우스[Gustav Reinhard Neuhaus]〉씨[1103]는 찬양할 만한 열성을 가지고 32쪽에 걸친 장시[長詩]를 완성하려고 끙끙대지만, 그 속에 단지 하나의 사상도 표현하지 못한다. 예를 들어 여기 「프롤레타리아의 노래」가 있다.(166쪽) 프롤레타리아는 자유로운 자연이 있는 곳에 출현한다.-그러면 프롤레타리아가 어디서 왔는가 하고 말하고자 한다면 우리는 절대 결론에 이를 수 없을 것이다.-그리고 긴 전주곡이 끝난 다음 마침내 다음과 같은 영탄[Apostrophe]이 나온다:

> 오 자연이여, 그대는 모든 존재의 어머니로다,
> 그대는 자연을 모두 응고해 사랑을 만들기를 원하며,
> 모든 것을 정선해 축복을 만들었다.
> 〈수, 10〉그대는 헤아릴 수 없을 만큼 위대하고 고상하도다!
> 우리의 가장 성스러운 결단을 들어보라!
> 우리가 그대에게 충정으로 무엇을 약속하는지 들어보라!
> 바다와 그 일렁거림이 전하는 말을 간직하라,
> 어쩔 줄 모른 채, 봄의 대기는 어두운 소나무 숲을 가로지른다!

이로써 새로운 주제가 얻어졌다. 이제 한눈팔지 않고 줄곧 이런 목

1103 GA2주 참조) 그의 시는 피트만의 『선집』에 엥겔스의 말과 달리 27쪽에만 실려있다.

소리로 진행한다. 최종적으로 우리는 *14번째* 연[1104]에서, 사람들이 본래 무엇을 원하는지를 알게 된다. 그것을 이 자리에 적는 것은 노력할 만한 가치가 없다.

〈GA2, 639〉요셉 슈바이처 씨를 알아보는 것 역시 흥미로운 일이다[1105].

사상은 영혼이며 행위는 육체이다.
신랑은 넘실대는 불꽃이며, 그의 부인은 행위이다.

슈바이처J. Schweitzer 씨가 하고자 하는 것은 이런 그의 부인[즉 행위]과 자연스럽게 결합한다, 즉:

나는 *장작불로 타오*를 것이며 *화염을 발할* 것이니, 자유의 빛을,
숲과 평원에서,
죽음이라는 이름의 커다란 두레박이
불꽃을 끄기까지.

1104 GA2주 재인용) 노이하우스, 『프롤레타리아의 노래』, 168쪽:
"우리가 무엇을 원하는지. 다시 인간적으로 살지,
인간적으로 느낄지, 행동할지 그리고 감각할지,
정신의 자유로운 활동과 노력 속에서
우리 삶의 최고의 축복을 발견할지"
1105 CW주) 슈바이처의 시 「대화」와 「라이프치히」

그의 소망은 충족됐다. 이 시에서 장작불은 이미 마음껏 타오른다. 그가 내는 불꽃을 사람들은 첫눈에 안다. 그러나 그는 유쾌한 불꽃이다.

고개를 높이 들어 팔짱을 끼고
나는 거기 선다, 축복을 받아, 자유롭게.(216쪽)

이 자세로 선 그는 값을 따질 수 없는 존재였음이 틀림없다. 유감스럽게도 그는 거리에서 라이프치히 폭동[1106]에 휘말려 거기서 그를 엄습하는 것들을 본다.

〈W, 286〉내 앞에서, 피를 *머금고*, 탐욕적으로 빨아들이니
오 경멸스러운 자여, 오 끔찍한 자여
연약한 *인간의 싹*을, 그들이 죽은 *모습*에 치를 떨면서(217쪽)

1106 W주 183, CW 주 156) 이는 1845년 8월 12일 작센 군대는 라이프치히 대중의 시위에 발포했다는 사실을 가리킨다. 왕세자 요한Johanne이 도착한 것을 기념하기 위해 마련된 군대 행진을 구실로 이용해 작센 정부가 게르만-가톨릭 운동과 그 지도자 중의 하나인 요하네스 롱게Johannes Longe 신부를 탄압한 것에 대항하는 항의 시위가 벌어졌다. 이 시위는 1844년 일어났으며 많은 게르만 주에 뿌리를 내렸고 중산층 부르주아와 소부르주아의 상당한 분파들의 지원을 받았다. 게르만 가톨릭은 교황의 주권을 인정하지 않았고 로마 가톨릭 교회의 교의와 의식 중 많은 것을 거부했으며, 가톨릭을 성장하는 게르만 부르주아의 필요에 종속하려 시도했다. 1845년 8월 12일의 사건은 엥겔스가 그의 보고서 「라이프치히에서 최근의 도살극-독일 노동자 운동」(『헌정 신문, 북구의 별』, 577쪽)이란 보고서에 묘사된다.

헤르만 *에버벡* Hermann Ewerbeck은 그의 이름[헤르만: 기독교 성자의 이름]을 전혀 부끄러워하지도 않는다. 그는 227쪽에서「전투의 노래」를 시작하지만, 그 노래는 의심할 바 없이 체루스크인Cherusk이 튜토부르그 숲에서 목청껏 불렀던 노래이다:

우리는 자유를 위해 투쟁하나니,
우리 가슴 속에 있는 존재를 위해

이것이 아마도 임신한 규방의 여자를 위한 전투의 노래가 아닌가?

금이나 훈장을 위해서가 아니라
공허한 욕망에서 나온 것도 아니다,
우리는 미래의 종족 등을 위해 투쟁한다.

두 번째 시(229쪽)[1107]에서 우리는 경험한다:

인간의 감각은 성스러우며,
더 성스러운 것은 순수한 의미이다.
영혼은 모두, 사라진다,
의미와 감각 앞에서.

"의미와 감각"이 우리가 보기에 그런 시구 앞에서 "사라지는" 것

1107 CW주) 에버벡「전투의 노래」

과 꼭 마찬가지다.

> 뜨겁게 사랑하도다, 우리는 선을,
> 이 세계의 아름다움을
> 우리는 쉼 없이 수고하면서 창조하도다,
> 인류의 진정한 전장에서.

이 전쟁터에서 우리의 노동은 의미심장하게 짜인 시구라는 수확을 보답으로 얻는다. 그런 시구는 바바리아의 루트비히[1108]조차 산출하지 못한다.

리하르트 라인하르트Richard Reinhardt 씨는 고요하고 차분한 청년이다. 그는 "가볍게 휴식하는 동안 고요한 자기 발전을 따라 발을 딛는다." 그리고 그는 생일날의 노래 「젊은 인류에게」를 전해준다. 그는 이 시의 다음과 같은 구절을 노래하는 것에 흡족해한다:

> 〈GA2, 640〉순수한 자유를 사랑하는 태양은
> 순수한 사랑의 자유를 위한 빛이며[1109]
> 사랑의 평화를 애호하는 빛이다.(234, 236쪽)

이 여섯 쪽에서 우리는 행복한 기분을 느낀다. "사랑"은 6번, "빛"은 7번, "태양"은 5번, "자유"는 8번 나온다. "별", "밝음", "날", "환희", "

1108 W주 176) 시인인 바라리아 왕 루트비히 1세를 말한다.
1109 GA2주 참조) 엥겔스는 라인하르트의 시에서 이 연 다음에 여러 연을 알리지 않고 생략했다.

여성", "친구", "평화", "장미", "열정", "진리"나 나머지 현존의 부차적인 향신료에 관해서는 말할 것 없다. 〈W, 287〉그런 식의 노래로 불리는 행운을 얻었다면, 사람들은 아마도 평화롭게 무덤으로 들어갈 수 있을 것이다.

그러나 우리가 루돌프 슈베르트라인Rudolf Schwerdtlein이나 큰 곰 성좌와 같은 시의 대가를 관찰할 수 있게 된 마당에 왜 그런 서투른 시에 머무르겠는가! 우리는 그 모든 시도를 즉 사실 사랑스럽기는 하지만, 그래도 아주 심하게 불완전한 시도를 각각의 운명에 맡기고 사회주의적인 시의 정점으로 고개를 돌려 보자.

루돌프 슈베르트라인 Rudolf Schwerdtlein 씨는 이렇게 노래한다:

> 서슴없이 일어나라,[1110]
> 우리는 삶의 기사다. 만세 만세 만세
> 당신들 삶의 기사여, 어디로 가는가?
> 우리는 죽음 속으로 달려간다. 만세![1111]
> 우리는 트럼펫을 분다. 만세, 만세, 만세
> 당신들은 무엇을 위해 트럼펫을 울리는가?
> 죽음을 위해 우리는 트럼펫 불고 천둥을 친다. 만세
> 군대는 저 멀리 뒤처져 있도다. 만세, 만세, 만세
> 당신들의 군대는 저 뒤에서 무엇을 하는가?
> 군대는 영원한 잠을 자고 있지, 만세.

1110 CW주) 루돌프 슈베르트라인, 「서슴없이 일어나라」 참조

1111 GA2주 참조) 슈테르트라인의 원래 시에서 매 연마다 '후라'는 세번 반복되는데, 엥겔스는 이하에서 자주 한 번만 언급한다.

귀 기울여 보라! 적의 트럼펫이 들리지 않는가? 만세, 만
세, 만세
오 슬프다. 당신들의 간난[艱難]한 트럼펫이여!
이제 우리는 죽음을 향해 달려가도다, 만세(199, 200쪽)

오 슬프다, 그대의 간난한 트럼펫이여! 삶의 기사는 쾌활한 용기로 죽음을 향해 달려갈 뿐만 아니라 마찬가지로 가장 두터운 무의미 속으로 대담하게 달려간다. 그 무의미 속에 그는 자기를 양털 속에 있는 이[1112]처럼 느낀다. 몇 쪽을 더 넘기면 삶의 기사가 "발포한다."[1113]

우리는 그렇게 현명하도다, 수천 가지를 알고 있으며,
진보는 그렇게 급속하고 광범위하게 성취됐으나,
그래도 당신들이 노를 젓는다고 파도가 일렁거리는 것은 아니며,
어떤 영혼도 당신들의 귀에 살랑거리는 소리를 내지 못한다. (204쪽)

삶의 기사에게 영혼의 살랑거림이 추방된 것은 다름 아니라 정말로 한껏 보증된 *육체*가 "그의 귀에 살랑거렸기" 때문이기를 바란다.

⟨GA2, 641⟩사과를 깨물라! 과실과 즙 사이에

1112 CW주) 셰익스피어 Shakespeare, 『트로일루스와 크레시다Troilus and Cressida』, 3막, 3장 참조
1113 CW주) 슈베르트라인, 「발포」 참조

어떤 유령이 그대에게 곧바로 떠올라 온다.
경주마의 강인한 갈기를 잡아라,
수말의 귀가 일어서면서 영혼은 뒷발로 일어선다.

〈W, 288〉삶의 기사에게 말 머리 양쪽으로 어떤 것이 "일어서지만," 그것이 "수말의 귀"는 아니다.

하이에나처럼 당신들을 향해 사상을 쏘아댈 테니,
당신들의 심장이 그 중 선택한 사상을 당신은 포옹하라.

삶의 기사에게도 다른 모든 전쟁 영웅에게서처럼 이런 일이 일어난다. 그는 죽음을 두려워하지는 않으나, "영혼", "유령", "특수 사상"은 그를 사시나무처럼 떨게 한다. 그런 것들 앞에서 구원받기 위해 그는 세계를 불태우고, "일반적인 세계적 전화[戰火]"를 감행하기로 결단한다.

파괴는 위대한 시대의 구호이다.
파괴는 하나밖에 없는 중재의 분열이다.
육체와 정신이 까맣게 타서
근본적인 자연 층과 원소 층으로 돌아간다.
그리고 프라이팬 속의 청동처럼,
세계는 화재 속에서 새로운 압축을 겪을 것이니.
악령이 세계를 심판하는 전화가 끝난 뒤에는
새로운 세계사가 시작한다(206쪽)

삶의 기사는 정곡을 찔렀다. 근본적인 자연 층과 원소 층으로 돌아가자는 위대한 시대의 구호 속에서 유일하게 빚어진 사물이 분열하니 그 결과 프라이팬의 청동이 까맣게 타서 물체와 정신으로 돌아간다. .... 즉 세계의 새로운 역사를 쓰는 파괴를 위해 불의 세계 심판을 통한 새로운 압축이 일어나야 한다. 다른 말로 하자면 악령은 세계를 시작의 불 속에 집어넣는다.

이제 우리의 오랜 친구 큰 곰 성좌로 돌아가자. 힐러의 노래[Hilleriade]에 대해서는 이미 언급했다. 이 노래는 위대한 진리에서 시작한다:

> 당신들, 신의 은총을 받은 대중들은 파악하지 못한다,
> 룸펜으로 세계를 맞이하는 것이 얼마나 고통인지를,
> 사람들은 절대 그 고통을 벗어나지 못한다.(256쪽)

우리는 비탄의 역사 전체를 아주 상세한 세부에 이르기까지 듣지 않을 수 없었다. 그런 다음 큰 곰 성좌는 다시 한번 「위선」이란 시에서 이렇게 부르짖는다.

> 화 있을 지어라, 당신들에게 화 있을 지어라, 당신들 못된 사악한 세계여.
> 저주하노라 영원한 저주를, 당신들에게! 당신들 저주받은 화폐여!
> 당신들이 없더라면 이 살인이 일어나지 않았을 것이며
> 당신들이 없었더라면, 당신들 무척이나 섬뜩한 자여!
> 어린아이의 피가 오로지 당신들을 넘어서 오니

> 나의 시인이 입으로 말하는 진리를,
> 나는 당신들의 얼굴에 내던지니
> 복수의 시간에 닥쳐올 매를 기다리라!

〈GA2, 642〉〈W, 289〉큰 곰 성좌가 "그의 시인이 입에서 끄집어낸 진리를 사람들의 얼굴에 던진다" 할 때, 그는 여기서 가장 끔찍한 만용[蠻勇]을 범한다고 생각해서는 안 되는가? 그러나 진정하라, 간이 떨어질까 그리고 안전할까 해서 떨지 말라. 큰 곰 성좌가 부자에게 무슨 짓을 하지 못하듯이 부자도 큰 곰 성좌에 무슨 짓을 하지 못한다. 그러나 큰 곰 성좌는 늙은 힐러가 참수당했어야 할까 하고 생각한다.

> 가장 약한 복부를 땅에 대고 살인자의
> 머리 아래 당신들은 조심스럽게 누워야 했다,
> 당신들이 그에서 탈취한 그가 사랑하는 것을
> 깊은 잠 속에서 망각하기 위해서.—당신들을 축복하나니.
> 그리고 그가 깨어나면 그를 둘러싸고
> 이백 개의 하프가 윙윙거리며 달콤한 연주를 해야 했다,
> 아이들의 새근대는 소리가 더는 절대
> 그의 귀를 찢고 그의 심장을 터지게 하지 않게.
> 그리고 속죄를 위해 또 다른 것들을, 그것이 무엇이든 간에,
> 사랑이 생각해낼 수 있는 가장 사랑스러운 것을 해야 했다.
> 아마도 그러면 당신들은 범죄에서 벗어나게 됐을 텐데.
> 그러면 당신들은 양심의 편안함을 얻을 수 있었을 텐데.(263쪽)

사실상 그것은 모든 온순함 중의 온순함이며, 진정 사회주의의 진리다! "당신들을 축복하나니!", "양심의 편안함"이라는 말을 보면 큰 곰성좌는 유치하다. 그는 허황한 이야기를 하고 있다. 그가 "복수의 시간에 닥쳐올 매질을 기다린다"는 것은 기지의 사실이다.

그러나 힐러의 노래보다 더 고무적인 것은 "무덤의 목가"이다. 처음 그는 가난한 사람이 묻혀 있는 것을 보고, 그 미망인의 한탄을 듣는다. 이어서 그는 전쟁에 뛰어든 젊은 군인, 그의 늙은 아버지의 유일한 기둥이 묻힌 것을 보며, 그 뒤 그는 자기의 어머니가 살해한 아이가 묻힌 것을 보고 마지막으로 부유한 남자가 묻힌 것을 본다. 그가 이 모든 것을 보았을 때 비로소 그는 생각하기 시작하면서 아래와 같은 것을 볼 것이다.

> 나의 시선은 밝고 분명하게 됐다
> 그리고 빛을 비추면서 그 시선은 깊이 납골당 안으로 들어간다(284쪽)

유감스럽게도 그 시선은 그의 시구 "깊이" 들어가기에 충분히 "분명"하지 않다.

> 가장 비밀스러운 것이 나에게 드러났도다.

그 대신 그에게 남아 있는 것은 모든 세계에 알려진 사실 즉 그의 시가 끔찍하게도 아무 가치가 없다는 사실이며, 그러나 그 사실은 그에게는 완전한 비밀이었다. 통찰력을 지닌 큰 곰 성좌는 "가장 위대한 기적이 어떻게 순식간에 일어났는가"를 보았다. 가난한 남자의 손가락은 산호충이 됐고 그의 머리칼은 명주실이 됐으며 이를 통해 그의 미망인은 커다란 부에 이른다. 군인의 무덤에서 화염이 나와, 왕의 궁전을 집어삼킨다. 〈W, 290〉아이의 무덤에서는 장미가 솟아나 그 향기는 어머니의 감옥에까지 퍼진다. 부유한 남자는 영혼의 방황을 통해 독사가 된다. 큰 곰 성좌는 〈GA2, 643〉그의 가장 어린 아들을 시켜 그 독사를 밟은 데 대해 사적인 만족감을 간직한다! 그렇게 우리 모두에게 어떻든 불멸성이 생긴다고 큰 곰 성좌는 생각한다.

덧붙여 말하자면 우리의 큰 곰 성좌는 그래도 용기를 갖고 273쪽에서 그의 "불행"을 천둥소리로 쫓아낸다. 그는 불행에 항의한다.

    나의 심장에는 커다란 사자가 앉아 있다.
    그 사자는 너무나도 대담하고 너무나 크고 너무나 빠르다.
    그의 발톱을 당신들은 조심하라!

그렇다, 큰 곰 성좌는 "전투의 욕망을 느끼며" "상처를 두려워하지 않는다."

부록3 포이어바흐 장 비교 분석

MECW(바가투리아판)을 기초로 한
MEW(아도라츠키판)와 MEGA2(IMES판)의
재구성

해제

포이어바흐 장에 관한 대표적인 편집은 세 가지가 있다. 그 가운데 MECW(바가투리아판)과 MEGA2(IMES판)는 모두 마르크스, 엥겔스가 남긴 수고의 번호를 따라서 편집했기에 기본적으로 동일하다.

MEW를 편집한 아도라츠키는 마르크스, 엥겔스가 후일의 편집을 위해 수고에 남긴 지시사항을 참조하지만 기본적으로는 수고의 내용에 따라서 재구성했다. 아도라츠키의 편집은 수고 원문의 배열과 엄청난 차이가 있으나, 수고에 없던 내용이 들어가거나, 빠지거나 한 것은 없다.

다만 다음과 같은 차이가 있다.
- 포이어바흐 장의 1절 서론 절에 해당되는 정서본과 단편의 위치가 다르다.

MECW 1장 서문:	MEW 1권 서문:	MEGA2 H1:
서문Vorrede 1절 서두:	서문vorrede 1장 서론Einleitung:	서문vorrede H2:
정서본 1 1-1)	정서본1 A절 1)	정서본2 H3:
정서본2 1-2)	정서본2 A절 2)	단편 3, 4, 7 H4:
단편 3, 4, 5 1-3)	단편3, 4, 5 A절 3)	정서본1 H6(129-134): 정서본3
정서본 3 1-4)	정서본3 A절 5)	H7(135-139): 정서본5
정서본 5	정서본5	

-MEW 노트와 하단 주가 MEGA2, MECW는 원문에 편입된 부분이 상당하다. 또 수고에서 누락된 부분 가운데 나중에 찾아낸 몇 쪽(수고 1, 2)을 MECW, MEGA2는 복원했다. 수고 가운데 쥐가 쏠아서 알아 볼 수 없는 부분에 대한 해석에서 약간의 차이가 존재하지만 무시해도 될 정도다. 이상 차이는 아래 비교본 주에서 설명했다.

  -마르크스는 수고의 좌단과 우단을 나누어, 좌단에 주로 글을 쓰고, 우단은 주나, 교정을 위해 사용했다. 하지만 가운데에서 우단의 교정 부분이 방대해서 본문과 다를 바 없는 경우도 있다. 이때 MEGA2는 좌우단을 나누어 편집해서 단번에 알 수 있다. 그런데 MECW는 우단을 먼저 읽고 다음에 좌단을 읽는다. 반면 MEW는 좌단을 먼저 읽고 우단을 나중에 읽는다. 그 덕분에 엄청난 차이가 있는 것으로 보인다.

  아래는 MECW(바가투리아 판)의 순서대로 MEW판과 MEGA2판을 재배열한 것이다. 세 판본의 쪽수를 구절 별로 비교해 놓았다. 바가투리아판에서 예를 들어 〈수12, 42:35-43:7〉로 표시된 쪽수 가운데 앞은 수고의 쪽수이고 뒤는 MECW의 쪽수이다.

역자

서문[Vorrede]

⟨GA2, 3:2-3:13⟩⟨서문, 23:14-23:25⟩⟨W, 13:11-13:23⟩사람들은 지금까지 항상 자신에 관해, 자신의 본질이 무엇이며 또는 자신이 마땅히 무엇이어야 하는지에 관해 잘못된 관념을 가졌다. 사람들이 사회관계를 구축하는 기준은 신이나 인간의 정상 상태 등에 관해 그가 지닌 관념이었다. 두뇌의 산물이 그의 두뇌를 넘어 성장했다. 그런 관념을 창조한 사람들이 자신이 창조한 관념에 굴복했다. 인간을 짓누르는 멍에 즉 망상과 관념, 독단과 공상에서 인간을 해방하자. 사상의 지배에 대해 저항하자. 공상을 인간의 본질에 상응하는 사상으로 바꾸게 인간을 가르치자. 누군가[1114] 이렇게 말하자 또 누구는[1115] 그런 망상 등에 대해 비판하자고 말하고 또 다른 누군가는[1116] 그런 망상 등을 머리에서 제거하자고 말한다. 그러면 기존의 현실은 무너질 것이라 한다.

⟨GA2, 3:14-3:26⟩⟨서문, 23:26-24:2⟩⟨W, 13:24-13:36⟩이렇듯 순진하고 유치한 환상이 신진 청년 헤겔주의자가 주장하는 철학의 핵심을 이루고 있다. 독일에서 일반 대중은 청년 헤겔주의자의 철학에 경악하면서 이를 경외의 마음으로 받아들이고 있다. 그뿐만 아니라 *철학의*

1114 주7 참고

1115 주8 참고

1116 주9 참고

영웅 자신은 자기의 철학이 위험하기로는 세계를 전복할 정도며 가차 없기로는 범죄적일 정도라고[1117] 엄숙히 선언한다. 이 책 1권은[1118] 자신을 늑대로 여기고 또 사람들 역시 그렇게 여기는 양 떼 가면을 벗겨내는 목적이 있다. 또한 이 책은 이 양 떼가 독일 부르주아 계급의 관념을 향해 그저 철학적으로 짖어대는 것에 지나지 않음을 드러내려는 것이 목적이며 또 철학 해석자들이 내세우는 허풍이 단지 독일의 비참한 실제 상태를 반영하는 것에 불과하다는 사실을 보여주려는 것이 목적이다. 또한 이 책은 현실의 그림자와 투쟁하고 꿈속에서 헤매는 듯 몽롱한 독일 대중이 기대해 마지않는 철학의 투쟁을 조롱하고 불신하게 만드는 것이 목적이다.

〈GA2, 3:27-3:30〉〈서문, 24:2-24:5〉〈W, 13:37-13:39〉옛날에 어떤 용감한 사람이 이렇게 공상했다: 사람들이 물에 빠지는 이유는 그가 다만 *무게라는 사상*에 사로잡혀 있기 때문이다. 사람들이 무게 관념을 〈GA2, 3:30-3:35〉〈서문, 24:5-24:11〉〈W, 14:1-14:5〉미신이나 종교적 관념에 불과하다 보고 이런 관념을 머리 밖으로 쫓아낸다면, 물에 대한 어떤 공포에서도 초연할 수 있다. 이 용감한 사람은 일생 동안 이 무게라는 환영과 투쟁했으며, 모든 통계는 그에게 무게의 환상이 초래하는 해로운 결과에 대해 수많은 새로운 증거를 제공해 주었다. 이 용감한 사

1117 주10 참고

1118 주11 참고

람이 독일에 등장한 혁명적 신진 철학자의 전형이었다.[1119][1120]

1119 역주) W는 수고에서 삭제된 부분도 부록에 실린 노트를 통해 밝혀두었다. CW는 이 삭제된 노트를 본문 하단 주로 표시해 두었다. 그런데 GA2는 삭제된 노트나 삭제된 방주를 모두 본문에서 제거하고 부록에 이본으로 실었다. 이 책은 편집상의 이유로 삭제된 노트를 본문에 함께 밝혀둔다. 다만 삭제됐음을 표시해두었다. W 편집자는 삭제된 노트가 마르크스 사상이 발전하는 과정을 이해하는 데 도움이 된다고 한다.

1120 〈W, 노트 1, 14-하단 주: 수고에서 삭제〉〈CW, 24-하단 주〉독일 관념론은 다른 민족의 이데올로기와 특별한 차이점이 없다. 또한 독일 관념론은 이념이 세계를 지배한다고 여기며 이념과 개념이 세계의 결정 원리라고 생각하며, 특정한 사상이 물질 세계를 지배하는 비밀이며 철학자에게나 접근 가능한 비밀이라고 본다.

헤겔은 능동적[positive] 관념론을 완성했다. 그는 물질 세계 전체를 사상의 세계로 전환했을 뿐만 아니라 또한 역사 전체도 사상의 역사로 전환했다. 헤겔은 사상이라는 사유의 산물을 기록하는 데 만족하지 않고 한 걸음 나아가 사상의 능동적인 작용을 서술하고자 시도했다.

독일 철학자들은 [물질 세계에] 환멸을 느끼자 사상 세계에 항의했다. 그들은 실제적이고 생동적인 세계에 관한 관념으로 이 사상 세계를 …… .

독일의 비판 철학자들은 모조리 지금까지 이념, 관념, 개념이 인간을 지배하고 결정해 왔고 실제 세계는 이념 세계의 산물이라고 주장한다. 이 순간까지도 그들은 이런 방식으로 주장하고 있으나 이런 주장은 이제 달라져야만 한다. 그들은 어떤 고정된 사상의 힘이 지배하므로 인간 세계가 탄식하고 있다고 생각하면서 이 사상이 무언지 각자가 나름대로 규정한다. 그들은 인간 세계를 구원하는 방식에 관해서 서로 다르다. 하지만 그들은 사상의 지배를 신봉한다는 점에서 서로 일치하며 사유의 비판 행위는 기존 사상을 파괴하는 결과를 끌어내야 한다고 믿는 데서 서로 일치한다. 그들이 자기만의 고립된 사유 행위를 그러기에 충분한 것으로 간주하거나 그들의 사유 행위가 일반적으로 인정받기를 원한다는 점에서 일치하리라는 것은 말할 것도 없다.

그들은 실재하는 세계가 이념 세계의 산물이라고, 이념 세계가 .... 라고 믿는다.

독일 철학자들은 헤겔 사상에 미혹되면서 실제 세계를 생산하고 결정하고 지배했던 지금까지의 사상, 이념, 관념에 대해서는 반대한다. 그들의 생각에 따르자면 지금까지의 이런 사상, 이념, 관념은 헤겔의 환상이다. 그들은 이의를 제기하면서 끝장내려 하니 ....

헤겔의 체계에 따르자면 이념, 사상, 개념이 인간의 실제 삶, 물질 세계, 실질적 관계를 생산하고 결정하고 지배했다. 헤겔에 반항을 꾀했던 제자들조차 이런 생각을 헤겔에서 받아들인다.

1244 독일 이데올로기 2권

1장 포이어바흐

유물론자의 견해와 관념론자의 견해의 대립

1절

[1121]〈GA2, 12:2-12:15〉〈정1, 27:15-27:27〉〈W, 17:12-17:23〉독일의 이데올로그들이 전한 바에 따르면 최근 몇 년 동안 독일은 유례없던 혁명을 겪고 있다. 슈트라우스[Strauss][1122]에서 시작됐던 헤겔 체계의 해체 과정이 이제 전 세계에 걸친 소동으로 발전했다. 이 소동에 휩쓸리지 않은 "구시대의 권력"은 없었다. 이런 전반적인 혼돈 속에서 강력한 제국이 건설됐지만, 이 제국은 곧 다시 몰락했다. 어느 순간 영웅이 떠올랐지만, 다시 더 과감하고 더 강력한 경쟁자를 통해 망각됐다. 그것은 하나의 혁명이었다. 그것에 비해 본다면 프랑스 혁명은 차라리 아이들 장난에 가까운 것이다. 그것은 하나의 세계 전쟁이었다. 그것에 비

1121 역주) 이 부분은 W는 '1장 포이어바흐 서론'이며 제목은 없다. 이 부분은 CW에서는 '1장 서론'에 해당되며 GA2에서는 H4에 해당한다. 제목은 '1. 포이어바흐'이다.

1122 주14 참고

추어 보면 알렉산더 후계자[1123]들이 펼쳤던 전쟁조차도 하찮은 것으로 보인다. 철학 원리들은 각축했고 사상의 영웅들은 일찍이 들어본 적이 없을 정도로 성급하게 꼬리를 물고 나타났다. 독일에서는 1842년부터 1845년까지 불과 3년 만에 그 전 3백 년 동안보다 훨씬 더 많은 사상이 청산됐다.

⟨GA2, 12:16-12:16⟩⟨정1, 27:28-27:29⟩⟨W, 17:24-17:24⟩이 모든 것은 순수한 사상 속에서 일어났다고 하는 일이다.

⟨GA2, 12:17-12:30⟩⟨정1, 27:30-28:6⟩⟨W, 17:25-17:37⟩물론 이는 아주 흥미로운 사건 즉 절대정신의 부패 과정과 관련된 일이다. 생명의 마지막 불꽃이 꺼진 이후 이 caput mortuum⟨시체⟩[1124]를 구성하는 각 요소는 분해 과정에 들어가, 새로운 결합을 발생해, 드디어 새로운 물질을 만들었다. 지금까지 절대정신을 갉아먹으며 살아왔던 철학 제조업자는 이제 새로운 결합물을 만드는 데 정신 없었다. 각각은 자기가 만든 것을 정말 부지런하게 판매했다. 이런 일이 경쟁 없이 지나갈 수 없었다. 그런 경쟁은 처음에는 상당히 부르주아적으로 평온하게 펼쳐졌다. 그러나 나중에 독일 시장이 과잉공급에 부딪히고 상품이 각고의 노력에도 불구하고 세계 시장에서 호응을 받지 못하자 독일에서는 늘 그렇듯이 그 사업은 위조품 생산과 모조품 생산, 저질화, 재료 바꿔 치기, 상표 위조, 위장 매매, 어음 사기 ⟨GA2, 12:30-12:32⟩⟨정, 28:6-29:7⟩⟨W, 18:1-18:2⟩그리고 어떤 진정한 담보도 결여한 신용 제도를 통해서 변질했다. 경쟁은 격렬한 투쟁으로 전환했다. ⟨GA2, 12:32-15:2⟩⟨정, 28:7-28:10⟩⟨W, 18:2-18:4⟩우리는 지금 이런 투쟁을 세계사적인 격변으로,

---

1123 주15 참고

1124 주16 참고

엄청난 결과와 성과를 이룬 사건으로 찬양하고 꾸민다.

〈GA2, 15:3-15:10〉〈정1, 28:11-28:18〉〈W, 18:5-18:10〉이런 철학의 호객 행위는 거들먹대기를 좋아하는 독일 시민의 가슴에 행복한 민족적 자부심을 자아낸다. 이런 철학의 호객 행위를 올바르게 평가하기 위해서 그리고 이 전체 청년 헤겔주의자의 운동이 지닌 좀스러움이나 촌티를 보여주기 위해서 또한 이 영웅들이 실제 행한 일과 자기들이 했다고 믿는 환상 사이에 존재하는 희비극적인 대비를 눈으로 볼 수 있게 만들기 위해서 우리는 이 구경거리 전체를 독일 바깥에 놓인 관점에서 한번 바라볼 필요가 있다.[1125]

1125 〈W, 노트 2: 18-하단 주: 수고에서 삭제〉〈CW, 28-하단 주〉그러므로 우리는 특별히 이 운동의 개별 대표자를 비판하기에 앞서 몇 가지 일반적 고찰을 해보기로 한다. 이러한 일반적 고찰은 뒤따르는 개별 비판을 이해하고 정당화하는 데 필요한 범위 내에서 우리의 비판이 취하는 입각점을 명확히 하는 것으로 충분할 것이다. 우리는 이러한 고찰을 포이어바흐와 직접 비교한다. 왜냐하면 그는 적어도 한 걸음 앞으로 나갔던 유일한 사람이며 또한 그 사람의 것이라면 bonne foi〈덮어놓고〉 동의해도 되는 사람이기 때문이다. 그런 일반적 고찰은 개별 대표자 모두에게 공통으로 전제된 것들을 상세하게 밝혀 줄 것이다.

1절 이데올로기 일반, 특히 독일 철학

우리는 단지 하나의 유일한 과학만을 알고 있다. 그것은 역사과학이다. 우리는 역사를 두 가지 측면에서 관찰할 수 있다. 즉 역사는 자연의 역사와 인간의 역사로 나눌 수 있다. 그러나 우리는 이 두 측면을 분리할 수 없다. 인간이 현존하는 동안 자연의 역사와 인간의 역사는 서로를 전제한다. 우리는 여기서 자연의 역사, 이른바 자연과학을 다루지는 않을 것이다. 반면 우리는 인간의 역사를 다루어야 할 것이다. 왜냐하면 이데올로기 전체는 인간의 역사를 왜곡한 견해이거나 아니면 인간의 역사를 전적으로 추상적인 견해로 환원하기 때문이다. 즉 이데올로기 자체는 역사의 단지 한 측면일 뿐이다.

1-1) 이데올로기 일반, 특히 독일 이데올로기

[1126]⟨GA2, 4:5-4:9⟩⟨정2, 28:24-28:27⟩⟨W, 18:16-18:19⟩독일에서 전개된 비판 운동은 가장 최근의 시도에 이르기까지 철학의 지반을 떠난 적이 없었다. 그런 비판 운동은 철학 일반이 놓인 전제를 탐구한 적은 한 번도 없었으며 심지어 그 전체 물음 자체가 특정한 철학 체계 즉 헤겔의 체계를⟨GA2, 4:9-4:19⟩⟨정2, 28:27-29:10⟩⟨W, 19:1-19:11⟩ 지반으로 해 발생했다. 그 대답에서뿐만 아니라 이미 질문 자체에서도 신비화가 이루어졌다. 헤겔에 의존하고 있으므로 새로운 비판자가 아무리 자기는 이미 헤겔을 넘어섰다고 주장해도, 누구도 헤겔의 철학 체계에 대한 포괄적인 비판을 심지어 시도해 보기조차 하지 않았다. 이들 비판자가 헤겔에 대해 그리고 서로에 대해 벌인 논쟁은 비판자 각각이 헤겔 체계의 한 측면만을 끄집어내서는, 자신이 끄집어낸 측면을 다른 사람들이 끄집어낸 측면에 바로 대립시키거나 마찬가지로 헤겔의 전체 체계에 대립시키는 것에 국한됐다. 처음에 누군가가 실체나 자기의식[1127]과 같은 순수하고 왜곡되지 않는 헤겔의 범주를 끄집어냈다. 나중에 다른 누군가가 이 범주에 유나, 유일자 또는 인간[1128] 등과 같은 더 세속적인 이름을 붙임으로써 이 범주를 통속화했다.

1126 역주) 이 부분은 W에서는 1장 서론 다음에 제목 'A.이데올로기 일반, 특히 독일의' 아래 시작 부분(18~20)에 들어 있다. CW에서는 이 부분이 1장의 서론 다음에 '1-1, 이데올로기 일반, 특히 독일 이데올로기'에 들어 있다. 반면 GA2에서는 H2로서 독립적인 절을 이룬다.

1127 주19 참고

1128 주20 참고

〈GA2, 4:20-4:31〉〈정2, 29:11-29:21〉〈W, 19:12-19:13〉슈트라우스 Strauß[1129]에서 슈티르너에 이르기까지 독일에서 전개된 철학적인 비판 운동은 종교 관념을 비판하는 데 국한된다.[1130] 사람들은 실제 종교와 실제 신학에서 출발했다. 종교 의식, 종교 관념이 무엇인지는 시간이 흘러가면서 다양하게 규정됐다. 진전이 있었다면 그것은 형이상학과 정치, 법률, 도덕 또한 그 밖에 여러 영역을 지배하는 관념을 종교 관념이나 신학 관념의 범위 아래 포섭하는 데 있었다. 그런 진전은 또한 정치, 법, 도덕에서 말해지는 인간, 한마디로 말해서 "인간 *자체*"를 종교적인 존재로 설명하는 데 있었다. 종교의 지배가 전제되어 있었다. 〈GA2, 4:31-7:5〉〈정2, 29:21-29:26〉〈W, 19:13-19:27〉모든 지배 관계는 차차 종교의 관계로 설명됐으며 동시에 예배로, 다시 말해 법률에 대한 예배이며 국가에 대한 예배로 치환됐다. 어디에서나 다만 교의와 교의에 대한 믿음이 문제였다. 세계의 점점 더 넓은 영역이 성화되더니 급기야 존경하는 성 막스는 일체의 세계를 신성한 존재로 축성하고 그것을 통해 단번에 성화를 완성할 수 있었다.

〈GA2, 7:6-7:13〉〈정2, 29:27-30:7〉〈W, 19:28-19:34〉노장 헤겔주의자는 무엇이든 헤겔 논리학의 범주로 환원됐을 때 *개념적으로 완전히 이해했다.* 청년 헤겔주의자는 무엇이든 종교적인 관념 아래 집어넣거나 신학적인 것으로 설명했을 때 완전한 *비판*이 되었다. 청년 헤겔주

1129   주21 참고

1130   〈W, 노트 3: 19-하단 주: 수고에서 삭제〉〈CW, 29-하단 주〉[철학자의 비판 운동은] 세계를 모든 악에서 절대적으로 구원하겠다는 요구에 따라 출현했다. .... 종교는 그런 철학자를 거역하는 최종 원인으로서, [철학자의] 철천지원수로서 계속 간주되었고 그렇게 다루어졌다.}

의자는 종교, 개념 그리고 일반적인 것이 현존하는 세계를 지배한다고 믿는다는 점에서 노장 헤겔주의자와 일치한다. 단지 다른 점이 있다면 청년 헤겔주의자는 이런 지배를 찬탈로 공격했다면 노장 헤겔주의자는 합법적인 것으로 찬양했다는 것이다.

〈GA2, 7:13-7:26〉〈정2, 30:8-30:20〉〈W, 19:35-20:12〉노장 헤겔주의자는 관념이나 사상, 개념을, 일반화하자면 자기가 자립적인 존재로 만든 의식의 산물을 인간 사회의 진정한 연결끈으로 설명한다. 그것과 꼭 마찬가지로 청년 헤겔주의자는 이런 것들을 본래의 족쇄로 여긴다. 그러므로 자명하게도 청년 헤겔주의자는 의식이 만든 이런 환상에 대해 투쟁하지 않을 수 없었다. 청년 헤겔주의자는 인간관계와 인간의 모든 활동과 충동, 인간의 족쇄와 한계는 인간 의식이 생산한 산물이라는 환상을 갖고 있다. 그러므로 청년 헤겔주의자는 현재의 의식을 인간적이거나, 비판적이거나 이기주의적인 의식[1131]으로 바꾸고 이를 통해서 인간의 한계를 제거하라고 도덕적으로 한결같이 요청한다. 의식을 바꾸라는 요구는 결국 현존하는 것을 다른 방식으로 해석하고, 다시 말해 다른 방식으로 해석함을 통해 현존하는 것을 인정하라는 요구이다.

〈GA2, 7:26-7:37〉〈정2, 30:20-30:33〉〈W, 20:12-20:23〉청년 헤겔주의자에 속하는 사상가들은 소위 "세계를 뒤흔들겠다"[1132]는 상투어에도 불구하고 가장 극단적인 보수주의자다. 그중 가장 어린 자들이 *싸워야* 할 대상은 단지 "*상투어*"일 뿐이라고 주장했을 때 그들은 자기들의 활동에 대한 가장 적절한 표현을 찾아냈다고 보겠다. 그런데 이 가장 어린 자들이 망각한 사실이 있다. 그것은 그들은 상투어 자체에 상투어로 응

1131   주22 참고

1132   주23 참고

수하고 있을 뿐이며 만약 그들이 세계에 관한 상투어와 싸우고 있을 뿐이라면 실제로 현존하는 세계에 맞서 싸우는 것은 절대 아니라는 사실이다. 여기에서 철학적인 비판 운동이 성취할 수 있었던 유일한 결과는 기독교에 대한 몇 가지 해명, 고작해야 일면적인 종교사적인 해명일 뿐이었다. 그들이 주장하는 나머지 온갖 것은 이 보잘것없는 해명이 세계사적인 발견이나 되는 것처럼 주장하는 자화자찬[自畵自讚]일 뿐이다.

⟨GA2, 7:37-7:41⟩⟨정2, 30:33-30:36⟩⟨W, 20:24-20:26⟩독일 철학이 독일의 현실과 맺는 연관을 그리고 독일의 비판 철학이 자신에게 고유한 물질적인 주변 환경과 맺는 연관을 묻는 일은 이 철학자들 가운데 누구의 머리에도 떠오르지 않았다.[1133]

1-2) 역사에 관한 유물론자의 견해가 전제하는 것

⟨GA2, 8:7-8:11⟩⟨단4, 31:3-31:7⟩⟨W, 20:28-33⟩[1134]우리가 출발점으로 삼는 전제는 자의도 아니며 독단도 아니다. 그것은 실제의 전제다. 이런 실제의 전제를 제거하는 것은 단지 공상 속에서만 가능하다. 그것은 실제의 개인, 실제 개인의 행위와 그가 처한 물질적 삶의 조건 즉 그가 눈앞에서 이미 존재하는 것으로 발견하는 삶의 조건이며 또한

1133 역주) CW에서는 여기에 이런 주가 붙어 있다. "수고의 이 다음부터가 누락되었다. 수고의 그다음 쪽 이하의 텍스트는 이 책(CW)의 1~3(정서본3)에서 발견된다."

1134 역주) 이하의 수고 단편 3, 4, 5 세 쪽은 W에서는 'A 이데올로기 일반' 다음에 제목 없이 이어진다(W, 20~21). CW에서는 1-2에 들어 있고, '1-2. 역사에 관해 유물론자가 지닌 개념의 전제'라는 제목이 들어 있다. 반면 GA2에서는 H3에 해당하고 제목은 '1. 이데올로기 일반, 특히 독일 철학/A'이다.

그가 행위를 통해서 만들어 내는 삶의 조건이다. 그러므로 이런 전제는 〈GA2, 8:11-8:12〉〈단4, 31:7-31:8〉〈W, 20:33-20:34〉순전히 경험적인 방법으로 확인될 수 있는 것이다.

〈GA2, 8:13-8:14〉〈단4, 31:9-31:11〉〈W, 20:35-20:36〉모든 인간 역사의 첫 번째 전제는 당연히 살아있는 인간 개인의 현존이다.[1135] 그러므로 가장 먼저 확인돼야 하는 역사의 성립 요건은 〈GA2, 8:14-8:22〉〈단4, 31:11-31:17〉〈W, 21:1-21:8〉개인의 신체 조직이고 개인이 신체적인 조직을 통해 나머지 자연과 맺는 관계이다. 여기서 우리가 인간 자신의 물리적인 상태나 또 인간이 눈앞에 발견하는 자연적인 조건, 이를테면 지질학적, 지리학적, 지형학적 또는 기상학적인 상황 그리고 나머지 다른 상황까지 언급할 수 없다는 점은 양해해 달라.[1136] 모든 역사 서술은 이런 자연 토대에서 그리고 역사가 지나면서 인간 행위를 통해 자연 토대에서 일어난 변용에서 출발해야 한다.

〈GA2, 8:23-8:28〉〈단4, 31:18-31:23〉〈W, 21:9-21:14〉인간은 의식을 통해서, 종교를 통해서, 그 밖에 인간이 무엇을 의욕하든 간에 그것을 통해 동물과 구별될 수 있다. 인간 자신이 동물과 구별되는 것은 인간이 그의 생존 수단을 *생산하자마자* 시작한다. 인간이 분화하는 발걸

1135 〈W, 노트 4: 20-하단 주: 수고에서 삭제〉〈단, 31-하단 주〉개인을 동물에서 구별해 주는 첫 번째 역사적 행위는 인간이 사유한다는 사실이 아니라 인간이 자기의 생존수단을 스스로 생산하기 시작했다는 사실이다.

1136 〈W, 노트 5: 21-하단 주: 수고에서 삭제〉〈CW, 31-하단 주〉그러나 [개인과 자연의] 이러한 관계가 원초적인 신체 조직 즉 자연적으로 성장한 인간의 신체 조직을 말하자면 종족의 차이를 제약할 뿐만 아니라 그 후에 계속되어 오늘날까지 이른 모든 인간의 더 나아간 발전 또는 미발전도 제약한다.

음은 인간의 신체 조직 때문에 가능한 것이다. 인간은 자신의 생존 수단을 생산함으로써 간접으로는 자신의 물질적 삶 자체를 생산한다

〈GA2, 11:1-11:3〉〈단5, 31:24-31:26〉〈W, 21:15-21:17〉인간이 자신의 생존 수단을 생산하는 방식은 일단 이미 현존하고 있으며 재생산되는 생존수단 자체의 특성에 달려있다. 〈GA2, 11:3-11:11〉〈단5, 31:27-32:2〉〈W, 21:17-21:24〉생산 방식은 단지 이 생산을 통해 개인의 신체적인 현존이 재생산된다는 측면에서만 고찰되어서는 안 된다. 생산 방식은 그보다는 오히려 개인이 활동하는 특정한 방식이자, 개인이 자신의 삶을 표현하는 특정한 방식이고, 개인의 특정한 삶의 방식이다. 개인은 그가 자신의 *삶을 표현하는 방식*에 따라 존재한다. 그러므로 개인이 무엇인가는 그의 생산과 일치하며, 그가 무엇을 생산하는가와 일치하며 또한 그가 어떻게 생산하는가와 일치한다. 그러므로 개인이 무엇인가는 이런 생산의 물질적 조건에 달려있다.

〈GA2, 11:11-11:14〉〈단5, 32:3-32:6〉〈21:25-21:27〉생산은 처음에 *인구의 증가와 함께* 등장한다. 생산 자체는 다시 개인의 상호 교류[1137]를 전제한다. 교류의 형식은 다시금 생산을 조건으로 한다.

1-3) 생산과 교류, 노동분업 그리고 소유의 형태-부족적 소유, 고대적 소유, 봉건적 소유

〈GA2, 129:2-129:9〉〈정3, 32:12-32:19〉〈W, 21:28-21:34〉[1138]서로

1137   주26 참고

1138   역주) 이 단편 즉 정서본-3은 CW에서 '1-3, 생산과 교류, 노동 분업과 소유의 형태,-부족적 소유와 고대적 소유와 봉건적 소유'라는 제목으로 들어가 있다. W에서 1장 포이어바흐 'A 이데올로기 일반 특히 독일 이데올로기' 중

다른 국가들의 상호 연관은 각 국가가 자기의 생산력과 노동 분업 그리고 내부 교류를 얼마나 발전시켰는가에 달려있다. 이는 일반적으로 시인된 명제다. 그러나 한 국가가 다른 국가와 맺는 관계뿐만 아니라 한 국가의 전반적인 내부 체제 자체도 그 국가의 생산과 내외적인 교류의 발전단계에 의존한다. 한 국가의 생산력이 얼마나 발전했는가는 노동 분업이 발전한 〈GA2, 129:10-129:13〉〈정3, 32:19-32:24〉〈W, 22:1-22:4〉정도에서 가장 명백하게 드러난다. 모든 새로운 생산력은 지금까지 이미 알려진 생산력이 단순히 양적으로 확장한 것이 아닌 한에서(예를 들어 토지 개간이 확대하는 때처럼) 결과적으로 노동 분업을 새로이 형성한다.

〈GA2, 129:14-129:26〉〈정3, 32:25-32:36〉〈W, 22:5-22:16〉한 국가 안에서 노동 분업이 발전하면 우선 농업노동에서 산업노동과 상업노동이 분리하며 이와 함께 도시와 농촌이 분리하고 도시의 이해와 농촌의 이해가 대립한다. 노동 분업이 더 발전하게 되면 산업노동에서 상업노동이 분리한다. 이와 동시에 노동 분업을 통해서 다른 부문 각각의 내부에서 다시 일정한 노동을 위해 협력하는 개인들의 다른 편제[編制: Abteilung]가 발생한다. 개별 집단이 서로 어떻게 배치되는가는 농업노동과 산업노동 그리고 상업노동이 각각 어떻게 운영되는가(즉 가부장제인가, 노예제인가, 신분제인가, 계급제인가)에 따라서 규정된다. 교류가 발전하게 되면 다른 국가가 서로 맺는 관계에서 이와 같은 관계가 나타난다.

〈GA2, 129:26-129:30〉〈정3, 32:37-32:41〉〈W, 22:17-22:20〉노동

21-e부터 25-c까지 편입된다. GA2에서는 단편3으로 포이어바흐 장 뒷부분(GA 129~134)에 제목도 없이 편입된다.

분업이 발전하는 다른 단계에 소유의 다른 형식이 대응한다. 다시 말해 노동 분업의 각 단계는 개인이 노동의 원료, 노동 도구 그리고 노동의 산물과 관련해서 서로 간에 맺는 관계도 규정한다.

〈GA2, 129:31-129:34〉〈정3, 32:42-33:4〉〈W, 22:21-22:24〉소유의 첫 번째 형식은 부족 소유[1139]이다. 부족 소유는 생산이 아직 발전되지 못한 단계에 상응하는 소유 형식이며 이 단계에서 부족 대중[Volk]은 사냥과 어로, 목축 또는 기껏해야 농경으로 살아간다. 마지막의 경우 즉 농경을 통해 살아가는 때는 대규모 미개간지를 전제로 한다. 〈GA2, 130:1-130:9〉〈정3, 33:5-33:12〉〈W, 22:25-22:32〉이 단계에서 노동 분업은 여전히 거의 발전되지 못한 상태이며 가족 내에 존재하는 자연 발생적인 노동 분업이 조금더 확장된 정도에 국한된다. 따라서 사회 체제는 가족이 확장된 것에 불과하다. 가부장적인 부족장이 있고 그 밑에 부족 구성원 그리고 마지막으로 노예가 존재한다. 인구가 증가하고 또한 욕구가 증가하며 전쟁이나 교역과 같은 외부 교류가 확장되면서 오직 점진적으로 가족 안에 잠재적으로 존재하던 노예제가 발전한다.

〈GA2, 130:10-130:15〉〈정3, 33:13-33:18〉〈W, 22:33-22:38〉두 번째 형식은 고대 지역 공동체[Gemeinde][1140] 소유 또는 도시국가 소유이다. 이런 소유는 특히 다수의 부족이 계약이나 정복을 통해서 도시로 통합되면서 생겨났다. 이 소유형식에서 노예제는 여전히 존속한다. 도시 소유와 함께 먼저 동산의 사적 소유가 발전하며 후에는 부동산의 사적 소유도 발전한다. 하지만 이런 사적 소유는 어디까지나 비정상적인 소유 형식 이거나, 지역 공동체 소유[Gemeindeeigentum]의 하위 형식일

1139 주28 참고

1140 주29 참고

뿐이다. 〈GA2, 130:15-130:17〉〈정3, 33:18-33:22〉〈W, 22:38-22:39〉 공민[Staatbürger: 도시국가의 인민]은 단지 자신의 도시를 통해서만 노동 노예를 지배하는 권력을 행사하며 바로 이런 까닭에 공민은 도시 소유의 형식에 묶여 있다. 도시 소유는 권리를 지닌[aktive] 공민이 공동으로 소유하는 사적 소유이다. 〈GA2, 130:17-130:27〉〈정3, 33:22-33:32〉〈W, 23:1-23:27〉공민은 노예에 대항하기 위해 이러한 자연 발생적인 협의회[Association] 방식에 머무를 수밖에 없었다. 따라서 이런 결합에 기초한 사회 체제 전체와 그런 사회와 함께 유지되던 도시 대중[Volk]의 권력은 특히 부동산의 사적 소유가 발전하는 정도에 따라 붕괴하게 된다. 노동 분업은 이미 더 발전한 상태이다. 이미 도시와 농촌의 대립이 발견되며, 이후에는 각각 도시 사이의 대립도 발견된다. 이런 대립은 도시적 이해를 대변하는 도시와 농촌적 이해를 대변하는 도시 사이의 대립이다. 그리고 각 도시 내부에서도 산업과 해양무역 사이의 대립이 발견된다. 시민과 노예 사이의 계급관계가 완성됐다.

〈GA2, 130:27-130:36〉〈정3, 33:33-33:42〉〈W, 24:1-24:9〉사적 소유가 발전함에 따라서 근대의 사적 소유에서 발견하는 것과 똑같은 상황이 여기서 처음으로 등장한다. 근대의 사적 소유는 그런 상황이 규모만 더 확장된 것에 불과하다. 한편으로 사유 소유가 집중된다. 사유 재산의 집중은 로마에서는 일찍부터 시작했으며(리키니우스의 경지법[1141]이 그 증거이다) 내전 이래 특히 황제 시대에 급속도로 진행됐다. 사유 소유의 집중과 더불어 다른 한편 평민인 소농이 프롤레타리아로 전락한다. 하지만 이런 프롤레타리아는 재산을 소유한 시민과 무산 노예 사이의 중간이라는 지위 때문에 자립적 존재로 발전하지 못했다.

1141   주31 참고

〈GA2, 130:37-130:41〉〈정3, 33:43-34:5〉〈W, 24:10-24:14〉세 번째의 형태는 봉건적 또는 신분적 소유이다. 고대가 도시와 그 주변의 소규모 지역[Gebiet]에서 출발했다면 중세는 지방[Land]에서 출발했다. 광활한 대지 위에 사람들이 산재해 살고 있었고 또 정복자가 이주해 왔음에도 인구가 많이 증가하지 않았다. 이 사실이야말로 고대와는 달라진 중세의 전제 조건이다. 그러므로 〈GA2, 133:1-133:22〉〈정3, 34:5-34:26〉〈W, 24:14-24:35〉그리스나 로마와는 대조적으로 봉건제의 발전은 로마의 정복을 통해 그리고 그것에 수반된 농경의 확장을 통해서 마련된 더 광활한 영역[Terrain]에서 시작됐다. 지난 세기 로마가 몰락하고 야만족이 로마를 정복해 그 때문에 생산력의 상당 부분이 파괴됐다. 그에 따라 농업은 침체했고 산업은 판매의 부족으로 쇠퇴했으며 교역은 소멸하거나 치명적으로 붕괴함으로써 농촌과 도시 모두 인구가 감소했다. 이런 기존 상황과 이를 조건으로 하는 정복 조직의 [구성] 방식은 게르만 군대 체제의 영향 아래에서 봉건적 소유를 발전시켰다. 봉건적 소유도 부족 소유나 지역 공동체[Gemeinde] 소유와 마찬가지로 하나의 자치 단체[Gemeinwesen]를 기초로 하고 있지만, 이 자치 단체에 대립하는 것은 고대와는 달리 노예가 아니라 직접 생산하는 계급인 농노적[leibeigen]인 소농민이었다. 봉건제가 완전하게 형성되는 것과 동시에 도시에 대한 대립이 다시 등장하게 됐다. 토지 소유가 위계적으로 구분되고 그리고 그것과 관련해 무장 가신[Gefolgschaft]이 출현하면서 그 덕분에 귀족은 농노에 대한 권한을 얻었다. 이러한 봉건 조직은 고대의 도시 소유와 마찬가지로 피지배 생산계급에 맞서는 하나의 결합[Assoziation] 조직이었다. 여러 가지 생산조건 때문에 단지 결합 조직의 형태와 직접 생산자에 대한 관계만이 변화했을 뿐이다.

〈GA2, 133:23-133:34〉〈정3, 34:27-34:39〉〈W, 24:36-25:7〉토지 재산에서 생겨난 봉건 체제에 상응해 도시에서는 길드의 소유 곧 수공업에서 전개된 봉건 조직이 출현했다. 이 길드 소유에서 소유는 주로 각 개인의 노동을 통해 성립했다. 약탈적인 귀족의 협의회에 대항해 결합할 필요가 있었으며, 제조업자가 동시에 상인이었던 시기에 공동 시장에 대한 욕구가 발생했으며, 번영하는 도시로 쇄도하는 도주 농노 사이에 발생한 경쟁이 증가했고, 농촌 전체의 봉건적 구성이 완성됐기에 그 결과로 동업 길드가 출현했다. 개별 수공업자는 절약을 통해 작은 자본을 조금씩 모았을 뿐이고, 인구가 증가한 것에 비해 수공업자의 수는 정체됐으므로 직인과 도제의 관계가 발전했다. 직인과 도제의 관계는 계급적으로 위계화된 농촌 조직과 유사한 조직이 도시에서 성립하게 했다.

〈GA2, 133:35-133:41〉〈정3,34:40-35:6〉〈W, 25:8-25:14〉다시 말해서 봉건 시대 동안 주요한 소유는 한편으로는 토지에 속박된 농노 노동으로 지탱하는 토지 소유에 있었으며 다른 한편으로는 직인의 노동을 지배하는 소규모 자본을 축적하는 자기 노동에 있었다. 이 양대 소유의 체제는 국지화된 생산 관계를-즉 소규모의 조잡한 농경 또한 수공업적인 산업을-조건으로 했다. 노동 분업은 봉건제의 전성기에 거의 발생하지 않았다. 어느 지방에도 도시와 농촌 사이의 대립이 존재했다. 물론 신분의 구분은 아주 역력했다. 그러나 〈GA2, 134:1-134:10〉〈정3, 35:6-35:14〉〈W, 25:14-25:23〉지방에서 영주, 귀족, 성직자 그리고 농부가 구분되고, 도시에서 장인, 직인, 도제 그리고 곧이어 발생했던 날품팔이 천민이 구분된 것밖에는 어떤 의미 있는 노동 분업도 발생하지 않았다. 농업에서는 분할 경작을 통해 노동 분업이 발생하기 어려웠다.

분할 경작과 병행해 농민에 의한 가내수공업이 출현했다. 산업에서 개별 수공업 내부에서는 노동 분업이 전혀 없었고, 개별 수공업 상호 간에서는 노동 분업이 아주 미미하게 이루어졌다. 산업과 상업의 분업은 상당히 오래된 도시에서는 이미 현존했으나, 새로운 도시에서는 나중에 도시들이 상호 관계를 맺을 때 비로소 발전됐다.

⟨GA2, 134:11-134:14⟩⟨정3, 35:15-35:18⟩⟨W, 25:24-25:27⟩규모가 큰 지방들이 모여 봉건 왕국으로 통합되는 것은 도시뿐만이 아니라 토지귀족도 바라는 것이었다. 어디에서나 지배계급인 귀족이 이루는 조직의 정점에는 군주가 있었다.[1142]

1-4) 역사에 관한 유물론자의 개념의 본질, 사회적 존재와 사회적 의식

⟨GA2, 135:2-135:13⟩⟨정5, 35:26-36:2⟩⟨W, 25:28-25:38⟩[1143] 그러므로 사실 이렇게 말할 수 있다: 특정한 방식으로 생산하는 특정한 개인은[1144] 특정한 사회 정치적인 관계를 맺는다. 경험적으로 관찰하면 사회 또한 정치 체제가 생산과 맺는 관련은 어떤 개별 경우에도 경험적인 사

1142　CW주) 이 쪽의 나머지는 수고에서 빈 채로 남아 있다. 다음 쪽은 역사에 대한 유물론적 개념을 요약하면서 시작한다. 네 번째, 부르주아 소유 형식의 발전이라는 핵심 단계는 포이어바흐 장의 4절에서 다루어진다.

1143　역주) 이 단편은 CW판에는 1권 1장 1-4에 들어 있다. 제목은 '1-4, 역사에 관한 유물론자의 개념의 본질. 사회적 존재와 사회적 의식'이다. W에서는 1권 1장 A절에서 25-d에서 27-c까지 들어 있다. GA2에서는 포이어바흐 장 뒷부분 단편3 다음에 단편5로 135~139쪽에 나온다.

1144　CW주) 원래 수고에는 "생산의 특정한 조건 아래 특정한 개인"이라는 말만 남아 있다.

실로 입증되며 또한 어떤 신비한 것도 없고 그 사실을 이해하기 위해 사변이 필요 없는 사실임이 필연적으로 입증된다. 사회 체제와 국가는 특정한 개인들이 살아가는 과정에서 지속해서 발생한다. 그러나 특정한 개인은 자신이나 타인의 관념 속에 나타날지 모르는 개인이 아니라 실제로 존재하는 개인이며 즉 일하고 물질적으로 생산하는 개인이며 다시 말해 그 자신의 자의와 무관한 특정한 물질적인 한계와 전제, 조건 아래에서 활동하는 개인이다.[1145]

〈GA2, 135:14-135:30〉〈정5, 36:3-36:19〉〈W, 26:1-26:16〉이념과 관념 또한 의식의 생산은 일차적으로 인간의 물질적 활동 또한 물질적 교류 그리고 실제 삶을 표현하는 언어에 묶여있다. 이 단계에서 인간의 관념과 사유 또한 정신의 교류는 여전히 인간의 물질적인 행동의 필요에서 직접 흘러나오는 것으로 보인다. 한 민족의 정치, 법, 도덕, 종교, 형이상학 등과 같이, 언어를 통해 제시되는 정신적인 생산물에 대해서도 이 점은 마찬가지다. 인간은 그의 관념, 이념 등을 생산하는 자다. 그러나 생산자로서의 인간은 실제적이며 활동하는 인간이다. 실제적이며

1145 〈W, 노트 6: 25/26-하단 주: 수고에서 삭제〉〈CW, 36-하단 주〉개인이 지닌 관념은 자연에 대한 개인의 관계나 개인 사이의 관계나 개인의 개인적인 상태에 관한 관념이다. 이 모든 때에 관념은 개인의 실제 관계와 실천, 그의 생산, 그의 교류, 그의 사회 정치 조직을 의식적으로 표현한 것-실제의 표현이거나 환상의 표현이거나 간에-이라는 사실은 자명하다. 이와 대립하는 가정은 실제로 또한 물질적으로 제약받는 개인 정신 밖에 또 다른 별개의 정신이 존재한다는 것을 전제하는 때만 가능하다. 만약 실제 관계를 개인이 의식 속에서 환영으로 표현한다면 이 관념은 자기의 실제를 전도한 것이다. 그러므로 이 전도는 다시 개인의 물질적인 실천 방식이 한정적이며 이러한 실천 방식에서 유래하는 사회적인 관계가 한정적이므로 생긴 것이다.

활동하는 인간을 제약하는 것은 그가 소유한 생산력과 이 생산력에 상응하는 교류 또 이를 통해 구성되는 가장 광범위한 사회가 어느 정도 발전했는가다.[1146] 의식은 절대 의식된 존재와 다른 것일 수 없고, 인간의 존재는 그의 실제 삶의 과정이다. 전체 이데올로기는 인간 그리고 인간 사이의 관계가 Camera Obscura〈어둠 상자: 사진기〉에서처럼 전도되어 나타난 것이라면, 이 전도 현상 자체도 마찬가지로 인간의 역사적인 삶의 과정에서 유래한다. 이는 눈의 망막에서 대상이 전도되는 것이 바로 망막이라는 신체적인 조직 때문인 것과 같다.

〈GA2, 135:30-135:34〉〈정5, 36:20-36:24〉〈W, 26:17-26:28〉하늘에서 땅으로 내려온 독일철학과는 정반대로 여기서는 땅에서 하늘로 올라간다. 즉 우리는 인간의 말, 공상, 관념에서 출발해 또는 말해진, 사유로 생겨난, 상상된, 관념 속의 인간에서 출발해, 여기에서 육체적인 인간에 이르려는 하지 않는다. 〈GA2, 136:1-136:7〉〈정5, 36:24-36:27〉〈W, 26〉우리는 실제로 활동하는 인간에서 출발하며, 이 인간이 실제로 살아가는 과정을 근거로 해서 이 삶의 과정을 이데올로기로 반영한다거나 그 반향이 발전한다는 사실을 서술하려 한다. 인간의 두뇌 속에서 형성된 몽환 역시 물질적이며, 경험적으로 확인되는 삶의 과정 또한 물질적인 전제와 결합한 삶의 과정에서 승화를 통해 필연적으로 생겨나는 것이다. 〈GA2, 136:7-136:18〉〈정5, 36:27-37:10〉〈W, 27:1-27:9〉이와 함께 우리는 도덕, 종교, 형이상학, 여타의 이데올로기 또한 이에 상응하는 의식 형태가 자립적으로 존재한다는 가상을 더는 지니

1146 CW주) 수고에는 다음과 같이 남아 있다: "인간은 자기의 개념과 관념 등을 생산하는 자다. 정확하게 말하자면 인간은 자기의 물질적 생활, 물질적 교섭과 사회적 정치 구조에서 이룩한 발전을 조건으로 한다."

지 않는다. 이러한 이데올로기 또한 이에 상응하는 의식 형태는 역사를 갖지 않으며, 발전하지도 않는다. 오히려 자신의 물질적인 생산과 물질적인 교류를 발전하는 인간이 자신의 현실과 함께 자신의 사유 또한 그 사유의 생산물 또한 변화한다. 의식이 삶을 규정하는 것이 아니라 삶이 의식을 규정한다. 의식이 삶을 규정한다고 간주하는 첫 번째 고찰방식은 의식에서 출발하고 여기서 의식이 곧 살아있는 개인과 동일시된다. 두 번째 고찰 방식에서 즉 실제 삶에 상응하고 삶이 의식을 규정한다고 간주할 때, 우리는 실제 살아 있는 개인 자신에서 출발하게 되며, 의식을 단지 이 개인이 소유한 의식으로서 고찰하게 된다.

⟨GA2, 136:19-136:27⟩⟨정5, 37:11-37:18⟩⟨W, 27:10-27:18⟩이 고찰방식은 실제의 전제에서 출발하며 그 어떤 순간에도 이 실제의 전제를 떠나지 않는다. 이 고찰 방식의 전제는 환상에 파묻히고 고정불변하는 인간이 아니라, 특정한 조건 아래 존재하는 인간이다. 이 조건은 실제적이며 경험적으로 관찰되는 발전 과정에 있다. 이런 활동하는 삶의 과정이 서술되자마자 추상적인 경험론자[1147]가 보듯이 역사를 죽은 사실의 더미로 보는 짓이 중지되며 또는 관념론자가 보듯이 역사를 공상적인 주체의 공상적인 행동으로 보는 짓도 중지된다.

⟨GA2, 136:28-136:41⟩⟨정5, 37:19-37:27⟩⟨W, 27:19-27:26⟩사변이 중단하는 곳에서 즉 실제 삶에서 실제적이고 실증적인 과학이 시작하며 실천적인 활동과 실천적인 발전 과정에 관한 서술이 시작된다. 의식에 관한 상투어는 종식되고, 그 자리에 실제에 관한 지식이 들어서야 한다. 실제가 서술되면 이로써 자립적인 철학은 자기를 실존할 수 있게 하는 매체를 상실한다. 이 자립적인 철학을 대신해 들어설 수 있는

1147 주36 참고

것은 기껏해야 인간의 역사적 발전을 고찰해 얻은 추상일 뿐이다. 이 추상은 실제 역사에서 분리되면 그 자체로서는 어떤 가치도 갖지 않는다. 이 추상은 단지 사료를 쉽게 정리하고, 역사의 개별 단면이 지닌 계열을 시사하는 데만 기여할 수 있을 뿐이다.〈GA2, 139:1-139:6〉〈정5, 37:27-37:37〉〈W, 27:26-27:37〉그러나 이 추상은 철학처럼 역사 시대를 재단하는 처방이나 도식을 제공하는 것은 절대 아니다. 철학과 반대로 지나간 시대의 자료이든 현재의 자료이든, 이 자료를 고찰하고 정리하려 한다면 그리고 실제로 서술하려 한다면 비로소 어려움이 시작된다. 이러한 어려움을 제거할 수 있을지, 그 전제 조건은 여기에서 간단하게 제시될 수는 없다. 그 전제는 다만 각각의 시대에 속한 개인이 실제로 겪는 삶의 과정 또한 행동을 연구해야 비로소 생겨난다.〈GA2, 139:6-139:8〉〈정5, 37:37-37:40〉〈 W, 27:37-27:39〉여기서 우리는 독일 이데올로기에 대립해 우리가 이용하는 역사적 추상 중의 몇 가지를 제시하고 이를 역사적인 실례에 비추어 해명하려고 한다.

2절

2-1) 인간의 실질적 해방의 전제조건

〈GA2, 16:4-16:34〉〈수1, 38:3-38:16〉[1148] [1149]현명하신 철학자들이니, 굳이 애써 아래와 같은 사실을 일깨울 필요는 없을 것이다. 즉 철학, 신학, 실체 등의 쓰레기 같은 개념 전체를 "자기의식"으로 해소하고, 또 "인간"은 한 번도 그런 진부한 상투어의 노예 상태로 떨어진 적이 없으니만큼 인간을 그런 진부한 상투어의 지배로부터 해방시키는 것을 통해서는 "인간"의 "해방"은 한 걸음도 앞으로 나가지 않는다; 또한 현실의 해방은 현실 세계 안에서 그리고 실제 수단을 통하지 않고서는 달성할 수 없다. 그리고 증기기관과 제니 방적기[Mule-Jenny]없이 노예 상태를 종식하고, 경작의 개선 없이 농노 제도를 종식할 수 없다; 충분한 양질의 음식과 마실 것, 그리고 집과 옷을 조달하지 못하는 한, 인간은 결코 해방될 수 없다. "해방"은 하나의 역사적인 행위이지 사상 속의 행위가 아니며, 역사적 상황을 통해서, 즉 산업, 상업, 경작, 교류 등의 상황을 통해서 이루어진다.[1150] 〈GA2, 16:34-16:35〉〈수2, 38:16-

---

1148 GA2주 참조) 마르크스 방주:

　　　　　포이어바흐

　　　　　철학적 해방과 현실의 해방

　　　　　인간. 유일자. 개인

　　　　　지질학적 수리분포학적 등 조건

　　　　　인간의 신체. 상황과 노동

1149 역주) 수고 1,2는 W에는 전적으로 결여되었다. 반면 CW, GA2는 이를 복원했다.

1150 CW주) 수고가 여기서 손상했다. 이 면의 아래쪽이 찢겨나갔으며 한 줄

38:18〉 역사적인 상황은 상이한 발전단계에 따라 〈GA2, 19:1-19:15〉〈수2, 38:18-38:25〉실체, 주체, 자기의식 그리고 순수 비판이라는 넌센스와 함께 종교적이고 신학적인 넌센스를 만들어 낸다. 또한 역사적인 상황은 충분히 발전한 다음 이런 넌센스들을 다시 제거한다. 물론 역사의 발전이 누더기 같이 일어나고 있는 독일과 같은 나라에서는 사상의 발전 즉 신비하지만 속이 빈 쓰레기에 불과한 것이 결핍된 역사 발전을 대체하고, 확고하게 자리를 차지하면서 싸워야 마땅한 대상으로 간주된다. 그러나 이는 독일 *지역에서나* 알아주는 투쟁일 뿐이다.[1151][1152]

2-2)포이어바흐의 명상적이고 부조리한 유물론

〈GA2, 19:16-19:41〉〈수8, 38:29-39:10〉[1153]〈W, 42:25-42:35〉[....] 진실한 유물론자 그리고 *실천적인 유물론자 즉 공산주의자*에게 중요한 것은 기존 세계를 변혁하는 것이고 기존의 것을 장악하고 변화하는 것이 빠져 있다.

1151 GA2주) 부르노 바우어는 자신과 그의 지지자가 대변하는 입장을 "순수한 비판" 또는 "순수함 속의 비판"이라고 표현했다. 바우어의 논문『지방에서의 통신』(『일반 문예 신문』, 샤롯텐부르크, 1844)에서 그는 이렇게 말했다.:"2년 전, 그 때는 잠시 18세기 프랑스인의 계몽주의를 상기하여 일정한 지점에서 이 가벼운 군대를 기동하게 하는 것이 중요했다. 그 전투에서는 패배당했다. 그때 그것은 전적으로 다른 것이었다. 그러나 진리는 이제 매우 재빠르게 변화하고 있다. 당시 그 자리에 있었던 것은 이제 하나의 오인이다."

1152 GA2주 참조) 마르크스 방주:
　　　　　　상투어와 진정한 해방
　　　　　　독일에서 상투어의 의미

1153 CW주) 이 글 앞에 있어야 할 수고의 2~7쪽 즉 5쪽이 빠졌다.

이다.¹¹⁵⁴ 이것과 같은 견해가 이따금 포이어바흐에게서 나타날지라도, 이는 간헐적으로 출현하는 예감을 넘어서는 것이 절대 아니며, 그의 일반적인 사고방식에 별로 영향을 미치지 못하니 이를 발전 가능성이 있는 싹 정도로나 볼 수 있을 뿐이다. 포이어바흐가 감각 세계를 "파악하는 방식"은 한편으로는 감각 세계를 그저 직관하거나, 다른 한편으로는 단순한 느낌[Empfindung]에 제한한다. 그는 "실제 역사 속의 인간" 대신 "인간 *자체*"를 말한다.¹¹⁵⁵ "인간 자체"란 realiter〈사실상〉"독일인"을 말한다. 첫 번째 감각 세계를 *직관할* 때, 인간은 필연적으로 사물에 부딪히지만, 이 사물은 인간 자신의 의식과 감정[Gefühl]에 모순된다.〈GA2, 20:1-20:3〉〈수8, 39:10-39:12〉〈W, 42:35-43:1〉포이어바흐는 감각 세계를 이루는 모든 요소인 소위 자연과 인간이 조화롭다고 전제하는데, 앞서 말한 직관은 그의 전제와 충돌한다. ¹¹⁵⁶〈GA2, 20:3-20:33〉〈수8, 39:12-39:26〉〈W, 43:1-43:16〉감각이 부딪힌 사물을 제거하기 위해 그는 직관을 이중화하는 데로 도피할 수밖에 없다. 그는 이제 "쉽게 손에 잡히는 것[auf platter Hand Liegende]"만을 인식하는 세속적[profan] 직관과 사물의 "진정한 본질"을 꿰뚫어 보는 더 고차원적이고 철학적인 직

1154   GA2주 참조) 마르크스 방주:

    언어는 과학의 언어이다

    포이어바흐

1155   주82 참고

1156   〈GA2, 20-방주〉〈W, 노트 15: 마르크스 방주〉〈CW, 39-하단 주〉추가: 포이어바흐는 손에 쉽게 잡히는 감각적 가상을 감각적 실제 아래 종속하게 한다. 감각의 실제는 감각의 사실을 더 정확하게 조사해 확증된다. 이런 주장이 오류는 아니다. 그러나 포이어바흐는 최종적으로 감각을 철학자의 "안목"으로, 다시 말해 철학자의 "안경"을 통해서 고찰할 수밖에 없었다. 이것이 오류이다.

관을 구분한다.[1157] 그는 자신을 둘러싼 감각 세계가 영원에서 직접 주어진, 다시 말해 언제나 같은 것으로 존재하는 사물이 아니라, 산업과 사회 상태를 통해 생산되는 것이라는 사실을 보지 못한다. 더 정확히 말하면 감각 세계는 역사의 산물이며, 일련의 세대가 활동해온 결과이다. 이 일련의 세대에서 각 세대는 선행하는 세대에 의존해 왔고, 그 위에서 자신의 산업과 교류를 형성해 왔으며, 변화된 욕구에 따라 자신의 사회적 질서를 변경해 왔다. 포이어바흐는 가장 단순한 "감각적 확신"[1158]의 대상조차 단지 사회적인 발전을 통해서, 산업과 상업적 교류를 통해서만 얻을 수 있을 것이다. 잘 알려진 것처럼 벚나무[1159]도 거의 모든 과수나무와 마찬가지로 불과 수백 년 전에 교역[Handel]을 통해 우리 지역으로 이식된 수종이다. 〈GA2, 20:33-20:37〉〈수9, 39:26-39:28〉〈W, 43:16-43:17〉그것은 특정한 한 시대 특정한 사회 속에서 일어나는 행위를 통해서만 "감각적 확신"에[1160] 주어졌다.

더군다나 〈GA2, 20:38-21:24〉〈수9, 39:28-40:10〉〈W, 43:18-43:33〉어떤 심오한 철학적 문제도 사물을 실제로 존재하는 대로 또 역사적 사건으로 파악한다면 경험적 사실을 통해 전적으로 간단하게 해소된다. 이는 앞으로 더 분명해질 것이다. 예를 들어 인간의 자연에 대한 관계를 다루는 중요한 문제는 (브루노의 표현인 "자연과 역사의 대립"(110쪽)[1161]은 인간과 자연이 서로 분리된 두 가지 "사물"이며, 인간

1157 주83 참고

1158 주84 참고

1159 주85 참고

1160 GA2주 참조) 마르크스 방주: 포이어바흐

1161 주86 참고

은 역사적 자연과 자연의 역사와 언제까지나 직접 대면하지 못한다는 생각을 함축하고 있지만, 심지어 이런 표현조차도) "실체"와 "자기의식"에 관한 "헤아릴 수 없이 고매한 철학적 작업"[1162]을 불러일으키지만, 다음과 같은 통찰을 통해 저절로 해소된다. 그 통찰이란 즉 그토록 잘 알려진 "자연과 인간의 통일"이란 일찍부터 존재했으며, 시대마다 산업이 조금 더 발전함에 따라서 이런 통일은 다르게 성립했으며 이는 인간과 자연 사이의 "투쟁"도 마찬가지였으니 이런 투쟁은 생산력이 그것에 상응하는 토대 위에서 발전하게 되기까지 일어났다는 통찰이다. 산업과 교역, 생필품의 생산과 교환은[1163] 나름대로 분배를 규정하는 조건이며 사회 계급이 분화하는 조건이 되며, 〈GA2, 21:24-21:41〉〈수9, 40:10-40:17〉〈W, 44:1-44:6〉이 생산과 교환이 이루어지는 방식은 거꾸로 이런 분배와 분화를 조건으로 삼는다. 그 결과 다음과 같은 일이 일어난다: 예를 들어 백여 년 전에는 물레와 베틀만이 있었을 뿐이던 맨체스터에서 포이어바흐는 공장과 기계만을 볼 수 있을 것이다. 또한 아우구스투스 시대라면 로마 자산가의 포도원과 별장밖에 다른 어떤 것도 발견하지 못했을 Campagna di Roma〈로마 평원〉에서 포이어바흐는 오직 가축 방목지와 습지만을 발견할 수 있을 것이다. 포이어바흐는 〈GA2, 21:41-22:27〉〈수9, 40:17-40:29〉〈W, 44:6-44:18〉특히 자연과학에서 사용하는 직관에 대해 말한다. 그는 물리학자나 화학자의 눈에만 드러나게 되는 비밀을 언급한다. 그러나 산업과 교역이 없는 자연과학이 어디 있겠는가? 이 "순수한" 자연과학조차도 산업과 교역, 다시 말해 인간의 감각적 활동을 통해서만 자신의 재료와 자신의 목표를 얻을 것이

1162   주87 참고

1163   GA2주 참조) 마르크스 방주: 포이어바흐

다. 이런 활동, 끊임없이 지속하는 감각적인 노동과 창조[Schaffen] 그리고 생산이 진정으로 지금 현존하는 전체 감각 세계의 토대이다. 그러니만큼 이러한 활동이 단 1년 만이라도 중지된다면, 포이어바흐는 자연 세계 속에서 엄청난 변화를 발견하게 될 뿐만 아니라 전체 인간 세계와 자신의 고유한 직관 능력, 정말이지 그의 생존까지도 곧 잃어버린다는 것을 발견하게 될 것이다. 물론 이런 활동에 앞서 외적 자연이 존재한다. 이상의 모든 것은 당연히 자연적 인간, 다시 말해 ⟨MEG A2, 22:27-22:40⟩⟨수9, 40:29-40:37⟩⟨W, 44:18-44:25⟩generatio aequivoca⟨자연발생⟩을 통해 처음 출현한 인간에게는 적용되지 않는다. 사람들이 인간을 자연에서 구별된 존재로 고찰하는 이래로 이런 구별이 중요하게 된다. 덧붙이면 인간의 역사 이전에 존재하는 자연은 포이어바흐가 살아가는 바로 그 자연이 아니다. 그런 자연이란 새롭게 생겨난 호주의 몇몇 산호섬을 제외하면 오늘날에 전혀 존재하지 않는 자연이며 따라서 포이어바흐에 대해서도 존재하지 않는 자연이다.

⟨GA2, 22:40-22:41⟩⟨수9, 40:38-40:39⟩⟨W, 44:26-44:27⟩물론 포이어바흐는 인간도 "감각의 대상"[1164]임을 간파한다는 점에서 ⟨GA2, 25:1-25:25⟩⟨수10, 40:39-41:9⟩⟨W, 44:27-44:37⟩"순수한" 유물론자보다 탁월하다. 하지만 포이어바흐는 인간을 "감각적 대상"으로서 파악할 뿐, "감각적 활동"으로 파악하지 않는다. 더구나 그가 매달리는 이론은 인간을 주어진 사회적 연관에서, 인간 앞에 놓여서 인간을 실제 존재하는 대로의 인간으로 만들었던 삶의 조건 아래서 파악하지 않는다. 그 때문에 그는 단 한 번도 실제로 현존하는, 활동하는 인간에 도달하지 못하고, "인간"이라고 하는 추상에 머무른다. 그는 "실제의, 개별의,

---

1164   주89 참고

생동하는 인간"을 느낌 속에서 인정하는 데만 이르렀으니[1165] 다시 말해 사랑과 우정을 제외하고는 "인간이 인간과" 맺는 "인간관계"를 알지 못하며 즉 아주 이상화된 인간관계 밖에 다른 관계를 알지 못한다. 그에게 현재 살아가는 상황에 대한 비판이 전혀 없다. 〈GA2, 25:25-25:41〉〈수10, 41:9-41:19〉〈W, 45:1-45:8〉그러므로 포이어바흐는 감각 세계를, 그 세계를 이루기 위해 활동하는 개인의 전적으로 생동적인 감각 활동으로 파악할 수 없었다. 이런 까닭에 가령 건강한 인간 대신[1166] 혐오스러운, 지친, 폐결핵에 걸린, 굶주림에 고통받는 인간 군상을 본다면, 그 순간 그는 "더 고차원적인 직관"과 "유적 존재 속에 일어나는 관념적인 조정"으로 도피하고, 바로 거기서 관념론으로 도로 떨어질 수밖에 없었다. 반면 바로 이 지점에서 공산주의적 유물론자는 산업 또한 사회 구성을 변형하는 조건과 동시에 그 필연성도 본다.

〈GA2, 26:1-26:8〉〈수10, 41:20-41:23〉〈W, 45:8-45:12〉포이어바흐가 유물론자인 한 그에게선 역사가 등장하지 않는다. 동시에 역사를 다루는 한, 그는 유물론자가 아니다. 그에게서 유물론과 역사는 완전히 분리된다. 이는 위에서 말한 것에서 이미 설명된다.[1167]

2-3) 일차적인 역사적 관계 또는 사회적 활동

1165 주90 참고

1166 GA2주 참조) 마르크스 방주: 포이어바흐

1167 〈W, 노트 16: 45-하단 주: 수고에서 삭제〉〈CW, 41-하단 주〉그런데도 우리가 역사를 여기서 상세하게 토론하는 이유는 '역사'라는 말과 '역사적'이라는 말은 독일인이 볼 때는 대체로 실재하는 것을 제외하고는 무엇이나 지시할 수 있는 말이기 때문이다. 이 예는 특히 성 브루노의 유창한 강연 속에서 발견된다.}

의 근본 측면: 생존수단의 생산, 새로운 욕구의 생산, 인간의 재생산(가족), 사회적 교류, 의식

⟨GA2, 26:8-26:16⟩⟨수11, 41:30-41:35⟩⟨W, 28:3-28:6⟩[1168]우리 시원적으로 사유하는 독일인에게 마땅한 출발점은 모든 인간 실존의 첫 번째 전제를, 아울러 전 역사의 첫 번째 전제를 확립하는 일이다. 이 전제는 인간이 "역사를 만들기"[1169] 위해서는 살아가는 방법을 알고 있어야 한다는 사실이다. [1170]⟨GA2, 26:16-26:41⟩⟨수11, 41:35-42:13⟩⟨W, 28:6-28:19⟩그런데 삶을 위해서는 무엇보다도 음식과 주거, 의복, 그 밖에 여러 가지가 필요하다. 그러므로 역사의 최초 행위는 욕구를 충족하기 위한 수단을 제조하는 것 곧 물질적인 삶 자체를 생산하는 것이다. 이것이 진정한 역사적 행위이자, 모든 역사의 근본 조건이다. 이 조건은 인간이 그저 자신의 생명을 유지하기 위해 수천 년 전에도 그랬던 것처럼 오늘날에도 매일 매시간 충족해야만 하는 조건이다. 성 브루노가 말하는 것처럼 감각이 그 최소치로, 이를테면 지팡이처럼 둔하더라도 감각은 이 지팡이 같은 감각[1171]을 생산하는 행위를 전제한다. 따라서 모든 역사관에서 첫 번째로 파악해야 할 일은 이 근본 사실이 지닌 전체 의미와 이 사실이 영향을 미치는 전체 영역을 파악하고 그에 합당하게 평가하는 일이다. 알다시피 독일인은 이런 일을 절대 하지 않았다. 따라서 독일인은 역사의 세속적인 토대를 절대 단 한 번도 파악하지 못했으며,

---

1168 GA2 주 참조) 마르크스 방주: 역사

1169 주38 참고

1170 ⟨GA2, 26-마르크스 방주⟩⟨W, 노트 7: 28-하단 주⟩⟨CW, 42-하단 주⟩헤겔. 지질학적인, 수리 분포학적 등의 상황. 인간의 신체, 욕구, 노동

1171 주39 참고

그 결과 단 한 명의 역사가도 갖지 못했다.[1172] 〈GA2, 27:1-27:14〉〈수11, 42:13-42:19〉〈W, 28:19-28:25〉프랑스인과 영국인은 정치적인 이데올로기에 사로잡혀 이런 근본 사실과 이른바 역사 사이의 연관성을 고작 일면적인 방식으로만 파악했다 할지라도 일단 부르주아 사회와 상업과 산업의 역사[1173]를 서술함으로써 적어도 그 실마리에서는 역사 서술에 물질적 토대를 부여하려 시도했다.

〈GA2, 27:14-27:30〉〈수12, 42:20-42:32〉〈W, 28:26-28:36〉두 번째 전제는 최초 욕구의 충족 자체, 충족하는 행위와 충족에 사용된 기존의 수단이 새로운 욕구를 낳는다는 사실이다.–이런 새로운 욕구를 산출하는 것이 최초의 역사적 행위이다. 이를 보면 역사학에 관한 독일인의 위대하다는 지혜가 과연 어떤 정신의 소산[所産]인지 즉각 드러난다. 독일인이 역사학의 지혜로 삼는 것이란 실증 자료가 바닥나는 곳이 있다면 즉 신학적이든 정치적이든 문학적이든 간에 어떤 난센스가 더는 통하지 않는 곳이 있다면 그곳을 역사가 아니라 "선사 시대"라고 규정한다는 사실이다. 독일인은 그런 선사 시대는 "원천적인 사실"의 공격에 〈GA2, 27:38-27:41〉〈수12, 42:32-42:34〉〈W, 29:1-29:3〉안전하다고 믿으며 동시에 독일인은 이런 선사 시대에서라면 자신의 사변적인 충동이 마구 날뛰게 놔두어 수천 가지의 가설을 만들어내고 또 이를 뒤집어도 괜찮다고 믿는다. 그런 이유로 그 위대하다는 지혜는 특히나 이 "선사 시대" 역사에 관한 사변에 골몰했다. 그런데도 정작, 이 "선사 시대"라는 난센스에서 어떻게 원래의 역사가 나오게 됐는지는 아무런 해명도 없다.

1172   주40 참고

1173   주41 참고

〈GA2, 28:1-28:32〉〈수12, 42:35-43:7〉〈W, 29:4-29:18〉-세 번째 상황은 곧 매일 자신의 삶을 쇄신해야 하는 인간이 다른 인간을 만들고 즉 증식해서, 남자와 여자 사이의 그리고 부모와 자식 사이의 관계 곧 가족을 만들기 시작한다는 것이다. 이것은 역사의 발전에 처음부터 개입하는 상황이다. 가족은 역사의 초기에는 유일하게 존재한 사회관계이지만, 나중에 즉 증가한 욕구가 새로운 사회관계를 생산하고 또한 증가한 인구가 새로운 욕구를 생산하는 때가 되면 부차적인 사회관계로 된다.(단 독일은 이런 변화에서 제외된다.) 이렇게 종속적 사회관계가 되면 가족에 관한 고찰은 독일에서 늘 그렇듯이 "가족의 개념"에 따라서가 아니라, 현존하는 경험 자료를 따라서 다루어지고 전개돼야 한다.

게다가 사회적 활동의 이 세 가지 측면[Seite]은 세 가지의 다른 단계로서가 아니라, 그야말로 세 가지 차원으로서, 독일인을 위해 명확하게 표현하자면, 세 가지 "계기"로 파악돼야 한다. 역사의 시초에서 그리고 인간이 최초로 출현한 이래로 이 세 가지 차원은 동시에 존재해 왔다. 이 세 차원은 또 오늘날의 역사에서도 여전히 유효하다.

〈GA2, 28:32-28:40〉〈수13, 43:13-43:17〉〈W, 29:19-29:21〉삶의 생산이란 곧 노동을 통해 자신의 생명을 생산하는 것이며 동시에 증식을 통해 다른 사람의 생명을 생산하는 것이다. 이런 삶의 생산은 본래 이중적인 관계이다. 그것은 다시 말해 한편으로는 자연에 대한 관계로서 다른 한편으로는 사회적인 관계로서 나타난다. 이때 사회적 관계란 그 조건과 방식 아울러 그 목적이 어떠하든지 간에 〈GA2, 28:40-29:17〉〈수13, 43:17-43:24〉〈W, 30:1-30:10〉여러 개인의 공동 작업을 의미한다. 여기에서 다음과 같은 점이 도출된다. 즉 특정한 생산방식 또는 산업화의 단계는 언제나 공동 작업의 특정한 방식이나 사회의 어떤 단계와 일치하며, 바로 그런 공동작업의 방식 자체가 하나의 "생산력"을 이 룬다는 점이다. 아울러 다음과 같은 점도 도출된다: 인간이 이용할 수 있는 생산력의 양이 사회관계를 제약하며 따라서 "인류 역사"는 언제 나 산업 또한 교환의 역사와 연관해 연구되고 검토돼야만 한다. 〈GA2, 29:17-29:39〉〈수13, 43:24-43:35〉〈W, 30:10-30:20〉그런데 어째서 독 일에서 이러한 역사를 기술하는 것이 불가능한지도 마찬가지로 명확하 다. 그 이유는 독일인은 이해 능력과 [역사] 자료뿐만 아니라 "확실한 감 각[die sinnliche Gewißheit]"도 결여하기 때문이다. 또한 라인강을 건너 저편[독일]에서는 역사적 사건이 더는 일어나지 않는 탓에, 독일인은 이 와 관련된 그 어떤 경험도 할 수 없기 때문이다. 인간이 서로 맺는 물질 적인 연계는 이미 처음부터 분명하다. 물질적인 연계는 인간 자체만큼 이나 오래된 것으로서 욕구와 생산방식을 통해 제약된다. 그러므로 인 간을 아주 특별한 방식으로 결속하는 어떤 난센스, 이를테면 정치적이 거나 종교적인 난센스가 없어도 인간의 물질적 연계는 끊임없이 새로 운 형태를 취해 하나의 "역사적 사건"을 이룬다.

〈GA2, 29:39-29:41〉〈수14, 43:36-43:37〉〈W, 30:21-30:22〉-역사 의 근원적인 상황의 네 가지 계기 또는 네 가지 차원에 관한 고찰을 이미 완료한 이제야 비로소 우리는 〈GA2, 30:1-30:4〉〈수14, 43:37- 44:1〉〈W, 30:22-30:24〉인간이 또한 "의식"을 가지고 있음을 발견한 다.[1174] 그러나 의식 또한 처음부터 "순수한" 의식으로 존재한 것은 아

1174 〈GA2, 30-마르크스 방주〉〈W, 노트 9: 30-하단 주〉〈CW, 43-하단 주〉인 간은 역사를 갖는데, 이는 인간이 자신의 삶을 생산해야 하며, 게다가 특정한 방 식으로 생산해야 하기 때문이다. 삶을 생산해야 한다는 사실은 인간의 의식과 마 찬가지로 인간의 신체적인 조직 때문에 생겨나는 것이다.

니다.〈GA2, 30:4-30:10〉〈수14, 44:1-44:3〉〈W, 30:24-30:26〉저주스러울지만, "정신" 자체는 처음부터 물질에 "매달려" 있다. 여기서 물질은 진동하는 공기층이나 음성, 간단히 말해 언어라는 형태로 등장한다.〈GA2, 30:10-30:17〉〈수14, 44:3-44:8〉〈W, 30:26-30:30〉언어는 의식만큼이나 오래된 것이다.-언어는 실천적 의식에 속하며, 타인에 대해 현존하는 때 비로소 나 자신에 대해 현존하는 실제적인 의식*이다*. 의식과 마찬가지로 언어는 욕구에서, 타인과 교류할 필요성에서 비로소 발생한다.〈W, 노트 10: 30-하단 주: 초고에서 삭제〉〈수14, 44:8-44:9〉내 주변에 대한 나의 관계가 나의 의식이다.[1175]〈GA2, 30-방주〉〈수14, 44:9-44:10〉〈W, 30:30-30:32〉어떤 관계가 현존한다면, 그 관계는 나에 대해 현존한다. 동물은 어떤 것에 대해서도 "관계하지" 않으며 전혀 관계하지 않는다. 동물이 다른 동물과 맺는 관계는 그 동물 자신에게는 관계로서 현존하지 않는다.〈GA2, 30:17-30:36〉〈수14, 44:10-44:21〉〈W, 31:1-31:9〉그러므로 의식은 처음부터 이미 사회의 산물이다. 의식은 도대체 인간이 현존하는 한에서 그런 것으로 머무른다. 당연히 의식은 처음에는 감각에 *가장 가까운 주변*에 관한 의식이며, 자기의식의 능력을 지닌 개인 바깥에 존재하는 사물 그리고 타인과 국부적으로 맺는 연관에 관한 의식이다. 동시에 이 의식은 자연에 관한 의식이다. 처음에 자연은 인간에게 전적으로 낯설고 전능하며 또 감히 넘볼 수 없는 힘으로 마주한다. 인간은 이 힘에 그야말로 동물적으로 관계하며 또 이 힘 앞에 인간은 가축처럼 무기력하다. 그러므로 이런 의식은 자연에 대한 순전히 동물적인 의식이다(이때가 자연종교의 단계

1175 역주) 이 구절은 GA2에서는 부록 이본에 있다.

이다)¹¹⁷⁶ ⟨GA2, 30:36-31:3⟩⟨수14, 44:21-44:25⟩⟨W, 31:16-31:18⟩다른 한편에서 그를 둘러싼 개인과 결합해야 할 필요를 의식하는 것을 출발점으로 삼아서 개인은 일반적으로 사회에서 살아간다는 것을 의식한다. 이 출발점은 이 단계에서 등장하는 사회적 삶 자체만큼이나 동물적이다. ⟨GA2, 31:3-31:14⟩⟨수14, 44:25-44:30⟩⟨W, 31:18-31:25⟩이 출발점은 집단의식에 불과하다.¹¹⁷⁷ 여기서 인간을 양과 구별해 주는 것은 인간에게선 의식이 본능의 지위를 대신하고, 인간의 본능은 의식된 것이라는 점뿐이다. 이 미욱한 인간이나 부족의 단계에 머무르는 의식은 생산성이 상승하고 욕구가 증가하며, 이 두 가지를 전제로 ⟨GA2, 31:14-31:23⟩⟨수15, 44:30-45:1⟩⟨W, 31:25-31:31⟩인구가 증가하면서 더 발전하고 완성한다. 이와 함께 노동 분업이 발전한다. 노동 분업은 다름 아닌 남성과 여성의 노동 분업에 원천을 두었다. 이후 자연적인 소질(예컨대 체력), 욕구, 우연 등등에 따라 자발적으로 또는 "자연 발생적으로" 노동이 분화했다.¹¹⁷⁸ 물질적 노동과 정신적 노동이 분

1176 GA2주 참조) 마르크스 방주: 자연은 여전히 역사적으로 거의 개발되지 않았기 때문이다. 역주) 이 구절을 GA2는 방주로 처리했고 CW에서는 이 위치에 본문으로 삽입했다. W에서는 빠트렸다.

1177 ⟨GA2, 31-방주⟩⟨CW, 44-하단 주⟩⟨W, 31:10-31:16⟩우리는 여기서 즉각 아래의 사실을 알게 된다: 즉 자연종교나 자연에 대한 특정한 관계는 사회의 형태를 통해 제약되며 거꾸로도 마찬가지다. 다른 모든 곳에서와 마찬가지로 여기에서도 인간과 자연의 같음이 등장한다. 그 결과 인간이 자연과 맺는 한정된 관계는 인간이 서로에 대해 맺는 한정된 관계를 제약하며 또한 인간 사이의 한정된 관계는 자연에 대해 인간이 맺는 한정된 관계를 제약한다. 왜냐하면 자연이 아직 역사적으로 거의 개발되지 않았기 때문이다.

1178 CW주) ⟨마르크스 방주, 수고에서 삭제⟩ "인간의 의식은 실제 역사적 발전

화하는 바로 그 순간부터[1179] 비로소 노동 분업은 진정한 분업이 된다. 〈GA2, 31:23-31:38〉〈수15, 45:1-45:7〉〈W, 31:31-31:36〉이 순간부터 의식은 당장의 실천에 필요한 의식과는 다른 것을 실제적인 것으로 공상할 수 있으며, 실제적인 것에 관한 관념이 아닌 어떤 관념을 *실제적인 것으로* 떠올릴 수 있다.-또 이 순간부터 의식은 세계에서 자신을 해방해 "순수한" 이론, 신학, 철학과 도덕 등을 형성하는 데로 이행할 수 있다. 〈GA2, 31:38-31:41〉〈수15, 45:7-45:9〉〈W, 31:36-31:38〉그러나 이러한 이론과 신학, 철학, 도덕 등이 현존하는 상황과 모순에 빠진다고 하더라도, 그 이유는 어디까지나 현존하는 〈GA2, 32:1-32:14〉〈수15, 45:9-45:17〉〈W, 32:1-32:6〉사회관계가 현존하는 생산력과 모순되기 때문이다. 이런 이론과 현존의 모순은 특정한 국가 권역 내의 상황에서 일어나더라도 한 국가 범위 내에서 일어나는 모순이 아니라 한 국가에 출현한 의식과 다른 국가에서 일어나는 실천 사이에서 생겨난 모순일 수도 있다.[1180] 그뿐만 아니라 이 모순은 한 민족 내에 존재하는 민족적 의식과 일반적 의식 사이에서 모순(마치 현재 독일에서처럼)일 수도 있다.[1181] 〈GA2, 32:14-32:20〉〈수15, 45:17-45:18〉이곳[독일]에서는

과정 중에서 발전한다." 역주) 이 구절은 W에 없으며, GA2에서도 없다. 오직 CW에서만 하단 주로 들어 있다.

1179 〈GA2, 31-방주〉〈W, 노트 11: 31-하단 주〉〈CW, 45-하단 주〉성직자라는 이데올로그의 최초 형식은 모두 서로 일치한다.

1180 〈GA2, 32-방주〉〈W,노트 12: 32-하단 주〉〈CW, 45-하단 주〉종교. 독일인 그리고 이데올로기 자체

1181 역주) 이 다음 구절{이곳 독일에서는 .... 똥덩어리이다.}은 W에서는 빠졌다.

포이어바흐장 비교분석 1277

모순이 겉보기에 단지 이 민족적인 의식 내부의 모순으로 나타나므로 이 민족에서는 투쟁도 민족적 똥 덩어리에 한정되어 일어나는 것처럼 보인다.〈GA2, 32:20-32:22〉〈수16, 45:18-45:19〉사실은 이 민족이 주, 객관적으로[an und für sich] 똥 덩어리이다.

〈GA2, 32:22-32:38〉〈수16, 45:20-45:27〉〈W, 32:7-32:13〉나아가서 의식이 자기 홀로 무엇을 시작할까 하는 논의는 이러나저러나 마찬가지다. 이러한 전적으로 쓰레기 같은 논의에서 우리가 얻게 되는 유일한 결론은 다음과 같다. 즉 생산력과 사회관계, 의식이라는[1182] 이 세 가지 계기는 서로 모순에 빠질 수 있고 또 모순에 빠질 수밖에 없다는 것이다. 왜냐하면 노동 *분업*과 더불어 정신 활동과 물질 활동, 다시 말해 노동과 향락, 생산과 소비가 서로 다른 개인에게 귀속하거나 귀속될 가능성이 있기 때문이다.[1183] 〈GA2, 32:38-32:41〉〈수16, 45:27-45:28〉〈W, 32:13-32:15〉오직 노동 분업이 다시 제거될 때만 위의 세 계기가 서로 모순에 빠지지 않을 수 있다. 나아가서 다음과 같은 사실도 자명하다: 〈GA2, 33L:1-33L:10〉〈수16, 45:29-45:34〉〈W, 32:15-32:20〉"유령", "연대", "고차적 존재", "개념", "숙고[Bedenken]" 등의 표현들이 단순히 관념론적이고 종교적인 표현이고 또 얼핏 보면 고립된 개인에 속하는 관념처럼 보이지만, 이 표현들은 삶의 생산 방식과 그것과 연관된 교류 형식이 발생하는 운동을 실제로 제한하는 경험적인 속박과 한계를 반영하는 관념에 불과하다.[1184]

1182 GA2주 참조) 마르크스 방주: 11, 12, 13, 14, 15, 16

1183 CW주) 마르크스 방주: 〈CW, 45-하단 주:수고에서 삭제〉"활동과 사유 즉 사유없는 행위와 행위 없는 사유" 역주) W, GA2에서 관련 표현이 없다.

1184 CW주) 마르크스 방주: 〈CW, 44-하단 주:수고에서 삭제〉"현재 존재하는

2-4) 노동분업과 그 결과: 사적 소유, 국가, 사회적 활동의 소외

〈GA2, 33L:11-33L:26〉〈수16, 46:4-46:10〉〈W, 32:21-32:29〉이런 모든 모순은 노동 분업에서 생겨난다. 노동 분업을 나름대로 본다면 그것은 다시 자연 발생적으로 생기는 노동 분업에 기인한다. 즉 그것은 가족 안에서 그리고 사회가 서로 대립하는 개별가족들로 분열하는 것 속에서 생겨나는 노동 분업에서 나온다. 그런데 이 가족의 노동 분업과 동시에 분배가, 정확히 말하자면 노동과 노동생산물에 관해 양적으로뿐만 아니라 질적인 측면에서 불평등한 분배가 생겨나며 또한 소유도 발생한다. 이 소유는 여자와 아이가 남자의 노예였던 가족에서 이미 싹트고 있었다. 〈GA2, 33L:26-33L:39〉〈수17, 46:10-46:18〉〈W, 32:29-32:34〉그것이 소유의 최초의 형식이었다. 가족 속에서 발생한, 물론 매우 원초적인 것이지만 잠재적인 노예제[아이와 여자의 노예화]가 최초의 소유 형태이다. 가족에서의 소유는 그래도 근대 경제학자가 내리는 소유의 정의 즉 타인의 노동력에 대한 처분(권)과도 완벽히 일치하는 소유이다.-덧붙여 말하자면 노동 분업과 사적 소유는 같은 표현이다. 사적 소유가 활동의 산물과 관련해서 진술하는 바로 그것을, 노동 분업은 활동과 관련해서 진술한다.

〈GA2, 33L:39-34L:4〉〈수17, 46:19-46:22〉〈W, 32:35-32:36〉나아가 가족 내에서의 노동 분업과 동시에 개별 개인이나 개별 가족의 이해

경제의 실제 한계를 관념으로 표현하는 일은 순전한 이론에서뿐만 아니라 실천 의식에서도 존재한다. 즉 이런 실천 의식은 자신을 해방해 현존하는 생산 방식과 모순에 부딪히면서 종교과 철학을 고안할 뿐만 아니라 국가도 고안한다." 역주) W, GA2에서 관련 표현이 없다.

와 서로 교류하는 개인 모두에 속하는 공동의 이해 사이에서 모순이 발생한다.〈GA2, 34L:4-34L:10〉〈수17, 46:22-46:25〉〈W, 33:1-33:4〉그런데 이 공동의 이해란 그저 관념 속에서 "일반적인 것"으로만 현존하는 것이 아니며 오히려 실제로 현존하는 것이며 무엇보다도 노동의 분업을 통해서 개인이 서로 의존하는 관계로 현존하는 것이다.

〈GA2, 33R:39-34R:4〉〈수17, 46:26-46:29〉〈W, 33:25-33:34〉[1185]특수한 이해와 공동의 이해 사이의 바로 이런 모순 때문에 공동의 이해는 실제 개별 이해와 그 집합 이해에서 분리되어 국가라는 자립적인 형체를 얻게 된다.〈GA2, 34R:4-34R:16〉〈수17, 46:29-46:35〉〈W, 33〉그러나 동시에 이런 공동의 이해는 환상 속에만 존재하는 공동성에 불과하더라도 언제나 각각의 가족 집단이나 부족 집단을 묶어주는 끈인 피와 살, 언어를 또한 상당히 대규모로 일어나는 노동 분업이나 여타 다른 이해관계와 같은 끈을 실제의 토대로 삼는다. 또한 나중에 더 자세히 설명하겠지만, 이 공동의 이해는 특히 노동 분업을 조건으로 해 생겨나는 계급을 실제의 토대로 삼는다. 계급은 특정한 방식으로 나누어진 인간 집단이니 그중의 한 집단은 다른 집단 모두를 지배한다.〈GA2, 34R:16-34R:31〉〈수17, 46:35-47:5〉〈W, 33:34-34:1〉여기에서 다음과

1185 역주) 수고의 상태에 충실한 GA2는 34, 37쪽을 좌단(L: 본문)과 우단(R:개정)으로 나누어서 표현했다. CW와 W는 단을 나누지 않고 좌단을 기본으로 우단을 그 속에 집어넣는다. 그런 가운데 우단을 좌단 어디 부분에 연결하는가 때문에 결과적으로 엄청난 차이를 보여준다. CW는 33R-a1부터 37R-a2에 걸친 우단 전부를 17-b2에 연결했다. 반면 W는 이 부분을 33-a5다음에 연결했다. 또 37R-c1부터 39R-a1까지 우단 전체를 CW는 18-c2에 연결했고 W는 34-a5에 연결했다. 혼란스럽지만, 기본적으로 좌, 우 즉 본문과 개정을 동시에 편집하려 했던 것 때문에 발생한 것에 지나지 않는다.

같은 사실이 도출된다: 민주제, 귀족제, 군주제를 둘러싼 투쟁이든 선거권 등등을 위한 투쟁이든 간에 국가 내부에서 벌어지는 이런 투쟁은 다른 계급들 사이에 벌어지는 진짜 투쟁을 감추는 환상적 형태이다.(이에 관해서 우리가 『독불 연보』와 『신성 가족』에서 독일의 이론가들에게 충분한 단서를 일러주었건만, 정작, 이들은 단 한마디도 알아채지 못했다.) 〈GA2, 34R:31-34R:41〉〈수17, 47:5-47:11〉〈W, 34:2-34:6〉나아가 다음과 같은 사실도 도출된다: 지배하고자 하는 계급이라면 그 어느 계급이든, 그 지배가 프롤레타리아의 경우처럼 낡은 사회 형태 전체와 지배 자체의 제거를 조건으로 한다고 해도, 우선 정치 권력을 장악하고 그런 다음 자신의 이해를 일반적인 이해로 제시해야 한다. 이런 제시는 지배하고자 하는 모든 계급에 첫 순간부터 강제되는 것이다.

〈GA2, 37R:1-37R:5〉〈수17, 47:12-47:14〉〈W, 34:6-34:10〉개인은 스스로는 공동의 이해와 합치하지 않는 단지 개인적인 이해만을 추구한다. 일반성이란 모름지기 공동성의 환상적인 형식이므로 이 후자 즉 공동 이해가 개인에게는 "낯설고", 〈GA2, 37R:5-37R:19〉〈수18x, 47:14-47:21〉〈W, 34:10-34:17〉또 개인에서 "독립해 있는" 이해 즉 그 자체로 특수한 것이면서도 동시에 본래 "일반적인" 이해로 간주된다. 아니면 민주주의에서처럼 개인은 상호 충돌 속에서 움직이지 않을 수 없다. 다른 한편으로 특수한 이해를 실현하기 위한 *실천적인* 투쟁은 공동의 이해, 다시 말해 환상적인 공동 이해와 계속해서 *실제*로 배치되므로 환상적인 "일반" 이해가 국가라는 자격으로 *실천적*으로 간섭하고 구속할 필요가 생겨난다.

〈GA2, 34L:10-34L:24〉〈수17x, 47:22-47:27〉〈W, 33:5-33:10〉결국 노동 분업은 우리에게 다음과 같은 사실을 보여주는 제일가는 예이다:

인간이 자연 발생적인 사회 속에 머무르는 한, 그래서 특수한 이해와 공동의 이해 사이에 균열이 존재하는 한 또한 활동이 자발적으로 분화하지 못하고 오히려 자연 발생적으로 분화하는 한, 인간이 스스로 행위를 한 결과가 인간에게 대립하는 낯선 힘이 되어, 인간이 이 낯선 힘을 지배하는 대신, 오히려 그 힘에 예속되어 버린다. 〈GA2, 34L:24-34L:41〉〈수17x, 47:28-47:36〉〈W, 33:11-33:18〉요컨대, 노동이 분화하기 시작하면서, 누구나 그에게 강제로 부여된 특정한 배타적인 활동 범위가 있게 되며, 그 누구도 이 범위에서 빠져나올 수 없게 된다. 그래서 각자는 사냥꾼이거나, 아니면 낚시꾼이거나 양치기 혹은 비판적인 비평가이며 그 누구든 자신의 생활수단을 잃고 싶지 않다면, 그렇게 살 수 밖에 없다. 반면 공산주의 사회에서는 누구나 배타적인 활동 범위를 갖지 않고, 오히려 각자가 좋아하는 부문에서 자신을 육성할 수 있으니 여기서는 사회가 전반적인 생산을 조절하며, 그 결과 나는 오늘은 이것을 또 내일은 저것을 할 수 있다. 그래서 나는 늘 사냥꾼, 낚시꾼, 양치기 혹은 비평가로 살아야만 하는 것이 아니라, 그때그때 즐거움을 느끼는 대로 아침에는 사냥을, 〈GA2, 37L:1-37L:5〉〈수17x, 47:36-47:39〉〈W, 33:18-33:21〉오후에는 낚시를, 저녁에는 목축을 그리고 저녁을 먹고 난 이후에는 비평을 할 수도 있다.

〈GA2, 37L:5-37L:13〉〈수18, 47:40-47:43〉〈W, 33:21-33:25〉사회 활동이 응고해 자립화하면서 다시 말해 우리 자신이 생산한 것이 우리를 지배하는 사물 권력으로 굳어버리면서 이 권력이 우리의 통제를 벗어나 성장해서 우리의 기대를 목 졸라 죽이고, 우리의 예측을 수포로 만든다. 이런 소외가 지금까지 역사를 발전하게 만든 주요 계기 중의 하나다. 〈GA2, 37L:14-37L:24〉〈수18, 48:1-48:6〉〈W, 34:17-34:21〉사회적 권력[Macht], 다시 말해 노동 분업이라는 조건 아래서 다양한 개인의 협력을 통해 몇 배로 증가한 생산력은 개인에게 고유하며 개인과 합일을 이룬 힘으로 나타나지 않고, 오히려 자신의 외부에 있는 낯선 폭력으로 나타난다. 왜냐하면 그 협력 자체가 자발적인 것이 아니라 자연 발생적인 것이기 때문이다. 〈GA2, 37L:24-37L:33〉〈수18, 48:6-48:10〉〈W, 34:21-34:25〉개인은 이 낯선 폭력이 어디서 왔고 어디로 가는지를 알지 못하며, 더는 그 낯선 폭력을 지배할 수 없다. 오히려 이 낯선 폭력은 본래적인 힘이면서, 인간의 의욕과 노력에서 독립적인 힘이며, 개인의 의욕과 노력을[1186] 조종하면서 일련의 국면과 발전단계를 관통하는 힘이 된다. 〈GA2, 37L:33-37L:41〉〈수18, 48:10-48:15〉〈W, 35:14-35:17〉그렇지 않다면[1187] 예를 들어 소유가 대체 어떻게 역사를 가지며 또 다른 형태로 전환하겠는가? 또 어떻게 토지가 각기 달라진 전제에 따라서 프랑스에서는 분할 토지가 소수의 손으로 집중될 수 있었고, 거꾸로 영국에서는 소수의 손에 집중되어있던 토지가 분할될 수 있었겠는가? 이런 것은 오늘날 실제로 일어나는 그대로이다. 〈GA2, 38L:1-37L:13〉〈수18, 48:15-48:22〉〈W, 35:17-35:26〉또는 어떻게 다양한 개인과 나라 사이에서 생산물을 교환하는 것에 불과한 상업이 수요와 공급의 관계를 통해 전 세계를 지배하게 됐는가?-이 수요 공급의 관계는 영국의 경제학자가 말한 대로 마치 고대의 운명처럼 지상 위를 배회하며 보이지 않는 손으로 사람들에게 행운과 불행을 나누어주고 부유한 자를 세웠다간 파멸하며 민족을 생겨나게 하고 소멸하게 만든다. 〈GA2, 39L:4-39L:18〉〈수19, 48:22-48:27〉〈W, 35:26-35:32〉이에 반해 토대와 사적

1186   주53 참고

1187   주55 참고

소유를 폐지하고 생산을 공산주의적으로 조절함으로써 또 이 조절을 통해 인간은 자신의 생산물을 대할 때 느끼는 낯섦을 제거해 수요와 공급의 관계에 부여됐던 바로 그 힘을 탈취하며, 인간은 교환 또한 생산 그리고 인간의 상호관계 양식을 다시 지배하게 된다.

2-5) 공산주의의 물질적 전제로서 생산력의 발전

〈GA2, 37R:30-37R:41〉〈수18x, 48:33-48:39〉〈W, 34:26-34:31〉철학자들의 이해를 돕기 위해 말하자면, 이러한 "*소외*"는 당연히 두 가지 실천적 전제 아래서만 제거[Aufheben]될 수 있다. 소외가 "견딜 수 없는" 힘으로 되자면 즉 그 힘에 대항해 사람들이 혁명을 일으킬 수밖에 없게 되자면, 이 힘이 인류 대부분을 철저히 "무산자"로서 만들었어야 하며 동시에 이런 무산자가 부와 교양이 도달한 기존의 세계와 모순에 이르렀어야 한다. 이 두 가지 원인은 〈GA2, 38R:1-38R:3〉〈수18x, 48:39-48:40〉〈W, 34:31-34:32〉모두 생산력이 엄청나게 증가하고 고도로 발전하는 것을 전제한다. 〈GA2, 38R:3-38R:13〉〈수18, 49:1-49:6〉〈W, 34:33-34:37〉다른 한편 생산력의 발전은 (이로써 이미 인간은 지역적 공간 속에서가 아니라 *세계사적* 공간 속에서 경험적으로 현존한다) 실천적으로 절대적으로 필수적인 전제다. 그 이유는 바로 생산력의 발전 없이는 단지 결핍[궁핍]만이 일반화되어 이 결핍과 함께 필수품을 둘러싼 투쟁도 다시 시작되고 따라서 〈GA2, 38R:13-38R:41〉〈수18x, 49:6-49:20〉〈W, 35:1-35:13〉갖가지 낡은 해악이 벌어질 수밖에 없기 때문이다. 또 생산력이 보편적으로 발전할 때만 인간의 *일반적* 교류가 확립되어 한편으로 (일반화된 경쟁을 통해) 모든 민족에서 "무산자" 대중이라는 현상이 생겨나는 것과 동시에 다른 한편으로 어느 민족이든 다른 민족의 변혁에 의존하며 마침내 지역적인 개인을 *세계사적이면서도* 경험적으로 보편적인 개인으로 대체하기 때문이다. 이러한 전제가 없이는 1) 공산주의는 국지적으로만 존재할 수 있을 뿐이며, 2) 교류의 힘조차도 보편적인 힘으로, 그래서 견딜 수 없는 힘으로 발전할 수 없을 것이다. 그러면 교류는 미신이 만연한 토속적 "환경"에 머물게 될 것이다. 또한 교류가 3) 확대될수록 국지적으로 성립했던 공산주의를 제거하게 될 것이다. 경험적으로 볼 때 공산주의는 열강 민족에서 일어나는 사건으로 "일거에" 그리고 동시적으로만[1188] 가능하고 〈GA2, 39R:1-39R:3〉〈수18x, 49:20-49:21〉〈W, 35:13-35:14〉이는 생산력의 보편적인 발전 그리고 이와 연관된 교류의 세계화를 전제한다.

*****

〈GA2, 39R:4-39R:22〉〈수19, 49:22-49:30〉〈W, 36:1-36:8〉[1189]덧붙이자면 *단순한* 노동자 대중-다시 말해 자본이 없고 혹은 그 어떤 제한된 욕구도 충족하지 못하는 대규모 노동력-은 *세계 시장*을 전제로 한다. 그러므로 경쟁의 결과 그는 삶을 보장하는 원천으로서 노동을 더는 일시적으로 상실한 존재가 아니며, 순전한 변덕에 맡겨진 처지가 된다. 따라서 공산주의와 그 활동이 본래 "세계사적" 존재로만 존재할 수 있는 것처럼 프롤레타리아도 *세계사적*으로 존재할 수 있을 뿐이다. 이때 개인이 세계사적으로 현존하는 것은 개인이 세계사와 직접 결합하기 때문이다.

〈GA2, 37R:20-37R:29〉〈수18x, 49:31-49:35〉〈W, 35:32-35:37〉공

1188 주54 참고

1189 역주) GA2에서 이곳에 "공산주의"라는 제목이 들어 있다. CW는 이곳에 주를 달아 "공산주의"라는 마르크스의 언급이 있음을 밝혔다.

산주의는 우리에게 창조될 수 있는 *상태*가 아니라, 실재를 규제하는 *이상*이 아니다. 우리는 공산주의를 현재의 상태를 제거하는 실질적인 운동이라 부른다. 이 운동의 조건은 현재 존재하는 전제에서 나온다.[1190][1191]

*****

⟨GA2, 39L:20-39L:39⟩⟨수19, 50:1-50:11⟩⟨W, 36:9-36:18⟩ *시민 사회*는 하나의 교류 형태로, 이는 지금까지의 모든 역사적 단계에 현존했던 생산력을 통해 제약된 것이지만, 동시에 앞으로의 생산력의 발전을 제약한다. 시민 사회는 이미 앞의 서술에서 드러나듯이 핵가족과 대가족 그리고 이른바 부족을 전제와 토대로 삼고 있으며, 이에 대한 자세한 규정은 앞에서 서술한 바 있다. 시민 사회는 모든 역사의 진정한 아궁이이자 무대라는 사실이 여기서 드러난다.[1192] 또한 지금까지 역사는 야단법석을 떠는 주요 행위와 국가 행위[1193]에 한정된 채 실제 관계를 무시해왔으니 이미 이를 통해 이런 역사가 얼마나 불합리한지가 드러난다.

지금까지 우리는 ⟨GA2, 39L:39-40:7⟩⟨수19, 50:12-50:15⟩⟨W, 노트 13: 36-하단 주⟩주로 인간 활동의 한 측면 곧 인간을 통한 자연의 가공만을 고찰했다. 다른 측면 곧 인간을 통한 인간의 가공은 ....

1190 CW주) 이 구절은 수고에서 마르크스가 '소외'로 시작되는 구절(수고, 18-d1) 옆의 빈 곳에 적어놓았다

1191 주56 참고

1192 GA2주 참조) 마르크스 방주: 교류 또한 생산력

1193 주59 참고

국가의 기원 그리고 국가가 시민 사회에 대해 맺는 관계.[1194]

2-6) 역사에 관한 유물론적 개념에서 나오는 결론: 연속적 과정으로서 역사, 생성하는 세계사로서 역사, 공산주의 혁명의 필연성
〈GA2, 40:8-40:38〉〈수20, 50:21-50:35〉〈W, 45:13-45:27〉역사는 개별 세대의 계열화에 불과하다. 각 세대는 그 앞의 모든 세대가 남긴 자원, 자본, 생산력을 이용한다. 각 세대는 한편으로 완전히 달라진 상황에서 물려받은 활동을 지속하기도 하고, 다른 한편으로는 완전히 달라진 활동으로 이전 상황을 변경한다. 그런데 이런 역사의 계열이 사변적인 사유를 통해 왜곡되자, 나중의 역사가 이전 역사의 목적이 된다. 예를 들어 아메리카 발견 아래 놓인 목적은 프랑스 대혁명이 관철하게 돕는 것이다. 이렇게 되면 역사는 독특한 목적을 지니게 되고, "다른 인격체 옆에 있는 마찬가지의 인격체(자기의식, 비판, 유일자 등이 그런 것이겠지만)"가 되어버린다. 하지만 사람들이 이전 역사의 "규정", "목적", "배아", "이념" 등으로 표현하는 것은 이후 역사에서 추상한 것[Abstraktion] 곧 이전 역사가 이후 역사에 미친 적극적인 영향을 추상한 것[Abstraktion] 일 뿐이다.

〈GA2, 40:38-41:7〉〈수20, 50:36-50:38〉〈W, 45:28-45:30〉이러한 발전이 지속하면서 개별 권역[Kreise]의 상호작용이 확장한다. 또한 생산방식, 교류가 발달하고 이를 통해 노동 분업이 서로 다른 국가 사이에서 자연적으로 성장하면서 원래는 폐쇄되어 있던 〈GA2, 41:7-41:23〉〈수20, 50:38-51:10〉〈W, 45:30-46:6〉개별 국가가 자기의 폐쇄성을 무너뜨린다. 그러면 그럴수록 역사는 세계사가 되어간다. 예를 들면 영국

1194 역주) {지금까지 .... 맺는 관계} 구절은 W에서는 노트13이다.

에서 발명된 기계가 인도와 중국에선 무수한 노동자의 빵을 뺏고, 이들 나라의 전체 현존 형식[Existenzform]을 완전히 전복하니 그렇다면 이 기계의 발명은 세계사적 사실이 된다. 또한 19세기에 설탕과 커피가 세계사적 의의가 있었다는 사실은 나폴레옹의 대륙봉쇄[1195]가 입증한다. 이 봉쇄 때문에 설탕과 커피가 부족하게 되자 독일인은 나폴레옹에 대항해 〈GA2, 41:23-41:35〉〈수21, 51:10-51:17〉〈W, 46:6-46:12〉 봉기를 일으켰고, 이는 1813년의 영광스러운 해방전쟁의 실질적인 기초가 됐다. 이상의 사실에서 다음과 같은 결론이 나온다: 역사가 세계사로 전환하는 것은 이를테면 "자기의식"이나, 세계정신 또는 그 밖에 어떤 형이상학적 유령이 수행하는 단순히 추상적인 행위가 아니다. 이 전환은 완전히 물질적이고 경험적으로 확인 가능한 행위, 다시 말해 각 개인이 자신의 삶에서 즉 가고, 서고, 먹고 마시며, 입는 것에서 증명하는 행위이다.

〈GA2, 41:35-41:41〉〈수21, 51:18-51:20〉〈W, 37:2-37:5〉지금까지 역사를 통해서 입증된 사실이 있다. 이 사실은, 경험적으로 확인할 수도 있다. 즉 개별적 개인은 활동을 세계사적인 활동으로까지 확장하면서 〈GA2, 42:1-42:33〉〈수21, 51:20-51:38〉〈W, 37:5-37:21〉점점 더 그에게 낯선 힘의 노예가 됐다는 사실이다.(그들[1196]은 이런 낯선 힘의 압박을 이른바 세계정신 등의 전횡이라는 관념으로 파악하기도 했다.) 이 힘은 점점 더 대규모화되어 마침내 세계시장으로서 그 모습을 드러냈

1195 주93 참고

1196 역주) 수고의 순서에 따르면 이 말은 바로 앞의 문맥상 독일의 관념론적인 역사 이론가를 지시하는 말로 보인다.

다. 그러나 이에 못지않게 경험적 근거가 있는 사실이 있다.[1197] 즉 공산주의 혁명(그것에 대해서 상세한 것은 아래에 나온다)을 통해 현존하는 사회상태가 전복되고, 같은 의미이기는 하지만, 사적 소유가 폐지되면, 독일 이론가들에게 그토록 신비로웠던 그 힘은 해체된다는 사실이다. 나아가 역사가 완전히 세계사로 전환되는 정도만큼 모든 개별 개인의 해방도 관철된다는 사실이다. 이상의 논거에 따르면 개인이 지닌 진정한 정신적인 풍요는 전적으로 그 개인이 처한 실제 상황의 풍요에 의존한다는 점은 분명하다. 이 점을 직시할 때만 비로소 개별 개인은 다른 국가의 혹은 지역의 제한에서 벗어나, 전 세계에 걸친 생산활동(이는 정신적인 것들까지도 포괄하는 활동이다)에 실천적으로 관계하며, 전 지구의 차원에 걸쳐 이루어진 모든 종류의 생산물(즉 인간의 창조물)을 누리는 능력을 획득할 수 있게 된다. 〈GA2, 42:33-42:41〉〈수21, 51:38-51:39〉〈W, 37:21-37:23〉이런 *전면적인* 상호 의존 관계 즉 개인의 *세계사적인* 상호작용은 자연 발생적 형태로 두면 낯선 힘으로 된다. 이 힘은 인간의 상호 작용을 통해서 발생했음에도 철저하게 낯선 힘으로 되어 지금까지 인간을 압도하고, 지배해 온 힘이 됐다. 이런 상호 의존의 자연 발생적 형태는 공산주의 혁명을 통해, 〈GA2, 43:1-43:16〉〈수22,51:39-52:9〉〈W, 37:23-37:33〉이제 낯선 힘을 통제하고 의식적으로 지배하는 형태로 전환된다. 이러한 상호 의존에 관한 생각이 현재로서는 사변이나 관념 속에서, 다시 말해 환상 속에서 파악되면서 "유 전체[Gattung]의 자기생산"("사회라는 주체")이라는 생각이 가능하게 된다. 이로써 서로 연관을 맺는 일련의 개인이 관념 속에서 파악되면서 유일자가 자신을 생산한다는 신비한 생각이 가능하게 된다. 물론 개인이

1197 GA2주 참조) 마르크스 방주: 의식의 생산에 관해

육체에서나 정신에서 서로 영향을 준다[einander machen]는 것은 명백하다. 하지만 이 개인이 혼자 형성되는 것[sich machen]은 아니다. 하물며 성 브루노가 말한 난센스[1198]로서나 "유일자", "스스로 생산된" 인간이라는 의미에서도 개인이 혼자 형성되는 것은 명백히 아니다.[1199]

〈GA2, 43:16-43:37〉〈수22, 52:10-52:18〉〈W, 69:16-69:24〉결국 우리는 이상에서 전개된 역사관에서 다음과 같은 결론을 얻는다: 1) 생산력이 발전하는 가운데 생산력과 교류 수단이 기존의 생산 관계 아래서 단지 재앙만을 불러일으키는 단계가 출현한다. 이 단계에서 생산력은 더는 생산력이 아니라 파괴력(기계 체제와 화폐)으로 작용한다. 아래 사실은 이런 단계와 관련되는 일이다. 즉 이제 하나의 계급이 출현한다. 이 계급은 기존 사회의 이익을 누리지 못한 채 그 사회의 모든 부담을 짊어져야 하는 계급이며, 그 사회에서 배척당하면서 모든 다른 계급과 대립할 수밖에 없는 계급이다. 〈GA2, 43:37-43:41〉〈수23, 52:18-52:21〉〈W, 69:24-69:27〉이 계급이 사회 구성원 중에서 다수를 이루게 되면서 이 계급에서 근본적인 혁명이 필연적이라는 의식 곧 공산주의 의식이 나온다. 〈GA2, 44:1-44:32〉〈수23, 52:21-52:33〉〈W, 69:27-69:37〉다른 계급 성원도 이 계급의 지위를 관찰하는 가운데 이 의식을 형성할 수 있다. 2) 특정한 생산력이 적용될 수 있으려면 특정 계급이 그 사회를 지배할 필요가 있다. 이 계급의 사회 권력은 그 계급의 소유에서 나오면서, 국가형태 속에서 실천적으로나 이상적으로 표현된다. 따라서 모든 혁명 투쟁은 그때까지 지배해 왔던 계급에 대항하는 투쟁

1198 주63 참고

1199 역주) W, CW에 존재하는 이 문장은 GA2에서는 빠졌다.

이다.¹²⁰⁰ 3) 기왕의 혁명은 언제나 활동의 방식을 건드리지 않았고 단지 이러한 활동을 다른 방식으로 분배하는 것 곧 노동을 다른 인격체에게 새롭게 분배하는 것만을 문제 삼았다. 이에 반해 공산주의적 혁명은 〈GA2, 44〉〈수23, 52:33-52:38〉〈W, 70:1-70:5〉지금까지의 활동 *방식*을 다루면서 [강제] 노동을 제거하며¹²⁰¹, 계급 자체와 더불어 모든 계급적 지배도 폐지한다. 왜냐하면 공산주의 혁명을 성취하는 계급은 사회적으로 더는 계급으로 간주되지도 또 계급으로 인정되지도 않으며 이미 현 사회 내부에 존재하는 모든 계급, 모든 민족성 등의 해체를 표현하는 계급이기 때문이다. 〈GA2, 44:32-44:41〉〈수23, 52:38-53:5〉〈W, 70:5-70:9〉4) 이러한 공산주의 의식이 광범위하게 발생하기 위해서뿐만 아니라 그런 사태 자체가 관철되기 위해서라도 인간의 광범위한 변화가 필요하다. 이러한 변화는 오로지 실천 운동 즉 *혁명* 안에서만 일어날 수 있다. 그러므로 혁명이 불가피한 이유는 *지배하는* 계급이 〈GA2, 45:1-45:9〉〈수23, 53:4-53:7〉〈W, 70:9-70:13〉다른 방식으로는 전복될 수 없기 때문만이 아니라 *전복하려는* 계급이 오직 혁명 안에서만 과거의 잔재를 일소하고 사회를 새롭게 건설할 능력을 얻기 때문이기도 하다. ¹²⁰²

1200 〈W, 노트 27, 69-하단 주〉〈CW, 52-하단 주〉〈GA2, 44-방주〉마르크스 방주: 지배계급의 사람들은 현재의 생산상태를 유지하는 데 관심이 있다.

1201 {〈W, 노트 28: 수고에서 삭제〉〈CW, 52-하단 주〉어떤 .... 지배 아래서 이루어지는 활동의 근대적 형식}

1202 역주 아래 { .... } 구절은 GA2에서는 생략되었다.

{〈W, 노트 29: 70-하단 주: 수고에서 삭제〉〈CW, 53-하단 주〉이러한 혁명의 불가피성에 대해 영국과 독일뿐만 아니라 프랑스에 있는 전 공산주의자는 오래

2-7) 역사에 관한 유물론적 개념 요약

⟨GA2, 45:9-45:31⟩⟨수24, 53:12-53:22⟩⟨W, 37:34-37:39⟩이러한 역사관의 기초는 실제 생산과정을, 그것도 직접적인 삶의 물질적 생산에서 출발해서 전개하는 것이며 이 생산과정과 연관되어 있으며 여기에서 생겨나는 교류 형태 즉 시민 사회의 다양한 단계를 전체 역사의 기초로서 파악하는 것이다.[1203] 도한 그 기초는 시민 사회가 국가로서 어떤 행위를 하는가를 서술하는 것뿐만 아니라 아울러 의식을 통해 생산되

전부터 합의하고 있었다. 반면 성 브루노는 꼼짝도 하지 않은 채 계속 꿈을 꾸면서 "진정한 휴머니즘" 즉 공산주의는 (어디에도 설 자리가 없는) "유심론 위에 자리 잡아야" 한다고 생각한다. 그가 그렇게 생각하는 이유가 있다면 그것은 다만 그가 존경을 얻고 싶어 하는 것뿐이다. 계속해서 그는 다음과 같이 꿈을 꾸었다: "그때 구원이 다가와 지상은 하늘로, 하늘은 지상으로 될 것이 틀림없다."(이 신학자는 아직도 하늘을 잊지 않은 모양이다.) "그때 천상의 조화 속에서 기쁨과 환희가 영원에서 영원으로 울려 퍼질 것이다."(140쪽) 이 성스러운 교부는 최후의 심판의 날에 이 모든 것이 가득 그를 덮치면 얼마나 놀랄 것인가. 그날 아침노을이 비추어져 도시의 하늘을 붉게 물들이니, 마르세예즈와 카르마뇰Carmagnole의 멜로디가 '천상의 조화' 아래서 예포처럼 그의 귀에 울리면 단두대가 여기에 박자를 맞출 것이다. 흉악무도한 군중이 ça ira, ça ira⟨만세, 만세⟩를 외칠 때 "자기의식"은 가로등 사이에 매달리게 될 것이다. 성 브루노는 "영원에서 영원으로의 기쁨과 환희"라는 경건한 그림의 초안을 잡을 마음이 최소한으로도 들지 않을 것이다. 우리는 최후의 심판의 날에 성 브루노의 행위를 선천적으로 구성하면서 얻을 만족감을 기꺼이 삼가고자 한다. 프롤레타리아를 혁명의 "실체"로 간주하면서 비판을 전복하는 "집단"으로 보아야 하는지 아니면 바우어적인 사유를 소화하는 데 필요한 일관성을 유출하는 정신의 "유출"로 파악해야 하는지 결정하기 어렵다.}

1203   GA2주 참조) 마르크스 방주: 포이어바흐

는 다양한 이론적 산물과 그 산물의 형태 전체를, 이를테면 종교, 철학, 도덕 등등을 시민 사회에서 설명하고 이런 의식의 산물과 형태가 발생하는 과정을 시민 사회의 다른 단계에서 추적하는 것이다. 이렇게 되면 사태가 전체적으로 (그리해 이러한 다른 측면이 서로에게 미치는 상호작용까지도) 서술될 수 있다는 것은 당연하다. 〈GA2, 45:31-45:41〉〈수24, 53:22-54:4〉〈W, 37:39-38:9〉이 역사관은 관념론적인 역사관[1204]처럼 시대마다 그에 상응하는 논리 범주를 찾지 않는다. 오히려 이 역사관은 지속해서 실제 역사의 *지반*에 머무르며, 실천을 관념[Idee]에서 설명하지 않고 오히려 관념의 형태를 물질적 실천에서 설명한다. 이에 따라 다음과 같은 결론에도 이른다: 의식의 모든 형태와 생산물은 정신의 비판을 통해서, 〈GA2, 46:1-46:33〉〈수24, 54:4-54:20〉〈W, 38:9-38:32〉 또 "자기의식"으로 해소하거나 "귀신", "유령", "망령"[1205] 등으로 전환해서 해소할 수 없으며, 오히려 허튼 관념이 유래하는 실질적 사회관계를 실천적으로 전복하는 것을 통해서만 해소할 수 있다. 다시 말해 비판이 아니라 혁명이 역사를 추동하는 힘이며 또한 종교, 철학 그리고 여타 이론을 추동하는 힘이다. 이런 역사관은 역사가 "정신에 관한 정신"[1206]인 "자기의식"으로 해소된다고 스스로 종말에 이르지 않음을 보여준다. 오히려 이런 역사관은 각 단계의 역사에서 발견되는 것은 어떤 물질적 결과, 생산력의 집합, 자연에 대한 그리고 개인 사이에 역사적으로 산출된 관계라는 사실을 보여준다. 따라서 각 세대는 선행 세대에서 이 모든 것들을 물려받는다. 이런 생산력과 자본 그리고 관계 전체는 한편에

1204   주66 참고

1205   주67 참고

1206   주68 참고

선 새로운 세대를 통해 수정되기도 하지만, 다른 한편에선 이 새로운 세대의 고유한 생활 조건을 규정하기도 하며 또 이 새로운 세대에게 특정한 발전과 특수한 성격을 부여한다. 말하자면 이런 역사관은 인간이 상황을 만드는 것과 마찬가지로 상황도 인간을 만든다는 점을 보여준다.

⟨GA2, 46:33-47:29⟩⟨수25, 54:20-54:24⟩⟨W, 38:32-38:37⟩각 개인과 각 세대는 생산력, 자본 또한 사회적 교류 형태의 집합을 이미 주어진 것으로서 발견한다. 이 집합이야말로 철학자들이 "실체" 또는 "인간의 본질"이라는 관념으로 파악하면서, 신격화하면서도 또 비판했던 사실이 유래하는 객관적 근거이다. ⟨GA2, 47:1-47:29⟩⟨수25, 54:24-54:33⟩⟨W, 38:28-38:37⟩철학자들은 소위 "자기의식" 또는 "유일자"가 되어 이런 객관적 근거에 대해 반항하지만, 그런 반항에도 그 객관적 근거가 인간의 발전에 대해 미치는 작용이나 영향력은 조금도 교란되지 않는다. 주기적으로 역사에서 반복되는 혁명의 충격이 현존하는 모든 것을 전복하기에 충분히 강한 것인지 아닌지를 결정하는 것은 다른 세대 앞에 이미 주어져 있는 이와 같은 삶의 조건이다. 변혁의 전체적인 토대를 이루는 이런 물질적 요소들이 출현해 즉 한편으로는 생산력이 이미 현존하고 ⟨GA2, 47⟩⟨수25, 54:33-54:38⟩⟨W, 38:37-39:6⟩ 다른 한편으로 혁명 대중이 형성되지 않는다면, 그래서 이런 혁명적 대중이 기존 사회의 개별 조건뿐만 아니라, 지금까지의 "삶의 생산" 자체를 곧 기존사회가 기초하는 "전체적 활동"을 뒤엎지 않는다면, 변혁하자는 생각을 이미 수백 번 떠들었다고 하더라도 이는 혁명의 실천적인 발전과는 아무 상관없는 일이 되고 만다. 이는 공산주의 역사가 증명하는 것과 같다.

2-8) 역사에 관한 관념론적 견해 일반의 부조
리 그리고 특히 헤겔 이후 철학의 부조리

〈GA2, 47:30-47:41〉〈수25, 55:3-55:9〉〈W, 39:7-39:13〉지금까지의 모든 역사관은 역사의 이러한 실제 토대를 전혀 고려하지 않거나 아니면 부차적인 것으로 즉 역사의 진행과 어떤 연관도 갖지 않는 것으로 간주했다. 이렇게 되면 역사는 언제나 자신의 외부에 있는 척도에 따라 서술될 수밖에 없으며, 실제 삶의 생산은 비역사적인 것으로서 나타나게 되고, 반면 역사적인 것이 일상의 삶과 분리된, 〈GA2, 48:1-48:32〉〈수25, 55:9-55:24〉〈W, 39:13-39:28〉별도의 초월 세계[Extra-Überweltliche]로 나타난다. 이로써 자연에 대해 인간이 맺는 관계는 역사에서 배제되며, 그 결과 자연과 역사는 서로 대립하게 된다. 따라서 이런 역사관은 역사에서 정치 지도자의 행위와 국가의 행위만을 묘사하고 종교의 투쟁이나 일반적으로 말해 이론 투쟁만을 볼 수 있었을 뿐이며, 특히 *각각의 역사적인 시대에 그 시대를 구분[teilen]하게 하는 환영을 할당해야만* 했다. 예를 들어 위의 역사관에 따르는 역사가는 어떤 시대가 순전히 "정치적인" 또는 "종교적인" 것을 동기로 움직인다고 공상하면서 이런 종교나 정치가 다만 진정한 동기를 덮는 껍데기에 불과하더라도 이 억측을 그대로 수용한다. 특정한 인간이 자신의 실제 실천에 관해 갖게 되는 "공상", "관념"이 역사를 규정할 수 있는 유일한 능동적 힘으로 즉 이런 인간의 실천을 지배하고 규정하는 힘으로 전환된다. 인도인이나 이집트인에게서 나타나는 노동 분업의 조잡한 형식 때문에 이런 민족의 국가와 종교에서 카스트제도가 출현하지만, 정작 이 역사가들은 카스트제도야말로 〈GA2, 48:32-48:41〉〈수26, 55:24-55:26〉〈W, 39:28-39:32〉그 조잡한 사회적 형식을 산출한 힘이라고 믿는다.

　영국인과 프랑스인이 그래도 실제에 가장 근접한 정치적인 환상에 매달린다면, 독일인은 "순수한 정신"의 영역을 맴돌면서 종교적인 환상을 역사의 추동력으로 삼는다.〈GA2, 51:1-51:17〉〈수 26, 55:30-55:37〉〈W, 39:32-39:38〉헤겔의 역사 철학은 이러한 독일의 역사 서술 전체가 "가장 순수하게 표현된" 마지막 종착점이다. 독일의 역사 서술은 실제 이해는 물론이고, 하다못해 정치적인 이해조차 전혀 문제 삼지 않으며 오직 순수한 사상만을 문제 삼을 뿐이다.[1207] 이윽고 성 브루노에 이르러 이런 역사 서술은 하나의 사상이 다른 사상을 집어삼키고, 최종적으로는 "자기의식"이 승리하는 일련의 "사상들"로서 나타날 수밖에 없었다. 성 막스 슈티르너는 아예 한술 더 뜬다. 실제 역사 전체에 관해 아무것도 모르는 그는 역사의 진행을 그저 "기사의 역사,〈GA2, 51:17-51:21〉〈수 26, 55:37-55:39〉〈W, 39:38-40:2〉강도의 역사 그리고 유령의 역사"[1208]로 볼 수밖에 없었다. 그가 불치병에 걸린 것은 당연히 그것이 이런 몽환[Vision]에서 깨어날 유일한 방법이기 때문일 것이다.〈GA2, 51:21-35〉〈수 26,55:39-56:6〉〈W, 40:2-40:9〉이러한 역사관은 정말로 종교적이다. 이 역사관은 종교적인 인간을 전 역사가 출발하는 원초적 인간으로 상정하며, 생존수단, 아울러 삶 자체를 실제로 생산하는 것을 공상 속에서 종교적 환상을 생산하는 것으로 대체한다.

　이 역사관은 그것의 해체나 이 역사관에서 발생하는 의혹이나 우려

1207　〈GA2 마르크스 방주〉〈W, 노트 14: 40-하단 주〉〈수, 26-하단 주〉소위 객관적 역사 서술은 역사적 상황을 활동에서 독립적으로 다루는 데서 성립한다. 반동적 성격을 갖는다. 앞의 주 참조(주요 행위 또한 국가 행위)

1208　주69 참고

까지 포함해서 단지 독일 *민족의* 문제일 뿐만 아니라 독일 *지역에* 국*한된* 관심거리일 뿐이다. 〈GA2, 51:35-51:41〉〈수 26, 56:6-56:9〉〈W, 40:9-40:10〉최근 여러 번에 걸쳐 다루어졌던 다음과 같은 중요한 물음도 그런 종류의 관심거리였다. 〈GA2, 52:1-52:11〉〈수 26, 56:9-56:15〉〈W, 40:10-40:17〉그 물음이란 곧 사람이 어떻게 "신의 왕국에서 인간의 왕국으로"[1209] 실제로 넘어올 수 있게 됐는가에 대한 질문이다. 독일인이 이 물음을 어떻게 묻는가를 보면, 마치 이 "신의 왕국"이 상상이 아닌 어떤 다른 곳에 정말로 존재하는 것 같으며 또한 존경받는 학자조차도 "인간의 왕국"에 산 적이 없어서 이 사실을 모른 채 이제 그 인간의 왕국에 이르는 길을 찾아야 하는 것 같다. 또한 마치 학문적인 즐거움이란 실제 지상의 상황에서 문제가 나온다는 점을 입증하는 데 있는 것은 절대 아니고, 이처럼 진기한 것을 설명하면서 이론적으로 뜬구름 잡는 놀이를 하는 것에 불과한 것 같다. 〈GA2, 52:11-52:36〉〈수 27, 56:15-56:27〉〈W, 40:17-40:29〉일반적으로 이런 독일인이 항상 관심을 가지는 것은 자기 앞에 놓인 난센스를 어떤 다른 꼭두각시를 통해 해소하는 것이며 다시 말해 이 전체 난센스는 어떤 특별한 의미가 있는데 그 의미는 앞으로 발견될 수 있다고 가정하는 것이다. 하지만 중요한 것은 다만 이러한 이론적인 상투어를 오직 현존하는 실제 상황을 통해서 해명하는 것이다. 이미 언급했듯이, 이 상투어를 실제로 실천적으로 해소하고 곧 인간의 의식에서 이러한 관념을 제거하는 일은 이론적인 연역을 통해서가 아니라 상황을 변화하는 것을 통해서 성취된다. 인류 대중 곧 프롤레타리아에게는 이러한 이론적인 관념은 현존하지 않으므로, 이 관념은 그 대중에게는 해소될 필요조차 없다. 만약 이들 대

1209 주70 참고

중이 이전에는 몇몇 이론적인 관념, 예를 들어 종교를 가졌다고 하더라도, 이런 이론적 관념은 이제는 상황을 통해 이미 오래전에 해소됐다.

⟨GA2, 52:37-52:41⟩⟨수27, 56:28-56:29⟩⟨W, 40:30-40:33⟩이러한 문제를 던지고 해결하는 데서 나타나는 순전히 독일 민족적인 성격은 다음과 같은 데서도 드러난다. 즉 이런 이론가들은 정말 진지하게 "신의 아들[Gottmensch]", "인간 자체" 등과 같은 ⟨GA2, 53:1-53:6⟩⟨수27, 56:29-56:33⟩⟨W, 40:33-40:34⟩머릿속의 허구가 역사의 개별 시대를 주재했다고 믿는다는 것이다. 심지어 성 브루노는 "비판과 비판가만이 역사를 만들어 왔다"라고 주장하기까지 한다. ⟨GA2, 53:6-53:9⟩⟨수27, 56:33-56:35⟩⟨W, 40:34-40:35⟩막상 이들 이론가들이 역사를 구성하는 일에 착수하게 됐을 때, 이들은 과거의 모든 것을 일사천리로 ⟨GA2, 53:9-53:15⟩⟨수27, 56:35-56:37⟩⟨W, 41:1-40:4⟩뛰어넘어, "몽골족"[1210]에서 즉각 "충만한" 본래의 역사, 이른바 『할레 연보』나 『독일 연보』의[1211] 역사로, 다시 말해 헤겔주의자가 해체되는 과정에서 발생하는 흔히 말하는 언쟁의 역사로 이행한다. ⟨GA2, 53:15-53:41⟩⟨수27, 56:37-57:11⟩⟨W, 41:4-41:15⟩모든 다른 민족과 모든 실제 사건은 망각되고, 급기야 Theatrum mundi⟨세계 극장⟩[1212]은 라이프치히의 서적 시장으로나 "비판", "인간", "유일자"[1213] 사이의 싸움으로 좁혀진다. 아마도 이 이론이 어떤 주제를, 예를 들어 18세기라는 주제를 다루는 데 착수한다면, 이 이론가들은 관념의 역사만을 제시할 것이다. 그

1210   주71 참고

1211   주72 참고

1212   주73 참고

1213   주74 참고

것은 그 밑바닥에 깔린 사실과 실천의 발전에서 분리된 역사일 뿐이다. 더군다나 이들의 의도는 18세기의 역사를 일종의 불완전한 예비단계로 서술하는 것이다. 즉 그 시대는 1840~44년 독일 철학자들의 투쟁 시대, 말하자면 진정한 역사 시대에 앞서서 아직 지엽적인 투쟁이 벌어진 시대이다. 이들의 목적은 역사성이 없는 어떤 인물의 명성과 그의 환상을 더 밝게 빛나게 하려는 것이다. 그런 목적에 상응해 이들은 실제의 모든 역사적 사건을 언급하지 않으니, 〈GA2, 54:1-54:10〉〈수 27, 57:11-57:19〉〈W, 41:15-41:23〉하물며 정치가 역사에 실제 역사적으로 개입하는 것이야 말할 것도 없다. 또 이들은 이를 위해 연구에 토대를 두지 않고 허구와 풍문에 토대를 둔 이야기를 제공하기에 이른다. 바로 이런 일들이 지금은 아무도 기억하지 못하는 성 브루노의 『18세기의 역사』[1214]에서 벌어졌다. 오만방자한 사상의 소매상들은 민족적 편견을 모조리 까마득히 넘어섰다고 믿지만, 실상을 보면 맥주에 코를 박고 살면서도 독일 통일을 꿈꾸는 속물보다도 훨씬 더 민족적이다. 〈GA2, 54:10-54:31〉〈수28, 57:19-57:26〉〈W, 41:24-41:31〉이런 종류의 사상의 소매상들은 다른 민족의 행위는 역사적인 행위로 전혀 인정하지 않는다. 그들은 독일 안에서, 독일을 지향하며 독일을 위해서 살고 있다. 또한 그들은 '라인강의 노래'[1215]를 성가로 바꾸고, 프랑스라는 국가 대신 프랑스의 철학을 훔치고, 프랑스의 땅 대신 프랑스의 사상을 게르만화 함으로써 알사스[Elsaß]와 로트링겐[Lothringen]을 정복한다. 이론의 세계 지배 속에서 독일의 세계 지배를 선포하는 성 브루노나 성 막스에

1214 주75 참고

1215 주76 참고

비하면 베네디(Venedey) 씨[1216]는 차라리 세계주의자다.

2-9) 역사에 관한 관념론적 개념과 포이어바흐의 사이비 공산주의
〈GA2, 54R:31-54R:40〉〈수28, 57:30-57:34〉〈W, 41:32-41:35〉[1217] 이런 논쟁에서 명백하게 되는 사실 중의 하나는 포이어바흐가 자신을 얼마나 기만하는가다. 그의 기만은 다음과 같은 사실에서 드러난다: 포이어바흐는(『비간트의 계간지』, 1845, 2호에서)[1218] 자신도 "평범한 인간[Gemeinmensch: 공동적 인간]"이라는 자격을 가졌기에 공산주의자라고 선언한다. 그는 이렇게 공산주의자라는 말을 인간 "*자체*"의 술어로 전환하면서〈GA2, 57R:1-57R:3〉〈수28, 57:34-57:36〉〈W, 41:35-41:37〉 요즈음의 세상에서 특정한 혁명 당파의 지지자를 지칭하는 공산주의자라는 말을 다시금 하나의 단순한 [논리적] 범주로 전락하게 할 수 있다고 믿는다. 〈GA2, 57R:3-57R:34〉〈수28, 57:36-58:12〉〈W, 42:1-42:15〉인간의 상호 관계를 포이어바흐가 어떻게 연역했든지 간에 그 전체 연역은 인간이 서로 필요로 하고 또 서로를 *항상 필요로 했다*는 사실만을 증명할 뿐이다. 포이어바흐는 이 사실을 확고하게 의식하고자 한다. 다시 말해 그는 나머지 이론가들과 마찬가지로 *기존의*[bestehend] 사실을 올바로 의식하는 것만을 원한다. 반면 진정한 공산주의자에게 중요한 것은 기존의 존재를 전복하는 것이다. 덧붙이자면 우리는 포이어바흐가 바로 *이러한* 사실을 의식하기 위해 노력함으로써, 어떤 이론가가 이론가이고 철학자이기를 그만두지 않는 한 나갈 수 있는 가장 멀

1216 주77 참고

1217 역주) 이 구절 위에 GA2는 포이어바흐라는 제목을 붙였다.

1218 주78 참고

리까지 나간다는 점을 충분히 인정한다. 그러나 성 브루노와 성 막스가 실제의 공산주의자를 공산주의자에 대한 포이어바흐의 관념으로 대체했다는 점은 특기할 만하다. 그렇게 대체한 이유라면 그렇게 함으로써 한편으로 "정신의 정신"이 되고, 철학의 범주가 된 공산주의와 그들이 대등한 적수로서 싸울 수 있게 되기 때문이다. 다른 한편으로 성 브루노의 처지에서 보면 이는 또한 실리가 있는 것이기도 하다.

〈GA2, 57R:34-57R:41〉〈수28, 58:13-58:16〉〈W, 42:15-42:18〉기존의 것을 승인하면서도 오인하는 것은 포이어바흐가 여전히 우리의 적들과 공유한 것이기도 하다. 이제 그 예를 들기 위해 우리는 『미래 철학』의 한 구절을 상기하고자 한다. 그 구절에서 포이어바흐는 이런 주장을 전개했다. 〈GA2, 58R:1-58R:13〉〈수28, 58:16-58:23〉〈W, 42:18-42:24〉즉 사물이나 인간이나 간에 그 현존이 바로 그 본질이며, 동물적 개체나 인간 개인이나 간에 그 "본질"은 특정한 생존 상황과 삶의 방식 그리고 활동 속에서 자기 충족의 느낌을 얻는다는 것이다. 이때 예외가 있다면 그것은 분명히 불행한 우연일 뿐이며 곧 어쩔 도리가 없는 부조리로 간주된다. 이에 따르면 수백만의 프롤레타리아가 자기의 생활 상황 속에서 조금도 만족을 느끼지 못한다면 또한 프롤레타리아의 "존재"가 [1219]〈GA2, 58R:13-58R:17〉〈수29, 58:23-58:37〉그 자신의 "본질"에 눈곱만큼도 부합되지 않는다면, 이는 결국 감내하는 것밖에는 별도리가 없는 불행인 일이다. 그러나 수백만 프롤레타리아 또는 공산주의자는 전혀 다르게 생각한다. 만일 그들이 자기 시대에 이르러 자기의 "현존"을 자기의 "본질"과 실천적으로 혁명을 통해 일치하게 만들 때면

1219 역주) 이 다음부터 59쪽 끝까지 즉 {그 자신의 본질에 ..... 못했다는 비난이다.}는 W에는 빠졌다.

앞의 사실을 입증할 것이다. 따라서 포이어바흐는 그런 경우 결코 인간 세계에 관해 말하지 않으며 오히려 항상 외부 세계로 도피하며, 인간의 지배 아래 아직 들어오지 못한 자연 자체로 정말 도피하고 말 것이다. 모든 새로운 발명과 산업의 모든 진보마다 이 영역으로부터 새로운 조각이 떼어내져이며 유사한 포이어바흐의 명제를 지지하는 예들이 성장하는 지반은 더욱 줄어들 것이다. 포이어바흐의 명제 중의 하나에 머물러 보자면, 물고기의 "본질"은 그것이 "존재"하는 곳, 물이다. 민물고기의 "본질"은 강물이다. 그러나 강물은 그 "본질"이기를 중단한다. 강물이 산업에 이용되자마자, 〈GA2, 58R:39-59R:31〉〈수29, 58:37-59:12〉 강물이 색소나 그 밖의 쓰레기로 더렵혀지거나 증기선이 다니자마자, 강물이 운하로 들어가 고기에게 그 현존 매체를 단순한 배수를 통해 빼앗을 수 있자마자, 강물은 그 본질에 더 이상 어울리지 않는 현존 매체다. 모든 그런 모순을 피할 수 없는 비정상 상태로 설명하는 것은 근본적으로 성스러운 막스 슈티르너가 제공하는 위안과 다를 바 없다. 그 위안이란 곧 막스 슈티르너가 불만을 가진 사람에게 이런 모순은 각 사물에 고유한 모순이며 그 나쁜 처지는 그 사물에 고유한 나쁜 처지라고 설명하면서 주려 했던 위안이다. 그런 위안을 듣고 불만을 가진 사람들은 마음이 편해질 수도 있고 또는 그가 사적으로 느끼는 혐오를 스스로 삼켜버릴 수도 있고 또는 환상적인 방식으로 그런 위안에 대해 분노할 수도 있을 것이다. – 마찬가지로 그런 식으로 비정상 상태에 호소하는 것은 성스러운 부르노의 비난과 다를 바 없다. 부르노의 비난이란 곧 이 불행한 상황의 원인은 그런 일을 당한자가 "실체"의 진창에 헤어나지 못하거나 "절대적인 자기의식"으로 전진하지 못하고 이 나쁜 상황을

그 정신의 정신으로서 인식하지 못했다는 비난이다.[1220]

1220 CW주) 부르노 바우어, 『루드비히 포이어바흐의 특징』

3절

3-1) 지배계급과 지배적인 관념, 역사를 정신이 지배한다는 헤겔적 개념이 어떻게 발생했는가?

〈GA2, 60:3-60:41〉〈수30, 59:18-59:34〉〈W, 46:13-46:30〉어느 시대나 지배 계급의 사상이 지배 사상이다. 곧 사회를 지배하는 물질적 힘을 가진 계급은 동시에 사회를 지배하는 정신적인 힘이다. *물질적 생산*을 위한 수단을 장악한 계급은 이를 통해 *정신적* 생산의 도구 또한 통제하게 되며, 이로써 평균적으로 본다면 이 계급은 정신적 생산을 위한 도구를 갖지 못하는 계급의 사상 역시 지배한다. 지배 사상은 지배적인 물질적 관계를 관념으로 표현하는 것일 뿐이며, 지배적인 물질적 관계가 사상을 통해 파악된 것일 뿐이고, 하나의 계급을 지배 계급으로 만드는 상황을 관념으로 표현한 것이며, 그 계급의 지배를 표현하는 사상일 뿐이다. 지배 계급을 이루는 개인은 무엇보다 의식이 있으니 당연히 사유할 것이다. 그러므로 그가 지배하는 계급으로서 일정한 시대를 전반적으로 규정하는 한, 자명한 일이겠지만, 그는 이런 지배를 온갖 영역으로 확장한다. 그는 무엇보다 사고하는 자로서 곧 사상의 생산자로서 지배하려 들며, 그의 시대 사상의 생산과 분배를 통제하려 할 것이다. 또한 자명한 것은 그의 사상이 그 시대의 지배 사상이라는 사실이다. 〈GA2, 61:1-61:7〉〈수30, 59:34-59:38〉〈W, 46:30-46:33〉예들 들어 어느 시대, 어느 나라에서 왕권과 귀족 그리고 부르주아가 지배를 위해 다투고, 그 결과 지배 권력이 분산되는 때 이제 권력 분립이라는 학설이 지배 사상으로 나타나서 "영원한 법칙"으로 천명된다.

〈GA2, 61:8-61:14〉〈수30, 59:39-60:1〉〈W, 46:34-46:36〉노동 분업

은 우리가 이미 위에서(W, 31~33쪽)[1221] 지금까지 역사의 주요한 힘 중 하나로서 살핀 바 있지만, 이제 지배 계급에서도 정신노동과 물질노동의 〈GA2, 61:14-61:20〉〈수31, 60:1-60:4〉〈W, 46:36-46:39〉분리로 나타난다. 그래서 지배 계급의 내부에서 한 분파는 지배 계급의 사상가로 나서고 곧 적극적으로 개념을 구상하는 이데올로그로 등장한다.(이런 이데올로그는 지배 계급이 자신에 관한 환상을 형성하는 일을 생계의 주된 분야로 삼는 자다.) 〈GA2, 61:20-61:41〉〈수31, 60:5-60:13〉〈W, 47:1-47:10〉반면 지배 계급 내부의 다른 분파는 이러한 사상과 환상을 더 수동적으로 수용하는 태도를 보인다. 왜냐하면 이 다른 분파는 실상 지배 계급의 행동 성원이기에 그 자신에 관한 사상과 환상을 만들어 내기에 충분한 시간을 가지지 못하기 때문이다. 지배 계급 내부에서 이와 같은 분열은 심지어 두 분파 사이에 존재하는 일정 정도의 대립과 적대로까지 발전할 수 있지만, 계급 자체가 위태롭게 될 정도로 실천적인 충돌이 발생하게 될 때 대립과 적대는 저절로 사라진다. 바로 이때 지배 사상이 지배 계급의 사상이 아닌 것 같은 또 지배 사상이 지배 계급의 힘과 구별되는 힘을 가진 것 같은 가상은 사라진다. 〈GA2, 62:1-62:4〉〈수31, 60:13-60:16〉〈W, 47:10-47:12〉어떤 특정한 시대에 혁명 사상이 현존하기 위해서는 이미 어떤 혁명 계급이 현존해야 한다. 이 전제에 관한 필요한 사항은 이미 위에서(W, 33~36쪽)[1222] 언급한 바 있다.

〈GA2, 62:5-62:22〉〈수31, 60:17-60:26〉〈W, 47:13-47:21〉그런데 역사의 경과를 파악할 때, 지배 계급에서 지배 계급의 사상을 떼어내고

1221 역주) 이 쪽수는 W 편집자가 밝힌 것이다. W, 31~33 에서 노동 분업에 관해 논한다.

1222 역주) 이 쪽수는 W 편집자가 밝힌 것이다.

지배 계급의 사상을 자립화한다면 즉 사상의 생산 조건과 생산자를 고려하지 않고 그냥 어떤 시대에 이런저런 사상이 지배했다는 사실을 확인하는 데 머문다면, 그래서 이런 사상의 근저에 놓여있는 개인과 세계 상태를 생략한다면, 이를 통해 우리는 예를 들어 귀족이 지배했던 시기에는 명예, 충성 등의 개념이, 부르주아가 지배했던 시기에는 자유, 평등 등의 개념이 지배했다고 말할 수 있을 것이다.[1223] 〈GA2, 62:22-62:32〉〈수31, 60:26-60:31〉〈W, 47:21-47:31〉지배 계급조차도 평균적으로 보면 그렇게 공상한다. 18세기 이래로 역사 서술가들이 공통으로 지닌 역사관이 필연적으로 부닥치는 현상은 곧 점점 더 추상적인 사상, 다시 말해 더욱더 일반성의 형태를 취하는 사상이 지배한다는 사실이다. 〈GA2, 62:33-62:41〉〈수32, 60:31-60:3〉〈W, 47〉자기에 앞선 지배 계급을 대신하는 모든 새로운 계급은 자신의 목적을 이루기 위해서라도 자신의 이해를 사회의 모든 구성원의 공동 이해로서 내세울 필요가 있다. 관념적으로 표현하자면 그의 사상에 일반적인 형식을 부여하고, 그의 사상이야말로 유일하게 이성적이며 또 보편타당한 사상으로 내세울 필요가 있다. 〈GA2, 63:1-63:7〉〈수32, 60:36-60:36〉〈W, 47:31-47:33〉 혁명 계급은 어떤 *계급*과 대결하므로 처음부터 계급으로서가 아니라, 전체 사회의 대표자로서 〈GA2, 63:7-63:41〉〈수32, 60:38-61:18〉〈W,

---

1223 〈W, 노트 17: 47-하단 주:초고에서 삭제됨〉〈수, 31-하단 주〉이러한 "지배 개념"은 지배 계급이 자신의 이해를 모든 사회구성원의 이해로 서술할 필요가 있으면 그럴수록 더 일반화되고 더 포괄적인 형식을 갖추게 된다. 지배 계급 자체는 일반적으로 다음과 같이 생각한다: 지배계급은 자기의 개념을 지배해 왔고 그것을 영원한 진리로 묘사함으로써 이를 이전 시대의 지배적인 관념과 구별한다.

48:1-48:18〉사회의 전체 대중으로서 나타난다.[1224] 이 계급이 이렇게 나타날 수 있는 이유는 처음에는 이 계급의 이해가 나머지 모든 피지배 계급의 공동 이해와 실제로 더 많이 합치하기 때문이며 또 기존의 상황이 압박하고 있어서 아직은 특수한 계급의 특수한 이해로 발전할 수 없었기 때문이다. 따라서 이 계급의 승리는 지배 계급으로 되지 못하는 나머지 계급에 속한 수많은 개인에게도 득이 된다. 다만 이런 일은 나머지 계급에 속하는 개인이 이를 통해 지배하는 계급의 일원으로 상승할 수 있는 한에서 일어난다. 프랑스 부르주아는 귀족의 지배를 타도함으로써 수많은 프롤레타리아도 프롤레타리아를 넘어서 상승할 수 있는 길을 열었다. 그러나 이는 어디까지나 프롤레타리아가 부르주아가 됐던 한에서만 그러했다. 따라서 모든 새로운 계급은 기존 지배계급보다 한층 더 광범위한 토대 위에서만 자신의 지배를 성취한다. 그러나 나중이 되면 이것과 달리 새로운 지배 계급에 대한 피지배 계급의 대립이 점점 심화하고 첨예화한다. 방금 말한 이러한 두 가지 사정에서 다음과 같은 사실이 도출된다. 곧 새로운 지배 계급에 대항해 전개될 투쟁은 이제까지 지배를 추구했던 모든 계급이 할 수 있었던 것보다 기존의 사회를 훨씬 단호하고 근본적으로 부정하는 것을 지향한다는 사실이다.

〈GA2, 64:1-64:4〉〈수33, 61:19-61:24〉〈W, 48:19-48:23〉겉보기에 특정한 계급의 지배가 흡사 특정한 사상의 지배일 뿐인 것처럼 보이지만, 이 가상은 어떤 것이든 계급의 지배가 더는 사회 질서의 형식이기

1224 〈GA2, 63-마르크스 방주〉〈W, 노트 18: 48-하단 주〉〈수, 32-하단 주〉이런 일반성은 다음에 상응한다. 1) 신분에 대비되는 계급, 2) 경쟁, 세계적 교류 등등, 3) 지배 계급의 수적인 다수화, 4) 공동 이해라는 환상(처음에는 이 환상은 진실이다), 5) 이데올로그의 기만과 노동 분업.}

를 중단하자 또 더는 특수 이해를 일반이해로 또는 "일반적인 것"을 지배적인 것으로 서술할 필요가 없게 되자마자 당연히 저절로 사라진다.

〈GA2, 64:5-64:33〉〈수33, 61:25-61:35〉〈W, 48:23-48:35〉일단 지배 사상이 지배하는 개인에서 무엇보다도 생산 방식의 기존 단계에서 생겨나는 상황에서 분리되면, 그래서 이를 통해 역사 속에서 지배하는 것은 항상 사상이라는 결론이 성립되면, 다양한 사상에서 "사상 *자체*", 이념 등을 추상해 역사를 지배하는 것으로 삼고 또 이로써 모든 개별 사상과 개념은 역사 속에서 스스로 발전하는 개념 자체가 "자기를 규정한 것"이라고 파악하는 일은 아주 손쉬운 일이다. 이렇게 되면 인간의 모든 관계를 인간의 개념에서, 인간에 대한 관념에서, 인간의 본질에서, 인간 자체에서 도출할 수 있다는 것은 당연하다고 할 수 있다.[1225] 바로 이게 사변철학이 한 일이다. 〈GA2, 64:33-64:41〉〈수33, 61:35-62:2〉〈W, 49:1-49:5〉헤겔 자신도 『역사 철학』[1226]의 끝부분에서 "오직 개념 자체의 진행만을 고찰했고" 역사 속에서 "진정한 *변신론*"을 서술했다고(『역사철학』, 446쪽) 자인[自認]했다. 이제 변신론을 다시 "개념 자체의" 생산자 즉 이론가, 이데올로그와 철학자에게 적용하면, 〈GA2, 65:1-65:11〉〈수33, 62:2-62:7〉〈W, 49:5-49:8〉예로부터 역사를 지배해온 것은 다름 아닌 철학자, 사상가 자신이었다는 결론에 도달하게 된다. 우리가 앞서 보았듯이, 이런 결론은 이미 헤겔도 말했다.[1227] 따

1225 역주) 이 구절 {이렇게 되면 …. 당연하다고 할 수 있다}는 GA2에서 마르크스 방주로 처리된다. 반면 CW, W에서는 이 위치에 본문에 편입된다.

1226 주97 참고

1227 CW주 27) 이 문단은 원래 3장[슈티르너 장]의 한 부분에 속한다. 그다음에 바로 마르크스 엥겔스가 여기서 언급한 구절이 나온다.

라서 역사를 주재하는 정신의 주권을 증명하는 모든 곡예는(슈티르너의 위계체제에서 나타나는 것과 같은 것은) 다음 세 가지 노력으로 요약할 수 있다.

⟨GA2, 65:12-65:19⟩⟨수34, 62:8-62:11⟩⟨W, 49:9-49:12⟩첫째, 경험에 근거해, 경험을 조건으로 해서 물질적인 개인으로서 지배하는 지배자에서 그의 사상을 분리해 사상과 환상이 역사를 지배한다는 주장을 인정해야만 한다.

⟨GA2, 65:20-65:34⟩⟨수34,62:12-62:18⟩⟨W, 49:13-49:19⟩둘째, 사상의 지배에 하나의 질서를 부여해, 잇따르는 지배 사상 사이에 존재하는 신비적 연관을 증명해야만 한다. 이런 증명은 지배 사상을 "개념의 자기규정"으로 파악하는 것을 통해서 이루어진다.(이것이 가능한 원인은 두 가지다. 하나는 이 사상이 경험적 토대를 매개로 실제로 서로 연관되어 있기에 가능하며, 다른 하나는 이 사상이 *오직* 사상일 뿐인 자기를 구별한 것 곧 사유가 만들어낸 구별로 되므로 가능하다.)

⟨GA2, 65:34-65:41⟩⟨수34, 62:19-62:23⟩⟨W, 49:20-49:23⟩세째, 이러한 "자신을 규정하는 개념"이라는 신비로운 외관을 감추기 위해 이런 개념은 하나의 인격으로서 곧 "자기의식"으로 전환되거나 혹은 정말로 유물론인 체하기 위해 이런 개념은 "개념 자체"의 각 단계에 상응하는 일련의 인격, ⟨GA2, 66L:1-66L:11⟩⟨수34, 62:23-62:27⟩⟨W, 49:23-49:28⟩가령 "사유하는 자", "철학자", 이데올로그로 전환된다. 그런 다음 이런 인격은 이제 다시 역사의 제조자로서, "순찰자의 명령"[1228]으로서 그리고 지배적인 존재로서 파악된다.[1229] 이로써 역사에서

1228 주99 참고.
1229 ⟨GA2, 66-마르크스 방주⟩⟨W, 노트 19: 49-하단 주⟩⟨수, 34-하단 주⟩인

물질적 요소는 전적으로 제거되고, 이제 사변의 말[馬]이 고삐 풀리는 일이 가능해졌다.

⟨GA2, 66R:6-66R:18⟩⟨수34, 62:27-62:31⟩⟨W, 49:34-49:36⟩틀림없이 역사학의 이런 방법은 독일에서는 특히 독일이므로[warum vorzüglich] 지배적이었으며, 모든 영역의 이데올로그, 예를 들어 법률가, 정치가(또한 실무 행정가)가 가진 환상과 관련해 개발됐다. ⟨GA2, 66R⟩⟨수34, 62:31-62:33⟩⟨W, 50:1-50:3⟩다시 말해 이런 역사학의 방법은 이 작자[Kerl]들의 독단적인 몽상과 왜곡에서 나오는 환상과 관련해 개발됐다. 이런 환상을 가진 이유는 이들이 실천적 삶에서 가진 지위, 하는 일 그리고 담당하는 분업으로 간단히 이해된다.

⟨GA2, 66L:19-66L:28⟩⟨수35, 62:34-62:39⟩⟨W, 49:29-49:33⟩[1230] 일상적인 삶에서 모든 Shopkeeper⟨소매상⟩은 다른 사람을 속이는 모습과 그 사람의 실제의 모습을 아주 잘 구별할 줄 안다. 반면에 우리의 역사서술은 아직도 이런 사소한 인식에도 도달하지 못한다. 우리의 역사서술은 자신에 관해 자기가 말하고 자기가 상상하는 것을 그대로 믿는다.

간 자체="인간의 사유하는 정신" 자체

1230 역주) 이 구절과 다음 구절의 편집이 각 판본마다 특이하다. 수고 원본에 왼편과 오른편에 나뉘어 서술되어 있기에, GA2는 그대로 나누어 배치했으나, CW는 66R을 먼저, 66L을 나중에 배치하고 반면 W는 66L을 먼저, 66R을 나중에 배치했다.

4절

4-1) 생산수단과 소유형태

〈GA2, 69:5-69:18〉〈수40, 63:1-63:7〉〈W, 65:11-65:17〉[1231] .... 발견된다. 첫 번째에서는 분업이 완성되고 교역이 확대될 수 있는 전제가 도출되고, 두 번째에서는 지역성이 발생한다. 첫 번째에서 개인의 결합이 필연적이다. 두 번째에서 개인은 주어진 생산수단과 병행하는 또 하나의 생산수단이 된다. 그러므로 여기에서 자연 발생적 생산수단과 문명을 통해 산출된 생산수단이 구별된다. 〈GA2, 69:18-69:41〉〈수40, 63:7-63:18〉〈W, 65:17-65:27〉경작지(물 등)는 자연 발생적 생산수단으로서 간주할 수 있다. 첫 번째 경우 자연 발생적 생산수단이 사용되며 개인은 자연 아래 종속하고, 두 번째 경우 개인은 노동의 생산물 아래 종속한다. 그러므로 첫 번째 경우 소유(토지 소유)는 직접적, 자연 발생적 지배로서 나타나고, 두 번째 경우 소유는 노동에 의한, 특히 축적된 노동에 의한 즉 자본에 의한 지배로 나타난다. 첫 번째 경우는 개인이 가족, 부족 또는 토지 자체 등등과 같은 어떤 끈을 통해 결속되어 있음을 전제하며, 두 번째 경우는 개인이 서로 독립적이며 오직 교환을 통해서만 결합한 것을 전제한다. 첫 번째 경우 교환은 주로 인간과 자연 사이의 교환이며, 〈GA2, 70:1-70:23〉〈수40, 63:18-63:28〉〈W, 65:27-65:37〉이런 교환에서 인간의 노동은 자연의 산물과 교환된다. 두 번째 경우 인간 사이의 교환이 지배적이다. 첫 번째 경우는 인간의 평균적인 지성으로 충분하다. 육체 활동과 정신 활동은 아직 전혀 분리되지 않았다. 두 번째 경우 정신노동과 육체 노동의 분화가 이미 실질적으로 완

[1231] 역주) 여러 쪽[즉 수고, 36~39]이 수고 자체에서 빠졌다.

성되어야 한다. 첫 번째 경우 비-소유자에 대한 소유자의 지배가 인격적 관계에, 일종의 자치 단체에 근거한다. 하지만, 두 번째 경우는 이 지배가 제삼자인 화폐 속에서 사물적 형태를 취해야만 했다. 첫 번째 경우 소규모의 산업이 존재하나, 자연 발생적 생산수단의 이용에 〈GA2, 70:23-70:27〉〈수40, 63:28-63:30〉〈W, 66:1-66:3〉묶여 있어서 다양한 개인에게 노동이 분화하지 않았다. 두 번째 경우 산업은 오직 노동 분업 속에서만 그리고 이 분업을 통해서만 존속한다.

〈GA2, 70:28-70:41〉〈수41, 63:31-64:1〉〈W, 66:4-66:10〉우리는 지금까지 생산수단에서 출발했다. 이미 여기서 일정한 산업적 단계에 이르면 사적 소유가 필연적이라는 사실이 입증됐다. extractive〈채취산업〉[1232]에서는 사적 소유가 노동과 전적으로 일치한다. 소규모 산업과 지금까지의 모든 농업에서 소유는 현존하는 생산수단의 필연적 결과이다. 대공업에서 비로소 생산수단과 사적 소유 사이의 모순이 생겨나며, 이 모순이 생겨나기 위해서는 〈GA2, 71:1-71:4〉〈수41, 64:1-64:3〉〈W, 66:10-66:12〉대공업이 이미 상당한 수준으로 발전돼야 있어야 한다. 따라서 대공업이 존재할 때 비로소 사적 소유를 폐지하는 것도 가능하다.

4-2) 물질 노동과 정신 노동의 분리, 도시와 시골의 분리, 길드 체제

〈GA2, 71:4-71:15〉〈수41, 64:9-64:15〉〈W, 50:9-50:14〉물질노동과 정신노동의 분업 가운데 도시와 농촌의 분리가 가장 규모가 큰 것이다. 도시와 농촌의 대립은 야만에서 문명으로 이행하고, 부족제에서 국가로 이행하며, 지역에서 민족으로 이행할 때 시작됐고, 문명의 전 역

1232   주124 참고

사를 관통해서 오늘날(반곡물법 동맹[1233]에서 보듯이)에 이르기까지 계속되고 있다.

〈GA2, 71:15-71:41〉〈수41, 64:16-64:30〉〈W, 50:14-50:27〉도시와 함께 행정, 경찰, 조세 등, 간단히 말해 지역 공동체[Gemeindewesen]가 필수로 되고 그것과 함께 일반적으로 정치도 필수로 된다. 우선 여기서 주민이 노동 분업 또한 생산수단에 기초해 두 개의 기본 계급으로 분할되는 일이 일어난다. 이미 도시는 인구, 생산수단, 자본, 향락, 욕구 등이 집중된다는 사실을 보여주지만, 농촌은 정반대의 사실 즉 고립화와 개별화를 눈앞에 보여준다. 도시와 농촌의 대립은 오직 사적 소유 아래서만 존재할 수 있는 대립이다. 이 대립은 개인이 노동 분업에 즉 그에게 강제되는 어떤 특정한 활동에 종속한다는 사실을 가장 현저하게 표현하며. 이런 종속은 어떤 개인은 도시의 동물로, 다른 개인은 농촌의 동물로 만들며, 이 양자의 이해를 나날이 새롭게 대립시킨다. 〈GA2, 72:1-72:8〉〈수41, 64:30-64:33〉〈W, 50:27-30〉노동이 여기서도 주요 문제다. 노동은 개인을 *지배하는* 힘이며 이 힘이 존재하는 한 사적 소유가 존재해야 한다. 도시와 농촌 사이의 대립을 제거하는 것은 공동의 삶을 위한 첫 번째 조건 〈GA2, 72:8-72:22〉〈수42, 64:33-64:41〉〈W, 50:30-50:37〉중의 하나이다. 누구나 첫눈에 알 수 있듯이 이런 조건은 다시 다수의 물질적 전제에 의존하며 단순한 의지로 이 조건이 충족될 수 없다.(이 조건은 아직 더 마련돼야만 한다.) 도시와 농촌의 분리는 자본과 토지 소유의 분리로도 파악할 수 있으며 자본이 토지 소유에서 독립적 존재로 발전하는 단초로서 파악할 수 있다. 이런 자본은 오직 노동과 교환을 기초로 하는 소유이다.

1233 주101 참고

〈GA2, 72:23-72:41〉〈수42, 64:42-65:8〉〈W, 50:38-51:8〉도시는 이전 역사에서 완성되어 중세로 전승된 것이 아니며 중세에 토지의 속박에서 풀려난 농노가 새롭게 만든 것이다. 이런 도시에서 농노가 가져왔던 보잘것없는 자본 즉 최소한 필수적인 수공업 도구로 이루어진 자본을 제외한다면 각자가 지닌 특수한 노동이 그 자신의 유일한 소유였다. 도주 농노가 계속 도시로 밀려들면서 서로 경쟁했고, 농촌은 도시를 계속 공격했으니 도시는 군사력을 조직할 필요가 있었으며, 공동 소유는 특수한 노동에 속박[Band]됐으며, 〈GA2, 73:1-73:41〉〈수42, 65:8-65:26〉〈W, 51:8-51:26〉수공업자가 동시에 commerçants〈상인〉인 시대이니 자신의 상품을 판매할 공동 건물이 필요했고, 이 사실과 관련된 일이지만, 공동 건물에서 무면허자들을 배제해야 했으며, 개별 수공업자 사이에 이해가 대립했으며, 애써 습득한 노동을 보호할 필요가 있었으며 또 농촌 전체가 봉건 체제였다. 이런 일련의 사실들 때문에 모든 수공업 노동자가 길드를 통해 단결하게 됐다. 우리는 여기서 길드 제도가 이후 역사의 발전을 통해 다양하게 변용을 겪었다는 사실을 상술하지는 않을 것이다. 농노가 도시로 도주하는 일은 중세 내내 끊임없이 일어났다. 장원에서 영주에게서 박해당했던 농노가 개별적으로 도시로 오자 그곳에서 그는 이미 조직된 지역 공동체와 마주쳤다. 농노는 이 지역 공동체에 대항할 힘이 없었으며, 그의 노동에 대한 수요와 이미 도시에 존재하는 조직된 경쟁자의 이해가 할당해 주는 지위에 내던져지지 않을 수 없었다. 이렇게 개별적으로 들어온 노동자는 절대 어떤 힘을 발휘할 수 없었다. 왜냐하면 만약 농노가 길드가 지정한 노동을 하려면 이런 노동은 숙련이 필요로 하므로, 장인은 그 농노를 자기에게 종속시키고, 자신의 필요에 따라 조직했고 그렇지 않으면 즉 농노가 숙련될 필요가 없는 노동을 하려면 그 노동은 길드가 정하지 않은 노동이고 일용 노동이므로, 농노는 어떤 조직에 속할 수 없고 조직되지 않은 천민[Pöbel]에 머물렀기 때문이다.〈GA2, 73:41-74:1〉〈수42, 65:26-65:28〉〈W, 51:26-51:27〉도시에서 일용 노동의 필요성이 천민을 생성했다.

〈GA2, 74:2-74:21〉〈수43, 65:29-65:38〉〈W, 51:28-51:37〉이러한 도시는 직접적 필요 때문에 즉 재산을 보호하려는 걱정 때문이나 개별 구성원의 생산수단 또한 방어 수단을 증식하기 위한 목적 때문에 생겨난 진짜 "연합[조합: Verein]"[1234]이었다. 도시의 천민은 서로 낯선 채로 고립적으로 들어온 개인으로 이루어져 있으므로, 조직되어 있고, 전투를 위한 무장을 갖추고 더구나 천민을 질시하면서 감시하려는 권력에 대해 비조직적인 방식으로 대립했지만, 결국 모든 힘을 박탈당하고 말았다. 모든 수공업에서 직인과 도제는 장인의 이해에 가장 부합하게 조직됐다.〈GA2, 74:21-74:41〉〈수43, 65:38-66:7〉〈W, 51:36-52:9〉이들이 장인과 맺는 가부장적 관계는 장인에게 이중의 권력을 부여했다. 그것은 한편으로는 장인이 직인의 생활 전체에 대해 직접적인 영향력을 미치고 있었기 때문이다. 다른 한편으로 그것은 그 가부장적 관계가 어떤 장인 밑에서 일하는 직인을 여타 다른 장인 밑에 있는 직인에 대항해 분리해서 결속하는 실제의 끈이었기 때문이다. 마지막으로 직인은 스스로 장인이 되고 싶어 하는 이해를 통해 이미 현존 질서에 매여 있었다. 따라서 적어도 천민은 도시 질서 전체에 대항하는 폭동을 일으키곤 했다. 물론 그것은 자신의 무력함 때문에 어떤 성과도 거두지 못했다. 반면 직인은 길드 제도 자체에 속하는 만큼 오직 개별 길드 내부에서 소소한 반항만 일으켰을 뿐이다.〈GA2, 75:1-75:5〉〈수43, 66:7-

---

1234   주102 참고

66:10〉〈W, 52:9-52:12〉중세의 대규모 봉기는 모두 농촌에서 발발했으나, 마찬가지로 아무런 성과를 거두지 못하는 것에 그치고 말았다. 그것은 농민은 분산되어 있었고 그 결과 조야했기[1235] 때문이다.

〈GA2, 75:6-75:22〉〈수43, 66:11-66:18〉〈W, 52:27-52:35〉도시의 자본은 자연 발생적 자본이었다. 이 자본은 집, 작업 도구 그리고 자연적으로 발생해 전승되어온 정보로 이루어졌다. 도시의 자본은 교류가 발전하지 못하고 유통이 결여하므로 화폐화될 수 없는 자본으로서 아버지에서 아들에게 계속 세습됐다. 어떤 물건의 형태를 취하든 상관없이 화폐로 평가할 수 있는 근대의 자본과는 달리 이 자연 발생적 자본은 소유주의 특정한 노동과 직접 결합하며 그 노동과 절대 분리될 수 없는 자본이며 그런 한에서 *신분적인* 자본이었다.

〈GA2, 75:23-75:41〉〈수44, 66:18-66:27〉〈W, 52:13-52:24〉노동 분업은 도시의 개별 길드 사이에서는 아주 적게 진행됐고, 길드 자체의 개별 노동자 사이에서는 전혀 진행되지 않았다. 각 노동자는 작업의 전체 범위에 걸쳐 능통해야 했으며, 자신의 도구가 만들 수 있는 것은 무엇이든지 만들 수 있어야 했다. 제한된 교류, 개별 도시 사이의 미약한 연계, 인구 부족, 수요의 제한 등 때문에 그 이상의 분업이 나타나지 못했고, 따라서 장인이 되고자 하는 사람은 누구나 자기의 수공업 전반에 걸쳐서 능통해야 했다. 따라서 중세의 수공업자에게서는 여전히 특수한 노동 방식 또한 노동의 숙련에 관한 관심이 발견되며, 그 관심은 제한적이기는 하지만, 어느 정도 예술적이라고 할 감각으로까지 고양될 수 있었다. 〈GA2, 76:1-76:12〉〈수44, 66:27-66:33〉〈W, 52:24-52:27〉그러나 또한 그 때문에 모든 중세의 수공업자는 완전히 자신의 노동에 몰두했

1235   주103 참고

고 자신의 노동에 대해 심정적으로 종속 관계를 맺고 있었다. 그리고 중세 수공업자는 자신의 노동이 어떤 것인가에 대해서는 무관심한 현대의 노동자보다 훨씬 더 자신의 노동에 종속되어 있었다.

4-3 노동분업, 상업과 산업의 분리, 여러 도시 사이에서의 분업, 매뉴팩처

〈GA2, 76:13-76:21〉〈수44, 66:40-67:2〉〈W, 52:36-52:39〉바로 이어서 분업이 확장되자 생산과 교류가 분리되면서 특수한 상인 계급이 형성됐다.[1236] 이 분리는 역사가 오랜 도시에서(특히 유대인과 함께) 전승됐으며 새롭게 형성된 도시에서도 아주 재빠르게 등장했다. 〈GA2, 76:21-76:36〉〈수44, 67:2-67:10〉〈W, 53:1-53:7〉이로써 바로 도시의 근교를 넘어서는 교역동맹 [Handelsverbindung]의 가능성이 생겨났다. 이 가능성의 실현은 여러 가지 요인에 좌우됐다. 그런 요인으로 우선 기존의 교통수단을 들 수 있으며 또한 농촌의 정치 상황에 따라 제약된 치안상태(주지하다시피 중세 내내 상인은 무장 대상[隊商]을 이루어 돌아다녔다)와 교류가 이루어지는 지역에서의 수요를 들 수 있다. 이런 수요가 소박한 것이냐 아니면 발전한 것인가는 각 지역의 문화 수준에 의존한다.

〈GA2, 76:36-76:41〉〈수44, 67:10-67:13〉〈W, 53:8-53:10〉특수한 계급 내부에서 교류가 구성되고 교역이 상인을 통해 도시에 바로 이웃하는 근교를 넘어 확장되면서 〈GA2, 77:1-77:13〉〈수44, 67:13-67:19〉〈W, 53:10-53:16〉생산과 교류 사이의 상호작용이 나타났다. 도시는 서로 연계를 맺게 되고, 새로운 생산수단이 한 도시에서 다른 도

1236 주104 참고

시로 이전된다. 또한 생산과 교류 사이의 분업은 이내 개별 도시 사이에 생산을 위한 새로운 분업을 불러일으킨다. 그 덕분에 각 도시는 이내 유리한 산업부문을 개발한다. 초기에 남아 있던 지역적인 제한이 점차 해체되기 시작한다.

〈GA2, 77:14-77:29〉〈수45, 67:20-67:27〉〈W, 54:16-54:23〉어떤 지역에서 획득된 생산력, 특히 발명이 그 후의 생산력 발전에서 유실될 것인가 말 것인가는 오직 교류가 얼마나 확장하는가에 달려 있다. 교류가 바로 인접하는 지역을 넘어서지 않는 한, 각 지역에서 일어나는 각각의 발명은 따로따로 이루어질 수밖에 없다. 이런 때 그 지역은 이미 발전한 생산력과 욕망을 가졌더라도 야만족의 침입이나 늘 일어나는 전쟁과 같은 단순한 우연 때문에 처음부터 다시 시작하지 않을 수 없게 된다.〈GA2, 77:30-77:41〉〈수45, 67:27-67:31〉〈W, 54:23-54:26〉그 결과 초기의 역사에서 일상적으로 모든 발명은 새롭게 이루어져야 했으며 모든 지역에서 독립적으로 이루어져야 했다. 교역이 상당히 확장했다 할지라도 형성된 생산력이 완전히 사라질 위험 앞에 완전히 안전하지 못하다는 사실은 페니키아인이 증명해 준다. 페니키아가 교역에서 밀려나고 알렉산더를 통해 정복되면서 이 때문에 오랫동안 퇴보했으므로〈GA2, 78:1-78:9〉〈수45, 67:31-67:38〉〈W, 54:26-54:32〉페니키아의 발명은 대부분 유실되고 말았다. 또 예를 들어 중세의 스테인드글라스 기법도 마찬가지였다. 교류가 세계적인 교류로 발전할 때 또 대공업을 그 기초로 하게 될 때, 모든 국가가 경쟁의 전쟁에 휘말리게 될 때, 비로소 획득된 생산력은 확실하게 지속한다.

〈GA2, 78:9-78:31〉〈수45, 67:39-67:43〉〈W, 54:33-54:36〉여러 도시 사이에 분업이 나타난 바로 다음에 길드 제도가 감당할 수 없는 생산

부문 즉 매뉴팩처가 발생했다. 매뉴팩처는-가장 먼저 이탈리아에서 그리고 그 이후 플랑드르에서-개화했다. 이탈리아에서 매뉴팩처는 외국과의 교류를 역사적 전제로 삼았다. 〈GA2, 78〉〈수45, 67:43-68:6〉〈W, 55:1-55:7〉다른 나라-예를 들어 영국과 프랑스-의 경우 매뉴팩처는 처음에는 국내 시장에 한정되어 있었다. 매뉴팩처는 앞에서 언급한 전제 밖에 또 다른 전제를 가진다. 곧 인구가-특히 농촌에서-이미 매우 집중되어야 하며 아울러 자본이 부분적으로는 길드 규약에도 불구하고 또 부분적으로는 길드 내에서 개별 상인의 수중에 이미 상당히 집중되어야 한다.

〈GA2, 78:32-78:41〉〈수46, 68:7-68:18〉〈W, 55:8-55:19〉비록 원시적인 형태일지라도 처음부터 기계를 전제로 하는 노동은 곧 가장 발전 가능성이 큰 노동이었다는 사실이 드러났다. 방직은 그때까지 농촌에서 농민 자신이 필요로 하는 옷을 조달하기 위해 부업으로 틈틈이 이루어져 왔으나, 교류의 확장에 자극을 받아 더 발전한 노동 가운데 최초의 것이 됐다. 방직은 최초의 매뉴팩처였으며, 가장 주요한 매뉴팩처로 존속했다. 인구가 늘어나면서 옷에 대한 수요도 증대했으며, 이 때문에 유통이 촉진됨으로써 자연 발생적이었던 자본이 축적되기 시작하고 자본의 유동화가 일어나기 시작했다. 교류가 점진적으로 증대하자, 이와 함께 사치품에 대한 수요가 일반적으로 촉진되고 이는 양적인 면에서 뿐만 아니라 질적인 면에서도 방직에 자극을 주었고, 방직은 이런 자극 때문에 〈GA2, 79:1-79:23〉〈수46, 68:18-68:24〉〈W, 55:19-55:23〉기존의 생산방식을 벗어나게 됐다. 자기의 필요를 충족하기 위한 농민의 방직 활동은 계속 존속하고 앞으로도 여전히 지속할 것이지만, 이런 활동과 병행해 도시에서는 방직인이라는 새로운 계급이 출현했다. 이 방직인이 짠 천은 국내 시장 전체를 감당하기 위한 것이지만 또한 많은 경우 외국시장을 감당하기 위한 것이기도 했다.

〈GA2, 79:23-79:35〉〈수46, 68:24-68:29〉〈W, 55:24-55:29〉방직은 대부분 숙련을 별로 요구하지 않고 무수히 많은 부문으로 쉽게 나누어지므로 그 전체 성격상 길드가 속박하기 어려운 것이었다. 이런 까닭에 또한 방직은 대개 길드 조직이 없는 촌이나 장터에서 이루어졌다. 그 결과 이런 촌이나 장터가 점차 도시로 성장했고 곧 각 지역에서 가장 번영하는 도시로 됐다.

〈GA2, 79:35-79:41〉〈수46, 68:30-68:33〉〈W, 55:30-55:33〉길드에 속박되지 않는 매뉴팩처와 함께 곧이어 소유 관계도 변화했다. 상인의 출현을 통해 신분 덕에 자연적으로 발생한 자본을 넘어서는 최초의 진보가 등장했다. 상인의 자본은 처음부터 유동적인 형태였으며, 당시의 상황으로 돌아가 하는 말에 지나지 않지만, 〈GA2, 80:1-80:9〉〈수, 68:33-68:37〉〈W, 55:33-55:37〉이미 근대적 의미의 자본이었다. 매뉴팩처와 함께 두 번째 진보가 나타났다. 매뉴팩처는 다시금 자연 발생적 자본을 유동자본의 형태로 바꾸었으며, 자연 발생적 자본의 총량에 비해 유동 자본의 총량을 증가하게 했다.

〈GA2, 80:9-80:15〉〈수46, 68:37-68:41〉〈W, 55:38-56:2〉길드는 농민을 배제하거나 낮은 보수를 주었지만, 매뉴팩처는 또한 길드에 대립해 농민의 도피처가 됐다. 이는 일찍이 길드가 지배하는 도시가 농민을 억압하는 토지 소유자에 대항해 농민의 도피처가 됐던 것과 유사하다.

〈GA2, 80:15-80:41〉〈수47, 68:41-69:12〉〈W, 56:2-56:15〉매뉴팩처가 시작하자 그것과 동시에 유랑민의 시대가 등장했다. 유랑민 시대의 원인은 봉건적 봉사체제[Gefolgsschaft]가 폐지되면서 국왕이 봉신에 대항하기 위해 고용했던 용병이 해산된 사실과 또한 경작 방식이 개량되고 광활한 경작 지대가 목초지로 전환된 사실이다. 여기에서 유랑민의 발생이 봉건제의 해체와 밀접하게 연관되어 있음이 분명해진다. 이미 13세기에도 비슷한 유랑민의 한 시대가 나타나기는 했지만, 그것이 일반적이고 지속해서 나타난 것은 비로소 15세기 말과 16세기 초에 이르러서였다. 이런 유랑민이 얼마나 많았던지, 특히 영국의 헨리 8세는 그중 72,000명을 교살했을 정도였다.[1237] 유랑민에게 노동을 시키는 일은 극도로 어려운 일이었으며 유랑민은 극심한 빈궁을 겪을 때만 그리고 완강하게 저항한 다음에야 비로소 노동했다. 〈GA2, 81:1-81:3〉〈수47, 69:12-69:14〉〈W, 56:15-56:16〉영국에서만큼은 매뉴팩처가 급속하게 번창함으로써 유랑민을 점차 흡수했다.

〈GA2, 81-마르크스 방주〉〈수47, 69:15-69:20〉〈W, 56:17-56:21〉이전 시기에는 여러 국가는 서로 연관을 맺고 서로 해치지 않으면서 교류했다. 이에 반해 매뉴팩처가 등장하면서 국가는 서로 경쟁 관계에, 무역 투쟁에 돌입하게 됐다. 이 투쟁은 전쟁과 보호관세, 수입금지의 양상을 띠며 전면적인 투쟁으로 됐다. 무역은 이제 정치적인 의미가 있게 됐다.

〈GA2, 81:4-81:17〉〈수47, 69:21-69:27〉〈W, 56:22-56:28〉매뉴팩처가 등장하면서 동시에 고용주에 대한 노동자의 관계가 변화했다. 길드에서는 직인과 장인 사이에 가부장적 관계가 지속했다. 매뉴팩처에서는 노동자와 자본가 사이의 화폐 관계가 가부장적 관계를 대신했다. 이 관계는 농촌과 소도시에서는 여전히 가부장적 색채를 띠었지만, 본래 매뉴팩처 때문에 발전한 대도시에서는 이미 일찍부터 거의 모든 가

1237 주108 참고

부장적 색채를 상실했다.

〈GA2, 81:18-81:36〉〈수47, 69:28-69:37〉〈W, 56:29-56:37〉매뉴팩처, 일반적으로 말해서 생산활동은 아메리카가 발견되고 동인도 항로가 발견되면서 이 때문에 교류가 확장하자 엄청나게 비약한다. 그곳에서 수입된 새로운 생산물, 특히 대량의 금과 은은 유통에 유입되어 계급 사이의 지위가 대대적으로 변화하게 했고, 봉건적 토지 소유와 노동자에게도 가혹한 타격을 입혔다. 또한 각종 탐험대와 식민, 무엇보다 시장의 확대를 통해 이제 세계 시장이 가능성을 드러내고 매일 더 가까이 다가오고 있었다. 이런 세계시장은 〈GA2, 81:36-81:41〉〈수48, 69:37-69:41〉〈W, 57:1-57:3〉역사 발전의 새 국면을 열었다. 여기서는 그 전모를 더는 다루지는 않을 것이다. 새로이 발견된 나라를 식민지로 복속하게 되자 이제 국가 사이의 무역전쟁은 새로운 자양분을 얻게 됐으며, 〈GA2, 82:1-82:2〉〈수48, 69:41-69:41〉〈W, 57:3-57:4〉그에 맞게 경쟁도 더 확대되고 격렬해졌다.

〈GA2, 82:3-82:19〉〈수48, 69:42-70:7〉〈W, 57:5-57:12〉무역과 매뉴팩처가 확장하면서 유동자본의 축적이 촉진됐지만, 길드는 생산을 확장하는 자극을 받지 않았으므로 여기에서 자연 발생적 자본은 정체되거나, 축소했다. 무역과 매뉴팩처는 대부르주아를 창출했고, 길드는 소부르주아의 집결지였다. 이 소부르주아는 더는 이전과 같이 도시를 지배하지 못했으며, 대상인과 매뉴팩처 경영자의 지배에 굴복하지 않을 수 없었다.[1238] 그래서 길드는 매뉴팩처와 접촉하자마자 몰락했다.

〈GA2, 82:20-82:41〉〈수48, 70:7-70:16〉〈W, 57:13-57:22〉우리가

1238 〈W, 노트 21: 57-하단 주〉〈CW, 70-하단 주〉〈GA2: 마르크스 방주〉소시민-중산층-대부르주아

다루는 이 시대에 국가 사이의 교류 관계는 서로 다른 두 개의 형태를 취했다. 처음에는 금과 은의 유통량이 미미해서 이들 금속의 수출이 금지됐다. 그리고 증가하는 도시 인구를 고용할 필요성 때문에 산업이 강요되지만, 대부분 외국에서 원료를 수입해야 하므로 불가결하게 특권이 생겨났다. 이런 특권은 국내에서의 경쟁에 대해서도 부여될 수 있었으나 주로 해외의 경쟁에 대해서 부여될 수 있었다. 길드의 국지적인 특권은 이제 이러한 원천적 금지라는 양상을 띠며 국가 전체로 확장됐다. 관세의 원천은 공납이었다. 이 공납은 봉건 영주가 〈GA2, 83:1-83:7〉〈수48, 70:16-70:21〉〈W, 57:22-57:26〉자신의 지역을 통과하는 상인에게 약탈을 막아준다는 조건으로 부과했던 것이며 나중에는 마찬가지로 도시에도 부과됐고, 이후 근대국가가 등장하자 재정을 조달하는, 다시 말해 화폐를 얻기 위한 가장 손쉬운 수단이 됐다.

〈GA2, 83:8-83:32〉〈수48, 70:22-70:34〉〈W, 57:27-58:2〉유럽의 시장에서 아메리카에서 생산된 금과 은이 출현하고, 산업이 점진적으로 발전하며, 무역이 급속하게 융성하고, 이를 통해 길드에 속하지 않은 부르주아가 번영하고 또한 화폐가 넘치자 이런 관세라는 조치는 다른 의미를 얻게 됐다. 국가는 나날이 화폐 없이는 지탱할 수 없게 됐으니, 이제 재정을 고려해 금과 은의 수출을 지속해서 금지했다. 새로이 시장에 투입된 다량의 화폐를 Akkaparements〈투기〉의 주요 대상으로 삼았던 부르주아는 그 조처에 흡족해 했다. 종래에는 특권으로 간주됐던 것이 이제는 정부의 수입원이 됐고 화폐를 받고 매매됐다. 또한 관세 입법에는 수출 관세가 등장했는데, 이는 순전히 재정적 목적 때문이었지만, 산업에는 장애가 됐을 뿐이었다.

〈GA2, 83:32-83:41〉〈수49, 70:35-70:41〉〈W, 58:3-58:9〉이런 두

번째 시대는 17세기 중반에 시작되어 거의 18세기 말까지 지속했다. 무역과 해운이 더 급속하게 확장했다. 이에 비해 매뉴팩처는 부차적 역할을 수행하게 됐다. 식민지는 유력한 소비자가 되기 시작했으며, 개별 국가는 오랜 투쟁을 통해 열린 세계 시장에서 할거했다. 이 시대는 항해법과[1239] 함께 또한 식민지 독점과 함께 시작된다. 〈GA2, 84:1-84:15〉〈수49, 70:41-71:6〉〈W, 58:9-58:14〉국가 사이의 경쟁은 관세, 금수, 조약 등을 통해 가능한 한 조정됐다. 그렇지만, 경쟁은 최종적으로는 전쟁(특히 해전)을 통해 수행됐고 판가름 났다. 바다에서 최강의 국가인 영국은 무역과 매뉴팩처에서 우위를 확보했다. 이미 여기서 한 국가로의 집중이 나타났다.

〈GA2, 84:15-84:41〉〈수49, 71:7-71:20〉〈W, 58:15-58:28〉매뉴팩처는 계속해서 국내시장에서는 보호관세를 통해, 식민지 시장에서는 독점을 통해, 외국시장에서는 가능한 한 많은 차등 관세[1240]를 통해 보호됐다. 국내에서 생산된 원료를 가공하는 것은 장려됐으며(영국에서는 양모와 아마포, 프랑스에서는 명주),[1241] 수입된 원료(영국에서 면화)를 가공하는 것은 지원받지 못하거나 억제됐다. 매뉴팩처는 해상무역에서 그리고 식민 권력에서 우세한 국가의 보호를 받으며 양적으로 질적으로 최고로 성장했다. 매뉴팩처는 일반적으로 보호 없이는 존립할 수 없었다. 왜냐하면 매뉴팩처는 다른 나라에서 일어나는 아주 작은 변화에도 그 시장을 상실해 파멸할 수 있기 때문이다. 매뉴팩처는 조금이라도

1239 주109 참고

1240 주110 참고

1241 GA2주 참조) 마르크스 방주: F 또한 국내에서 생산된 원료의 수출은 금지됐고(영국에서 양모)

유리한 조건을 지닌 나라에서 쉽게 도입되고, 같은 이유로 쉽게 파괴된다. 동시에 〈GA2, 85:1-85:14〉〈수49, 71:20-71:28〉〈W, 58:28-58:35〉 특히 18세기 나라에서 매뉴팩처의 경영방식은 대다수 개인의 생활 여건과 뒤얽혀 있었으므로, 어느 나라도 감히 자유경쟁을 허용함으로써 그 존립을 위태롭게 할 수 없었다. 매뉴팩처는 수출에 성공해 무역이 확장되는가 아니면 축소되는가에 전적으로 의존하며, 무역에 대해 미치는 반작용은 비교적 미미했을 뿐이다. 따라서 18세기에서 매뉴팩처는 이차적인 역할을 하며 오히려 상인이 영향력을 행사했다. 〈GA2, 85:14-85:23〉〈수50, 71:38-71:35〉〈W, 58:35-58:39〉상인 그리고 선주는 누구보다도 앞장서서 국가가 보호하고 독점을 허용하기를 압박했다. 물론 매뉴팩처의 경영자 역시 보호를 요구하고 또 보호를 받았지만, 정치적인 의미에서 언제나 상인에 뒤처졌다. 무역도시, 그중에서도 특히 해안 도시는 꽤나 변화하고, 〈GA2, 85:24-85:32〉〈수50, 71:35-72:2〉〈W, 59:1-59:5〉대부르주아화됐던 반면, 공장 도시에선 소부르주아 제도가 아주 강하게 남아 있었다. 이에 관해서는 에이킨[1242] 등등을 참조하라. 18세기는 무역의 세기였다. 핀토[1243]는 이를 명확하게 말했다. "Le commerce fait la marotte du siècle〈무역은 18세기의 편집증이다〉" 그리고 "Depuis quelque temps il n'est plus question que de commerce, de navigation et de marine.〈최근 사람들은 오직 무역, 항해, 해군의 문제만 생각한다.〉"

〈GA2, 85:33-86:1〉〈W, 노트 22-1〉〈수50, 72:3-72:8〉자본의 운동은 현저히 빨라지기는 했지만, 그것은 여전히 비교적 느리게 움직였다.

1242   주112 참고

1243   주113 참고

세계시장을 개별 부분으로 나누어 그 각각을 특정한 민족이 착취하면서 각 민족은 서로를 경쟁에서 배제했다. 생산 자체가 여전히 미숙했고, 화폐 제도는 걸음마 단계를 막 벗어나 힘겹게 나갔다. 이런 등등의 여러 사실 때문에 〈GA2, 86:1-86:14〉〈W, 노트 22-2〉〈수50, 72:8-72:14〉 유통이 몹시 제약받았다. 그 결과 소매상인의 더럽고 좀스러운 정신이 아직 모든 상인과 전체 상술[商術]에 눌러붙어 있었다. 물론 상인은 수공업자와 비교하면 말할 것도 없고 매뉴팩처의 경영자와 비교하더라도 대부르주아였지만, 바로 다음 시기의 상인 또한 산업가와 비교할 때는 소부르주아에 지나지 않는다. 애덤 스미스[1244]를 참조할 것.[1245]

〈GA2, 86:15-86:25〉〈수50, 72:15-72:20〉〈W, 59:5-59:11〉이러한 시대의 특징은 또한 금과 은의 수출금지가 철회되고, 외환거래, 은행, 국가채무, 지폐, 주식 또한 공채 투기, 모든 품목에서의 Agiotage〈투기적 매매〉가 발생하고 화폐제도가 일반적으로 완성된다는 것이다. 자본에 여전히 남아 있던 자연 발생적 성격의 상당 부분은 한 번 더 사라지고 말았다.

4-4) 가장 광범위한 노동 분업

〈GA2, 86:25-86:41〉〈수50, 72:25-72:30〉〈W, 59:12-59:19〉무역과 매뉴팩처는 17세기에 부단히 발전했고 한 나라 곧 영국으로 집중되어 갔다. 이런 집중 때문에 이 나라를 위한 상당한 규모의 세계시장과 이와 동시에 이 나라의 매뉴팩처가 생산한 생산물을 위한 수요가 창출됐다. 그 수요는 기존의 산업적 생산력으로서는 더는 충족될 수 없는 종류의

1244 주114 참고

1245 역주) {자본의 운동은 …. 참조할 것}은 W에서는 노트 22이다.

것이었다. 생산력의 정점을 넘어서는 이런 수요는 〈GA2, 87:1-87:17〉〈수50, 72:30-72:34〉〈W, 59:19-59:21〉대공업-산업적 목적을 위한 자연력의 적용, 기계, 최대한으로 확장된 노동 분업-을 발생하게 했으니, 이것이 중세 이래로 전개된 사적 소유의 제3시대를 일으킨 추동력이었다. 〈GA2, 87〉〈수51, 72:34-73:2〉〈W, 59:21-59:27〉이 새로운 국면을 위한 그 나머지 조건은 영국에서 이미 존재하고 있었다. 이를테면 국내에서 경쟁이 자유롭게 된 것, 이론 역학이 완성된 것(뉴턴을 통해 완성된 역학은 대체로 18세기에 프랑스와 영국에서 가장 인기 있는 과학이었다) 등과 같은 조건이다.(국내 경쟁의 자유 자체는 어디서나 혁명을 통해 획득돼야만 했다. 영국에서의 1640년과 1688년의 혁명이, 프랑스에서의 1789년의 혁명이 바로 그 예이다.)

〈GA2, 87:17-87:41〉〈수51, 73:3-73:17〉〈W, 60:1-60:15〉이런 자유로워진 경쟁 때문에 모든 나라는 역사 속에서 자신의 역할을 계속 유지하기를 원하는 한, 때로는 새로운 관세 규제를 통해 매뉴팩처를 보호하면서도(낡은 관세는 대공업에 더는 장애가 되지 못했다), 때로는 이런 보호관세 아래서 자기 나라에 대공업을 도입하지 않을 수 없었다. 이런 보호수단에도 불구하고 대공업은 자유 경쟁을 일반화했다. 대공업(대공업은 무역의 자유를 실천했으며, 보호관세는 대공업이 취하는 임시 방편일 뿐이며, 무역의 자유 내에 허용되는 방어수단일 뿐이다)은 통신수단과 근대 세계시장을 산출했으며, 무역을 자신에 굴복시켰다. 대공업은 모든 자본을 산업자본으로 전환했고, 이로써 자본의 신속한 유통(화폐제도의 형성)과 집중이 생겨났다. 대공업은 일반화된 경쟁을 통해 모든 개인이 에너지를 최대로 발휘할 것을 강요했다. 대공업은 가능한 한 이데올로기, 종교, 도덕 등을 파괴했고 또한 파괴할 수 없는 곳에서는 그런 거짓말을 쉽게 간파할 수 있게 만들었다.[1246] 대공업 덕분에 모든 문명국과 그 속에 살아가는 모든 개인은 욕구를 충족하는 데서 〈GA2, 88:1-88:8〉〈수51, 73:17-73:23〉〈W, 60:15-60:18〉세계 전체에 의존하게 됐다. 대공업은 개별 국가가 지금까지 지니고 있었던 자연 발생적 배타성을 타파하면서 최초로 세계사를 발전시켰다. 대공업은 자연과학을 자본 아래로 포섭했고 노동 분업에서 자연 발생성이라는 최후의 가상을 박탈했다. 〈GA2, 88:8-88:27〉〈수51, 73:23-73:32〉〈W, 60:18-60:28〉대공업은 노동의 내부에서 존재할 가능성이 있는 자연 발생성을 일체 파괴했으며 모든 자연 발생적 관계를 화폐관계로 해소했다. 대공업은 자연 발생적으로 형성된 도시 대신 근대의 거대한 공업도시를 하룻밤 사이에 세웠다. 대공업이 침입해 들어간 곳에서 수공업은 그리고 그 이전의 모든 산업단계는 예외 없이 파괴됐다. 대공업은 농촌에 대한 교역 도시[1247]의 승리를 완결지었다. 대공업의 첫 번째 전제[1248]는 자동화 체계이다. 대공업은 대규모의 생산력을 발생하게 했지만, 길드가 매뉴팩처에 대해서 질곡이었고 또 농촌의 소규모 경영이 형성 중인 수공업에 대해서 질곡이었듯이 사적 소유는 이런 생산력에 하나의 질곡이 됐다. 〈GA2, 88:27-88:41〉〈수52, 73:32-73:42〉〈W, 60:28-

---

1246 역주) 이 구절 {대공업은 일반화된 경쟁을 이용해서 .... 만들었다}는 GA2에서는 87/88-방주로 처리한다. 그러나 W, CW에는 이 부분에 본문으로 편입됐다.

1247 역주) 수고나 GA2에서는 그냥 '도시'라고 했다.

1248 역주) 수고에 Ihre [....]r에서 생략된 부분을 W는 [erste]r로 해석한 것 같다. 그러면서 '전제'란 말을 집어넣었다. GA2는 생략된 부분을 그대로 남기고 굳이 해석하지 않았다.

60:36〉사적 소유 아래에서는 이러한 대공업의 생산력이 단지 일면적으로만 발전할 뿐이고, 대다수 사적 소유를 파괴하는 힘으로 작용한다. 사적 소유 속에서는 그런 생산력의 상당량은 전혀 사용되지 않는다. 대공업은 일반적으로 어디서나 사회계급┬ 사이에 똑같은 관계를 산출했고 또 그렇게 함으로써 개별 민족이 지닌 특수성을 파괴했다. 그리고 각 민족의 부르주아가 여전히 별도의 민족적 이해를 가지고 있었던 반면, 대공업은 결국 하나의 계급을 창출했다. 이 계급은 모든 민족에서 똑같은 이해가 있으며, 이 계급에서 민족성은 이미 부정된다. 〈GA2, 89:1-89:9〉〈수52, 73:42-74:2〉〈W, 60:36-60:39〉이 계급은 구세계를 형성하는 전체 질서에서 진정으로 벗어나 있으면서, 그 질서에 대립한다. 대공업 때문에 노동자는 자본가에 대한 관계뿐만 아니라 [강제] 노동 자체도 견딜 수 없게 된다.

〈GA2, 89:10-89:30〉〈수52, 74:3-74:12〉〈W, 61:1-61:10〉대공업이 한 나라의 모든 지역에서 같은 수준으로 완성되지 않는다는 사실은 자명하다. 그렇다고 이런 상황이 프롤레타리아의 계급 운동을 막지 못한다. 그 이유는 대공업이 만들어낸 프롤레타리아가 이 운동의 선두에 나서서 자기와 함께 전체 대중을 견인하기 때문이다. 또한 대공업은 대공업에서 배제된 노동자를 대공업에 속해있는 노동자보다 훨씬 더 열악한 생활처지에 몰아넣기 때문이다. 산업화하지 않은 나라들이 세계의 교류를 통해 보편적인 경쟁에 휩쓸려 들어가는 한 대공업이 발전한 나라는 이와 같은 방식으로 산업화하지 않은 나라들에 plus ou moins〈많든 적든〉영향을 미친다.

*****

〈GA2, 89:31-89:37〉〈수52, 74:12-74:19〉〈W, 61:11-61:14〉[1249]이러한 다양한 형태들은 마찬가지로 다양한 노동 조직 형태이자 소유의 형태가 된다. 어느 시대에나 현존하는 생산력이 단일화되는 것은 그런 단일화에의 욕망이 필수적으로 되는 한 일어났다.

4-5) 생산력과 교류 형식 사이의 모순은 사회 혁명의 토대이다

〈GA2, 89:39-89:41〉〈수52, 52〉〈W, 74:1-74:2〉우리가 살펴본 바와 같이 생산력과 교류 형식 사이의 모순은 〈GA2, 90:1-90:20〉〈수52, 52〉〈W, 74:2-74:12〉지금까지의 역사에서 역사의 기초를 위태롭게 하지 않으면서도 이미 여러 번 나타났다. 그러나 지금까지의 모순은 매번 하나의 혁명으로 폭발하지[1250] 않을 수 없었다. 그와 동시에 이 모순은 다양한 부차적인 형태를 취했다. 그래서 이 모순은 전체적인 충돌로, 다양한 계급의 충돌로 그리고 의식의 모순, 사상 투쟁 등으로 또한 정치적 투쟁 등으로 나타났다. 편협한 관점에서는 이러한 부차적 형태 중 하나를 끄집어내서, 이를 이러한 혁명의 토대로서 고찰할 수도 있다. 이런 편협한 고찰을 더 쉽게 만들어 주는 것은 혁명을 추진하는 개인이 각각의 교양 정도에 따라 그리고 역사 발전의 단계에 따라 자신의 고유한 활동 자체에 관해 환상을 품는다는 사실이다.

*****

〈GA2, 90:22-90:40〉〈수53, 53〉〈W, 73:26-73:34〉그러므로 우리의

1249 역주) '이런 다양한 형태'라는 말은 무엇을 지시하는지 불분명하다. 수고의 연결을 보면 이 말은 아마도 앞에서 설명한 분업의 여러 형태를 말하는 것으로 보인다.

1250 주135 참고

견해에 따르면, 역사의 모든 충돌은 생산력과 교류 형식 사이의 모순에 기원을 가진다. 이러한 모순이 한 나라에서 충돌에 이르기 위해서는 그 나라 자체에서 정점에 오를 필요는 없다. 교류가 국제적으로 확장된 결과 산업적으로 더 발전한 국가와 경쟁이 유발되면서 이 경쟁은 덜 발전한 산업국가에서도 유사한 모순을 만들어 내기에 충분하다.(예를 들어, 독일의 잠재적 프롤레타리아는 영국 산업과의 경쟁을 통해 출현했다.)

4-6) 개인의 개념과 계급의 형성, 개인과 삶의 조건 사이의 모순, 부르주아 사회에서 개인의 환상적 공동체, 공산주의 아래 개인의 진정한 연합, 삶의 사회적 조건이 연합된 개인의 힘에 종속한다는 사실
⟨GA2, 91:1-91:27⟩⟨W, 노트 23: 61-하단 주⟩⟨수53, 75:18-75:29⟩
경쟁은 개인을 고립시킨다. 경쟁은 부르주아를 고립하는 것에 그치지 않는다. 경쟁은 프롤레타리아를 결합하면서도 또한 부르주아보다 훨씬 더 고립시킨다. 따라서 개인이 서로 단결할 수 있기까지 오랜 시간이 필요하다. 이런 단결을 위해선 그런 단결이 단순히 지역적인 것이 아니어야 한다면 필요한 수단 즉 거대 산업도시와 값싸고 신속한 통신이 대규모 산업을 통해 먼저 산출돼야 한다는 것은 말할 것도 없다. 모든 조직된 힘은 이런 고립을 매일같이 생산하는 상황 속에서 살아가는 고립된 개인에 대항해 오랜 투쟁을 통해서만 비로소 승리할 수 있다. 그런 사실과 반대되는 것을 요구한다면 이는 이런 경쟁이 일정한 역사적 시대 속에서 존재해서는 안 된다는 것을 요구하거나 고립된 개인이 전혀 통제할 수 없는 상황을 개인이 망각해야 한다는 것을 요구하는 것과 마찬가지 의미이다.[1251]

1251 역주) 이 구절 전체가 W에서는 노트 23으로 들어가 있다.

　　　　　　　＊＊＊＊＊

　〈GA2, 91:28-91:41〉〈W, 노트 8-a1: 29-하단 주〉〈수53, 75:33-75:40〉주거건축-원시인이 가족마다 동굴이나 움막집을 갖는다는 것은 유목민이 가족마다 자기만의 텐트를 갖는 것만큼이나 당연한 일이다. 이렇게 가정경제가 분할되는 것은 사유재산이 이전보다 발전함에 따라 더 필요해진다. 농민이 공동의 경제를 꾸리는 것은 공동 경작만큼이나 불가능한 일이다. 도시의 건설은 거대한 진보였다. 지금까지의 모든 시대를 살펴볼 때, 〈GA2, 92:1-92:6〉〈W, 노트 8-a2: 29-하단 주〉〈수53, 75:40-76:5〉사유재산의 폐지와 분리될 수 없는 분할 경제의 폐지란 그 물질적 조건이 존재하지 않았으므로 불가능한 일이었다. 공동의 경제가 성립하기 위해서는 기계의 발전, 자연력의 이용, 〈GA2, 92:6-92:29〉〈W, 노트 8-b1: 29-하단 주〉〈수54, 76:5-76:15〉그리고 수많은 다른 생산력 즉 하수로, 가스등, 증기 난방 등을 전제로 하며 또한 도시와 농촌의 대립을 폐지하는 것을 전제한다. 이러한 조건이 없다면 공동의 경제 그 자체가 새로운 생산력으로 되지 못하니 물질적 토대가 전혀 없이 단순한 이론적 기초에만 의존하게 될 것이다. 즉 공동의 경제는 단순한 변종에 그치고 말아 결과적으로 수도원 경제와 같은 것이 되어버리고 말 것이다.-[공동의 경제로] 무엇이 가능했던가는 도시의 밀집 주거에서나 개별적이고 특정한 목적(감옥, 병영 등)을 위해 건설된 공동 주택에서 밝혀진다. 분리된 경제를 폐지하는 일이 가족을 폐지하는 것과 분리될 수 없다는 사실은 자명하다.[1252]

　　　　　　　＊＊＊＊＊＊

1252　역주) W에서 노트 8은 CW나GA2에서는 본문에 들어 있다.

(〈GA2, 92:31-92:39〉〈W, 노트 33: 75-하단 주〉[1253]〈수54, 76:18-76:22〉[1254]성 산초에게서 종종 나타나는 명제 곧 각 개인은 그의 본질이 무엇이든 철저히 국가를 통해서 그런 본질로 된다는 명제는, 근본적으로 부르주아는 단지 부르주아 유[類]의 한 가지 견본에 불과하다는 명제와 같다. 또한 부르주아 계급은 그 계급을 구성하는 개인에 앞서 이미 존재했다[1255]는 것을 전제하는 명제와 같다.)

〈GA2, 92:39-92:41〉〈수54, 76:23-76:25〉〈W, 53:17-53:18〉각 도시의 시민은 중세에 농촌 귀족에 대항해 자신을 필사적으로 보호하기 위해 단결하지 않을 수 없었다. 〈GA2, 93:1-93:18〉〈수54, 76:25-76:32〉〈W, 53:18-53:26〉교역의 확장, 통신의 발명을 통해 개별 도시는 공통적인 대립물과 투쟁하는 가운데 공통적인 이해를 수행하고 있었던 다른 도시를 알게 됐다. 개별 도시의 여러 지역 거주 시민에서 비록 아주 점진적이기는 했지만, 시민 *계급*이 발생했다. 개별 시민의 생활 조건은 기존의 관계와 대립하므로 동시에 기존의 관계를 통해 제약된 노동 방식 때문에, 시민 모두에게 공통적이면서도 각 개별자에서는 독립된 조건으로 됐다. 〈GA2, 93:18-93:41〉〈수54, 76:32-77:4〉〈W, 53:26-53:36〉시민은 봉건적 속박에서 자신을 해방했던 정도만큼 이 공통 조건을 산출했다. 또 이 시민은 기존의 봉건제와의 대결 때문에 제약됐던 정도만큼, 그러한 공통 조건을 통해 산출됐다. 개별 도시 사이에서 연대가 등장함으로써 이 공통의 조건은 계급적 조건으로 발전했다. 공통의

1253 역주) W 노트 28은 CW, GA2에서는 본문으로 편입됐다.

1254 역주) W 노트 33은 GA2, 수고에서는 본문에 편입됐다.

1255 역주) 이 자리에 W, CW, GA2주 모두 다음과 같은 마르크스 방주가 있다: 계급의 선재성이 철학자들에게 나타나는 방식이다.

조건, 공통의 대결, 공통의 이해는 대체로 어디서나 공통의 도덕을 형성했다. 부르주아 자체는 그런 조건과 더불어 다만 점진적으로만 발전하며, 노동 분업에 따라 다시 다양한 분파로 분열되고 마침내 기존의 모든 계급을 자체 내로 흡수한다.[1256](반면 노동 분업으로 〈GA2, 94:1-94:6〉〈수54, 77:4-77:8〉〈W, 54:1-54:3〉기존의 무산자 대중과 지금까지 존재했던 유산자 계급 가운데 일부가 새로운 계급 즉 프롤레타리아 계급으로 발전시킨다.) 그런 흡수는 기존의 소유가 산업자본이나 상업자본으로 전환되는 정도에 따른다.

〈GA2, 94:6-94:30〉〈수55, 77:9-77:21〉〈W, 54:3-54:15〉개별 개인은 다른 계급에 대항해서 공동의 투쟁을 수행해야 하는 한에서만, 하나의 계급을 형성한다. 그 나머지 때는 개인은 경쟁 속에서 다시 적대적으로 서로 대립한다. 다른 한편 계급은 다시 개인을 넘어서 자립적인 존재가 된다. 그 결과 개인은 자기의 생활 조건이 예정된다는 것을 발견하며, 계급이 그의 생활상의 지위 또한 이와 동시에 그의 개인적인 발전을 지정함을 깨닫게 되면서, 드디어 계급 아래 종속한다. 계급의 자립성은 개별적 개인이 노동 분업 아래로 종속하는 것과 같은 현상이다. 이 계급의 자립성은 사유재산의 폐지와 [강제] 노동 자체의 폐지[1257]를 통해서만 제거될 수 있다. 개인이 계급 아래로의 종속하는 일이 동시에 온갖 관념 등등 아래 개인이 종속하는 일로 발전되는 방식은 이미 여러 번 시사했다.

1256 GA2주 참조) 마르크스 방주: 부르주아는 우선 국가에 직접 귀속되는 노동 부문을 흡수하고 그다음에는 ±〈다소간에〉 이데올로기에 종사하는 모든 계층을 흡수한다.

1257 주107 참고

〈GA2, 94:31-94:41〉〈수55, 77:22-77:28〉〈W, 75:19-75:24〉역사적으로 잇달아 등장한 신분 또한 계급의 공통된 현존 조건 속에서 그리고 이 현존 조건 때문에 이 신분 또한 계급의 마음에 떠오른 일반적 관념 속에서 개인이 어떻게 발전했는가를 철학적으로 고찰한다면, 당연히 유[類] 또는 인간 일반이 이런 개인으로 발전했거나 아니면 그러한 개인이 인간 일반을 발전시켰다고 쉽게 공상할 수도 있을 것이다.[1258] 〈GA2, 95:1-95:8〉〈수55, 77:28-77:30〉〈W, 75:24-75:27〉이러한 공상은 상당히 심하게 역사를 욕보이는 일일 것이다. 그러면 사람들은 이런 다양한 신분과 계급을 일반적 존재의 특수적 표현으로서, 유의 아종으로서, 인간 자체의 발전국면으로서 파악할 수도 있을 것이다.

〈GA2, 95:9-95:15〉〈수55, 77:31-77:33〉〈W, 75:28-75:31〉개인이 일정한 계급 아래 종속하는 것이 제거되기 위해서는 먼저 지배계급에 대항해 더는 어떤 특수한 계급 이해를 관철할 필요가 없는 계급이 형성돼야 한다.

* * * * *

〈GA2, 95:16-95:33〉〈수55, 77:35-78:4〉〈W, 74〉노동 분업을 통해 인격의 힘(관계)이 사물적 힘으로 전환한다는 사실은 그 사실에 대한 일반 관념을 머리에서 제거함으로써 제거될 수는 없다. 오히려 이 사실은 개인이 이러한 사물적 힘을 다시 자신 아래로 종속하고 노동 분업을 제거함으로써만[1259] 제거될 수 있다.[1260] 이는 공동체 없이는 가능하지 않

1258   주140 참고

1259   주136 참조

1260   〈GA2, 95-엥겔스 방주〉〈W, 노트 32, 74-하단 주〉〈CW, 55-하단 주〉포이어바흐: 존재와 본질

다. 공동체 속에서 비로소 모든 개인은 자신의 소질을 모든 측면에 따라 완성할 수단을 얻는다. 그러므로 공동체 속에서야 비로소 인격의 자유가 가능해진다. 이는 공동체 없이는 가능하지 않다. 공동체 속에서 비로소 모든 개인은 자신의 소질을 모든 측면에 따라 완성할 수단을 얻는다. 그러므로 공동체 속에서야 비로소 인격의 자유가 가능해진다. 〈GA2, 95:33-95:41〉〈수56, 78:4-78:10〉〈W, 74:20-74:24〉종래 공동체를 대신해왔던 것 곧 국가 등에서는 인격의 자유가 다만 지배 계급의 상황 속에서 성장한 개인에게만 그리고 이 개인이 지배 계급에 속한 자인 한에서만 현존했다. 이 겉보기 공동체는 원래는 개인의 결합으로 형성된 것이지만, 항상 개인에 대립해 자립적인 힘으로 됐다. 동시에 이 겉보기 공동체는 〈GA2, 96:1-96:10〉〈수56, 78:10-78:17〉〈W, 74:24-74:29〉한 계급이 다른 한 계급에 대항해 단결한 결과이었으므로, 피지배 계급이 보기에는 완전히 환상적인 공동체였을 뿐만 아니라 새로운 족쇄이기도 했다. 진정한 공동체에서 개인은 연합[Vereinigung] 속에서 그리고 연합을 통해 또한 자유를 획득한다.

〈GA2, 96:11-96:16〉〈수56, 78:18-78:21〉〈W, 75:31-75:34〉개인은 항상 자신에게서 출발했다. 물론 이 개인은 독일 이데올로그들이 말하는 순수한 개인이 아니라, 주어진 역사적 조건과 상황 속에 존재하는 개인이다. 〈GA2, 96:16-96:41〉〈수56, 78:21-78:32〉〈W, 76:1-76:12〉역사가 발전하는 도정에서 또 노동 분업 안에서 불가피하게 일어나는 사회관계의 자립화 때문에 한편으로 인격적 존재로서 각 개인의 삶과 다른 한편으로 어떤 노동 부문과 그것에 속하는 조건 아래 종속하는 존재로서 각 개인의 삶 사이에 차이가 생겨난다. 그렇다고 예를 들면 금리생활자, 자본가 등등이 인격체이기를 그친 것처럼 이해해서는 안 된다. 오히려 그들의 인격성은 철저히 특정한 계급 상황을 통해 제약되고 결정된다. 그리고 그 차이는 그들이 다른 계급에 대항할 때 또 그들이 파산할 때 비로소 그들 자신에게 나타난다.[1261] 신분 사회에서는, (부족 사회에서는 더욱더) 이러한 사실이 아직 은폐된다. 예를 들어 그 밖의 상황이 무엇이든 상관없이 귀족은 항상 귀족이며, Roturier〈평민〉은 항상 평민이고, 이는 그들의 개성과 분리될 수 없는 성질이었다. 계급이란 것 자체가 부르주아의 산물이니〈GA2, 97:1-97:10〉〈수56, 78:32-78:34〉〈W, 76:12-76:18〉계급적 개인에 대해 인격적 개인이 구별되고, 개인에게서 우연적인 생활 조건이 나타나는 것은 계급의 출현과 더불어서이다. 개인의 상호 경쟁과 투쟁이 이런 우연성 자체를 처음으로 생산하고 발전한다.〈GA2, 97:10-97:41〉〈수57, 78:34-79:15〉〈W, 76:19-76:32〉따라서 부르주아의 지배 아래 있는 개인은 관념으로 본다면 옛날보다 자유롭다. 왜냐하면 그의 생활 조건이 우연적이기 때문이다. 반면 실제를 본다면 개인은 물론 더 속박된다. 왜냐하면 개인은 사물의 지배에 훨씬 더 종속하기 때문이다. 신분[Stand]의 차이는 특히 부르주아와 프롤레타리아의 대립에서 드러난다. 도시 시민이라는 신분이 출현하고 또한 농촌 귀족에 대항하는 길드가 출현했을 때, 시민의 현존 조건 곧 동산과 수공업 노동은 잠재적으로는 봉건적 속박에서 분리되기 전부터 이미 존재했으나, 이제 봉건적 토지 소유에 대항하는 힘을 지닌 어떤 적극적인[Positive] 것으로 출현했다. 따라서 처음에는 그런 현존 조건이 출현하는 방식은 또다시 봉건적 형태를 취했다. 물론 도주 농노는 지금까지 그가 속해있던 농노 상태를 자신의 인격에 우연적

1261   역주) W에서는 "그리고 그 차이는 …. 나타난다." 구절 앞, 뒤에 괄호가 쳐 있다.

인 것으로 취급했다. 그러나 이 점에서 도주 농노는, 족쇄에서 자신을 해방하는 계급이라면 어느 계급이나 하는 것을 정확히 똑같이 했을 뿐이다. 이때 도주 농노는 자신을 계급으로서가 아니라 개별적으로 해방했다. 나아가 도주 농노는 신분제의 영역에서 벗어난 것이 아니라, 오히려 새로운 신분을 형성했을 뿐이다. 그리고 도주 농노는 새로운 지위에 올라서도 〈GA2, 98:1-98:6〉〈수57,79:15-79:19〉〈W, 76:32-76:35〉 지금까지의 노동방식을 유지했으며, 지금까지의 족쇄가 노동방식이 이미 달성한 발전에 더는 상응하지 않으므로 이 족쇄에서 이 노동방식을 해방함으로써 이 노동방식을 더욱더 육성했다.

〈GA2, 98:7-98:25〉〈수57, 79:20-79:28〉〈W, 77:1-77:9〉이에 반해 프롤레타리아에게 그 자신의 생활 조건과 노동, 그와 더불어 오늘날 사회의 현존 조건 전체가 우연적인 것이 됐다. 개별 프롤레타리아는 이런 것들을 통제하지 못하며, 프롤레타리아의 어떤 *사회적* 조직도 프롤레타리아에게 이것을 통제하는 능력을 제공할 수 없다. 그리고 프롤레타리아는 자기의 인격성과 그에게 강요된 생활 조건인 노동 사이의 모순을 스스로 깨닫는다. 그것은 특히 그가 이미 어릴 때부터 희생됐으며 또 그가 그의 계급에 머무른다면 그가 다른 계급으로 상승할 조건에 다가갈 기회가 없기 때문이다.

〈GA2, 98:27-98:41〉〈W, 노트 34: 77-하단 주〉〈수58, 79:29-79:40〉 덧붙이는 말. 농노가 존재할 불가피성, 다시 말해서 대규모 경작이 불가능하므로 농노에게 allotments〈분할지〉를 분배할 수밖에 없었다는 사실은, 곧바로 봉건영주에 대한 농노의 의무를 평균적으로 현물지대와 부역의 방식보다 축소했다. 이 때문에 농노가 동산을 축적하는 것이 가능해졌으며 영주의 영지에서 도주하는 것이 손쉬워졌고〈GA2, 99:1-

99:9〉〈수58, 58〉시민으로 출세할 전망을 갖게 됐다. 그뿐만 아니라 이 때문에 농노 사이에 위계도 만들어졌다. 그래서 도주한 농노는 이미 반쯤 시민이라는 사실 등을 잊어서는 안 된다. 이를 통해서 볼 때 수공업에 정통한 예속 농민이 동산을 획득하는 최대의 기회를 가졌다는 점도 마찬가지로 분명하다.[1262]

〈GA2, 99:11-99:28〉〈수58, 80:1-80:11〉〈W, 77:10-77:18〉따라서 도주한 농노는 기존의 현존조건을 자유롭게 발전하고 정당화하려 했으나 결국 자유[임금] 노동에 다만 도달할 수 있을 뿐이었다. 반면에 프롤레타리아는 인격으로 인정받기 위해, 지금까지의 그의 현존 조건이자, 동시에 지금까지의 전체 사회의 현존 조건이기도 한 노동을 폐지해야 한다. 따라서 프롤레타리아는 국가라는 형식에 직접 대립하고 있다는 것을 발견한다. 왜냐하면 국가는 사회 속의 개인이 전체적인 표현을 얻는 형식이기 때문이다. 그러므로 프롤레타리아는 자기의 인격성을 관철하기 위해서는 국가를 전복해야 한다.

* * * * *

〈GA2, 99:30-99:41〉〈수58, 80:14-80:21〉〈W, 74:30-74:36〉지금까지 설명된 것에서 다음과 같은 결론을 끌어낼 수 있다:[1263] 한 계급 속에서 개인이 서로 맺는 공동의 관계는 제3의 계급에 대립하는 공동의 이해를 조건으로 이루어지는 것이며 따라서 이 공동체[Gemeinschaft]는 언제나 개인이 단순히 평균적 개인으로서 속하는 공동체이다. 평균적 개

1262 역주) W 노트 34는 CW, GA2에서는 본문으로 편입됐다.

1263 역주) 〈CW, 80-하단 주:수고에서 삭제〉개인은 어떤 역사의 시대에서 자기를 해방하더라도 이미 현존하는 것으로 그가 발견한 현존 조건을 더 발전시킨다. 역주) 위의 주는 W, GA2에서는 빠트렸다.

인은 다만 그의 계급이 현존하는 조건 속에서 살아간다. 개인은 이런 공동의 관계에 개인으로서가 아니라 계급 구성원으로서 참가한다.〈GA2, 100:1-100:40〉〈수59, 80:21-80:33〉〈W, 75:1-75:10〉혁명적 프롤레타리아의 공동체에서는 사정은 이와 반대다. 여기서는 개인의 현존 조건 또한 모든 사회 성원의 현존 조건이 개인 자신의 통제 아래 있다. 그러므로 개인은 그 공동체에 개인으로서 참가한다. 개인의 단결이 개인이 자유롭게 발전하고 운동하는 조건을(물론 이는 오늘날 발전한 생산력을 전제로 한다) 통제한다. 이 조건은 지금까지 우연에 내맡겨져 있었으며 개인에 대립해 자립화됐다. 왜냐하면 개인이 서로 분리되어 있었기 때문이며 또한 개인이 필연적으로 결합한다고 하더라도 그 결합은 노동 분업과 더불어 주어져서 분리를 통해 개인에 낯선 연대로 됐기 때문이다.〈GA2, 100:25-100:25〉〈수59, 80:33-81:4〉〈W, 75:10-75:18〉지금까지 말한 단결은 예를 들어 "Contrat social〈사회계약론〉"[1264]에 서술된 것처럼 절대 자의적인 것은 아니고 오히려 필연적인 것이며[1265] 개인이 우연성에 놀아나게 했던 조건을 지배하는 것이다.(예를 들어 북아메리카 연방의 형성과 남아메리카 공화국들을 비교해 보라.) 일정한 조건 안에서 방해받지 않고 흔쾌히 우연성에 자기를 내맡기게 허용하는 권리가 지금까지 인격의 자유로 불리곤 했다.-이런 현존조건이란 곧 각 시기의 생산력과 교류 형태를 말한다.

*****

〈GA2, 101:1-101:21〉〈수59, 81:6-81:16〉〈W, 70:19-70:28〉공산주의를 이제까지의 모든 운동과 구분하는 점은 다음과 같은 사실이다. 즉

1264   주138 참고

1265   주139 참고

공산주의가 지금까지의 모든 생산 관계와 교류 관계의 토대를 전복하고, 모든 자연 발생적인 전제가 이제까지의 인간이 창조한 것이라는 사실을 처음으로 의식하며, 그 전제에서 자연 발생성을 벗겨내면서 단결된 개인의 힘에 복종시킨다는 사실이다. 공산주의를 수립한다는 것은 본질에서 경제적인 것 즉 단결의 조건을 물질적인 차원에서 형성하는 것이다. 공산주의를 수립하는 것은 이미 주어진 조건을 단결의 조건으로 변화하는 것이다. 공산주의가 산출하는 현존이 실제의 토대가 되면 개인에게서 독립적으로 존립하는 일체의 것이 가능성을 상실하게 된다. 이런 상실은 그런 독립적인 존립이 사실은 〈GA2, 101:21-101:38〉〈수59, 81:16-81:23〉〈W, 71:1-71:6〉개인이 이제까지 교류해 만든 산물이기에 가능한 것이다. 그러므로 공산주의자는 실천으로는 지금까지의 생산과 교류를 통해 산출된 조건을 자생적이지 못한 것[unorganisch]으로 다루지만, 그에게 물질적 가능성을 제공한 것이 기존 세대가 이미 계획하거나 혹은 사명으로 삼았던 것이라고 공상하지 않으며, 아울러 이 조건이 그것을 산출한 개인에게도 자생적이지 못한 것이었고 믿지도 않는다.

4-7) 개인과 삶의 조건 사이의 모순은 생산력과 교류 형식 사이의 모순이다. 생산력과 교류 형식의 변화 〈GA2, 101:38-101:41〉〈수60, 81:32-81:35〉〈W, 71:7-71:10〉법적 인격[persönlichem Individuum]으로서 개인과 우연적인 개인 사이의 구분은 개념적인 구분이 아니라, 역사적 사실에 속한다. 이런 구분은 다른 시대에 다른 의미가 있다. 예를 들면, 〈GA2, 102:1-102:9〉〈수60, 81:35-81:40〉〈W, 71:10〉18세기에 신분이란 개인에게 우연한 것으로

서의 의미를 지녔으며, 가문도 역시 plus ou moins〈다소간〉 그러한 의미를 지녔다. 그것은 우리가 어느 시대에나 해야 하는 구분이 아니라, 각 시대가 눈앞에 있는 다른 지반 아래서 스스로 만들어 내는 구분이며, 개념에 따른다기보다는, 물질적 삶의 충돌[Kollision]을 통해 강제되는 것이다.

〈GA2, 102:9-102:36〉〈수60, 81:41-82:19〉〈W, 71:15-71:29〉생산력의 특정한 발전에 상응한 교류 형식은 이전 시대에서와 달리 이후 시대에는 우연한 것으로 나타나며 또한 이전 시대에서 이후 시대로 전승된 요소 가운데 하나이다. 생산력이 교류 형식에 대해 맺는 관계는 교류 형식이 개인의 활동 또는 실행에 대해 맺는 관계와 같다.(이런 실행의 근본형식은 당연히 모든 다른 행위 즉 정신적, 정치적, 종교적 등등의 행위가 의존하는 물질적인 행위이다. 물질적인 삶의 다른 형태는 당연히 매번 이미 발전한 욕구에 의존하며, 아울러 이러한 욕구의 산출과 만족은 그 자체로 하나의 역사적인 과정이다. 이러한 과정은 양이나 개에게서는 발견할 수 없는 것이다.-슈티르너[개인] 대 Hominem〈인간〉-이라는 주요 논제[1266]처럼 왜곡된 논제는 없다. 그러나 양과 개의 현재 모습조차 당연히 malgré eux〈그것들의 의사와 무관한〉 역사 과정의 산물이다.)〈GA2, 102:36-102:41〉〈수60, 82:19-82:12〉〈W, 72:1-72:3〉모순이 아직 표면화지 않는 한, 개인의 상호 교류가 일어나는 조건은 각 개인에 속하는 조건이지 개인에게 외면적인 조건이 아니다.〈GA2, 103:1-103:9〉〈수60, 82:12-82:19〉〈W, 72:3-72:6〉특정한 관계 속에 현존하는 특정한 개인은 단지 이런 조건 아래서 그의 물질적인 삶 또한 그 삶과 연관되는 것을 생산할 수 있다. 따라서 이런 조건은 개인의 자주적

1266 주132 참고

활동[Selbstbetätigung]의 조건이며 이 자주적 활동을 통해서 생산된다. [1267] ⟨GA2, 103:9-103:21⟩⟨수61, 82:19-82:25⟩⟨W, 72:6-72:12⟩개인의 생산 활동이 일어나는 특정한 조건은 그 모순이 아직 표면화되지 않는 한, 실제의 한계나 현존의 일면성과 상응한다. 이 현존의 일면성은 모순이 등장하면서 비로소 폭로되니 그 일면성은 단지 뒷사람의 눈에만 현존하는 것으로 드러난다. 그 후 이 조건은 우연히 부착된 족쇄로 전락하며 그런 다음 이 조건이 족쇄에 불과하다는 의식이 앞선 시대에 있었던 것으로 전가된다.

⟨GA2, 103:21-103:41⟩⟨수61, 82:26-82:37⟩⟨W, 72:13-72:21⟩생산의 다른 조건은 처음에는 자주적 활동의 조건으로 보이지만, 나중에는 자주적 활동의 족쇄로 드러난다. 이러한 다른 조건은 전체 역사의 발전 속에서 상호 연관되는 일련의 교류 형식을 형성한다. 이 교류 형식 사이의 연관성은 다음과 같다: 이전에 현존했으나 이제는 족쇄로 된 교류 형식을 대신하며 새로운 교류 형식이 출현한다. 이 새로운 교류 형식은 생산력이 새롭게 발전하는 것에 상응하고 동시에 개인의 자주적 활동 방식이 진보하는 것에 상응한다. 이 새로운 교류 형식은 à son tour⟨자기 차례가 되자⟩ 다시금 족쇄로 되며, 이후 다른 교류 형식을 통해 대체된다. 생산의 다른 조건은 이와 동시적으로 발전하는 생산력의 각 단계에 부합하므로, ⟨GA2, 104:1-104:5⟩⟨수61, 82:37-82:39⟩⟨W, 72:21-72:23⟩그 조건의 역사는 동시에 생산력이 스스로 발전하면서 각각 새로운 세대를 통해 수용되는 역사이며 아울러 개인 자신의 힘이 발전하는 역사이다.

1267 ⟨W, 노트 30: 72- 하단 주⟩⟨CW, 82-하단 주⟩⟨GA2, 102-방주⟩교류 형식 자체의 생산

〈GA2, 104:5-104:22〉〈수61, 83:1-83:9〉〈W, 72:23-72:32〉이러한 발전은 자연 발생적으로 일어나며 자유롭게 단결된 개인의 계획에 전혀 의존하지 않는다. 그러므로 그 발전은 다른 지역, 부족, 민족, 노동 부문 등등에서 생겨난다. 그 각각의 발전은 처음에 다른 발전과 무관하게 일어나며 비로소 점차 다른 발전과 결합한다. 더 나아가 이 발전은 매우 천천히 진행한다. 다른 단계와 다른 이해는 절대 완전히 극복되지 못하며, 단지 승자의 이해에 종속되고 수 세기에 걸쳐 이 승자의 이해에 질질 끌려다닌다. 〈GA2, 104:22-104:1〉〈수61, 83:9-83:17〉〈W, 72:32-72:36〉그 결과 한 국가 내부에서조차 개인은 그의 능력이 어떤 상황에 있는지와 무관하게 완전히 서로 다르게 발전하게 된다. 이전 시기의 이해에 고유한 교류 형식은 나중 시기에 속하는 교류 형식을 통해 이미 추방됐음에도 불구하고, 이전 시기의 이해는 사회 (국가, 법) 내부에서 전승된 권력을 소유한 채로 오랫동안 여전히 남게 된다. 그 결과 겉으로 보기에 사회는 개인에 대립해 자립적인 것으로 보인다. 이 전승된 권력은 궁극적으로 오직 혁명을 통해 분쇄돼야 한다. 〈GA2, 104:38-104:41〉〈수62, 83:17-83:19〉〈W, 73:1-73:3〉더 일반적으로 종합하는 것도 허용되지만, 몇 가지 점만 보더라도 왜 가끔 의식은 〈GA2, 105:1-105:5〉〈수62, 83:19-83:21〉〈W, 73:3-73:7〉동시대에 존재하는 경험적인 상황보다 훨씬 선구적인가 그리고 왜 사람들은 이후 시대의 투쟁 속에서 그 시대 권위자보다 오히려 이전 시기의 이론가에 의지하는가가 이상의 설명에서 이해된다.

〈GA2, 105:5-106:2〉〈수62, 83:22-83:41〉〈W, 73:8-73:25〉그에 반해 북아메리카와 같이 역사적으로 이미 발전한 시대에서 처음으로 시작하는 국가의 경우 발전은 아주 급속하게 일어난다. 그러한 국가는 그곳에 이주한 개인을 제외하고 어떤 다른 자연 발생적인 전제를 갖지 않는다. 그런 개인이 이주하게 된 동기는 구 세계의 국가가 지닌 교류 형식이 그 개인의 욕구에 부합하지 않기 때문이다. 그러므로 그 국가는 구 세계 국가에 살던 가장 진보적인 개인과 또한 이 개인에 상응하는 발전한 교류 형식과 더불어 시작한다. 이 시기는 구 세계의 국가에서 이런 교류 형식이 관철될 가능성이 아직도 나타나기 전이다. 이 점은 단순한 군사 거점이나 무역 거점이 아닌 한 모든 식민지에 해당하는 사항이다. 카르타고, 희랍의 식민지 11세기와 12세기의 아일랜드가 그런 예이다. 유사한 관계는 정복의 경우에 즉 다른 토양에서 발전한 교류 형식이 피정복국가에 이미 완성된 채로 이식될 때 일어난다. 이 교류 형식은 그 모국에서는 아직 이전 시기의 이해와 관계에 사로잡혀 있지만, 이곳에서는 오히려 여하한 방해도 받지 않고 완전하게 관철될 수 있고 또 그래야만 한다. 그 결과 정복자에게 지속적인 권력이 보장된다.(노르만인의 정복[1268] 이후 영국과 나폴리는 봉건 체제의 가장 완전한 형태를 획득했다.)

4-8) 폭력의 역할(역사 속에서 정복)

〈GA2, 106:2-106:18〉〈수62, 84:2-84:9〉〈W, 23:12-23:19〉이상의 전체 역사관은 정복이라는 사실과 모순되는 것처럼 보인다. 사람들은 이제까지 폭력, 전쟁, 약탈, 살인강도 등을 역사를 추동하는 힘으로 간주해 왔다. 여기서 단지 핵심에 한정해 가장 두드러진 예만을 취해 보자. 즉 야만족이 오래된 문명을 파괴하고 이를 통해 사회 체제가 처음부터 새롭게 형성되는 예(로마와 야만족의 관계, 골[Gaul] 족과 봉건제의

[1268] 주134 참고

관계, 동로마제국과 터키의 관계와 같은 예)를 보자.

⟨GA2, 106:18-106:41⟩⟨수63, 84:10-84:20⟩⟨W, 23:19-23:30⟩정복하는 야만족에게 전쟁 자체는 이미 위에서[1269] 암시했던 것처럼 규칙적인 교류의 형식이기도 하다. 야만족에게 유일하게 가능한 것은 전래한 원시적인 생산방식이므로, 여기에 머무르는 상태에서 인구가 증가할수록 새로운 생산수단[즉 토지]에 대한 욕구가 더 발생하며 그에 따라 전쟁을 통한 교류 형식은 더 열성적으로 이용된다. 반면 이탈리아에서는 토지 소유의 집중을 통해서(이 토지 소유의 집중은 매입과 부채 상환을 통해서 일어나며 그 밖에도 상속을 통해서 일어난다. 이런 상속을 통한 집중은 방탕이 증가하고 결혼이 드물어지자 고대 씨족의 씨가 점차 말라버리고 씨족의 재산이 소수의 수중에 떨어지는 것을 통해 일어난다) 그리고 토지 소유가 목축지로 전환되는 것을 통해서(이런 목축지로의 전환은 매우 익숙한 그리고 오늘날에도 여전히 유효한 경제적인 원인을 통해서뿐만 아니라 그 밖에도 약탈과 공납을 통해 곡식이 유입되고 또한 이 때문에 ⟨GA2, 107:1-107:16⟩⟨수63, 84:20-84:27⟩⟨W, 23:30-23:37⟩이탈리아산 곡식에 대한 소비가 감소하면서 일어난다) 자유민이 거의 사라지게 됐다. 노예 자체는 항상 다시 굶어 죽었으니 끊임없이 새로운 노예로 대체되어야만 했다. 노예제는 여전히 생산 전체의 토대로 남아 있었다. 자유민과 노예 사이에 위치하는 평민은 룸펜 프롤레타리아의 수준을 절대 벗어나지 못했다. 전체적으로 로마는 도시의 수준을 뛰어넘지 못했고 지방과는 거의 정치적인 연계만을 맺고 있었다. 이런 연계는 당연히 정치적인 사건을 통해서 언제든지 다시 중단될 수 있었다.

1269   주30 참고

*****

〈GA2, 107:17-107:41〉〈수63, 84:32-85:6〉〈W, 64:16-64:37〉오직 약탈만이 중요하다는 관념만큼 지금까지 역사에 있어 익숙한 것은 없다. 야만인은 로마 제국을 약탈했으며 사람들은 이 사실을 가지고 고대세계에서 봉건제로의 이행을 설명한다. 그러나 야만인에 의한 약탈에서 중요한 점은, 근대 인민의 경우에 일어나는 것처럼 침입받은 민족이 산업생산력을 발전시켰는지 아니면 침입받은 민족의 생산력이 주로 단순히 자신의 연합[Vereinigung]과 자치 단체[Gemeinwesen]에 근거하는지의 여부이다. 약탈은 더 나아가 약탈당한 대상을 통해 제약된다. 지폐로 이루어진 은행가의 재산은 약탈자가 약탈당한 나라의 생산 조건과 교류 조건에 복종하지 않는 한, 절대 약탈당할 수 없다. 근대 산업국가의 전체 산업자본 역시 마찬가지다. 〈GA2, 108:1-108:38〉〈수64, 85:6-85:17〉〈W, 64〉최종 결론 삼아 말하자면 어디에서도 약탈은 곧 끝나며, 더는 약탈할 것이 없을 때, 사람들은 생산을 시작해야만 한다. 이처럼 생산이 아주 곧바로 등장해야 한다는 사실에서 다음과 같은 사실이 도출된다: 정착하는 정복자가 채택하는 자치 단체의 형태는 기존의 생산력의 발전단계에 상응해야만 하거나 만일 처음부터 그러한 경우가 아니라면 생산력에 따라 변해야만 한다. 또한 민족 이동 이후의 시대에 어디에서나 눈에 띄는 사실이지만, 노예가 한때 주인이었고 정복자는 피정복자에게서 언어, 교양 그리고 관습을 재빨리 수용했다는 사실이 여기에서 설명된다.

〈GA2, 108:1-108:16〉〈수64, 85:18-85:27〉〈W, 64:37-65:6〉봉건제는 독일에서 완성된 채 전달된 것이 절대 아니다. 봉건제의 기원은 정복자의 측면에서 본다면 정복을 하는 동안 군대의 전투 조직에 있었다.

이 전투 조직이 정복 이후에 피정복 국가 안에서 이미 발견된 생산력의 영향을 받아 비로소 본래 봉건제로 발전했다. 이러한 형식이 얼마만큼 생산력을 통해 조건 지어졌는지는, 고대 로마의 여운을 회생하려는 시도가(칼 대제 등등) 난파했다는 사실이 보여준다.

4-9) 대규모 산업과 자유경쟁이라는 조건 아래서 생산력과 교류 형식의 모순, 노동과 자본 사이의 모순

⟨GA2, 108:40-109:41⟩⟨수64, 85:36-86:15⟩⟨W, 66:13-66:34⟩ 대공업, 경쟁 속에서 개인의 생존이 처한 조건 전체, 한계, 일면성은[1270] 두 가지 가장 단순화된 형식 즉 사적 소유와 노동으로 융합된다. 화폐가 출현하면서, 교류의 모든 형식과 교류 자체는 개인에게는 우연적인 현상이라는 사실이 확정된다. 그러므로 이제까지의 모든 교류는 개인 사이에서 단지 특정한 조건 아래에서 전개된 교류였지 개인으로서의 개인의 교류가 아니었다는 사실 이미 화폐를 통해 입증된다. 이러한 조건은 두 가지로 즉 한편으로 축적된 노동이나 사적 소유, 다른 한편으로 실제 존재하는 노동으로 환원된다. 양자 모두 혹은 양자 중 하나가 중단되면, 교류도 장애에 부딪힌다. 근대 경제학자 자신이, 예를 들면 시스몽디 Sismondi, 쉐빌리에 Cherbuliez[1271] 등은 association des capitaux⟨자본의 협의회⟩에 association des individus⟨개인의 협의회⟩를 대립시킨다. 달리 보자면 개인 자체는 노동 분업에 완전히 종속됐으며 이를 통해 가장 완벽하게 서로 의존했다. 사적 소유는 축적의 필요 때문에 발전하게 된다.

1270 주125 참고

1271 주126 참고

이 축적은 노동에서 나와서 노동에 대립하는 것으로 된다. 사적 소유는 처음에는 여전히 공적인 존재[Gemeinwesen]라는 형식을 갖지만, 더 발전하게 되면 사적 소유의 근대적 형식에 점차 다가가게 된다. 이미 처음부터 노동 분업을 통해 노동 조건, 작업 도구, 원료가 분화하며 이와 더불어 자본도 다른 소유권자에게 분산적으로 축적된다. 이를 통해 자본과 노동의 분열 그리고 소유 다양한 형식이 나타난다. 〈GA2, 110:1-110:7〉〈수64, 86:15-86:17〉〈W, 66:34-66:37〉노동 분업이 더욱더 완성되고 축적이 점점 더 증가하면, 이러한 분열 또한 더 첨예화된다. 노동 자체는 오직 이러한 분열이라는 전제 아래서만 성립한다.

* * * * *

(〈W, 노트 31: 73-하단 주〉〈GA2, 110:9-110:18〉〈수65, 86:20-86:25〉[1272]개별 국가의 개인이-독일인이든 미국인이든-지닌 인격적인 에너지는 인종혼합에 의한 에너지다.-그러니 독일은 백치지 뭐냐.-이런 인종혼합은 프랑스와 영국 등에서는 낯선 민족이 이미 발전한 민족 위에 이식되며, 미국에서는 완전히 새로운 토대 위에 이식되며, 독일에서는 자연 발생적인 인구성장을 통해 서서히 자리 잡으면서 발생했다.)

* * * * *

〈GA2, 110:20-110:41〉〈수65, 86:28-86:39〉〈W, 67:1-67:10〉그러므로 이제 두 가지 사실이 제시된다.[1273] 첫째, 생산력은 개인에게서 완전히 독립되고 분리된 것으로, 개인 바깥에 존재하는 고유한 세계로 나타난다. 그 까닭은 생산력이 개인을 지배하면서 개인의 현존은 분산되

1272 역주) W 노트가 GA2, 수고에서는 본문에 편입됐다.

1273 〈W, 노트 26: 67-하단 주〉〈수, 86-하단 주〉〈GA2, 110-방주〉엥겔스 방주: 시스몽디

고 서로 대립하기 때문이다. 다른 한편 이러한 생산력은 오직 개인의 교류와 연관 속에서만 실제의 힘으로 될 수 있다. 그러므로 한편으로 생산력의 전체는 흡사 사물의 형태를 취하며, 개인 자신에게 더는 그의 힘이 아니라 사적 소유의 힘이며, 따라서 사적 소유자인 개인에게만 속하는 힘이 된다. 이전 어떤 시대에서도 생산력이 〈GA2, 111:1-111:13〉〈수65, 86:39-87:7〉〈W, 67:10-67:17〉개인으로서 개인이 맺는 [인격적] 교류와 이처럼 무관한 형태를 취한 때가 없었다. 그것은 개인 사이의 교류 자체가 여전히 국지적이었기 때문이다. 다른 한편으로 개인의 대다수는 이러한 생산력에 대립한다. 생산력은 개인에게서 분리된다. 따라서 개인은 실제 삶에서 생겨나는 모든 구체적 내용을 박탈당하고 추상화된 개인으로 전락했다. 그러나 이런 추상화를 통해 개인은 비로소 *개인으로서* 상호 결합할 능력을 얻었다.

〈GA2, 111:13-111:34〉〈수66, 87:8-87:18〉〈W, 67:17-67:28〉개인이 생산력 또한 그 자신의 현존과 여전히 맺는 유일한 연관인 노동은 개인의 자주적 활동[Selbstbetätigung]이라는 외관을 일체 상실하고 개인의 삶을 위축된 형태로 유지해 주고 있을 뿐이다. 이전 시대에서는 자주적 활동과 물질적 생활의 산출은 각기 다른 인격체에게 할당되는 방식으로 분리됐으나 개인 자신의 [자급에] 한정된 삶 때문에 물질적 생활의 산출은 여전히 자주적 활동의 일종으로 간주됐다. 반면 오늘날 자주적 활동과 물질적 생활의 산출은 상호 배제하면서 물질적인 생활은 일반적으로 목적으로, 이러한 물질적인 삶을 산출하는 노동은 수단으로 나타난다.(이러한 노동은 오늘날 유일하게 가능한 형태지만, 보다시피 자주적 활동과는 반대되는 형태이다.)

4-10) 사적 소유를 폐지하는 것의 필연성, 그 전제조건과 결과

〈GA2, 111:35-111:41〉〈수66, 87:24-87:26〉〈W, 67:29-67:34〉그러므로 이제 개인이 자신의 자주적 활동에 도달하기 위해서뿐만 아니라 도대체 그의 생존을 안전하게 지키기 위해서라도 기존 생산력의 총체를 쟁취[1274]해야 하기에 이르렀다.

〈GA2, 112:1-112:5〉〈수66, 87:27-87:37〉〈W, 67:34-67:37〉생산력을 쟁취할 수 있는가는 우선 쟁취의 대상이 쟁취될 수 있는 존재인가에 제약된다. 즉 쟁취될 수 있으려면 생산력이라는 대상이 오직 전체적으로 발전되고 오직 보편적으로 교류할 수 있는 존재가 돼야 한다. 따라서 이런 측면에서 생산력을 쟁취하기 위해서는 이런 쟁취의 행위가 이미 이런 생산력 또한 교류에 상응하는 보편적인 성격이어야만 한다.

〈GA2, 112:5-112:29〉〈수66, 87:38-87:43〉〈W, 68:1-68:)이러한 생산력을 쟁취하기 위해서는 말할 것도 없이 물질적인 생산수단에 상응하는 개인적인 능력 자체가 발전해야 한다. 그러므로 생산수단 전체를 쟁취하는 것은 개인 내부에 있는 전체 능력이 이미 발전한다는 것을 의미한다. 또한 이 쟁취는 쟁취하는 개인이 누구냐를 통해 제약된다. 현대의 프롤레타리아는 자주적 활동에서 완전히 배제되어 있으므로 오히려 더는 제한된 활동이 아니라 완전히 자주적인 활동을 관철할 수 있다. 완전한 자주적 활동이란 생산력을 총체적으로 쟁취하고 이와 연관해 개인적 능력을 총체적으로 발전하게 함으로써 가능하다. 〈GA2, 112:29-112:41〉〈수66, 87:43-88:5〉〈W, 68:8-68:13〉이전에 존재했던 모든 혁명에서 생산력의 쟁취는 제한적으로 일어났다. 개인의 자주적 활동은 한정된 생산수단 또한 한정된 교류를 통해 제약받았으므로 개

1274 주127 참고

인은 이러한 한정된 생산수단을 쟁취했을 뿐이고 이런 쟁취를 통해 또 하나의 새로운 제약에 도달했을 뿐이다. 그런 생산수단은 개인 자신의 소유가 됐지만, 개인 자신은 노동 분업 또한 생산수단 아래 〈GA2, 113:1-113:13〉〈수67, 88:5-88:12〉〈W, 68:13-68:20〉종속한 상태에 여전히 머물러 있었다. 지금까지의 모든 쟁취에서 대다수 개인은 그에게 고유한 생산수단 아래 줄곧 종속되어 있었다. 그러나 프롤레타리아의 쟁취에서는 대다수 생산수단은 각각의 개인 아래 종속돼야 하며, 소유는 만인에게 종속돼야만 한다. 근대의 보편적인 교류는 소유가 만인 아래 종속되지 않고서는 개인 아래 종속될 수 없다.

〈GA2, 113:13-113:31〉〈수67, 88:13-88:22〉〈W, 68:21-68:29〉나아가서 생산력의 쟁취는 쟁취가 수행되는 불가피한 방식을 통해 제약된다. 쟁취를 완성할 수 있는 방식은 오직 연합[Vereinigung]이니, 이 연합은 프롤레타리아 자체의 성격으로 말미암아 보편적일 수밖에 없는 연합이다. 또한 그런 쟁취는 혁명이니, 이 혁명 속에서 한편으로는 지금까지의 생산양식 또한 교류 양식, 사회 구성이 전복되고, 다른 한편으로는 프롤레타리아의 보편적인 성격이 발전하며 또한 쟁취를 수행하는데 필요한 프롤레타리아의 활력이 발전하며 나아가 프롤레타리아는 지금까지 그가 처해 있던 사회적인 지위로 말미암아 그에게 아직 남아 있는 모든 것을 박탈당한다.

〈GA2, 113:32-113:41〉〈수67, 88:23-88:28〉〈W, 68:30-68:34〉이 단계에 이르러 비로소 자주적 활동은 물질적인 생활과 일치한다. 이 일치는 개인이 전체적인 인간으로 발전하고 모든 자연 발생인 것에서 벗어나는 것에 상응한다. 그렇게 되면 노동이 자주적 활동으로 변화되는 것과 상응해 이제까지 제한적으로 일어나던 교류가 개인의 일반적인 교류로 전환된다. 〈GA2, 114:1-114:10〉〈수67, 88:28-88:33〉〈W, 68:35-68:39〉단결된 개인이 전체 생산력을 쟁취함으로써 사적 소유는 폐지된다. 지금까지의 역사에서는 늘 개인이 살아가는 특수한 조건이 우연적인 것으로 나타났던 반면, 이제 개인으로 분리되는 것 자체가 즉 각자가 특수한 몫을 사적으로 쟁취하는 것 자체가 우연적인 것으로 된다.

〈GA2, 114:11-114:36〉〈수68, 88:34-89:6〉〈W, 69:1-69:12〉철학자는 노동 분업 아래 더는 종속되지 않는 개인을 관념적으로 이상화해 "인간 자체"라고 부르면서, 인류가 발전시킨 전체 과정을 "인간 자체"의 발전과정으로 파악했다.[1275] 그 결과 이 "인간 자체"는 각각의 역사적인 단계에 출현한 개인을 대신해 역사의 추동력으로 주장됐다. 그리해 역사의 전체 과정은 "인간 자체"의 자기소외 과정으로 파악된다. 따라서 나중 단계의 평균적인 개인이 항상 이전 단계의 평균적인 개인을 대신하며 나중 단계의 의식이 이전의 개인을 대신하는 일이 본질에서 일어나게 된다. 처음부터 실제의 역사적 조건을 무시한 이러한 전도를 통해서 전체 역사가 의식의 발전과정으로 전환될 수 있었다.

*****

〈GA2, 114:36-114:41〉〈수68, 89:8-89:12〉〈W, 36:19-36:31〉시민 사회는 생산력이 일정하게 발전한 단계에 이르면 개인의 전체 물질적인 교류를 포괄한다. 시민 사회는 그런 단계에 일어나는 〈MEG A2, 115:1-115:22〉〈수68, 89:12-89:21〉〈W, 36〉상업적이며 산업적인 삶 전체를 포함한다. 그런 한에서만 시민 사회는 국가와 민족을 넘어 존재한다. 그러나 시민 사회는 외적으로는 자기를 민족으로서 인정받고 내

1275 GA2주 참조) 마르크스 방주: 자기소외

적으로는 국가로서 자기를 구성하지 않을 수 없다. 시민 사회[1276]라는 말은 소유 관계가 고대 또한 중세의 자치 단체[Gemeinwesen]를 벗어났던 18세기에 이미 나타났다. 진정한 의미의 시민 사회는 부르주아와 더불어 비로소 발전한다. 그렇지만 시민 사회는 생산과 교류에서 직접 저절로 발전하는 사회 조직이며 모든 시대의 국가 또한 그 밖의 관념적 상부구조의 토대를 구성하는 것이라면 어느 것이나 항상 같은 [시민 사회라는] 이름으로 불려왔다.

1-11) 국가와 법이 소유에 대해 갖는 관계

⟨GA2, 115:23-115:41⟩⟨수69, 89:26-89:32⟩⟨W, 61:18-61:24⟩소유의 최초형태는 고대 세계에서뿐만 아니라 중세시대에도 존재했던 부족 소유이다. 이 최초의 소유형태가 출현하는 조건은 로마의 경우 주로 전쟁이며 그리고 게르만의 경우 목축이다. 고대 인민[Völk]의 경우, 한 도시 안에 여러 부족이 함께 거주했으므로, 부족 소유는 국가 소유로 나타나며 부족 소유에 대한 개인의 권리는 단지 Possessio⟨점유⟩로서만 나타난다. 그런데 이 점유는 부족 소유가 일반적으로 그렇듯이 토지 소유에만 제한된 것이다. ⟨GA2, 116:1-116:3⟩⟨수69, 89:32-89:35⟩⟨W, 61:24-61:26⟩본래 사적 소유는 고대인의 경우(노예제와 자치 단체[Gemeinwesen]) 근대 인민의 경우와 마찬가지로 동산[Mobilareigentum]에서 시작한다.(dominium ex jure Quiritum⟨민법에 따른 소유⟩[1277]) ⟨GA2, 116:3-116:15⟩⟨수69, 89:35-90:2⟩⟨W, 62:1-62:6⟩중세에 출현한 인민의 경우 부족 소유는 여러 단계를 거쳐-즉 봉건적인 토지 소유,

---

1276 주60 참고

1277 주119 참고

길드 [korporatives]의 동산, 매뉴팩처 자본 등을 거쳐-근대적인 자본 즉 순수한 사적 소유로 발전한다. 이 사적 소유의 조건은 대공업과 보편적인 경쟁이다. 근대 사적 소유는 공유제라는 외관을 완전히 벗어 던지고 소유의 발전에 가하는 국가의 간섭을 전적으로 배제한다.〈GA2, 116:15-116:41〉〈수69, 90:2-90:16〉〈W, 62:6-62:19〉근대의 사적 소유에 상응하는 것이 근대 국가다. 점차 국가는 조세를 통해 사적 소유자를 통해 매수되며 국채 제도 때문에 사적 소유자의 수중에 전적으로 떨어진다. 국채의 가격이 증권거래소에서 높거나 낮게 결정되므로 국가의 존립은 사적 소유자, 다시 말해 부르주아가 국가에 부여하는 상업적인 신용에 전적으로 의존하게 된다. 부르주아는 더는 *신분*이 아니라 *계급*인 까닭에 더는 지역적으로 조직되지 않으며 전국적으로 조직되지 않을 수 없고 자기의 평균적인 이해에 일반적인 형식을 부여하지 않을 수 없었다. 자치 단체[Gemeinwesen]에서 사적 소유가 해방되면서 국가는 시민 사회와 나란히 있으면서 아울러 그 바깥에 있는 특수한 존재가 됐다. 그러나 국가는 부르주아가 대내적으로나 대외적으로 서로의 소유와 이해를 서로 보장하기 위해 필수적인 것으로 입증된 조직 형태일 뿐이다.〈GA2, 117:1-117:21〉〈수69, 90:16-90:26〉〈W, 62:19-62:28〉국가는 오늘날까지 단지 다음과 같은 나라에서는 여전히 자립적인 것으로 나타난다. 즉 신분이 계급으로 완전히 발전하지 않은 나라, 더 발전한 나라라면 사라져야 할 신분이 여전히 역할을 수행해 혼합적 형태가 현존하는 나라이다. 이런 나라에서는 인구의 어느 부분도 그 밖의 다른 부분을 지배할 수 없기 때문이다. 특히 독일의 경우가 여기에 해당한다. 근대 국가가 가장 완성된 나라의 예는 북아메리카이다. 요즈음 프랑스, 영국, 아메리카의 작가는 누구나 국가란 단지 사적 소유를 위해 존재한다는 견해를 발표하며 그 결과 이러한 견해는 심지어 상식이 됐다.

〈GA2, 117:22-117:36〉〈수70, 90:27-90:33〉〈W, 62:29-62:35〉 국가란 지배계급에 속하는 개인이 공동의 이해를 실현하고 일정 시대 동안 시민 사회 전체를 총괄하는 형식이다. 그 때문에 모든 공동의 [gemeinsame] 제도는 국가를 통해 매개되어 정치적인 형식을 획득한다는 결과가 나온다. 그리해 법률이 의지에, 더욱이 자기의 실질적인 토대가 되는 것에서 떨어져 나온 *자유* 의지에 근거한다는 환상이 생겨난다. 그와 마찬가지로 모든 권리는 다시 법률로 환원된다.

〈GA2, 117:37-117:41〉〈수70, 90:34-90:38〉〈W, 62:35-62:39〉민법은 자연 발생적인 자치 단체[Gemeinwesen]가 해체되면서 사적 소유가 생기는 것과 동시에 발전한다.[1278] 로마인의 경우 사적 소유와 민법의 발전은 산업이나 교역의 차원에 그 이상의 결과를 낳지 못한 채로 머물렀다. 왜냐하면 로마의 생산방식 전체가 이와 같은 수준에 머물러 있었기 때문이다. 〈GA2, 118:1-118:31〉〈수70, 90:38-91:9〉〈W, 63:1-63:13〉 근대 인민의 경우 여기서는 산업과 교역을 통해 봉건적인 자치 단체가 해체됐으므로, 사적 소유와 민법이 성립하는 것과 더불어 새로운 국면이 시작됐고, 이 국면은 그 이상으로 발전해 나갈 능력이 있었다. 중세에 광범위한 해양무역을 주도했던 최초의 도시 아말피[Amalfi][1279]는 동시에 해양법을 발전시켰다. 산업과 교역이 처음에는 이탈리아에서 나중에는 다른 나라에서 사적 소유를 한층 더 발전하게 하자마자, 발전한 로마의 민법이 즉각 다시 채택됐고 권위 있는 것으로 받들어졌다. 나

1278 〈W, 노트 24: 62-하단 주〉〈CW, 90-하단 주〉〈GA2, 118-방주〉마르크스 방주: 고리대금업!)}

1279 주120 참고

중에 부르주아가 상당한 힘을 얻게 되자 군주가 부르주아를 이용해 봉건귀족을 전복하려는 목적으로 부르주아의 이해를 돌봐주게 됐다. 이때 영국을 제외한 모든 나라에서, 예를 들면 16세기 프랑스에서는 원래의 로마 법전을 기반으로 법이 발전했다. 〈GA2, 118:31-118:41〉〈수71, 91:9-91:14〉〈W, 63:13-63:17〉또한 영국에서도 로마법의 원칙이 민법(특별히 동산의 경우)을 한층 더 발전하게 하기 위해 채택돼야만 했다.[1280]-(법은 종교와 마찬가지로 고유의 역사를 갖지 못한다는 점을 잊어서는 안 된다.)

〈GA2, 119:1-119:22〉〈수71, 91:15-91:25〉〈W, 63:18-63:29〉민법의 경우 현존하는 소유 관계는 일반 의지의 결과로 표현된다. jus utendi et abutendi〈자신의 것을 사용하고 처분할 수 있는(또는 오용할 수 있는) 권리〉라는 개념은 한편 사적 소유가 자치 단체에서 완전히 독립적으로 됐다는 사실을 나타낸다. 다른 한편 사적 소유 자체가 마치 물건을 자의적으로 지배할 수 있는 순전한 사적 의지에 근거한다는 환상이 이 개념에서 출현한다. 사적 소유자는 자신의 소유권, 이와 동시에 자신의 jus abutendi〈처분권〉이 타인의 수중으로 넘어가는 것을 보고 싶어 하지 않는다. 그렇더라도 실천적으로 보면 처분권[abuti]은 사적 소유자에게 경제적으로 매우 명확한 한계가 있다. 왜냐하면 일반적으로 물건이란 그 소유자의 의지와 관련되어 고찰될 때 물건이 되는 것은 절대 아니고, 물건에 대한 소유권과 무관하게 교류 속에 있을 때 비로소 실제로 소유하는 것(철학자가 이념이라고 명명하는 *관계*)이 되기 때문이다.[1281]

1280 주121 참고
1281 〈GA2, 마르크스 방주〉〈W, 노트 25: 63-하단 주〉〈CW, 91-하단 주〉철학자들에게서 관계는 곧 이념이다. 철학자는 오로지 "인간의" 자신에 대한 관계만

〈GA2, 119:22-119:26〉〈수71, 91:25-91:27〉〈W, 63:30-63:32〉권리를 오로지 의지[1282]로 환원하는 법학자의 환상은 소유 관계가 계속 발전하는 가운데 다음과 같은 결론에 이른다: 어떤 사람이 어떤 물건을 〈GA2, 119:26-119:34〉〈수71, 91:27-91:31〉〈W, 64:1-64:3〉실제로 소유하지 않더라도 그 물건에 대한 법적인 자격을 가진 때가 필연적으로 출현한다. 예를 들면 경쟁을 통해 어떤 토지에 지대가 배제되더라도, 그 토지의 소유자는 해당 토지를 jus utendi et abutendi〈사용하고 처분할〉권리와 함께 그 토지에 대한 법적인 자격을 지닌다. 〈GA2, 119:34-119:41〉〈수71, 91:31-91:37〉〈W, 64:3-64:10〉그렇지만, 그가 토지 밖에 또한 자신의 토지를 경작할 자본을 충분하게 가지고 있지 않을 때, 그는 그 권한으로 아무것도 시작할 수 없으니 토지 소유자로서 아무것도 소유하고 있지 않은 것이다. 그와 같은 법률가의 환상에서 다음과 같은 주장이 나온다. 즉 개인이 서로 관계를 맺는 것, 예를 들면 계약을 체결하는 것은 법률가에게나 모든 법전에서나 도대체 우연한 일이라는 주장이다. 또 법률가는 그런 관계는 마음대로 들어가고 나오는 관계이며, 그 내용도 완전히 계약 당사자의 개인적인 자의에 근거한다고 주장한다.

〈GA2, 120:1-120:14〉〈수72, 92:1-92:6〉〈W, 64:1-64:14〉산업과 교역이 발전하면서 새로운 교류 형식, 예를 들면 보험회사나 그 밖의 여러 회사가 생겨났을 때 그때마다 매번 법은 이러한 새로운 교류 형식을 소유 취득의 한 방식으로[Eigentumserwerbsarten] 포함하지 않을 수 없었다.

을 안다. 그러므로 철학자는 모든 현실적인 관계를 이념으로 본다.}
1282 GA2주 참조) 마르크스 방주: 의지 자체[Der Willen] 그러나 실제 의지들 [die Wille]

1-12) 사회적 의식의 형식

⟨GA2, 120:16-120:27⟩⟨수72, 92:10-92:16⟩⟨W, 539⟩[1283]과학의 발전에 미치는 노동 분업의 영향

국가, 법, 도덕 등에서 나타나는 *억압*은 무엇인가?

부르주아는 법을 통해 자신을 일반적으로 표현해야 한다. 바로 그 이유는 부르주아는 계급으로서 지배하기 때문이다. {⟨노트⟩(가톨릭의) 종교적 관념은 고대국가나 봉건체제, 절대 군주제에서 출현하는 자치단체[Gemeinwesen], 유대[Band]에 상응한다.}

자연과학과 역사[1284]

정치, 법, 과학 등, 예술, 종교 등에는 역사가 없다.

*****

⟨GA2, 120:16-120:27⟩⟨수72, 92:18-92:34⟩⟨W, 539⟩*이데올로그는 왜 모든 것을 전도하는가?*

종교가, 법률가, 정치가.

법률가, 정치가(국가를 운영하는 사람들 일반), 윤리적 인간. 종교가.

하나의 계급에 존재하는 이런 이데올로기에 관련하는 자의 세부 구분에 대해, 1) 이는 *노동 분업을 통해 직업이 독립된 결과*다. 각 개인은 자신의 직업을 진리로 생각한다. 그들은 자신의 직업이 현실과 맺

1283 역주) 이 절은 W에서는 부록 539쪽에 마르크스의 메모 속에 들어 있다. 제목은 '1. 포이어바흐로부터(aus)'이다.

1284 마르크스 방주) 종교적 관념은 고대국가나 봉건제, 절대 군주제에서 출현하는 공동체, 그런 연대에 상응한다.

는 연계에 관해서 환상을 가질 수밖에 없다. 그것은 이런 환상이 〈GA2, 123:1-123:15〉〈수72, 72〉〈W, 539〉직업의 본성 자체에서 나오기 때문이다. 사법, 정치 등에서 직업과 현실의 관계는 의식 속에서 개념적으로 파악된다. 이 관계는 이렇게 개념적으로 파악된 관계를 넘어서지 못하므로 이러한 관계를 파악하는 개념도 또한 그들 머릿속에서 고정된다. 가령 재판관은 법전을 적용한다. 따라서 재판관에게는 입법은 진정으로 능동적인 추구로 보일 것이다. 각자는 자기의 상품을 존중한다. 왜냐하면 자기의 직업은 일반적인 것을 다루기 때문이다.

법의 이념, 국가의 이념. *일상적인* 의식에서 사태는 전도된다. ....

〈GA2, 123:17-123:23〉〈수72, 93:1-93:6〉〈W, 540〉종교는 처음부터 *초월자*에 대한 의식이며, 이런 의식은 *진정한* 당위에서 출현한다.

이는 상당히 흔한 일이 .... 법과 종교 등에서 전통이다.

〈GA2, 123:25-123:41〉〈수73, 93:10-93:20〉[1285]〈W, 540〉개인은 언제나 자기에서 시작했고 항상 자기에서 시작할 것이다. 개인의 관계는 개인이 처한 실제 삶의 과정에서 맺는 관계이다. 개인의 관계가 개인에 대립해 자립화하는 이유는 무엇인가? 개인의 고유한 삶의 힘이 개인을 지배하는 힘으로 되는 이유는 무엇인가?

한마디로 하면, 노동 *분업*이다. 노동 분업의 단계는 그때마다 생산력이 발전한 수준에 의존한다.

[1285] CW주) 이 수고의 마지막 쪽에는 마르크스의 쪽수가 없다. 이 쪽은 저자의 역사에 관한 유물론적 개념의 시초를 지시하는 노트를 포함한다. 여기 포함된 관념은 정서되어 있다.

토지소유, 봉건적인 소유, 근대적 소유
신분제적 소유. 매뉴팩처 소유, 산업 자본.

역서 후기

후기1 참고 문헌

마르크스와 엥겔스가 언급한 저서를 포함하여 인용된 저서는 확인할 수 있는 한 그들이 직접 이용했던 판본으로 제시됐다. 몇몇 경우에 특히 일반적인 원전 및 문헌 지시에서는 저서의 최근 판본이 제시됐다. 몇 가지 원전은 도저히 확인할 수 없었다.

1) 거명되거나 익명으로 된 저서와 논문

Alexis, Willibald Wilhelm Häring: 『Cabanis[떠돌이]』, Berlin, 1832.

『Amadis des Gaules[Amadis von Gallien][골족의 아마디스]』, Amsterdam, 1750.

『Anekdota zur neuesten deutschen Philosophie und Publicistik[새로운 독일 철학과 언론학을 위한 일화집]』, 저자 Bruno Bauer, Ludwig Feuerhach, Friedrich Köppen, Karl Nauwerck, Arnold Ruge und einigen Ungenannten, 편집 Arnold Ruge, Bd. 1-2, Zürich und Winterthur, 1843.

『Appel á la France contre la division des oppinions[의견의 분열에 반대하여 프랑스에 호소한다]』: 다음을 보라 Lourdoueix, Henri de

Aristoteles: 『Metaphysik[형이상학]』, 번역 Eugen Rolfes, Leipzig, 1904.

『Aristoteles über die menschliche Seele[아리스토텔레스의 인간 영혼에 관하여]』, 번역 주석 M. W. Voigt, Leipzig ,1803.

Arndt, Ernst Moritz: 『Erinnerungen aus dem äußeren Leben[외면적 삶에서 나온 기억]』, Leipzig, 1840.

Arnim, Bettina von: 『Dies Buch gehört dem König[이 책은 왕에 속한다]』, Bd. 1-2, Berlin, 1843.

『A un Catholique. Sur la vie et le caractére de Saint-Sirnon[어느 기독교인에 관해. 생시몽의 삶과 성격]』, In. 『L'Organisateur』, Nr. 40 (19. Mai, 1830).

『Auszüge aus Morelly's Code de la nature[모렐리의 자연의 헌장에서 발췌]』, In. 『Vorwärts!』, Pariser Deutsche Zeitschrift, Nr. 72 und 73, 1844.

[Bacon, Francis] Francisci Baconi Baranis de Verulamio: 『De dignitate et augmentis scientiarum[학문의 품격과 수행 과정]』, Wircehurgi, 1779.

— 『The Essays or Councels, Civill and Morall[시민적이고 도덕적인 산문 또는 충고]』, London, 1625.

— 『Novum Organum[새로운 논리학]』, London, 1620.

[Bauer, Bruno]: 『Charakteristik Ludwig Feuerbachs[루트비히 포이어바흐의 특징]』, In. 『Wigand's Vierteljahrsschrift』, Bd. 3, 1845.

—『Das entdeckte Christenthum. Eine Erinnerung an das achtzehnte Jahrhundert und ein Beitrag zur Krisis des neunzehnten[기독교의 해명, 18세기 회상과 19세기 기대]』, Zürich und Winterthur, 1843.

— 『Geschichte der Politik, Cultur und Aufklärung des achtzehnten

Jahrhunderts[18세기 정치학, 문화, 계몽주의의 역사]』, Bd. 1-2, Charlottenburg, 1843-45.

─(익명으로 발표)『Hinrichs, politische Vorlesungen』, Bd. 1. In.『Allgemeine Literatur-Zeitung』, H. I, 1843.

─『Kritik der evangelischen Geschichte der Synoptiker[공관복음서 저자의 복음의 역사에 대한 비판]』, Bd. 1, Leipzig 1841.

- (익명으로 발표)『Ludwig Feuerbach[루트비히 포이어바흐]』, In.『Norddeutsche Blätter für Kritik, Literatur und Unterhaltung』, H. IV, 1844.

─『Die gute Sache der Freiheit und meine eigene Angelegenheit[자유의 대의와 나 자신의 경우]』, Zürich und Winterthur, 1842.

─(익명으로 발표)『Neueste Schriften über die Judenfrage[유대인 문제에 관한 최신 저서들]』, In.『Allgemeine Literatur-Zeitung』, H. I, 1843, H. IV, 1844.

─(익명으로 발표)『Was ist jetzt der Gegenstand der Kritik?[지금 비판의 대상은 무엇인가?]』, 같은 곳, H. VIII, 1844.

Bauer, Bruno und Edgar Bauer:『Denkwürdigkeiten zur Geschichte der neueren Zeit seit der Französischen Revolution[프랑스 혁명 이래 최근 역사에 관한 회상록]』, Nach den Quellen und Original-Memoiren bearb. und hrsg.[원전과 회상록 초본에 따라 교정하고 편집했다], Charlottenburg, 1843-1844.

Bauer, Edgar:『Bailly und die ersten Tage der Französischen Revolution[베이유와 프랑스 혁명의 초기]』, Charlottenburg, 1843. (Bruno und Edgar Bauer,『Denkwürdigkeiten zur Geschichte der neueren Zeit seit der Französischen Revolution[프랑스 혁명 이래 최근 역사에 관한 회상록]』, [Bd. 4]).

─『Die liberalen Bestrebungen in Deutschland[독일에서 자유주의의 운동]』, H. 1-2, Zürich und Winterthur, 1843.

Bayrhoffer, Karl Theodor: 『Die Idee und Geschichte der Philosophie[철학의 이념과 역사]』, Marburg 1838.

Beaulieu, Claudel-François: 『Essais historiques sur les Causes et lesÉffets de la Révolutionde France[프랑스 혁명의 원인과 영향에 관한 역사 수필]』,Paris, 1801-1803.

Becker,August: 『Die Volksphilosophie unserer Tage[우리 시대의 인민 철학]』, Neumünster, 1843. 305 318

—(익명으로 발표) 『Vorwort zu 'Die Neue Welt oder daß Reich des Geistes auf Erden. Verkündigung(von Kuhlmann, Georg)'['새로운 세계 또는 지상에서 정신의 왕국. (게오르그 쿨만)의 선포' 서문]』, Genf ,1845.

Becker, Nicolaus: 『Der deutsche Rhein[독일의 라인]』. In. 『Gedichte von Nicolaus Becker[니콜라우스 베커 시집]』, Köln, 1841.

Die Bibel oder die ganze Heilige Schrift des alten und neuen Testaments[성경 또는 구약과 신약의 전체 성서]』 , nach der deutschen, 번역 Martin Luthers.

Blanc, Louis: 『Histoire de dix ans. 1830-1840[1830에서 1840년 까지 10년간의 역사]』, Bd. 1-5, Paris, 1841-1844.

Bluntschli, Johann Caspar: 『Die Kommunisten in der Schweiz nach den bei Weitling vorgefundenen Papieren. Wörtlicher Abdr. des Kommissionalberichtes an die H. Regierung des Standes Zürich[바이틀링에서 발견된 문서에 따라서 본 스위스에서 공산주의자. 취리히 신분 정부에 대한 위원회의 보고의 문자대로의 복사]』, Zürich 1843.

Bossuet, Jacques-Bénigne: 『Politique tirée des propres Paroles de l'Écriture-Sainte [성서의 적절한 말씀에서 끌어낸 정치학]』, Bruxelles, 1710.

Brissot, Jacques-Pierre: 『Mémoires de Brissot .... sur ses Contemporains, et la

Révolution Française[브리소의 그의 동시대인과 프랑스 혁명에 대한 회상]』, Publiés par son fils; avec des Notes et des Éclaircissemens historiques par M. F. de Montrol[그의 아들이 출판하고 M. F. de Montrol이 역사적인 주석을 단 책], Bd. 1-2, Paris, 1830.

Buhl, Ludwig: 『Geschichte der zehn Jahre 1830-1840 von Louis Blanc[루이 블랑의 1839-1840 십년의 역사]』, 프랑스어 번역, Bd. 1-5, Berlin, 1844-1845.

Cabet, Etienne: 『Ma Ligne droite ou le vrai Chemin du Salut pour le Peuple[인민의 행복을 위한 나의 올바른 노선 또는 진정한 길]』, Paris, 1841. 449

— 『Réfutation des Doctrines de l'Atelier[Widerlegung der Lehren des Atelier][작업장에 관한 학설에 대한 반박]』, Paris, 1842.

— 『Voyage en Icarie, roman philosophique et social[이카로스로의 여행, 철학적이고 사회적인 소설]』, Paris, 1842.

CalderÓn, Pedro de la Barca: 『La puente de Mantible[망티블의 다리]』. In. 『Las comedias de D. Pedro CalderÓn de la Barca[바차 칼데롱의 희극]』, cotejadas con las mejores ediciones hasta ahora publicadas, corregidas y dadas á luz por Juan Jorge Keil [Juan Jorge Keil이 편집하고 교정한 최고 판본]』, Leipsique, 1827-1830.

Camões, Luis de: 『Lusiada[루시아다]』, Berlin, 1810.

Cartiere, Moriz: 『Der Kölner Dom als freie deutsche Kirche. Gedanken über Nationalität. Kunst und Religion beim Wiederbeginn des Baues[자유 독일 교회로서 쾰른 돔. 건물의 복구를 시작하면서 민족성과 예술 종교에 관해 사색하다]』, Stuttgart, 1843.

Cervantes Saavedra, Miguel de: 『Vida y hechos del ingenioso hidalgo Don Quixote de la Mancha[총기있는 귀족 라만차의 돈 키호네의 생애와 활동]』,

EnHaia, 1744.

Chamisso, Adalbert von: 『Tragische Geschichte[비극적 역사]』, In. 『Adalbert von Chamisso's Werke[카미소 전집]』, Bd. 3, 2. Aufl., Leipzig, 1842.

Chastellux, François Jean de: 『De la Félicité publique. Ou Considérations sur le sort des hommes dans les différentes Epoques de l'histoire[공공의 행복 또는 다양한 시기에 인간의 운명에 관한 고찰]』, Amsterdam, 1772.

Chevalier, Michel: 『Cours d'Économie politique fait au Collège de France[프랑스 칼리지 정치경제학 강의]』, Bruxelles ,1845.

— 『Lettres sur l'Amérique du Nord[북아메리카에 관한 편지]』, Paris, 1836. 285

Churoa, August Ludwig von Rochau: 『Kritische Darstellung der Socialtheorie Fourier's [푸리에 사회론에 관한 비판적인 설명]』, Braunschweig, 1840. 499

Clemens Alexandrinus: 『Clementis Alexandrini opera graece et latine quae extan[그리스어와 라틴어로 출판된 클레멘스 알렉산드리누스의 전집]』, Coloniae ,1688.

『Code Napoléon[나폴레옹 법전]』, Paris und Leipzig, 1808.

Comte, Charles: 『Traité de Législation ou Exposition des Lois générales, suivant lesquelles les Peuples prospèrent, dépérissent, ou restent stationnaires[입법에 관한 논문 또는 민족이 일어나고 몰락하고 유지되는 일반 법칙에 대한 설명]』, Bruxelles, 1837.

Constant~Rebecque, Benjamin de: 『De l'Esprit de Conquête et de l'Usurpation dans leurs Rapports avec la Civilisation européenne[유럽의 형성과 관련된 정복 정신과 찬탈에 관해]』, o. 0. 1814.

『Dédaration des droits de l'homme et du citoyen. 1793[1793년 인권과 시민권에 관한 선언]』, In. P. J. B. Buchez et P. C. Roux, 『Histoire parlementaire de la Révolution française ou Journal des Assemblées Nationales, depuis 1789 jusqu'en 1815[프랑스 혁명 중 의회의역사 또는 1789년에서 1815년까지 국민회의 잡지]』, T. 31, Paris ,1837.

Destutt de Tracy, Antoine-Louis-Claude, le comte: 『Elémens d'Idéologie, IV-e et V-e parties. Traite de la Volonté et de ses Effets[이데올로기의 기반, 의지와 그 영향에 관한 논문 4, 5부], Paris, 1826.

Deux Amis de la Liberté: 다음을 보라 Kerverseau, Fr. Marie, und G. Clavelin.

『Dictionnaire de l'Académie Franfaise[Wörterbuch der Französischen Akademie][프랑스 아카데미 사전]』, vol. 1-2,Bruxelles, 1835.

Diogenes Laertius: 『Diogenis Laertii de clarorum philosophorum vitis. dogmatibus et apophthegmatibus libri decem[유명한 철학자의 삶과 견해, 발언에 관한 10권의 책]』, Paris, 1850.

Eden, Frederic-Morton: 『The State of the Poor or an history of the labouring classes in Eng land[가난한 자의 처지 또는 영국에서 노동계급의 역사]』, vol. 1-3, London, 1797.

『Einundzwanzig Bogen aus der Schweiz[스위스에서 온 21개의 화살]』, 편집 Georg Herwegh. 2. Aufl., Glarus, 1844.

『Encyclopédie ou Dictionnaire raisonné des Sciences des Arts et des Métiers, par une Société des Gens de Lettres[학문과 예술, 사업에 관한 백과사전 또는 기초 사전]』, 편집 문인 협회, Paris , 1751.

Enfantin, Barthélemy-Prosper: 『Économie politique et Politique. Articles extraits du 'Globe'[정치 경제학 또는 정치학. '지구'의 기사]』, Paris, 1831.

Engels, Friedrich: 『Umrisse zu einer Kritik der Nationalökonomie[국민경제학 비판 개요]』. In. 『Deutsch-Französische Jahrbücher』, Paris, 1844.

Engels, Friedrich und Karl Marx 『Die heilige Familie oder Kritik der kritischen Kritik gegen Bruno Bauer und Consorten[신성가족 또는 비판가의 비판에 대한 비판, 부르노 바우어와 그의 서클에 반대하여]』, Frankfurt a. M., 1845.

Ewald, Johann Ludwig: 『Der gute Jüngling, gute Gatte und Vater, oder Mittel, um es zu werden. Ein Gegenstück zu der Kunst, ein gutes Mädchen zu werden[좋은 젊은이, 좋은 남편과 아버지 또는 그렇게 되기 위한 수단. 좋은 처녀가 되기 위한 기술의 짝]』, Bd. 1-2, Frank furt a. M., 1804.

Faucher, Julius: 『Englische Tagesfragen[영국의 일상적 문제]』, In. 『Allgemeine Literatur~Zeitung』, H. VII und VIII, 1844.

『De la Felicite』: 다음을 보라 Chastellux, François Jean de

Feuerbach, Ludwig: 『Geschichte der neuern Philosophie. Darstellung, Entwicklung und Kritik der Leibnitz'schen Philosophie[근대 철학의 역사. 라이프니츠 철학에 대한 설명과 전개 그리고 비판]』, Ansbach, 1837.

—『Grundsätze der Philosophie der Zukunft[미래 철학의 원리]』, Zürich und Wintertbur, 1843.

—(익명으로 발표)『Zur Kritik der positiven Philosophie[실증 철학 비판]』, In. 『Hallischc Jahrbücher』, Jg. 1, Nr. 289-293, 1838.

—『Pierre Bayle. Ein Beitrag zur Geschichte der Philosophie und Menschheit[피에르 베일. 철학과 인류의 역사를 위하여]』, Ansbach,1838.

—『Vorläufige Thesen zur Reformation der Philosophie[철학의 개혁을 위한 잠정 테제]』. In. 『Anekdota zur neuesten deutschen Philosophie und Publicistik』, Bd. 2, 1843.

—『Das Wesen des Christenthums[기독교의 본질]』, Leipzig, 1841.

— (익명으로 발표)『Über das 'Wesen des Christenthums' in Beziehung auf den

Einzigen und sein Eigenthum(In. 『Wigand's Vierteljahrsschrift』)[비간트 계간지에 실린 유일자와 그의 소유와 연관한 기독교의 본질]』, Bd. 2, 1845.

— 『Das Wesen des Glaubens im Sinne Luther's. Ein Beitrag zum 'Wesen des Christenthums'[루터의 의미에서 신앙의 본질. '기독교의 본질'을 위해]』, Leipzig, 1844.

Fiévée, Joseph: 『Correspondance politique et administrative, commencée au Mois de Mai 1814, et dédiée à M. Je Comte de Blacas d'Aulps[1814년 5월에 시작하고 그라프 백작에게 바쳐진 정치적 행정적 서신]』, Paris ,1816.

Fourier, Charles: 『La Fausse Industrie[산업의 오류]』, Paris, 1836. 187

—(익명으로 발표) 『Section ébauchée des Trois Unités Externes[세 가지 외적인 통일에 관한 절의 초안]』. In. 『La Phalange』, 14. Année, 1re Serie in-8, T. 1, Paris, 1845.

— 『Theorie de l'Unité universelle[보편적 통일 이론]』. In. 『OEuvres complètes de Ch. Fourier』, 2. ed., vol. 1-5, Paris, 1841.

— 『Théories des quatre mouvements et des destinées générales[네 가지 운동과 일반 운명에 관한 이론]』, Paris, 1841.

— 『Traité de l'Association domestique-agricole[가정 경제와 농촌 경제의 합일에 관한 논문]』, Paris, Londres, 1822.

『Friedrich Willhelm IV. und Morelli[프리드리히 빌헬름 4세와 모렐리]』. In. "Vorwärts!』, Pariser Deutsche Zeitschrift, Nr. 87, 1844.

Geliert, Christian Fürchtegott: 『Fabeln und Erzählungen[우화와 야화]』, T. 1, Leipzig, 1748; T. 2, 2. Aufl, Leipzig ,1751.

Godwin, William: 『Enquiry Concerning Political Justice and its lnfluence on Morals and Happiness[정치적 정의와 그것이 도덕과 행복에 미치는 영향에 관한

물음]』, 2. ed., Vol. 1-2, London 1796.

Goethe, Johann Wolfgang von: 『Faust. Der Tragödie erster Teil[파우스트. 비극 1부]』. In. 『Goethes Werke[괴테 전집]』, 편집 Karl Heinemann. , Bd. 1-30, Leipzig und Wien: Bibliographisches Iost., o. J., Bd. 5.

―『Die Geheimnisse[비밀]』, 같은 책, Bd. 2.

Grün, Karl: 『Die soziale Bewegung in Frankreich und Belgien. Briefe und Studien[프랑스와 벨기에에서 사회 운동. 편지와 논문]』, Darmstadt, 1845.

―『Feuerbach und die Socialisten[포이어바흐와 사회주의자]』, In. 『Deutsches Bürgerbuch für 1845』, 편집 H. Püttmann, Darmstadt, 1845.

―『Geschichte der Gesellschaft von Theodor Mundt[테오도르 문트의 사회 역사]』, In. 『Neue Anekdota』, 편집 Karl Grün, Darmstadt, 1845.

―『Politik und Socialismus[정치학과 사회주의]』, In. 『Rheinische Jahrbücher zur gesellschaftlichen Reform』, Bd. 1, 1845.

Guizot, François-Pierre-Guillaume: 『Histoire de la Civilisation en France, depuis la Chute de l'Empire romain jusqu'en 1789[로마 왕국의 전복에서 1789년까지 프랑스 문명의 역사]』, Paris 1840.

―『Rede in der Pairskammer am 25. April 1844[1844년 4월 25일 페어캄머에서의 연설]』. In. "『Moniteur Universel』, Nr. 117 vom 26. April 1844.

Halm, Friedrich[Eiegius Franz Joseph von Münch-Bellinghausen]: 『Der Sohn der Wildniß[황야의 아들]』, 5막극, Wien, 1843.

Hegel, Georg Wilhelm Friedrich: 『Encyklopädie der philosophischen Wissenschaften im Grundrisse[철학적 학문의 개요 사전(철학강요)]』, Heidelberg, 1817.

―『Grundlinien der Philosophie des Rechts oder Naturrecht und

Staatswissenschaft im Grundrisse[법 또는 자연법 그리고 국가학에 관한 근본 개요]』, 편집 Eduard Gans. In.『Georg Wilhelm Friedrich Hegel's Werke』, Vollst. Ausg. durch einen Verein von Freunden des Verewigten[영원의 형제단에 의한 완전 편집], Bd. 8, Berlin ,1833.

—『Phänomenologie des Geistes[정신현상학]』, 편집 Johann Schulze, 같은 책, Bd. 2, Berlin 1832.

—『Vorlesungen über die Geschichte der Philosophie[철학사 강의]』, 편집 Carl Ludwig Michelet, 2. verb. Aufl., Th. 3, 같은 책, Bd. 15, Berlin 1844.

—『Vorlesungen über die Naturphilosophie als der Encyclopädie der philosophischen Wissenschaften im Grundrisse. Zweiter Theil[철학적 학문의 개요 사전으로서 자연철학에 관한 강의]』, 편집 Carl Ludwig Michelet, 같은 책, Bd. 7, Abth. 1, Berlin 1842.

—『Vorlesungen über die Philosophie der Geschichte[역사 철학 강의]』, 편집 Eduard Gans, 같은 책, Bd. 9, Berlin, 1837.

—『Vorlesungen über die Philosophie der Religion. Nebst einer Schrift über die Beweise vom Daseyn Gottes[종교철학 강의. 신의 현존에 대한 증명에 관한 글 첨부]』, 편집 Philipp Marheineke, 2. verb. Aufl., Th. 2, 같은 책, Bd. 12, Berlin ,1840.

—『Wissenschaft der Logik[논리학]』, 편집 Leopold von Henning, Th. 1, Abth. 1-2, Th. 2, 같은 책, Bd. 3-5, Berlin, 1833-1834.

『Die heiligeFamlie oder Kritik der kritischen Kritik. Gegen Br. Bauer und Consorten von F. Engels und K. Marx. Frankfurt 1845[신성가족 또는 비판가의 클럽에 대한 비판. 바우어와 그 부류에 반대하며. 엥겔스와 마르크스, 프랑크푸르트, 1845]』, In.『Das Westphälische Dampfboot』, Jg. I, Bielefeld, 1845.

Heine, Heinrich: 『Die Bäder von Lucca[루카의 이발사]』, In. 『Heinrich Heine's sämmtliche Werke』, Bd. 1, bis 18, Harnburg, 1867-1868. Bd. 2

—『Berg-Idylle[산-목가]』, 3. Gedicht, 같은 책, Bd. 15.

—『Deutschland, Ein Wintermärchen[독일. 겨울 동화]』, Kaput VII, 같은 책, Bd. 17.

—『Lyrisches Intermezzo[목가적 간주곡]』, 50. Gedicht, 같은 책, Bd. 15.

—『Sonettenkranz an A. W. von Schlegel[아우구스트 슐레겔에게 바치는 노래 화환]』, 같은 책, Bd. 2.

—『Verkehrte Welt[전도된 세계]』, 같은 책, Bd. 17.

Heß, Moses: 『Über die sozialistische Bewegung in Deutschland[독일에서 사회주의 운동]』, In. 『Neue Anekdota』, 편집 Karl Grün, Darmstadt,1845.

—『Über die Noth in unserer Gesellschaft und deren Abhülfe[우리 사회의 궁핍과 그것의 제거에 관해]』, In. 『Deutsches Bürgerbuch für 1845[1845년 독일 시민연감]』, 편집 H. Püttmann, Darmstadt, 1845.

—『Die letzten Philosophen[최근 철학자들]』, Darmstadt, 1845.

—『Philosophie der That[행위의 철학]』, In. 『Einundzwanzig Bogen aus der Schweiz』, 편집 Georg Herwegh, 2. Aufl., Glarus, 1844.

—『Socialismus und Communismus[사회주의와 공산주의]』, 같은 책.

—『Die europäische Triarchie[유럽적인 삼두체제]』, Leipzig, 1841.

Hinrich, Hermann Friedrich Wilhelm: 『Politische Vorlesungen. Unser Zeitalter und wie es geworden, nach seinen politischen, kirchlichen und wissenschaftlichen Zuständen, mit besonderm Bezuge auf Deutschland und namentlich Preußen[정치학 강의. 우리 시대 그리고 이미 생성된 정치적 교회적 학문적 상태, 특히 독일와 소위 프로이센과 연관하여]』, Bd. 1-2, Halle, 1843.

Hoffmann von Fallersleben, August Heinrich: 『Nur in Deutschland!(Gedicht) [오직 독일에서!(시)]』, In.『Hoffmann's von Fallersleben Gesammelte Werke[호프만 전집]』, 편집 Heinrich Gerstenberg, Bd. 3, Berlin, 1890.

Holbach, Paul-Henri-Dietrich d': 『Système de la Nature, ou des Loix du Monde Physique et du Monde Moral[자연의 체제 또는 물리적 세계의 법칙과 도덕적 세계의 법칙]』, par M. Mirabaud, P. 1-2, Londres, 1770.

Horatius Flaccus, Quintus: 『Carmium, Ode XXII[서사시, 송가 22]』, In.『Qu. Horatii Flacci opera omnia poetica(editio nova)][호라티우스 시 전집(신판)]』, Halae, 1802.

Jean Paul: 『Hesperus oder 45 Hundsposttage. Eine Lebensbeschreibung[헤스페루스 또는 개를 통한 45일간의 우편]』, In.『Jean Paul's sämmtliche Werke[장 파울 전집]』, Bd. 5, Berlin, 1841.

『Niemand kommt nach Haus[아무도 집으로 돌아오지 않았다]』, In.『Deutsches Kinderlied und Kinderspiel[독일 동요 및 동극]』, 편집 Franz Magnus Böhme, Leipzig, 1897.

Jungnitz, Ernst: 『Herr Nauwerk und die philosophische Facultät[나우베르크 씨와 철학과]』, In.『Allgemeine Literatur-Zeitung』, H. VI, 1844.

Juvenalis: 『Decimi Junii Juvenalis Satirae[유베날리우스 풍자시]』, Berlin und Leipzig, 1777.

Kant, Immanuel: 『Critik der practischen Vernunft[실천이성 비판]』, Riga, 1788.

Kerverseau, Fr. Marie, und G. Clavelin: 『Histoire de la Révolution de France, précedée de l'exposé rapide des Administrations successives qui ont déterminé cette Révolution memorable. Nouvelle Édition, revue, corrigée et augmentée; par deux Amis de la Liberté[프랑스 혁명사, 그 뒤 이 기념할만한 혁명을 계승한

정부에 대한 간단한 설명 첨부]』, Paris, 1792.

Klopstock, FriedrichGottlieb:『Der Messias[메시아]』, Bd. 1-4, Wien, 1775und 1783.

『Konrads von Würzburg, Goldene Schmiede[뷔르츠부르크의 콘라드, 황금의 대장장이]』, 편집 Wilhelm Grimm, Berlin, 1840.

Kuhlmann, Georg:『Die Neue Welt oder das Reich des Geistes auf Erden. Verkündigung[새로운 세계 또는 지상에서 정신의 왕국, 선포]』, Genf, 1845.

Leibniz, Gottfried Wilhelm:『Principia Philosophiae, Seu Theses in gratiam Principis Eugenii[Prinzipien der Philosophie oder Thesen, dem Prinzen Eugen gewidmet][철학의 원리 또는 테제, 오이겐 왕자에게 헌장]』, In.『Gothofredi Guillelmi Leibnitii, Opera Ümnia, Nunc primum collecta, in. Classes distributa, praefationibus & indicibus exornata, studio Ludovici Dutens. Tomus Secundus, [라이프니츠 전집, 최초로 편집되고 분류되며 Ludwig Dutens이 최초로 편집하고 분류]』, Bd. 2, Genevae, 1768.

Lerminier, Eugene:『Philosophie du Droit[법철학]』, Bruxelles, 1832.

Lessing, Gotthold Ephraim:『Emilia Galotti[에밀리아 갈로티]』, Ein Trauerspiel in 5 Aufzügen. In.『Lessings Werke, mit Lebensbild von Julius Petersen und Einl. von Waldemar Oehlke und Eduard Stemplinger[레싱 전집, Julius Petersen의 생애 그림과 Waldemar Oehlke und Eduard Stemplinger의 소개 첨부]』, T. 2, Berlin (u. a.): Bong, o. J.

Levasseur de la Sarthe, René:『Mémoires[회상록]』, Vol. 1-4, Paris, 1829-1831.

Linguet, Simon-Nicolas-Henri:『Théorie des loix civiles, ou principes fondamentaux de la societe[시민법 이론과 사회의 근본 원리]』,Tome 1 et2, London, 1767. 181Lourdoueix, Henri de:『Appel à la France contre la division des oppinions. Extrait de la, 'Gazette de France'[의견의 분열에 반대하여 프랑스에 호소한다. '가제트 드 프랑스'에서 발췌]』, Paris, 1831.

Louvet de Couvray, Jean-Baptiste: 『Memoires[회상록]』, Paris, 1823.

Lucianus: 『Luciani samosatensis opera ex recensione Guillelmi Dindorfii. Graece et latine cum indicibus[루키아누스 전집, Wilhelm Dindorf 필사, 라틴어 및 그리스어 기재]』, Parisiis, 1840.

Marx, Karl: 『Zur Kritik der Hegel'schen Rechtsphilosophie. Einleitung[헤겔 법철학 비판, 서문]』. In. "Deutsch Französische Jahrbücher』, Paris, 1844.

—『Zur Judenfrage[유대인 문제]』, 같은 책.

Matthäi, Rudolph: 『Socialistisch Bausteine[사회의 초석]』, In. 『Rheinische Jahrbücher zur gesellschaft lichen Reform』, Bd. 1, Darmstadt, 1845.

Michelet, Carl Ludwig: 『Geschichte der letzten Systeme der Philosophie in Deutschland von Kant bis Hegel[칸트에서 헤겔까지 최근 독일 철학 체계의 역사]』, T. 1-2, Berlin, 1837-1838.

Monteil, Amans-Alexis : 『Histoire des Français des divers États aux cinq derniers Cièclcs[칸트에서 헤겔까지 최근 독일 철학 체계의 역사]』, Vol. 1-10, Paris, 1827-1842.

Montgaillard, Guillaume-Honore: 『Revue Chronologique de I'Histoire de France, depuis la première Convocation des Notables jusqu'au Départ des Troupes étrangères. 1787 bis 1818[1787-1818, 귀족의 봉기에서 외국군의 격퇴에 이르기까지 프랑스 역사에 대한 연대기적 서술]』, Paris ,1820.

Montjoie, Felix-Louis-Christophe: 『Histoire de la Conjuration de Maximilien Robes pierre[로베스피에르의 음모의 역사]』, Paris, 1795.

『Code de la Nature, ... avec I'Analyse raisonnee de Systeme social de Morelly[

자연의 헌장, ... 모렐리의 사회 체계에 대한 정초된 분석]』, par Villegardelle, Paris 1841.

M. R. Hippolyte Regnier d'Estourbet: 『Histoire du Clergé de France pendant la Revolution[혁명 기간 동안 프랑스에서 종교의 역사]』, Paris, 1828.

Mundt, Theodor: 『Die Geschichte der Gesellschaft in ihren neueren Entwicklungen und Problemen[사회의 최근 발전사와 문제]』, Berlin, 1844.

Nauwerck, Karl: 『Über die Theilnahme am Staate[국가에 대한 참여]』, Leipzig, 1844. 『Neue Anekdota』, 편집 Karl Grün, Darmstadt, 1845.

Nougaret, Pierre Jean-Baptiste: 『Histoire des Prisons de Paris et des Départemens; Contenant des Mémoires rates et précieux. Letout pour servir à l'Histoire de la Révolution Française: Notamment à la tyrannie de Robespierre, et de ses Agens et Complices. Ouvrage dédié a tous ceux qui ont été détenus comme Suspects. Rédige et publie par P.J.B.Nongaret [파리와 각 지구에 있는 감옥의 역사. 희귀하고 가치 있는 회상록. 프랑스 혁명사를 위해 작성되고, 로베스피에르와 그의 대리인, 동지의 독재에 특히 연관되며, 혐의자로 처형된 모든 사람에게 바친다. P.J.B. Nougaret 발간]』, Bd. 1-4, Paris, 1797.

Ölckers, Theodor:『Die Bewegung des Socialismus und Communismus[사회주의와 공산주의의 운동]』, Leipzig, 1844.

Pereire, J. : 『Leçons sur l'Industrie et les Finances[산업과 재정에 관한 강의]』, Paris, 1832.

Pfister, J. C. : 『Geschichte der Teutschen[튜튼 족의 역사]』, Bd. 1-5, Harnburg, 1829-1835 (『Geschichte der europäischen Staaten[유럽국가의 역사]』, 편집 A. H. L. Heeren und F. A. Ukert).

Pinto, lsaac: 『Lettre sur la Jalousie du Commerce[상업을 멀리하기에 대한 편지]

』. In. Pinto, lsaac, 『Traite de la Circulation et du Crédit[유통과 신용에 관한 논저]』, Amsterdam, 1771.

『Preußen seit der Einsetzung Arndt's bis zur Absetzung Bauers[아른트의 감금에서 바우어의 방면까지 프로이센]』, In. 『Einundzwanzig Bogen aus der Schweiz』, 편집 Georg Herwegh, 2. Aufl., Glarus 1844.

Proudhon, Pierre-Joseph: 『De Ja Création de l'Ordre dans l'Humanité, ou Principes d'Organisation politique[인간 사회에서 질서의 창조 또는 정치 조직의 근본원리에 관해]』, Paris, Besançon, 1843.

―『Qu'est-ce que la propriété? Ou recherches sur le principe du droit et du gouvernement. Premier mémoire[소유란 무엇인가? 또는 법과 정부의 원리에 관한 탐구. 첫 번째 논저]』, Paris, 1841.

Rabelais, Franz: 『Gargantua und Pantagruel, aus dem Franz. verdeutscht, mit Einl. und Anm., den Varianten des zweyten Buchs von 1533, auch einem noch unbekannten Gargantua[가르강투아와 팡타그루엘, 프랑스어에서 독일어로 번역했으며, 1533년 두 번째 판의 이본에 대한 소개와 주석을 첨부했으며, 알려지지 않은 가르강투아 판도 첨부했다]』, 편집 Gottlob Regis, Leipzig, 1832.

『Über das Recht des Freigesprochenen, eine Ausfertigung des wider ihn ergangenen Erkenntnisses zu verlangen. Königsberg, Voigt[무죄 선고를 받은 자가 자기에게 반대되는 정보를 공표하기를 요구할 권리에 대해]』. In. 『Wigand's Vierteljahrsschrift』, Bd. 4, 1845.

Reichardt, Carl: 『Schriften über den Pauperismus. Publicistische Abhandlungen: von Wöniger, Doctor beider Rechte und der Philosophie. 1843, Berlin bei Hermes[법학 박사이며 철학 박사인 Wöniger가 지은 빈곤에 관한 글. 공개 논문]』, In. 『Allgemeine Literatur-Zeitung』, H. 1., 1843.

Reybaud, Louis: 『Études sur les réformateurs ou socialistes modernes[개혁과 최근 사회주의자에 관한 연구]』, Bruxelles, 1843.

Ricardo, David: 『On the Principles of Political Economy and Taxation[정치 경제학의 원리와 조세에 관해]』, o. 0. 1817.

Roland de la Platière, Jeanne-Manon: 『Appel à l'impartiale Postérité, par la Citoyenne Roland, …. ou Recueil des Écrits quelle a rédigés, pendant sa détention, aux prisons de l'Abbaye et de Sainte-Pelagie [불공평한 사후 세계에 관한 롤랑의 호소.. 또는 그가 l'Abbaye und Sainte-Pelagie 감옥에 갇혀 있던 시기에 작성된 글의 모임]』, Paris, 1795.

Rosenkranz, Karl: 『Ludwig Tieck und die romantische Schule[루트비히 티크와 낭만주의 학파]』, In. 『Hallische Jahrbücher für deutsche Wissenschaft und Kunst』, Jg. 1, Nr. 155-158, Nr. 160-163, 1838.

Rousseau, Jean-Jacques: 『Du Contract social; ou principes du droit politique[사회계약과 공법의 근거]』, Amsterdam, 1762.

― 『Economieou OEconomie, (Morale &Politique)[Ökonomie moralische und politische[도덕적이고 정치적인 경제학]』, In. 『Encyclopédie, ou Dictionnaire raisonne des Sciences, des Artset, des Metiers[과학과 예술, 기술의 이성적 백과사전]』, Paris, 1751.

Rutenberg, Adolf: 『Bibliothek politischer Reden aus dem 18. und 19. Jahrhundert[18, 19세기 정치 연설 서]』, Bd. 1-6, Berlin, 1843-1844.

Saint-Simon, Claude-Henri de: 『Catéchisme politique des industriels[산업에 관한 정치적 교리문답]』. In. 『OEuvres de Saint-Simon[생시몽 전집]』, Paris, 1841.

― 『Nouveau christianisme, dialogues entre un novateur et un conservateur[새

로운 기독교, 개혁가와 보수주의자 사이의 대화』, 같은 책. 484 486 491-494

—『Doctrine de Saint-Simon. Exposition Première Annee. 1829[1829년 초기 생시몽의 교의와 해설]』, Bruxelles, 1831.-

—『L'industrie, ou discussions politiques, morales et philosophiques[산업과 정치적 도덕적 철학적 토론]』, Paris, 1817.

—『Lettres d'un Habitant de Geneève a ses Contemporains[제네바 주민이 동시대인에게 주는 편지]』, In.『OEuvres de Saint-Simon[생시몽 전집]』, Paris, 1841.

—『OEuvres, Publié en 1832 par Olinde Rodrigues[1832년 올랭 로드리그가 편집한 전집]』, Paris 1841.

—『Vie de Saint-Simon écrite par lui-même[생시몽이 직접 서술한 그의 생애]』, 같은 책. 481-483

Schiller, Friedrich von:『Die Philosophen[철학자들]』, In.『Friedrich von Schiller's sämmtliche Werke[쉴러 전집]』, Bd. 1-12, Stuttgart und Tübingen, 1812-1815, Bd. 1.

—『Die Räuber[군도]』, Ein Schauspiel, 같은 책, Bd. 1. 477

—『Der Taucher[잠수부]』, 같은 책, Bd. 1. 88

—『Wallenstein's Tod[발렌슈타인의 죽음]』, ein Trauerspiel in 5 Aufzügen, 같은 책, Bd. 1. 97

Schlosser, Friedrich Christoph:『Geschichte des achtzehnten Jahrhunderts und des neunzehnten bis zum Sturz des französischen Kaiserreichs, Mit besonderer Rücksicht auf geistige Bildung[프랑스 왕국의 전복에 이르기까지 18세기 19세기 역사, 정신의 교양에 대한 특별한 고려]』, Bd. 1, Heidelberg 1836-1848.

Semmig, Hermann:『Communismus, Socialismus, Humanismus[공산주의, 사회주의, 인도주의]』. In.『Rheinische Jahrbücher zur gesellschaftlichen Reform[]

』, Bd. 1, Darmstadt, 1845.

Senior, Nassau William: 『Three Leetores on the Rate of Wages, delivered before the University of Oxford, in Easter term 1830[1830년 부활절 옥스포드 대학에서 열린 임금율에 관한 세 강의]』, London ,1831.

Shakespeare, William: 『Timon von Athen[아테네의 티몬]』, In. 『Shakespeare's dramatische Werke Ecritur nach der Übers. von August Schlegel und Ludwig Tieck[섹스피어 극작 전집, 아우구스트 슐레겔과 티크 번역]』, 2. aufs neue durchges. Aufl., Bd. 1-12, Berlin 1876-1877. Bd. 10.

—『Was ihr wollt[당신 좋을 대로]』, 같은 책, Bd. 5.

Sismondi, Jean-Charles-Lionard: Simonde de "Nouveaux Principes d'Économie politique ou de la Richesse dans ses Rapports avec la Population[정치경제학의 새로운 원리 또는 인구와 관련된 부]』, 2. Aufl., Paris, 1827.

Smith, Adam: 『Recherches sur la nature et les causes de la richesse des nations. Traduction nouvelle, avec des notes et observations; par Germain Garnier. Tomes I-IV[국부의 본질과 원인에 관한 연구. Germain Garnier의 새로운 번역과 주석, 1-4권]』, Paris, 1802.

Sophokles: 『Antigene[안티고네]』, 독일어 번역과 그리스어 교열 Karl Heinrich Jördens, Berlin, 1782.

Spinoza, Baruch (Benedictus): 『Benedicti de Spinoza opera quae supersunt omnia, lterum ebenda curavit, praefationes, vitam auctoris, nec non notitias, quae ad historiam scriptorum pertinent addidit Henr. Eberh. Gottlob Paulus[스피노자 전집. Henr. Eberh. Gottlob Paulus의 편집, 교열, 해설, 저서 목록, 저서의 역사를 다룬 해설]』, Jenae, 1802.

Stein, Lorenz von: 『Der Socialismus und Communismus des heutigen

Frankreichs. Ein Beitrag zur Zeitgeschichte[최근 프랑스에서 사회주의와 공산주의. 시대사를 위해]』, Leipzig, 1842.

Stirner, Max(Johann Caspar Schmidt): 『Der Einzige und seinEigenthum[유일자와 그의 소유]』, Leipzig 1845.

―(익명으로 발표) "『Recensenten Stirners[슈티르너에 대한 비평가들]』. In. 『Wigand's Vierteljahrsschrift』, Bd. 3; 1845

Szeliga: 『'Der Einzige und sein Eigenthum', Von Max Stirner. Kritik von Szeliga[막스 슈티르너의 '유일자와 그의 소유', 첼리가에 의한 비판]』. In.『Norddeutsche Blätter für Kritik, Literatur und Unterhaltung』, H. IX, 1845.

―『Eugen Sue: die Geheimnisse von Paris. Kritik[유겐 수: 파리의 비밀. 비판]』. In. 『Allgemeine Literatur-Zeitung』, H. VII, 1844.

Villegardelle 다음을 보라 Morelly

Virgilius, Publius Maro: 『Virgils Eklogen[버질의 목가시]』, 새로운 번역 Karl Heinrich Jördens, Berlin und Strafsund, 1782.

Watts, John: 『The Facts and Fictions of political Economists: being a Review of the Principles of the Science, separating the true from the false[정치 경제학자의 사실과 상상: 과학의 원리에 관한 논평, 진리와 허위의 구분]』, Manchester 1842.

Weitling, Wilhelm: 『Garantien der Harmonie und Freiheit[조화와 자유를 보장하는 것]』, Vivis, 1842. 187 448

―『Die Menschheit, wie sie ist und wie sie sein sollte[인류의 현재와 당위]』, München, 1895. ~48

Wöniger, August Theodor: 『Publicistische Abhandlungen[언론가의 논제]』, 2. Aufl., Berlin, 1843.

2) 정기간행물

『Allgemeine Literatur-Zeitung[일반 문예 신문]』, Monatsschrift. 편집 Bruno Bauer, Bd. I-11, Charlottenburg, 1843-1844.

『Beiträge zum Feldzuge der Kritik[비판의 전투를 위해]』 다음을 보라 『Norddeutsche Blätter .... [북독일 신문]』

『Bürgerbuch[시민연감]』 다음을 보라 『Deutsches Bürgerbuch .... [독일 시민연감]』

『Charivari[샤리바리: 야단법석]』, Paris,

『Deutsch-Französische Jahrbücher[독일 프랑스 연보: 독불 연보]』, 편집 Arnold Ruge und Karl Marx, Lfg. I und 2, Paris, 1844.

『Deutsche Jahrbücher fur Wissenschaft und Kunst[과학과 예술을 위한 독일 연보]』, Leipzig ,1841-1843. 41 %

『Deutsches Bürgerbuch für 1845[1845년 독일 시민연감]』, 편집 H. Püttmann, Darmstadt 1845.

『Le Drapeau blanc[백색 깃발]』, Paris,

『L'Egalitaire[평등주의]』, Journal de l'organisation sociale, Paris, 1840.

『La Fratenité[우애]』, Journal moral et po litique, Paris,

『La Gazette de la France[가제트 프랑스]』, Paris,

『Le Globe[지구]』, Journal de la Doctrine de Saint-Simen, Paris, 1831.

『Hallische Jahrbücher für deutsche Wissenschaft und Kunst[독일의 과학과 예술을 위한 할레 연보]』, Jg. I, 1838.

『Historisch-politische Zeitschrift[역사학-정치학 정기간행물]』, 편집 Leopold Ranke, Bd. I, Harnburg, 1832; Bd. 2, Berlin, 1833-1836.

『Journal d'instruction sociale; par les citoyens Condorcet, Sieyes et Duhamel [국민교육 저널, 편집 den Bürgern Condorcet, Sieyes und Duhamel]』, 1793.

『Königlich privilegirte Berlinische Zeitung von Staats- und gelehrten Sachen[국가와 학문의 문제에 관한 왕립 베를린 신문]』, Berlin.

『Landkalender für das Großherzogthum Hessen auf das Jahr der gnadenreichen Geburt Jesu Christi, 1841[1841, 예수 그리스도의 은혜로운 탄생의 해에 헤센 대공작령 지방의 달력]』, Darmstadt, 1840.

『Le Moniteur universel[일반적 파수꾼]』, Paris, 319

『Norddeutsche Blätter für Kritik, Literatur und Unterhaltung, Hrsg. unter dem Titel: 'Beiträge zum Feldzuge der Kritik'[비판, 문예, 예능을 위한 북독일 신문, 제목과 편집: '비판의 전투를 위해']』, Norddeutsche Blätter für 1844 und 1845, Bd. 1-2, Berlin, 1846.

『L'Organisateur[조직자]』, Paris, 481 494

『La Phalange[팔렝헤]』., Revue de la Science Sociale, 14. Annee, 1re Serie in-8, T. 1, Paris, 1845.

『Le Populaire[대중]』, 449

『Le Producteur, Journal philosophique de l'Industrie, de la Science et des Beaux Arts[생산자, 산업과 과학 그리고 예술을 위한 철학적 잡지]』, 1825-1826.

『Revolutions de Paris. Dediées à la Nation et au District des Petits-Augustins[파리의 혁명. 민족과 Petits-Augustin 지구에 헌정]』, Paris, 1789 bis 1794.

『Revue des deux Mondes[두 세계의 논평]』, Paris,

『Rheinische Jahrbücher zur gesellschaftlichen Reform[사회 개혁을 위한 라인 연보]』, 공동 편집 Hermann Püttmann, Bd. 1, Darmstadt, 1845.

『Rheinische Zeitung für Politik, Handel und Gewerbe[정치, 교역, 사업을 위한

라인 신문]』, Köln, 1842-1843.

『Die Stimme des Volks, Pariser deutsche kommunistische Zeitschrift[인민의 함성, 파리 거주 독일 공산주의자의 정기간행물]』, Paris.

『Vorwärts!, Pariser Deutsche Zeitschrift[전진 파리 거주 독일인 정기 간행물]』, Paris, 1844.

『Vossische Zeitung[포스 주 신문]』 다음을 보라 『Königlich privilegirte Berlinische Zeitung von Staats- und gelehrten Sachen[국가와 학문의 문제에 관한 왕립 베를린 신문]』

『Das Westphälische Dampfboot, Eine Monatsschrift[베스팔렌 증기선, 월간지]』, Bielefeld und Paderborn, 1845-1847.

『Wigand's Vierteljahrsschrift[비간트 계간지]』, Bd. 2-4, Leipzig, 1845.

후기2 인명 색인

겔리어트Gelierit, Christian Fürchtegott(1715~1769): 독일 작가 우화 작가.366

고라Korah: 구약의 인물.

곧윈Godwin. William(1756~1836): 영국 소부르주아 작가, 언론인, 합리주의자, 무정부주의 창시자 중의 하나.

공자Konfuyius(Confucius, Kung-tsi)(551~478기원전): 중국 철학자, 정치가.

괴테Goethe, Johann Wolfgang von(1749~1832)

그레고리 7세Gregor VII(Hildebrand)(대략 1020~1085): 로마 교황(1073~1085).

그로티우스Grotius, Hugo(Huigh de Groot)(1583~1645):네델란드 헌법학자, 법율가, 근대 부르주아 민족법 창시자 중의 하나.

그륀, 칼Grün, Karl(1817~1887): 소부르주아 언론인, 1849년대 진정 사회주의의 주요 대변자 중의 하나.

그리브Greaves, James Pierreponi(1777~1842): 영국 교육가, 농업 노동자의 노동조직을 위한 계획을 세웠다.

그리스도Christus: 신약성서의 인물.

기조Guiyot, François-Pierre-Guillaume(1787~1874): 프랑스 역사가, 국가지도자,

1840~1848에 프랑스 내무 장관 및 외무 장관을 수행했으며, 대규모 금융 부르주아의 이해를 대변했다.

나발Nabal: 구약의 인물.

나우베르크Nauwerck(Nauwerk), Karl(1810~1891): 언론인 정치가, 『할레 연보』, 『독일 연보』, 『일화집』, 『라인 신문』 공동 기고자, 베를린 자유인 클럽의 성원, 프랑 ´'르트 국민회의 성원(극좌파).

나폴레옹Napoleon I. Bonaparte(1769~1821): 프랑스 황제(1804~1814 und 1815).

노아Noah: 구약의 인물.

누가레Nougaret, Pierre- Jean-Baptiste(1742~1823): 프랑스 언론인, 역사가.

뉴턴Newton, Sir Isaac(1642~1727): 영국 물리학자, 천문학자, 수학자. 역학의 기초자.

달라이 라마Dalai Lama: 라마교의 수령, 17세기 이래 티베트의 세속적 지배자이기도 했다.

달턴Dalton, John(1766~1844): 영국 화학자, 물리학자, 화학에서 원자론의 창시자.

당통Danton, Georges-Jacques(1759~1794): 파리 변호사, 프랑스 혁명의 정치가, 자코뱅의 우익 지도자.

댄 왕König Dan 다음을 보라 O'Connell, Daniel

댄하르트Dähnhardt, Marie Wilhelmine(1818~1902): 베를린 자유인 클럽에 속하였으며, 1843에서 1847년까지 Johann Caspar Schmidt(Max Stirner)와 결혼했다. 슈티르너는 그의 책을 "나의 사랑스러운 마리 댄하르트"라 부르는 그녀에게 헌정했다.

데모크리투스Demokrit(os) von Abdera(대략 460~370 기원전): 그리스 철학자, 원자론의 창시자 중의 하나, 최초로 유물론적 세계상을 제공했으며, 여러 제자들이 이를 계승하고 발전했다.

데물랭Desmoulins, Lucie-Simplice-Camille-Benoit(1760~1794): 파리 변호사, 프랑스 혁명 참여자, 당통의 친구.

데미스토클레스Themistokles(대략 525~대략 460 기원전): 그리스 정치가, 그리스

페르시아 전쟁 시기 지휘관, 아테네 급진 민주주의 조류의 대변자.

데스팃 드 트라시Destutt de Tracy, Antoine-Louis-Claude 백작(1754~1836):프랑스 속류 경제학자, 감각주의 철학자, 입헌 군주제 지지자.

데카르트Descartes(Cartesius), Rene(1596~1650): 프랑스 철학자, 수학자, 자연연구가.

도토레 그라치아노Dottore Grayiano 다음을 보라 Rage, Amold

돈키호테Don Quijote(Quixote): 세르반테스 소설의 인물. 또한 Syeliga를 참조하라.

두자미 라베르테Deux amis de la liberte(Zwei Freunde der Freiheit): Clavelin과 Kerverseau의 별명.

둘네시아Dulcinea von Tobaso: 세르반테스 『Don Quijote』의 인물. 댄하르트 참조.

뒤노이에Dunoyer, Barthelemy-Charles-Pierre-Joseph(1786~1862): 프랑스 속류 경제학자, 부르주아 정치학자.

뒤베르지에Duvergier de Hauranne, Prosper(1798~1881): 프랑스 자유주의 정치가, 언론인.

뒤샤텔Duchâtel, Charles-Marie-Tanneguy 백작(1803~1867): 프랑스 정치가, 오를레앙파. 1839/40년부터 1848년까지 내무 장관, 맬더스주의자.

뒤펭Dupin, Andre-Marie-Jacques(1783~1865): 프랑스 변호사, 정치가, 오를레앙파, 1849년 입법회의의 의장, 1857년 루이 보나파르트파로 전향했다.

디아게네스 라에르티우스Diagenes Laertius(3. Jahrhundert): 고대 그리스 역사철학자.

라마르틴Lamartine, Alphonse-Marie-Louis de(1790~1869): 프랑스 시인, 역사가, 정치가, 1840년대에는 온건 공화파의 지도자 중의 하나. 1848년 임시 정부 외무 장관.

라메네Lamennais(La Mennais), Félicité-Robert de(1782~1854):프랑스 수도원장, 언론인, 기독교 사회주의 이데올로그.

라벨레Rabelais, François(대략 1494~1553): 르네상스 시기 프랑스 인문주의 작가.

라이프니츠Leibniy, Gottfried Wilhelm 남작(1646~1716): 독일 수학자, 관념론 철

학자.

라이하르트Reichardt, Carl Ernst: 베를린의 책 제본 장인, 브루노바우어 지지자, 『일반 문예 신문』의 공동 기고자.

라파엘Raffael(Raffaelo Santi)(1483~1520): 르네상스 시기 이탈리아 화가.

라파예트Lafayette(La Fayette), Marie-Joseph-Paul 후작(1757~1834): 프랑스 정치가, 장군, 미국 독립전쟁에 참였고, 프랑스 혁명 시기에 방위군 지휘관이었으며, 1830년에는 루이 필립이 왕좌에 오르게 길을 마련한 사람들 중의 하나.

랑케Ranke, Leopold(1795~1886): 1865 귀족으로 서품됐다, 독일 역사가, 프로이센 융커체제의 이데올로거.

랭게Linguet, Simon-Nicolas-Henri(1736~1794): 프랑스 변호사, 언론인, 역사가, 경제학자, 중농주의 이론을 비판했다.

럼포드Rumford 다음을 보라 Thompson, Sir Benjamin

레니에Régnier d'Estourbet, Hippolyte(가명 M. R.)(1804~1832): 프랑스 작가, 역사가.

레르미니에Lerminier, Jean-Louis-Eugene(1803~1857): 프랑스 법율가, 자유주의적인 언론인, 30년대 말부터 보수파.

레싱Lessing, Gotthold Ephraim(1729~1781)

레오나르도 다빈치Leonardo da Vinci(1452~1519): 이탈리아 화가, 보편적 교양을 갖춘 학자, 르네상스의 설계가.

레이보Reybaud, Marie-Roch-Louis(1799~1879): 프랑스 작가, 경제학자, 자유주의적 언론인.

로드리그, 올랭Rodrigues, Benjamin-Olinde(1794~1851): 프랑스 자산가, 언론인, 생시몽 제자, 생시몽 학파 지도자.

로랑Roland de la Platiere, Jeanne-Manon(1754~1793): 프랑스 작가, 프랑스 혁명 참가자, 지롱드파.

로머Rohmer, Friedrich(1814~1856): 철학적 정치 작가.

로베스피에르Robespierre, Maximilien-Marie-lsidor de(1758~1794): 프랑스 혁명 시기 정치가, 자코뱅파의 지도자, 1793~1794 사이 혁명 정부의 수령.

로사우Rochau, August Ludwig von(가명 Churoa)(1810~1873): 독일 자유주의 언론인, 역사가.

로젠크란츠Rosenkrany, Johann Karl Friedrich(1805~1879): 독일 철학자, 문학사가, 헤겔파, 쾨니스베르크 대학 교수.

로크Locke. John(1632~1704): 영국 감각주의 철학자, 부르주아 경제학자.

로텍Rotteck, Karl Wenyeslaus Rodecker von(1775~1840): 역사가, 자유주의 정치가.

로트쉴드Rothschild: 국제 금융가.

루게, 아놀트Ruge, Arnold(1802~1880): 독일 언론인, 청년 헤겔파, 1844년 마르크스와 함께 독불 연보를 공동으로 발간했다. 소부르주아 민주주의자, 1866이후 민족주의적 자유주의자.

루르두유Lourdoueix, Jacques-Honoré Lelarge 남작(1787~1860): 프랑스 언론인, 『Gayette de France』 편집자.

루베Louvet de Couvray, Jean-Baptiste(1760~1797): 프랑스 작가, 프랑스 혁명 참가자, 지롱드파.

루소Rousseau. Jean-Jacques(1712~1778): 프랑스 계몽주의자, 민주주의자, 소부르주아 체제의 이데올로그.

루이 14세Ludwig XIV(1638~1715): 프랑스 왕(1643~1715).루이 16세Ludwig XVI(1754~1793): 프랑스 왕(1774~1792), 1792년 혁명으로 체포됐고, 1793년 처형됐다.

루이 18세Ludwig XVIII(1755~1824): 프랑스 왕(1814 /1815~1824), Ludwigs XVI의 동생, 1791~1814 망명했으며, 1814년 신성동맹 덕분에 왕이 되었고, 1815년 나폴레옹의 백일천하 시기 추방됐다가 복권했다.

루이 필립Ludwig Philipp(Louis-Philippe)(1773~1850): 프랑스 왕(1830~1848), 오를레앙 공작으로서 1830년 7월 혁명 이후 프랑스 금융자본가에 의해 왕으로 추대됐다.

루크레티우스Lucretius, Carus Titus(Lukrey)(대략 95~대략 55 기원전): 로마 철학자, 시인, 유물론자, 무신론자.

루키아노스Lucian(Lukian[os])(대략 120~대략 180): 고대 그리스 풍자 작가.

루터Luther, Martin(1483~1546)

루텐베르크Rutenberg, Adolf(1808~1869): 독일 언론인, 청년 헤겔파, 1866년 이후 민족주의적 자유주의자.

르루Leroux, Pierre(1797~1871):프랑스 언론인, 유토피아 사회주의자, 생시몽 지지자.

르바쇠르Levasseur(de la Sarthe) Rene(1747~1834): 의사, 프랑스 혁명 참가자, 자코뱅파.

리카르도Ricardo, David(1778~1823): 영국 경제학자, 부르주아 정치 경제학의 대변자.

리쿠르구스Lykurg[os](Lycurgus): 전설상 스파르타의 입법가, 전승에 의하면 기원전 9세기에 살았다.

리키니우스Licinius(Gajus Licinius Stolo)(대략 350 기원전): 기원전 4세기 전반 로마 정치가, 호민관으로서 섹스티우스와 함께 평민의 이해를 위한 법률을 제정했다.

린네Linné, Carl von(1707~1778): 스웨덴 자연학자, 식물과 동물을 분류하는 체계를 세웠다.

마라Marat, Jean-Paul(1744~1793): 프랑스 언론인, 프랑스 혁명 중 자코뱅 클럽의 가장 집요한 지도자. 『인민의 친구』를 발간하였다.

마르크스Marx, Karl(1818~1883)

마리토르네Maritornes: 『돈키호테』의 인물. 또한 다음을 보라 Dahnhardt, Marie Wilhelmine

마블리Mably, Gabrief 남작(1709~1785): 프랑스 사회학자, 유토피아적 평등주의적 공산주의 대변자.

마키아벨리Machiavelli, Niccollò(1469~1527): 이탈리아 정치가, 역사가, 작가, 자본주의 발생 초기 이탈리아 부르주아 이데올로거.

마테이Matthäi, Rudolph: 독일 언론인, 진정 사회주의자.

말람브루노Malambruno: 『돈키호테』의 인물. 353

말보글리오Malvoglio(Malvolio): 셰익스피어의 『Was ihr wollt』 인물.

맘브리노Mambrino: 『돈키호테』 인물.

매컬러치MacCulloch(M'Culloch), JohnRamsay(1789~1864): 영국 부르주아 경제학자, 자본주의 질서 옹호자, 리카르도 학설을 속류화했다.

맬더스Malthus, Thomas Robert(1766~1834): 영국 성직자, 인구과잉에 대한 반동적 이론을 작성하여 노동자의 비참을 정당화한 경제학자.

멀린Merlin: 『돈키호테』의 인물

메르시에Mercier de La Rivière, Paul-Pierre(1720~1793): 프랑스 경제학자, 중농주의자, "제조업에서 잉여가치는 적어도 .... 부분적으로는 제조업의 노동자 자신과 관련되어 있다는 생각을 막연하게나마 갖었다"(Marx)

메스트르Maistre, Joseph-Marie 백작(1753~1821): 프랑스 작가, 군주주의자, 귀족주의와 교권주의를 지지하는 반동의 이데올로거. 프랑스 혁명에 대한 신랄한 적대자.

메테르니히Metternich, Clemens Wenyel Lothar 제후(1773~1859): 오스트리아 정치가, 외교관, 외무 장관(1809~1821), 수상(1821~1848), 신성동맹의 창시자 중의 하나.

모갱Mauguin, François(1785~1854): 프랑스 법률 대리인, 의회주의자, 제헌의회와 입법의회 의원.

모렐리Morelly(18. Jahrhundert): 프랑스에서 유토피아적 평등주의적 공산주의의 대변자.

모르간Morgan. John Minter(1782~1854): 영국 작가, 오원의 지지자.

모세Mose(Moses): 구약의 인물.

모제스 헤스Heß, Moses(1812~1875): 독일 언론인, 『라인 신문』의 공동 창건자 공동 편집자, 1840년대 중반 진정 사회주의의 대변자 중의 하나, 나중에 라살레주의자.

모차르트Moyart, Wolfgang Amadeus(1756~1791)

모하메드 알리Mehemet(Mehemed) Ali(1769~1849): 이집트 국왕(1805~1849), 일련의 진보적 개혁을 시도했다.

몽제이야르Montgaillard, Guillaume-Honoré Roques(1772~1825):프랑스 수도원장, 역사가.

몽주와Montjoie, Félix-Christophe-Louis Ventre de La Touloubre(1746~1816): 프랑스 왕당파 언론인.

몽테스키외Montesquieu, Charles de Secondat, La Brede 남작(1689~1755): 프랑스 부르주아 사회학자, 경제학자, 작가, 18세기 부르주아 계몽주의의 대변자, 입헌 군주제의 이론가.

몽테이유Monteil, Amans-Alexis(1769~1850): 프랑스 부르주아 역사가. 201 326

무슈 알M. R.: Regnier d'Estourbet의 가명.

문트Mundt, Theodor(1808~1861): 독일 작가, 청년 독일파 대변자, 나중에 블레스라우와 베를린에서 문학과 역사를 가르친 교수.

미노스Minos: 크레타의 전설상의 왕, 입법가.

미라보Mirabeau, Honorè-Gabriel-Victor Riqueti 백작(1749~1791): 프랑스 혁명의 정치가, 대부르주아와 부르주아화한 귀족의 이해를 옹호한 자.

미슐레Michelet, Karl Ludwig(1801~1893): 독일 관념론 철학자, 베를린 대학의 헤겔 강좌 교수, 헤겔 전집의 공동 편집자.

밀Mill, James(1773~1836): 영국 부르주아 경제학자, 철학자.

바레르Barère de Vieuyac, Bertrand(1755~1841): 프랑스 법율가, 프랑스 혁명 정치가, 국민 공회 대의원, 자코뱅파, 후일 테르미도르 9일의 반혁명 쿠데타 적극 참가자.

바뵈프Babeuf, François-Noël(Gracchus)(1760~1797):프랑스 혁명가, 유토피아 공산주의자, 평등파의 폭동 조직자.

바우어, 브루노Bauer, Bruno(1809~1882): 독일 관념론 철학자, 종교 역사가, 언론인. 청년 헤겔파, 1866년 이후 민족적 자유주의자.

바우어, 에드가Bauer, Edgar(1820~1886): 바로 앞의 브루노 바우어의 동생, 독일의 언론인, 청년 헤겔주의자.

바울Paulus: 신약의 인물.

바이틀링Weitling, Wilhelm Christian(1808~1871): 재단사 출신, 유토피아적 평등

주의적 공산주의의 이론가.

바자르Bayard. Saint-Amand(1791~1832): 프랑스 정치가, 공화주의자, 1825~1831 사이에 앙팡탱과 함께 생시몽주의의 대변자.

발람Balaam(Bileam): 구약에 나오는 인물.

밤비Barmby, John Goodwin(1820~1881): 영국의 성직자, 기독교 사회주의자.

버질Virgil(Publius Vergilius Maro)(70~19 기원전): 로마 시인.

베네데이Venedey, Jakob(1805~1871): 독일 급진 언론인, 정치가, 1848/9 혁명 이후 자유주의자.

베르네Vernet, Horace(1789~1863): 프랑스 전장 화가.

베셀Bessel, Friedrich Wilhelm(1784~1846): 독일 천문학자. 8

베어호퍼Bayrhoffer, Karl Theodor(1812~1888):철학 교수, 처음엔 헤겔주의자였으나, 1839/40 사이에 헤겔주의로부터 이탈해 독일 카톨릭 운동을 대변했다. 166

베이유Bailly, Jean-Sylvain(1736~1793):프랑스 천문학자, 프랑스 혁명의 정치가, 자유주의적 헌정주의를 지지하는 부르주아 지도자. 1793년 처형됐다.

베이컨Bacon, Francis, 세인트 알반의 자작이며 벨람의 남작. 영국의 철학자, 자연연구가, 역사가. "영국 유물론의 진정한 아버지이며 모든 근대 실험 과학의 아버지는 베이컨이다."(마르크스)

베일Bayle, Pierre(1647~1706):프랑스 철학자, 회의주의자, 종교적 독단에 대한 비판가.

베커, 니콜라우스Becker, Nicolaus(1809~1845): '노래'라는 시의 작가.

베커, 아우구스트Becker, August(1814~1871): 독일 언론인, 라인 신문과 파리의 전진의 공동 편집자, 바이틀린의 지지자, 바이틀링을 따르면서(1842) 스위스 공산주의적인 수공업자를 지도했다.

베티나Bettina 다음을 보라 Amim, Bettina von

벤담Bentham, Jeremy(1748~1832): 영국 부르주아 사회학자, 유용성의 철학에 관한 이론가(공리주의자).

벤자민Constant-Rebeque, Henri-Benjamin de(1767~1830):프랑스 자유주의 정치가, 언론인, 작가, 헌법 문제에 몰두했다.

보기용Vauguyon, Paul-François, 공작(1746~1828): 프랑스 정치가, 네델란드 대사(1770), 스페인 대사(1784~1790).

보날Bonald, Louis-Gabriel-Ambroise 자작(1754~1840): 프랑스 정치가, 언론인, 군주론자, 반동기 귀족주의와 교권주의를 옹호하는 반동의 이데올로그.

보니파시우스Bonifayius(Bonifatius)(대략 680~대략 755): 중세 초기 교회 조직가, 독일 부족 파견 교황 대사, 후일 주교.

보뎅Bodin(Bodinus), Jean(1530~1596):프랑스 부르주아 사회학자. 절대주의의 이데올로그.

보리외Beaulieu, Claude-François(1754~1827): 프랑스 역사가, 언론인, 왕당파. 162

보쉐Bossuet, Jacques-Bénigne(1627~1704): 프랑스 작가, 신학자, 교회 정치가, 가톨릭 반동과 절대주의의 이데올로그.

볼테르Voltaire, François-Marie Arouet de(1694~1778): 프랑스 이신론적 철학자, 풍자 작가, 역사가, 18세기 부르주아 계몽주의 대변자.

뵈니거Wöniger(Woeniger), August Theodor: 독일의 부르주아적인 작가.

부셰Buchey, Philippe-Joseph-Benjamin(1796~1865):프랑스 정치가 및 역사가, 부르주아 공화파, 가톨릭 사회주의 이데올로그, 생시몽의 제자, 1848년 임시정부의 대통령.

부이유Bouille, François-Ciaude-Amour 후작(대략 1740~1800):루이 14세 기절 프랑스 장군, 영국에 대항하여 아메리카의 식민지를 방어했다.

불Buhl, Ludwig Heinrich Frany(1814~대략 1882):독일 언론인, 청년 헤겔파.

뷰오나로티Buonarroti, Filippo Michele(1761~1837): 이탈리아 혁명가, 18세기 말에서 19세기 초까지 프랑스 혁명 참가자, 유토피아적인 공산주의자, 바뵈프의 동지, 그는 바뵈프와 평등을 위한 폭동(1828)의 저자이며, 혁명적 노동 운동에서 바뵈프의 전통을 상기시켰다.

브라우닝Browning, G.: 대영 제국의 국내 및 재정 조건의 저자.

브루노Bruno, Sankt 다음을 보라 Bauer, Bruno

브리소Brissot, Jacques-Pierre(1754~1793): 프랑스 혁명의 정치가, 혁명 초기에 자코뱅 클럽 성원이었으나, 후기에는 지롱드파의 지도자이며 이론가.

브와질베르Boisguillebert, Pierre Le Pesant 법복 귀족(1646~1714):프랑스 경제학자, 중농주의의 대변자, 프랑스에서 고전적 부르주아 민족 경제론의 주창자. 181

블랑, 루이Blanc, Louis(1811~1882):프랑스 소부르주아 사회주으자, 저널리스트이며 역사가, 1848년 프랑스 임시정부의 성원이었으며 계급화해와 부르주아와의 타협이라는 관점을 대변했다.

브룬츨리Bluntschli, Johann Caspar(1808~1881): 스위스 법율가, 반동 정치가.

비간트Wigand, Otto(1795~1870): 독일 출판가, 서적상, 그의 라이프치히 회사는 급진적인 작가의 서적을 발간했다.

비쉬누Wischnu(Vishnu): 인도의 신.

비요바렌느Billaud-Varenne, Jean-Nicolas(1756~1819): 프랑스 법율가, 프랑스 혁명 정치가, 자코뱅 지도자, 그러나 당통과 로베스피에르의 전복을 공모했다. 1795년 기니아로 유형됐다.

빈케Vincke, Friedrich Ludwig Wilhelm Philipp, 남작(1774~1844): 프로이센 정치가.

빌라도Pilatus, Pontius(1. Jahrhundert): 유대인을 박해한 로마 총독(26~36).

빌예가델Villegardelle, François(1810~1856): 프랑스 언론인, 푸리에 지지자, 나중에 유토피아 공산주의자.

사란Sarran(Sarrans) Jean-Raimond-Pascal(1780~1844): 프랑스 왕당파 언론인.

사우스웰Southwell, Charles(1814~1860): 유토피아적 사회주의자, 오윈의 지지자. 무정부 신문『The Oracle of Reason』의 지지자.

산초 판사Sancho Pansa:『돈키호테』의 인물, 다음을 보라 auch Stimer, Max

상드, 조르쥬Sand, George(Amandine Lucie-Aurore Dupin, Dudevant 백작녀의 가명)(1804~1876): 프랑스 작가, 사회적 주제에 관한 여러 소설을 작성했다. 소설을 통해 인도적 조류를 옹호했다.

생시몽Saint-Simon, Claude-Henri de Rouvroy 백작(1760~1825): 프랑스 유토피아적 사회주의자.

생쥐스트Saint-Just, Louis-Antoine-Leon de(1767~1794): 프랑스 혁명의 정치가, 지도적 자코뱅파, 로베스피에르를 밀착 변호했다.

샤르마뉴 대제Karl der Groβe(대략 742~814): 768 이후 프랑크 왕, 800년 이후 로마 황제.

샤를 10세Karl X(1757~1836) 프랑스의 왕(1824~1830).

샤를Charles X. 다음을 보라 Karl X.

샤미소Chamisso, Adalbert von(1781~1838): 프랑스 혈통의 독일 시인.

샤텔루Chastellux François-Jean 후작(1734~1788): 프랑스 군인, 언론인, 미국 해방 전쟁 참가자, 볼테르와 백과사전파를 지지했다.

성 막스Max, Sankt 다음을 보라 Stirner, Max

세니어Senior, Nassau William(1790~1864): 영국 속류 경제학자, "부르주아의 공개적인 경제학적 대변자"(마르크스).

세르반테스Cervantes Saavedra, Miguel de(1547~1616): 스페인 리얼리즘적인 작가.

세밍Semmig, Friedrich Hermann(1820~1897): 독일 작가, 1840년대 중반 진정 사회주의자.

셰발리에Chevalier, Michel(1806~1879):프랑스 엔지니어, 경제학자, 언론인, 1830년대 생시몽 지지자, 후일 부르주아 자유무역 운동의 지지자.

셰빌리에Cherbuliey, Antoine-Elisee(1797~1869): 스위스 경제학자, 리카르도의 이론을 지반으로 해서 시스몽디의 이론을 결합한 시스몽디의 지지자.

세소스트리스Sesostris(ägyptisch: Senwosret): 전설 상의 이집트 왕, 헤로도토스와 디오도르에 의해 전해진 세소스트리스 전설에서 동일한 이름을 지닌 여러 담지자의 특징들이 결합됐다.

세이Say, Jean-Baptiste(1767~1832): 프랑스 속류 경제학자, "그는 아담 스미스의 어중간함과 고약한 냄새를 절대적이고 일반적인 문구로 해소하는 것 아래서 자신의 얼빠진 피상성을 감춘 자다."(마르크스)

셰익스피어Shakespeare, William(1564~1616)

셸링Schelling, Friedrich Wilhelm Joseph von(1775~1854): 독일 철학자, 18세기 말 19세기 초 독일 관념론 대변자.

소크라테스Sokrates(대략 469~대략 399 기원전): 그리스 관념론 철학자, 노예 소유 귀족제 옹호자.

소포클레스Sophokles(대략 497~대략 406 기원전): 그리스 극작가.

솔로몬Salomo(n)(대략 970~930 기원전): 이스라엘의 왕.

수, 으젠느Sue, Eugene(1804~1857): 프랑스 작가, 사회적 주제로 속물근성의 감상적인 소설을 작성한다.

쉬스메이어Süßmayer, Frany Xaver(1766~1803): 오스트리아 작곡가.

쉴러Schiller, Friedrich von(1759~1805)

슈미트Schmidt, Johann Caspar 다음을 보라 Stimer, Max

슈타인, 로렌츠Stein, Loreny von(1815~1890): 킬 대학 헤겔파 철학 및 헌법학 교수, 프로이센 정부의 비밀 요원.

슈타인, 칼 남작Stein, Heinrich Friedrich Karl, 제국 남작(1757~1831): 프로이센 정치가, 프로이센 국가의 강화를 목적으로 하는 온건한 부르주아 개혁을 수행하는데 기여했다.

슐레겔Schlegel, August Wilhelm von(1767~1845): 독일 시인, 번역가, 문학사가, 특히 셰익스피어의 번역으로 유명하다.

슐로서Schlosser, Friedrich Christoph(1776~1861): 독일 부르주아 역사가, 자유주의자.

스테리Stehely: 베를린 경비초소 시장(현재 아카데미 광장)에 있는 제과점 소유자. 이 제과점은 베를린 문학자들에게 만남의 장소였으며 자유인에게는 회의의 장소였다.

스트라우스Strauß, David Friedrich(1808~1874): 독일 철학자, 언론인, 청년 헤겔파, 1866년 이후 민족주의적 자유주의자.

스트라톤Stratton, Charles Sherwood(1838~1883): 미국의 난쟁이, 톰 덤프 장군이라는 가명 아래 등장했다.

스티르너Stirner, Max(Johann Cmpar Schmidt의 가명)(1806~1856): 독일 철학자, 청년 헤겔파, 부르주아 개인주의와 부정부주의 이데올로거. 『Der Einyige und sein Eigenthum』의 저자.

스파르타쿠스Spartakus(사망 71 기원전): 로마의 검투사, 고대 로마 최대의 노예반란(73~71 기원전) 지도자.

스펜스Spence, Thomas(1750~1814): 영국 유토피아 사회주의자, 토지와 대지에 대한 사적 소유를 폐지하는 것을 지지하며, 농업 사회주의를 구상했다. 448

스피노자Spinoza, Baruch(Benedictus)(1632~1677):네델란드 유물론 철학자, 무신론자.

시스몽디Sismondi, Jean-Charles-Leonard Simonde de(1773~1842): 스위스 경제학자, 역사가, "소부르주아의 관점"(레닌)에서 자본주의를 비판했다.

시예Sieyès, Emmanuel-Joseph(1748~1836): 프랑스 랍비, 프랑스 혁명 참가자, 대부르주아 옹호자.

시저Cäsar, Gajus Julius(대략 100~44 기원전): 로마의 야전 사령과 정치가. 430

아담 스미스Smith, Adam(1723~1790): 영국 경제학자, 고전 부르주아 정치 경제학 대변자.

아담Adam: 구약의 인물.

아라고Arago, Dominique-François(1786~1853):프랑스 천문학자, 물리학자, 수학자, 부르주아 정치가.

아르님Arnim, Bettina von(1785~1859): 독일의 낭만파 소설가, 40년대 자유주의 이념의 소지자.

아르장송Argenson, Mare-Rene de Voyer, 후작(1771~1842): 프랑스 정치가, 프랑스 혁명과 왕정 복고시대공화정 운동 또한 7월 혁명의 참가자, 바뵈프 지지자.

아른트Arndt, Ernst Mority(1769~1860): 작가, 역사가, 문헌학자, 나폴레옹의 지배 아래서 독일 민족의 해방운동이 벌어졌을 때 적극적으로 참여했다. 프랑크푸르트 민족회의 참가자(중도 우파), 입헌군주제 지지자.

아리스토텔레스Aristoteles(384~322 기원전): 고대 그리스 철학자, 최고의 두뇌, "이미 변증법적 사유의 근본적 형식을 탐구했다"(엥겔스). 관념론과 유물론 사이에서 유동적이었으며, 노예 소유자 계급의 이데올로그.

아마디스Amadis von Gallien: 중세 기사 로망에 나오는 골족의 영웅.

아몬Amon: 구약의 인물.

아브라함Abraham: 구약의 인물.

아비게일Abigail: 구약의 인물.

아비세나Avicenna 다음을 보라

아우구스투스Augustus, Gajus Julius Cäsar Octavianus(63 기원전~14 기원후): 로마 시대 카이저(27 기원전~14 기원후).

아이히호른Eichhorn, Johann Albrecht Friedrich(1779~1856):프로이센 정치가, 문화 장관(1840~ 1848).

안티고네Antigone: 그리스 전설 속의 인물, 외디푸스 왕의 딸, 소포클레스 비극의 여 주인공.

알렉산더 대왕Alexander der Groß e(356~323 기원전): 336년 이래 마케도니아 왕.

알렉산드리아누스Clemens Alexandrinus, Titus Flavius(대략 150~대략 215): 기독교 신학자, 관념론 철학자.

알렉시스Alexis, Willibald(Georg Wilhelm Häring의 가명)(1798~1871): 작가, 로마 역사가. 특히 로마의 Cabanis[떠돌이]를 연구했다. 베를린에서 독서 클럽과 출판사를 창립했다.

알후세인Al Hussein, Abu Ali Ben Abdallah Ibn(Ebn) Sina (lat. Avicenna)(980~1037):

압델카더Abd el Kader, Sidi el Hadschi Uld Mahiddin(1808~1883): 1832~1847 사이 알제리 민족의 민족 해방투쟁을 인도했던 지도자.

앙팡탱Enfantin, Barthelemy-Prosper(auch Pere Enfantin)(1796~1864):프랑스 유토피아 사회주의자, 생시몽주의자의 이차적 지도자, 바라르와 함께 생시몽 학파를 지도했다.

야곱Jakob: 구약의 인물.

에덴Eden, Sir Frederic Morton(1766~1809): 영국 부르주아 경제학자, 아담 스미스의 제자.

에드몬드Edmonds, Thomas Rowe(1803~1899): 영국 경제학자, 유토피아 사회주의자, 리카르도 이론에서 사회주의적인 결론을 도출했다.

예레미야Jeremia: 구약의 인물.

에바Heva(Eva): 구약의 인물. 94

에발드 6세Edward VI(1537~1553): 영국 왕(1547~1553).

에발트Ewald, Johann Ludwig(1747~1822): 독일 신학자, 윤리학 교수.

에이킨Aikin, John(1747~1822): 영국의 의사, 역사가, 언론인.

에피쿠로스Epikur(대략 341~대략 270 기원전): 고대 그리스 유물론 철학자.

엔케Encke, Johann Frany(1791~1865): 독일 천문학자.

엘베티우스Helvétius, Claude-Adrien(1715~1771): 프랑스 철학자, 기계적 유물론의 대변자, 무신론자, 프랑스 부르주아 혁명 이데올로거 중의 하나. 엠마뉴엘 Emanuel: 장 파울의 『Hesperus oder 45 Hundsposttage』의 인물.

엥겔스Engels, Friedrich(1820~1895)

여호와Jehova(Jahve): 이스라엘 신의 이름.

오원Owen, Robert(1771~1858): 영국 유토피아적 사회주의자.

오코넬O'Connell, Daniel(1775~1847): 아일랜드 변호사, 정치가, 아일랜드 민족의 민족 해방운동의 우익 자유주의 분파(Repeal 연합)의 지도자.

오토 1세Otto 1(1815~1867) 그리스 왕(1832~1862).

오토 2세Otto 2 다음을 보라 Otto 1

와트Watts, John(1818~1887): 영국 유토피아 사회주의자, 오원의 지지자, 나중에 부르주아 자유주의자.

윌커스Oelckers, Hermann Theodor(1816~1869): 독일 민주주의 작가.

요수아Josua: 구약의 인물.

요시아Josia: 구약의 인물.

우르술라Ursula: 성녀.

워싱턴Washington, George(1732~1799): 미국 독립전쟁의 장군, 북아메리카 합중국 대통령(1789~1796).

웨이드Wade, John(1788~1875): 영국 언론인, 경제학자, 역사가.

유베날리우스Juvenalis. Decimus Junius(1세기 후반~2세기 전반): 로마 풍자 작가.

유일자Einyige 다음을 보라 Stirner, Max

융니츠Jungnity, Ernst(?~1848):독일 언론인, 청년 헤겔파.

이븐 시나Ibn(Ehn) Sina 다음을 보라 Al Hassein

인노센트 3세Innoyeny III(대략 1161~1216): 로마 교황(1198~1216).

자크 르 보놈Jacques le honhomme 다음을 보라 Stirner, Max

장 파울Jean Paul(Johann Paul Friedrich Richter의 가명)(1763~1825): 독일 소부르주아적 풍자 작가.

정숙한 베를린인 방직공, 자유인 방직공: 다음을 보라 Dähnhardt, Marie Wilhelmine

제논 황제Yeno(n)(426~491): 비잔틴 제국 황제(474~491).

제논Yeno(n) aus Kition(대략 336~264 기원전): 그리스 철학자, 스토이시즘의 창시자.

제우스Yeus: 그리스 신.

주시외 로랑Jussieu, Antoine Laurent de(1748~1836):프랑스 식물학자.

주시외 베르나르Jussieu, Bernard de(1699~1776): 앙트완 로랑 드 주시외의 삼촌. 프랑스 식물학자.

중세 학자, 철학자, 의사, 시인, 타지크[Tadshike: Tajik] 출신.

지기스문트 1세Sigismund I(대략 1361~1437): 독일 황제(1411~1437).

지네, 파사몽트Gines von Passamonte: 『돈키호테』에 나오는 인물.

차라투스투라Yarathustra(Yoroastre): 고대 이란의 종교 창시자.

차일든Child, Sir Josiah(1630~1699): 영국 경제학자, 중상주의자, 은행가, 상인. 181

첼리가Syeliga(Frany Syeliga Ychlin von Ychlinsky의 가명)(1816~1900): 프로이센 장교, 청년 헤겔파, 『일반 문예 신문』과 『북독일 신문』의 공동 기고자. 101 104~106 132~136 138 139 144 154 173~175 205 220 250~252 258 266 276 298 326~328 350 352 353 370 382~384 433~435

추로라Chouroa(Churoa) 다음을 보라 Rochau, August Ludwig von

카르노Carnot, Layare-Nicolas(1753~1823): 프랑스 수학자, 정치가, 군사 전문가, 프랑스 혁명 시기 부르주아 공화파, 자코뱅파, 후일 1795년 테르미도르 9일 반혁명 쿠데타의 참가자. 나폴레옹 1세의 독재 체제의 성원, 일시 전쟁 장관, 1815년 부르봉 왕가에 의해 프랑스에서 추방되었다. 496

카르테시우스Cartesius 다음을 보라 Descartes, Rene

카리에Carriere(Carrière), Moriy(18l7~1895): 독일 관념론 철학자, 미학 교수. 319

카모에Camoes(Camoens), Luis Vay de(1524~1580): 르네상스 시기 포르투갈 시

인. 414

카바루스Cabarrus, François 백작(1752~1810): 스페인에서 Joseph Bonaparte의 재정장관.

카베Cabet, Etienne(1788~1856): 프랑스 법율가, 언론인, 유토피아 공산주의자, 『Voyage.en lcarie[Reise nach lkarien]』(1842) 저자.

카울바하Kaulbach, Wilhelm von(1805~1874): 독일 화가.

카인Kain:구약의 인물.

카토Cato, Marcus Porcius uticensis(Cato der Jüngere)(95~46 기원전): 로마 철학자, 정치가, 공화주의자, 스토이시스트, 케자르에게 패한 이후 자살.

카페팅거 왕조Kapetinger: 프랑스 왕조(987~1328).

칸트Kant, lmmanuel(1724~1804)

칼 무어Moor, Karl: 쉴러의 『Die Räuber』에 등장하는 인물. 511

칼데론Calderon, Pedro de la Barca(1600~1681): 스페인 시인, 극작가. 436

캐츠Kats, Jacob(1804~1886):벨기에의 노동자, 문학자, 노동운동의 간부, 유토피아 사회주의의 영향 아래 있었다.

커바소Kerverseau, Fr. Marie: Clavelin과 함께 『자유의 두 친구에 의한 .... 프랑스 혁명 역사』를 작성했다.

케트Ket(Kett), Robert(1549 처형당함): 1549년 영국 농민 봉기 지도자.

코벳Cobbet, William(대략 1762~1835): 영국 정치가, 부르주아 계통의 언론인, 소부르주아 급진주의의 저명한 대변인, 영국에서 민주주의 정치 체제를 위해 투쟁했다.

콘라드Konrad von Würyburg(?~1287):중세 독일 시인.

콥덴Cobden, Richard(1804~1865): 만체스터 제조업자, 자유주의자, 자유무역 지지자, 반곡물법 동맹의 창시자 중의 하나.

콩데 왕자Condé, Louis-Joseph de Bourbon 왕자(1736~1818): 프랑스 봉건지주, 프랑스 공화국에 대항하여 망명군대를 조직해 투쟁했다.

콩도르세Condorcet, Marie-Jean-Antoine-Nicolas 후작(1743~1794): 프랑스 사회학자, 계몽주의자, 프랑스 혁명 시기 지롱드파와 연계했다.

콩트Comte, François-Charles(1782~1837): 프랑스 자유주의적 언론인, 속류 경제학자.

쾨르너Körner, Karl Theoder(1791~1813): 독일 시인, 낭만파 드라마 작가, 나폴레옹 해방 전쟁중 사망.

쿠리에Courier de Méré, Paul-Louis(1772~1825):프랑스 문헌학자, 언론인, 부르주아 민주주의자, 프랑스에서 귀족주의와 교권주의를 지지하는 반동에 대항하였다.

쿠퍼Cooper, Thomas(1759~1840): 미국의 학자, 정치가, 부르주아 계몽주의자, 미국에서 부르주아 국민 경제학의 저명한 대변인.

쿨만Kuhlmann, Georg(?~1812): 협잡꾼, 예언자로 자처하면서 독일 수공업자 가운데서 그리고 스위스의 바이틀링 지지자 속에서 진정 사회주의의 종교적 문구로 기도했으며, 나중에 오스트리아 정부에 봉사하는 선동자였음이 드러났다.

크뢰수스 왕Krösus König von Lydien(550~546 기원전):

크루마허Krummacher, Friedrich Wilhelm(1796~1868): 독일 칼빈주의 목사, 부퍼탈 경건주의자의 지도자.

크리스피누스Crispinus(um 100): 로마 황제 도미티아누스 시대 신하 중의 하나.

클라벨린Clavelin, G.: Kerverseau와 함께『Histoire de la Revolution de France .... par deux amis de la liberte』의 저자.

클롭스톡Klopstock, Friedrich Gottlieb(1724~1803): 독일 시인, 독일에서 부르주아 계몽주의의 최초 대변자 중의 하나.

타일러, 왓Tyler, Wat(gest. 1381): 1381년 영국 농민 봉기 지도자.

터툴리아누스Tertullian(us), Quintus Septimius Florens(대략 160~대략 220): 원시 기독교 신학자, 반계몽주의자[Obskurant].

테스트Teste, Charles(?~1848): 프랑스 유토피아적 공산주의자, 바뵈프 지지자, 7월 왕정 시기 공화주의 운동의 참가자.

토랄바Torralva:『돈키호테』의 인물. 다음을 보라 Dähnhardt, Marie Wilhelmine

토마스 모어More(Morus), Sir Thomas(1478~1535): 영국 정치가(대법관), 인문주의적인 작가, 유토피아 공산주의 대변자.

톰 덤프Tom Thumb 다음을 보라 Stratton, Charles Sherwood

톰슨, 럼포드 백작Thompson, Sir Benjamin, Rumford 백작(1753~1814): 미국계 영국 장교, 모험가, 일정 기간 바이에른 정부에 봉사하고, 거지를 위한 일터를 운영하며, 값싼 대용물로 노동자의 식사를 제조하는 비법을 만들었다.

톰슨Thompson, William(대략 1785~1833): 아일랜드 경제학자, 리카르도의 이론에서 사회주의적인 결론을 도출한, 오원의 지지자.

튀르고Turgot, Anne-Robert-Jacques, L'Aulne 백작(1727~1781): 프랑스 경제학자, 정치가, 중농주의자, 케네의 제자, 재정 총감독(1774~1776).

트라야누스 황제Trajan(us), Marcus Ulpius(대략 53~117): 로마 황제(98~117). 413

티몬Timon von Phlius(대략 320~대략 230 기원전): 그리스 철학자, 회의주의자.

티치안Tiyian(Tiyiano Vecellio)(l477~1516): 르네상스 시기 이탈리아 사실주의 화가.

파라오Pharao: 이집트 왕의 칭호.

파에톤Phaeton: 그리스 신의 아들.

페르시아니Persiani, Fanny(1812~1867): 이탈리아 여가수.

페리클레스Perikles(대략 493~429 기원전): 아테네 정치가, 아테네 경제와 문화의 전성기 아테네 민주주의 지도자.

페펠Pfeffel, Gottlieb Konrad(1736~1809): 독일 우화 작가.

펠티에Peltier, Jean-Gabriel(1765~1825): 프랑스 왕당파 언론인.

포세이돈Poseidon: 그리스 바다의 신.

포셰 율리우스Faucher, Julius(Jules)(1820~1878): 독일 속류 경제학자. 작가. 청년헤겔파. 독일에서 자유무역 지지자.

포셰 클라우드Fauchet, Claude(1744~1793): 프랑스 주교, '사회 클럽'(W 주90 참조) 이데올로그, 1793년 지롱드파와 함께 처형됐다.

포이어바흐Feuerbach, Ludwig Andreas(1804~1872)

폴리니케스Polynices(Polyneikes): 소포클레스『안테고네』의 인물.

푸리에Fourier, François-Marie-Charles(1772~1837): 프랑스 유토피아 사회주의자.

푸펜도르프Pufendorf, Samuel 남작(1632~1694): 독일 정치가, 역사학자, 부르주아

적 자연권 이론의 대변자. 511 512

프란츠 1세Frany I(1494~1547): 프랑스 왕(1515~1547).

프랑크Francke, August Hermann(1663~1727):복음주의 신학자, 경건주의자, 할레 프랑크족 재단, 학파, 와인하우스 창건자(1695)

프레리르Pereire, lsaac(1806~1880)와 그의 형제 Jacques mile(1800~1875)는 소규모 중개인으로서 생시몽주의의 지지자이며, 나중에 은행가가 되었다.

프루동Proudhon, Pierre-Joseph(1809~1865): 프랑스 언론인, 소부르주아 체제 이데올로그, 무정부주의 이론의 창시자 중의 하나.

프리드리히 4세Friedrich Wilhelm IV(1795~1861): 프로이센 왕(1840~1861).

프티 경Petty, Sir William(1623~1687): 영국 경제학자, 통계학자, 영국의 고전 부르주아 경제학 기초자.

플라톤Platon(Plato)(대략 427~대략 347 기원전): 그리스 관념론 철학자, 노예 소유 사회를 옹호한 이데올로그.

플루타크Plutarch(대략 46~대략 125): 그리스 도덕주의적 작가, 관념론 철학자.

피스터Pfister, Johann Christian(1772~1835): 독일 교회 정치가, 부르주아 역사가.

피에베Fiévée, Joseph(1767~1839): 프랑스 왕당파 정치가, 저널리스트.

피타고라스Pythagoras(Pythagore)(대략 580~대략 496 기원전): 고대 그리스 수학자, 관념론 철학자, 노예 소유 귀족제 지지자.

피트만Püttmann, Hermann(1811~1894): 독일의 급진 시인, 저널리스트, 1840년대 중반 진정 사회주의자.

피히테Fichte, Johann Gottlieb(1762~1814)

핀토Pinto, lsaac(1715~1787): 네델란드 증권 투기업자, 경제 작가.

필립슨Philippson(Dessau), Ludwig(1811~1889): 자유주의적 랍비, 브루노 바우에 반대하는 글을 썼다. Bauer.

하니Harney, George Julian(1817~1897): 영국 노동운동에서 많은 영향을 끼친 간부, 참정권 운동의 좌익 지도자, 참정권 운동의 기관지 『북반구의 별』의 편집자, 마르크스와 엥겔스의 친구.

하바쿡Habakuk: 구약의 인물.

하이네Heine, Heinrich(1797~1856)

하이데Haide, Ernst von: 칼 그륀의 가명.

하인리히 72세Heinrich LXXII(1797~1853): 독일의 군소 국가 Reuß-Lobenstein-Ebersdorf의 제후.

하인리히 8세Heinrich VIII(1491~1547): 영국왕(1509~1547).

한니발Hannibal(대략 247~183 기원전):카르타고 군지휘관, 국가 지도자.

할름Halm, Friedrich(Elegius Frany Joseph의 가명, Münch-Bellinghausen의 제국남작)(1806~1871): 오스트리아 낭만파 작가.

햄프덴Hampden, John(1595~1643): 영국 정치가, 장기의회의 구성원, 부르주아 혁명 시기 퓨리턴 반대파의 지도자.

허베그Herwegh, Georg Friedrich(1817~1875): 독일의 혁명적 시인.

허셀Herschel, Sir John Frederick William(1792~1871):영국 천문학자.

헤겔Hegel, Georg Wilhelm Friedrich(1770~1831)

헤라클레이토스Heraklit(Herakleitos aus Ephesos)(대략 540~대략 480 기원전): 고대 그리스 철학자, 변증법의 창시자 중의 하나.

호라티우스Horay(Horatius), Quintus Flaccus(65~8 기원전):로마 시인, 송가와 풍자시의 작가.

호프만Hoffmann von Fallerslehen, August Heinrich(1798~1874): 독일 시인, 문헌학자.

홀리요크Holyoake, George James(1817~1906): 영국 언론인, 협동조합원, 30년대와 40년대 오원주의자, 참정권 운동가.

홀바하Holbach, Paul Heinrich Dietrich 남작(1723~1789): 프랑스 철학자, 기계적 유물론자, 노장 헤겔파, 프랑스 부르주아 혁명의 이데올로그.

홉스Hobbes, Thomas(1588~1679): 영국 철학자, 수학적 기계적 유물론의 대변자.

홉슨Hobson, Joshua: 영국 저널리스트, 참정권 운동가, 『북반구』의 별 편집자.

흄Hume, David(1711~1776): 영국 철학자, 역사가, 경제학자, 주관적 관념론자. 불가지론자.

힌리히Hinrichs, Hermann Friedrich Wilhelm(1794~1861): 독일의 철학 교수, 노

장 헤겔파.

후기3 『독일 이데올로기』 성립의 역사에 관해

　독일 이데올로기의 작성과정은 W, CW, GA2가 각각 해명한다. 아래 각 판본이 밝힌 작성과정을 정리했다.

1) MEW
[W는 주 2에서 해명한다. CW 주 7은 이 내용을 보완했다.]
　『독일 이데올로기, 최근 독일 철학의 대표자 포이어바흐, 바우어, 슈티르너 그리고 진정 사회주의의 여러 예언자에 대한 비판』은 마르크스와 엥겔스가 1845~46에 집필한 저서이다.
　1845년 봄, 마르크스와 엥겔스는 함께 이 저서를 집필하기로 결심하고, 1845년 9월 열정을 다해 이 작업에 착수했다. 초고는 약 50매의 인쇄 전지 분량이고 2권으로 이루어져 있다. 1권의 내용은 원칙적으로 역사적 유물론의 완성된 기본 논제와 포이어바흐, 바우어, 슈티르너의 철학적 견해에 대한 비판이다. 반면 2권이 담는 내용은 진정 사회주의의 여러 대변자의 견해에 대한 비판이다.
　[CW 보완:1845년 봄(4월 초) 엥겔스가 브뤼셀에 왔을 때 마르크스는 엥겔스에게 당시 겨우 골격을 갖추기 시작했던 역사에 관한 그의 유물론적 견해를 요약해 설명했다. 그리고 그들은 역사에 관한 청년 헤겔

주의자의 관념론적 견해나 포이어바흐의 엉성한 유물론에 대항해 자기들의 유물론적 견해를 내세우려는 의도로 철학 저서를 작성하기로 결정했다. 이런 기획의 맥락 속에서 마르크스의 「포이어바흐 테제」가 작성됐다. 1845년 가을 마르크스와 엥겔스는 청년 헤겔주의자와 진정 사회주의자를 겨냥한 두 권의 저서를 작성하기로 확정적인 계획을 세웠다. 1845년 가을 마르크스와 엥겔스는 저서를 작성하기 시작했다. 작업의 과정에서 저서의 계획과 구성이 여러 번 변화했다. 모세스 헤스는 그 가운데 두 장을 작성하기로 요청받았다. 그러나 청년 헤겔주의자 루게Arnold Ruge에 대항해 헤스가 작성한 장은 1권에 넣기로 했으나 『독일 이데올로기』의 최종판에서 배제됐다. 헤스가 진정 사회주의자 쿨만Kuhlmann을 다루는 장은 2권에 넣기로 했으며 마르크스와 엥겔스가 편집했다.]

『독일 이데올로기』의 주요 작업은 원래 1846년 봄에 끝을 맺었다. 이 시기에 1권의 대부분이-즉 바우어와 슈티르너의 견해를 비판한 장(「라이프치히 공의회」)-끝났으며 2권의 대부분도 끝났다. 1권의 첫 부분(포이어바흐의 견해에 대한 비판)은 1846년 후반기까지 계속됐지만, 끝을 맺지 못했다. [CW 보완: 1권 서론 초안은 8월 중순 전에 마르크스가 작성했다. 2권의 결론 장에 해당하는 엥겔스의 「진정 사회주의자」는 1847년 1월에서 4월 사이에 작성됐다.]

그들은 1846년 5월 초 1권의 초고 주요 부분을 바이데마이어Joseph Weydemeyer의 베스트팔렌에 있는 인쇄소로 보냈다. 바이데마이어는 출판을 위한 재정적 도움을 받기 위해 그곳에 있는 사업가들-진정 사회주의자인 마이어Julius Meyer와 램펠Rudolf Rempel에게 도움을 청해야만 했다. 2권의 대부분이 베스트팔렌에 도착한 이후 마이어와 렘펠은 마르크스에게 1846년 1월 13일에 보낸 편지에서『독일 이데올로기』의 출판에 대한 재정 지원을 거부했다. 1846~47년 마르크스와 엥겔스는 그들의 저서를 출판하기 위해 새로운 출판사를 모색하기 시작했다. 이 노력은 난관에 부딪혀 성과 없이 끝났다. 그 난관의 원인은 한편으로는 경찰 때문이고 다른 한편으로는 출판업자들이 계속 거부한 것 때문이다. 출판업자들은 마르크스와 엥겔스에 반대하는 노선[즉 진정 사회주의]의 대표자들에 대개 공감했다.

마르크스 엥겔스가 살아 있는 동안 저서 가운데 단지 한 장 즉『독일 이데올로기』2권 4장이 잡지『베스트팔렌 증기선Westfahlen Dampfboot』(1847년 8월과 9월)에 실렸다.

『독일 이데올로기』의 1권 2장 중 몇몇 쪽과 일치하는 내용이 익명으로 잡지『사회의 거울Gesellschafstspiegelss』(1846년 1월「소식과 메모」난, 6~8쪽)에 소개됐을 뿐이다. 기사가 작성된 날짜는 브뤼셀, 12월 20일이다.

『사회의 거울』4권(「소식과 메모」난, 93~96쪽)에는『독일 이데올로기』2권 4장과 여기저기 일치하는 내용이 실려 있다. 저서의 제목과 1, 2권의 표제는 초고 속에 적혀 있지 않다. 이 제목과 표제는1847년 4월 9일 트리어 신문에 소개된, 마르크스가 그린Karl Grün을 반박하는 메모[「칼 그륀에 대한 포고」]에 근거한다.

1장「포이어바흐」의 표제 설정이나 자료 정돈은 초고의 모퉁이에 적어 놓은 마르크스와 엥겔스의 방주에 근거한 것이다. 성 막스 부분을 두 부분으로-1)『유일자와 그 소유』와 2)『변호를 위한 주석』-구분한 것은 이 장의 처음에 제시된 저자의 지침에 따르고 또한 이 장 전체 내용에 근거해서 판단한 결과이다.

『독일 이데올로기』 2권 2, 3장은 초고에 없었다. [추가: 아마도 마르크스/엥겔스의 「크리게에 반대하는 통문」과 엥겔스의 논문 「독일 사회주의의 시와 산문」이 이 부분에 해당할 것이다.]

2) MECW주 7) 추가
[역자: CW주의 앞부분은-앞에서 보완한 부문만 빼고 W와 같으므로 여기서는 나머지 뒷부분만 추가한다.]

수고는 상당히 처참한 상태다. 종이는 노랗게 변했고 곳곳이 손상됐다. "쥐가 쏠아 먹음으로 이룬 비판"이라는 말을 마르크스는 후일 『정치경제학 비판을 위해』 수고의 「서문」에 썼는데, 이 말은 수많은 쪽에 그 흔적을 남겼다. 또 다른 여러 쪽이 누락됐다. 『독일 이데올로기』의 「서문」과 변경하거나 추가한 것 중 어떤 것은 마르크스가 필기한 것이다. 그러나 수고는 대부분 엥겔스가 필기한 것이다. 다만 2권의 5장과 1권의 3장 몇 쪽은 요셉 바이더마이어가 필기한 것이다. 통상적인 일이지만, 각 쪽은 두 부분으로 나누어져 있고 주요 텍스트는 왼편에, 추가나 개정은 오른편에 있다. 많은 쪽은 저자들이 직접 삭제했으며, 몇몇 쪽은 베른슈타인을 통해 삭제됐다(이 점은 반S. Bahn이 『사회사 국제 논평집』 7권, 1962년, 1부에 실린 그의 논문 「마르크스와 엥겔스의 독일 이데올로기, 약간의 텍스트 보완」이라는 논문에서 지적됐다.

읽을 수 없게 된 말과 구절은 가능하다면 그때마다 손상되지 않은 부분에 기초해 재구성됐다. 그런 재구성된 구절은 꺾쇠 속에 넣어졌다.[역주: 번역의 형편 때문에 불가피하게 이런 표시를 지웠음을 양해해 달라.] 의미를 분명하게 하기 위해 몇 마디를 집어넣을 필요가 있을 때마다, 그 말을 마찬가지로 꺾쇠에 넣어 인쇄했다. 수고에서 나타나는 글의 중단은 각주에서 지적됐다. 여백에 쓴 메모와 삭제된 쪽 중 중요한 것은 각주[노트]에서 복구됐다.[역주: 편집상의 필요 때문에 본문에 집어넣어 노트로 표시했다.] 이 각주는 별표로 표시되고 반면 편집자의 노트는 번호를 매겨 지시됐다. 베른슈타인이 삭제한 쪽은 해독이 가능한 한 복원됐다.

　엥겔스가 죽은 후『독일 이데올로기』의 수고는 독일 사회민주당의 지도자들의 손에 들어갔다. 그들은 37년간에 걸쳐서 그 반도 인쇄하지 못했다. 「3장 성 막스」의 한 부분은 1903~4년 베른슈타인Bernstein이 출판했다.(마르크스와 엥겔스, 「3. 성 막스」,『사회주의 자료집』, 소책자 3권, 1~4월과 7~8월, 슈투트가르트, 1903/『사회주의 자료집』, 소책자 4권, 5~9월, 슈투트가르트, 1904) 이 장의 다른 부분 즉 「나의 자기 향락」부분은 1913년 발표됐다.(마르크스, 「나의 향락」,『노동자 문예』, 뮌헨, 8권과 9권, 1913년 3월) 마이어Gustav Meyer가 1921년 「라이프치히 공의회」의 서론 격에 해당하는 쪽과 「2장 성 브루노」를 출판했다.(엥겔스와 마르크스, 「라이프치히 공의회」,『사회과학과 사회 정치학 서고』, 47권, 소책자 3, 튜빙엔, 1921 참조) 「1장 포이어바흐」즉 가장 중요한 이 장은 1924년 소련 공산당 중앙위 산하 마르크스 레닌주의 연구소를 통해 처음으로 발간됐다.(『마르크스 엥겔스 서고』, 1권) 그리고 독일에서는 1926년『마르크스 엥겔스 서고』, 1권으로 발간됐다. 우리에게 전승된 전체 저서는 (나중에 발견되고『사회사 국제 논평』, 7권, 1962년도 1부에 실린 6쪽을 제외한다면) 1932년 소련 중앙의 산하 마르크스 레닌주의 연구소를 통해『마르크스 엥겔스 총서[GA1]』, 5권 1부로 발간됐다.

1장의 최초 영어판은 러시아판에서 번역했으며, 미국의 잡지 『마르크스주의자』 4호(1926년 7월)에 발표됐다. 이 장의 몇몇 부분은 독일어판에서 번역됐고, 1933년 3월 영국의 잡지 『노동 월간』 15권 3호에 실렸다. 1장의 「포이어바흐」와 2권 「진정 사회주의」의 영어 번역은 『독일 이데올로기』 *1부*, *3부*라는 제목으로 1938년 로렌스와 위샤르트 Lawrence & Wishard 출판사가 출판했다. 전체 저서의 영어 번역본[CW 5권]은 1권 1장의 한 쪽(수고 29쪽)을 제외하고는, 1964년 모스크바 프로그레스Progress 출판사를 통해 발간됐다.

3) CW주 8)
[여기서는 특별히 포이어바흐 장의 성립 과정을 설명한다.]

『독일 이데올로기』 1장[포이어바흐 장]의 수고는 여러 분리된 문서 형태로 우리에게 전승된다. 이 문서들은 서로 다른 시기에 서로 다른 상황에서 작성된 것이다. 그것은 마르크스 엥겔스가 작업을 진행하는 과정에서 이 책의 일반적인 계획을 변화한 데 기인한다.

처음 마르크스와 엥겔스는 포이어바흐, 바우어, 슈티르너를 동시에 다루는 비판적인 저서[H5a에 해당]를 작성하기 시작했다. 나중에 그들은 바우어와 슈티르너를 다른 장에 다루기로 결정했다.(2장 성 브루노 3장 성 막스) 그리고 1장은 일반적 소개를 담는 장으로 설정됐다. 이 소개는 포이어바흐에 반대하는 그들의 고유한 견해를 설명하는 것이다. 그러므로 그들은 원래 수고에서 바우어와 슈티르너와 관련해 썼던 구절들을 삭제한 다음 이를 2장과 3장으로 옮겼다. 연대기적으로 보면 포이어바흐에 관한 장의 핵심 내용을 이루는 첫 부분은 이렇게 해서 나왔다.

이어서 그들은 2장을 작성하고 3장을 작성하기 시작했다. 슈티르너의 책 『유일자와 그의 소유』를 비판적으로 분석하던 과정에서 마르크스와 엥겔스는 여러 가지 이론적인 전환을 겪게 됐다. 이런 전환 가운데서 그들은 역사에 대한 고유한 유물론적 개념을 발전시켰다. 그에 따라서 그들은 이런 전환 가운데 두 가지를 슈티르너의 장에서 포이어바흐 장으로 옮겼다. 첫 번째는-6쪽으로 이루어져 있는데-슈티르너의 관념론적 견해에 대한 비판과 연결되어 작성됐다. 그 견해란 곧 역사는 정신을 통해 지배된다는 것이다.(이런 전환의 내용은 원래 「D. 위계체제」절에 존재했다.) 두 번째 비판적인 전환은-37쪽으로 이루어져 있는데-슈티르너가 부르주아 사회, 경쟁 그리고 사적 소유자 사이의 관계, 국가, 법에 대해 가졌던 견해에 대한 비판과 연결되어 작성됐다.(슈티르너의 장에 있던 이 구절은 다른 구절로 대체됐다.) 이 두 가지 전환은 연대기적으로 볼 때 포이어바흐의 장 가운데 두 번째 그리고 세 번째 부분을 이룬다.

포이어바흐의 장을 이루는 세 부분의 쪽은(1~72까지) 마르크스가 매겼으며 전체 장의 휘갈겨 쓴 복사본을 이룬다. 수고의 쪽 3~7과 36~39는 발견되지 않았다.

마르크스와 엥겔스는 이 대체적인 얼개를 개정하기 시작했고 이에 대해 정서된 복사본을 작성했다. 그 처음 부분은 두 판본이 있다. 우리는 수고의 다소간 독립된 네 가지 부분을 발견했다.(대체적인 복사본에 속한 세 부분과 정서된 복사본의 한 부분이다)

따라서 현재 편집본에서 포이어바흐 장은 네 부분으로 나누어져 있다. 첫 부분[A절 앞부분]은 정서본인데 복합적인 단편들로 이루어진다. 둘째 부분[A절 뒷부분]은 전체 장의 원래 핵심을 포괄한다. 셋째 부분

[B절]과 넷째 부분[C절]은 슈티르너의 장에서 옮겨온 이론적으로 전환을 이룬 부분이다. 각 부분은 전체적으로 일관되며 논리적으로 정합적이다. 각 부분은 서로 보완하며 함께 역사에 대한 유물론적인 개념을 포괄적으로 설명하고 있다. 이 네 가지 부분의 내용은 다음과 같이 요약될 수 있다:

첫 번째 부분은 소개, 헤겔 이후 독일 철학이 지닌 관념론에 대한 일반적인 언급과 역사에 대한 유물론적 개념의 전제, 본질, 일반적 윤곽에 해당한다.

두 번째 부분은 역사 발전에 관한 유물론적인 개념이며, 역사에 대한 유물론적 개념에서 나오는 결론, 역사에 대한 관념론적 개념 일반에 대한 비판, 특히 청년 헤겔주의자와 포이어바흐에 관한 비판을 담고 있다.

세 번째 부분은 역사에 대한 관념론적 개념의 기원을 다룬다.

네 번째 부분는 생산력의 발전, 노동 분업, 소유의 형성, 사회의 계급적 구조, 정치적 상부구조, 사회적 의식의 형식을 다룬다.

수고의 서로 다른 부분들을 비교해 보면 이 장의 논리적 구조를 추출할 수 있으며 저자들이 가졌던 의도에 대해 생각할 수 있으며 이 장의 일반적 계획을 재구성할 수 있다. 우선 마르크스와 엥겔스는 독일 이데올로기에 대해 일반적으로 서술하고 이어서 역사에 대한 관념론자의 개념에 대비되는 유물론자의 개념을 제시하며 최종적으로 관념론자의 개념을 비판한다. 이 장의 핵심은 다음과 같은 구조를 갖는다. 즉 저자들의 전제-역사에 대한 유물론적 개념-그들의 이론에서 나오는 결론이라는 구조이다.

대체로 이 장의 계획을 마르크스와 엥겔스의 의도에 부합해 재구성

해 보면 다음과 같다:

1) 독일 이데올로기에 대한 일반적 서술(1절 서론과 1항, 2절 1항)

2) 유물론자가 지닌 역사 개념의 전제(1절 2항)

3) 생산(2절 3~5항, 1절 3항, 4절 1~5항), 교류(4절 6~10항), 정치적 상부구조(4절 2항), 사회적 의식의 형식(3절 1항, 4절 12항)

4) 유물론자의 역사 개념에서 나오는 결론과 요약(2절 6~7항, 1절 4항)

5) 관념주의자의 역사 개념에 대한 비판과 특히 청년 헤겔주의자 또한 포이어바흐에 관한 비판(2절 8~9항, 3절 1항)

수고의 전체 제목은 「1장 포이어바흐」이다. 1888년 마르크스가 죽은 이후 엥겔스가 마르크스의 초고를 정리하는 가운데 그 가운데서 『독일 이데올로기』의 수고를 발견했고 그것을 다시 읽었다. 그는 이 장의 마지막에 "1장 포이어바흐, 유물론자의 견해와 관념론자의 견해의 대립"이라고 메모했다.

이장의 부분들은 세부 절로 나누어진다. 이 세부 구분은 편집자[CW의 편집자]가 한 것이며, 이 편집자가 제목의 대부분을 붙였다. 편집자에 의한 제목이나 모든 편집자의 언급은 괄호 속에 있다.

수고의 쪽은 이 책에 지시된다. 정서본(1, 2)은 엥겔스가 부분적으로 쪽수를 매겼으며 '정서본1, 2' 등으로 매겨져 있다. 저자가 번호를 매기지 않은 정서본의 첫 번째 판본의 쪽은 '낱장1, 2' 등으로 매겨져 있다. 휘갈려쓴 세 초고의 쪽은 마르크스가 매긴 것이며, '수고1, 2' 등으로 표시된다.

1장에서 수고의 다른 부분의 배열과 세부 구분은 러시아판과 같다.

이 판은 『철학의 문제Voprosy Filosofii』 10, 11호(모스크바, 1965)에 실린 것이다.

4) GA2의 부록의 설명

[역주: 전체 약 200쪽에 걸치는 상당히 긴 설명이다. 간단한 요약해서술했다.]

(1) 동기

『독일 이데올로기』는 1845년 10월부터 1847년 4/5월까지 작성됐다. 이 과정에서 여러 번 작성의 의도가 변화했다. 그 이유는 우선 사상적으로 포이어바흐에 대한 마르크스, 엥겔스의 입장이 긍정에서 비판으로 변화했기 때문이며 또 마르크스, 엥겔스가 진정 사회주의자들과 사상적으로 단절하기에 이르렀기 때문이다.

처음 수고를 작성하게 된 동기는 마르크스가 바우어와 슈티르너에게서 포이어바흐의 아류라는 비판을 받았기 때문이다.

마르크스가 『신성 가족』(1845)에서 바우어를 비판하자 바우어가 『비간트』 계간지 3호(1845년 10월)에 『루트비히 포이어바흐의 특징』이라는 글을 발표하면서 마르크스를 포이어바흐의 아류로 비판했다. 슈티르너 역시 1845년 4월 『유일자와 그의 소유』를 발표하면서 마르크스의 원류인 포이어바흐를 비판하자, 포이어바흐는 『비간트』 2호(1845년 6월)에 이를 반박했다. 슈티르너는 이에 대해서 『비간트』 3호에 『슈티르너에 대한 비평가들』이라는 글을 발표하면서 직접으로는 포이어바흐를, 간접으로는 마르크스를 비판했다.

마르크스 사상에서 포이어바흐는 기초였다. 1844년 『경제학 철학

수고』에서도 포이어바흐의 유적 존재라는 개념이 출현한다. 그러나 마르크스는 영국의 정치 경제학을 연구하면서 포이어바흐를 벗어났다. 1845년 초 작성한 「포이어바흐 테제」를 비롯한 수고들은 마르크스가 이미 독자적 길을 가고 있음을 보여주었다. 아직 포이어바흐에 대한 단절을 노골적으로 드러내지는 않았다. 하지만 바우어와 슈티르너의 비판을 계기로 마르크스는 포이어바흐를 비판하는 자신의 입장을 분명히 하고, 자신의 독자적인 길을 서술할 필요가 생겼다.

그런데 『신성 가족』을 통해 바우어를 비판할 때까지만 해도 마르크스, 엥겔스는 헤스와 함께 활동했으며 사회주의에 대해 공감하고 있었다. 이 사회주의는 프루동에서 연원한 사회주의다. 그러나 1845년경에 이르러 마르크스와 엥겔스는 사회주의를 벗어나 공산주의로 전환하기 시작했다. 1845년 12월 브뤼셀에서 마르크스와 엥겔스는 '공산주의자 동맹'에 속하는 '공산주의자 통신위원회'에서 활동했다. 이 때문에 마르크스와 독일 사회주의자의 관계가 어긋나기 시작했다. 『독일 이데올로기』를 쓰기 시작할 무렵에는 마르크스와 엥겔스는 헤스와 함께 루게 등 자유주의자와 대결했으니, 진정 사회주의자와의 차이를 분명히 할 생각은 없었던 것으로 보인다.

(2) 수고의 작성

마르크스는 처음 1845년 10월 말 기존의 계간지에 발표하기 위해 바우어 비판에 착수했다. 대체로 11월 말에 이르러 바우어 비판은 완성됐다. 그런데 1845년 11월 말에 이르러 마르크스, 엥겔스는 헤스 등의 독일 사회주의자와 새로운 계간지를 발간하는 계획을 합의하기에 이르렀다. 이를 계기로 마르크스는 자신의 계획을 2권으로 확대했다. 1권은 바우어를 넘어 슈티르너까지 비판할 예정이었다.

    1권은 마르크스와 엥겔스가 동시에 작성했다. 두 사람은 새벽까지 한줄 한줄 토론하면서 글을 써갔으나, 주도적인 역할은 마르크스가 맡았다. 나중에 이를 정서하는 책임은 엥겔스가 담당했다. 부분적으로 바이데마이어가 담당하기도 했다. 정서된 원고 옆에 마르크스가 다시 수정하는 글을 달아 교정했다.

    2권은 진정 사회주의자(헤스 등)와 함께 작성하기로 했다. 마르크스와 엥겔스도 2권에서는 각기 독자적인 글을 작성했다. 전체적인 편집은 마르크스와 엥겔스가 공동으로 책임졌다. 다른 기고자들의 글은 마르크스, 엥겔스가 개입해서 부분적으로 교정했다.

    계획이 세워지자 11월 말부터 마르크스는 슈티르너 비판에 착수했다. 이런 비판 과정 중에 마르크스는 포이어바흐에 대한 자신의 입장을 분명하게 할 필요성을 피할 수 없다고 느꼈다. 슈티르너는 개인의 관점에서 포이어바흐의 유적 존재를 추상적이라고 비판하는데, 마르크스는 이때 이런 관점이 한면에서는 타당하다고 보았기 때문이다. 마르크스는 포이어바흐의 유적 존재가 추상적인 만큼 슈티르너의 개인도 비역사적인 추상적 존재라고 보았다.

    이 시기가 대강 1846년 3월 경이며, 이때 마르크스는 슈티르너의 사적 소유와 국가, 법의 관계를 비판할 무렵이었다. 그는 이 부분의 일부(H5c: 사회구성체의 역사적 발전)를 떼어 내어서 자신의 입장을 서술하는 서론으로 쓰기로 했다. 기왕에 썼던 부분 중 슈티르너의 위계체제를 비판한 부분 중의 일부(H5b: 유물론적 이데올로기 개념) 그리고 바우어 비판의 일부(H5a: 욕망에서 생산, 역사적 생산으로 즉 역사의 논리적 구성)를 결합했다. 이렇게 마르크스가 자기의 입장을 밝히는 서론

격으로 모아놓은 부분은 내용상 포이어바흐 비판과 중첩되므로, 포이어바흐에 대한 비판의 장 즉 1장으로 변화됐다.

포이어바흐에 대한 비판적 입장은 여전히 포이어바흐의 입장에 머무르는 독일 사회주의에 대한 비판으로 이어졌다. 마르크스와 엥겔스는 2권을 쓰면서 독일 사회주의(진정 사회주의)에 대한 비판하는 원고를 작성했다. 이때가 1846년 2월에서 4월 사이이다. 진정 사회주의에 대한 마르크스의 비판은 주로 헤스에 집중됐다. 특히 그가 발표한 『미래 철학의 근본 원리』(1943)와 『사회의 거울』에 발표한 『최근 철학자들』(1845년 6월)을 주요 표적으로 삼았다.

1권의 중심 원고는 1846년 3월 24일 완성했고, 엥겔스와 바이데마이어가 필사했다. 1846년 4월 3장 슈티르너 비판 부분의 정서도 마쳐서, 바이데마이어를 통해 원고를 베스트팔렌으로 보냈다. 4월 중순에서 5월 말 사이에는 2장 바우어 비판의 정서도 마쳤다. 그러나 아직 1장 포이어바흐 장은 여전히 개편하는 중이었다. 이어서 2권 진정 사회주의 비판(H12, 2권 1장), 칼 그륀 비판(H13, 2권 4장)도 원고를 완성했다.

계간지 발간 합의 이후 2권에 실릴 다른 작가들의 글은 베르트Georg Weerth, 베르네이즈Karl Ludwig Bernays, 바이틀링Wilhelm Weitling, 헤스Mose Hess의 글이다. 공산주의자 바이틀링을 제외하면 나머지는 모두 헤스와 가까운 진정 사회주의자다. 2권에 실리는 다른 작가 즉 진정 사회주의자의 원고도 이 시기에 완성됐다. 마르크스와 엥겔스는 다른 작가의 원고는 거의 수정 없이 편집했으나 헤스가 쿨만을 비판한 원고(2권 5장)에 대해서는 엥겔스가 개입해서 헤스의 비판적 논조를 더 강화했다. 이런 작업은 1847년 5월 말까지 전개됐다.

(3) 수고 발간의 난파

마르크스는 프랑스 체류 시기(1843~1845)에 루게와 『독불 연보』를 편집했다. 이 연보가 중단된 이후, 마르크스는 진정 사회주의자 피트만이 주도하는 『라인 연보』의 편집자로 추천됐으나, 마르크스는 피트만과 협력을 거부했다. 대신 공산주의자 바이틀링과 영국에서 계간지를 발간하려 했다. 『라인 연보』도 곧 탄압을 받자, 출판사 사장인 레스케는 마르크스와 검열받지 않는 계간지를 발간하기로 계획했다. 1845년 11월 말 사업가이자 진정 사회주의에 동조하는 율리우스 마이어와 루돌프 램펠이 이 계간지의 재정을 지원하기로 약속하면서 계간지 발간이 가능하게 됐다. 이 시기에 앞에서 말했듯이 마르크스, 엥겔스는 『독일 이데올로기』를 2권으로 확대했다.

그러나 계간지 발간 계획이 좌초하고 말았다. 거기에는 마르크스, 엥겔스가 진정 사회주의를 비판하는 입장을 가진 것이 진정 사회주의자에게 알려진 것도 한 원인이 됐다. 브뤼셀에서 한때 공동생활을 하기도 한 헤스와의 충돌이 결정적 계기였다. 이런 충돌 이후 헤스는 1846년 3월 말 벨버Velver로 이주했다. 이 때문에 마르크스와 엥겔스는 헤스를 추종하는 사업가 메이어와 램펠과도 소원해졌다.

게다가 메이어와 램펠은 이 시기 재정적인 위기에 처했다. 그들은 재정을 보조할 서적 판매상을 찾았으나 실패했다. 럼펠은 1846년 1월 서적상을 발견하기 힘들다는 사정을 들어서 헤스에게 편지를 내어 계간지 발간의 어려움을 토로했다. 그사이 일어난 헤스와 마르크스의 충돌은 갈등을 강화했다. 결국 1846년 5월 기존의 합의는 해소되고 말았다. 마르크스는 이를 직접 듣지 못했고 브뤼셀 공산주의 통신 위원회에서 활동하는 바이데마이어를 통해 간접으로 전해 들었다.

계간지 발간이 난파한 다음에도 마르크스, 엥겔스는 원고를 단행본으로 발간할 수 있지 않을까 해서 출판사와 접촉을 시도했으나 이마저 여의치 않았다. 그런 사이 1847년 6월에 1장 포이어바흐 장의 개편이 시도됐다. 이를 위해 마르크스는 쪽을 다시 매겼다. 원고는 다시 정서를 시작했다. 이 정서는 주로 엥겔스가 맡았다. 그래서 정서본(H3, H5)이 남았다. 그리고 1장 서문을 썼다. 두 번이나 쓴 것(H2, H3)을 폐기하고 새로 썼다. 남아 있는 H4가 최종 완성된 1장 서문이다. 최종적으로 1권 서문(H1)이 마르크스를 통해 독자적으로 작성됐다.

거듭된 출판 시도는 끝내 좌절됐다. 처음 2권으로 단행본을 발간하려던 계획은 다시 축소해 2권 가운데 다시 다른 작가의 글을 배제한 채 1권으로 통합해서 발간하려 했으나 이마저 실패했다.

베스트팔렌에 보냈던 원고는 바이데마이어를 통해 쾰른의 다니엘에게 전달됐으나 1847년 겨울 쾰른의 원고는 다시 마르크스의 손으로 돌아왔다. 마르크스는 돌아온 원고 중 슈티르너 부분(H11)의 구조를 개편하고, 축약하고 쪽수를 부여했다. 엥겔스는 진정 사회주의를 다시 비판할 필요성을 느끼고 글(H15)을 다시 작성했다. 마르크스, 엥겔스는 그때까지도 출판의 희망을 버리지 않았던 것으로 보인다.

출판이 지지부진한 사이 헤스가 쓴 루게 비판 논문 『도토레 그라찌아노』는 『독일 브뤼셀 신문』 1847년 8/9월 호에 독자적으로 발표됐다. 2권 가운데 진정 사회주의자인 벡과 그륀을 비판하는 2장과 4장은 1847년 말에 『독일 브뤼셀 신문』에 독자적으로 발표됐다. 그때 제목이 「진정 사회주의의 시와 산문」이다.

결국 1847년 겨울에 이르면 출판의 모든 시도가 포기됐다. 원고는 미완성인 채로 남았다. 아직 분명한 이름이나 구조도 부여되지 않았다.

다만 간접적으로 이름과 구조를 유추할 수는 있다. 1846년 여름 계간지에 실릴 『독일 이데올로기』에 대한 광고와 1847년 겨울 단행본 출판을 위한 광고에 그 흔적이 남아 있다. 전자에서 우리는 수고의 구조를 알 수 있고 후자에서 우리는 수고의 이름을 알 수 있다. 그 이름이 『독일 이데올로기』이다.

(4) 전승

12년 뒤 마르크스는 『정치 경제학 비판을 위해』 서문에서 『독일 이데올로기』의 의미를 자기 해명에 두었다는 언급을 남겼다. 그는 역사에 관한 자기 이해가 분명해진 다음 수고는 쥐가 쏠아 먹는 대로 방치했다고 한다.

마르크스 사후에 원고는 엥겔스 손으로 넘어갔다. 엥겔스는 유고를 편제했으며, 1장 포이어바흐 장에 제목을 부여했다. 엥겔스는 『가족, 사적 소유, 국가의 기원』에서 수고를 참고했다고 했으며, 『포이어바흐와 독일 고전 철학의 종말』에 「포이어바흐 테제」를 조금 수정해 실었다. 그는 수고를 세 뭉치로 나누어 보관했다.

엥겔스 사후 유고는 베른슈타인과 베벨의 손에 나누어져 전달됐다. 그 후 1924년 리야자노프David Rjazanov의 손으로 마르크스 엥겔스 문고로 편집됐고, 1926년 독일어판으로 발간했다. 1932년 소련 공산당 중앙위 산하 마르크스 엥겔스 레닌 연구소의 아도라츠키Vladimir Adoratskij가 새로 편집했다. 이 편집본은 1932년 『마르크스 엥겔스 총서Marx Engels Gesammelte Aausgabe』[GA1]로 발간됐다.

리야자노프는 1장을 수고의 쪽수 대로 편집했으나, 아도라츠키는 1장에서 마르크스가 방주로 남긴 편집 지시에 따라 재편했다. 아도라츠키판은 동독 마르크스 레닌 연구소에서 『마르크스 엥겔스 전집(Marx Engels Werke)』(Dietz Verlag, 1958)(W, 3권)을 작성할 때 기초가 됐다.

그 후 W 편집을 비판하는 여러 시도가 등장했다. 1965년 소련공산당 중앙위 산하 마르크스 레닌 연구소에서 바가투리아Georgi Bagaturia가 리야자노프판에 따라 새로 편집했다. 이 편집본은 1966년 단행본으로 발간됐고, 1969년 모스크바 프로그레스 출판사에서 영어본(Marx Engels Collected Works[CW])으로 출판됐다.

그 뒤 일본의 히로마쓰 와타루가 1장을 시험적으로 편집했으며, 2003 타우버트Inge Taubert 등이 다시 1장을 시험적으로 편집해 『마르크스 엥겔스 연보 2003』(연보판)[1286]에 발표했다. 최근 2018년 국제 마르크스 엥겔스 재단(Internationaenl Marx Engels Stiftung[IMES])은 마르크스 엥겔스 총서를 다시 출판하면서 『독일 이데올로기』를 총서 1/5권(Marx Engels Gesammelte Aausgabe』[GA2])으로 발표했다. 이 판본은 라야자노프와 바가투리아의 판본을 따라 수고의 쪽에 따라 편집했다. 바가투리아가 1장의 수고에서 좌단과 우단으로 나누어진 글을 지그재그식으로 연결해 편집한 반면, GA2판은 수고의 좌, 우단을 그대로 편집해 수고의 상태를 정확하게 알 수 있다는 장점이 있지만, 내용상 차이는 없다. 아래에서 W, CW(바가투리아판), GA2의 편집을 비교해 보았다.

참고로 각 판본의 출판 사항을 아래에 밝힌다.

1286 역주) 『마르크스 엥겔스 연보』는 동독과 구 소련에서 학자들이 발간한 잡지다. 1978~1991년 사이 13권이 발간됐다. 사회주의 진영이 무너진 후 1994년 부터 국제 마르크스 엥겔스 재단이 세워져 『마르크스 엥겔스 연구[Studien]』를 발간한다.

W 3권:

원본:

소련 공산당 중앙위 부설 마르크스 엥겔스 레닌 연구소, GA1 5권, 1932

편집 고문: Vladimir Adoratskij

독일어판:

독일 민주 공화국 통일 사회당 부설 마르크스 레닌 연구소, W 3권, 1958

편집 Ludwig Arnold

교열 Walter Schulz

CW 5 권:

출판사: Progress, Moscow, 1969
  Lawrence 8c Wishart, London, 1973

편집 고문: Georgi Bagaturia

편집자: Vladimir Bruschlinsky

서문, 주석, 주제 색인: Lev Churbanow

인물 색인, 인용문헌, 정기 간행물 색인: Nina Loiko

영어 번역:

라이프치히 공의회(2, 3장), 엥겔스 진정 사회주의자: Clemens Dutt

포이어바흐 장: W.Lough

2권: C.P.Mgill

영어판 편집: Maurice Cornforth, E. J. Hobsbawm, James Klugmann, Margaret Mynatt. Salo Ryazanskaya,

감수: Lydia Belyakova, Nadezhda Rudenko, Victor Schnittke

GA2 5권:

책임: 국제 마르크스 엥겔스 재단

편집 위원회: Beatrix Bouvier, Fangguo Chai, Marcel van der Linden, Jürgen Herres,

Gerald Hubmann, Götz Langkau, Izumi Omura, Teinosuke Otani, Claudia Reichel, Regina Roth, Ljudmila Vasina

　출판: Walter de Gruyter, Berlin, 2017

아래는 각 판본을 비교한 표이다.

* H1~H18은 GA2가 편제한 수고 번호이다.
* M, E는 각각 마르크스, 엥겔스를 지시한다

	W	CW	GA2
앞부분 부록	뒷부분 부록에 있음	포이어바흐 테제(M)	없음
	포이어바흐 테제(M)	포이어바흐 테제(E)	없음
	없음	포이어바흐 노트(E)	없음
	없음	브루노 바우어(M/E)	없음
본문 (공통 부분)		1권 1장 포이어바흐(M/E): H1~H8	
		1권 2장 브루노 바우어(M/E): H9~H10	
		1권 3장 막스 슈티르너(M/E): H11	
		2권 1장 진정 사회주의(M): H12	
		2권 4장 칼 그륀(M/E): H13	
		2권 5장 쿨만(헤스/E): H14	
	없음	진정 사회주의자(E)	진정 사회주의자(E): H15

뒷부분	포이어바흐 테제(E)	앞부분에 있음	없음
	헤겔과 포이어바흐의 관계(M)	없음	없음
	부르주아 사회와 공산주의 혁명(M)	없음	없음
	포이어바흐에 관해서(E)	없음	없음
부록	포이어바흐 노트(E)	없음	포이어바흐 장 포함 (H6)
	없음	없음	쿨만과 벡커(헤스/E): H16
	없음	없음	도토레 그라치아노 (헤스/M): H17
	없음	없음	한센 박사의 조서 (다니엘/M/E): H18

옮긴이 후기

『독일 이데올로기』는 1840년대 중반 독일에서 벌어진 치열한 논쟁의 산물이다. 그 논쟁의 전말은 이렇다.

마르크스, 엥겔스가 『신성가족』이란 책에서 바우어를 공격하자, 바우어가 슈티르너와 합세하여 마르크스, 엥겔스를 포이어바흐의 아류로 반격했다. 마르크스, 엥겔스는 이들에게 재반격을 가했다. 이 재반격이 이 책 1권 2장, 3장의 중심 내용을 이룬다. 그 공격 표적은 바우어보다는 오히려 슈티르너에 있었다. 마르크스, 엥겔스는 이들을 모두 헤겔의 관념론을 수용한 아류로 보았다.

이런 재반격 가운데서 마르크스, 엥겔스는 포이어바흐와 자기를 구분할 필요가 생겼다. 마르크스 엥겔스는 포이어바흐의 유물론을 넘어서 주체적, 실천적 유물론을 확립하면서 역사적 유물론이 드러나게 된다. 이렇게 해서 그 유명한 1권 1장 포이어바흐 장이 탄생했다. 1장은 2, 3장 보다 나중에 쓰였다.

마르크스, 엥겔스가 포이어바흐를 넘어서자, 그동안 치열한 철학적 전투에서 마르크스, 엥겔스의 우군이었던 독일 진정 사회주의자도 비판적으로 보게 되었다. 모제스 헤스를 비롯한 독일 진정 사회주의자는 포이어바흐의 유물론 위에 생시몽의 사회주의를 결합하려 했기 때문이다. 이런 비판이 이 책의 2권의 주요 내용을 이룬다.

『독일 이데올로기』는 이렇게 해서 탄생했지만, 이 탄생의 과정은 이 책의 운명을 결정했다. 이 책을 통해 마르크스, 엥겔스는 자신의 철학을 확고하게 했지만 이 책 자체는 출판할 수 없었다. 당시 독일에서 언론 출판계는 진정사회주의자가 장악하고 있었기 때문이다. 이 책은 미완성인 채로 최종적으로 "쥐가 쏠아먹는 비판"에 넘어 가고 말았다. 그 미완성 때문에 이 책의 편집도 완벽할 수가 없었다. 이 책의 편집이 MEW판, 바가투리아판(MECW), MEGA2판이란 세 가지 판본으로 갈라진 것도 그 때문이다.

이 책을 번역하는 데 꼭 십년이 걸렸다. 무엇보다도 번역하기 너무 힘들었기 때문이다. 책의 양도 양이지만 그 내용도 복잡했다. 이 책이 앞에서 말한 논쟁의 산물이기 때문이다. 문장 가운데 뒤엉켜 있는 그런 논쟁을 갈래갈래 분석해서 저자의 본래 뜻을 찾아내기가 거의 불가능할 정도였다.

게다가 기존 MEW판과 바가투리아판(MECW), 새로 편찬된 MEGA2판이 각각 장단점을 지녀, 반역의 기준에 대한 혼란이 생겨났다. 결국 이 책은 MEW판을 기준으로 하고, 바가투리아판과 MEGA2편의 장점을 부분적으로 수용하는 식으로 정리했다. 그 때문에 우왕좌왕한 것이 번역을 더욱 어렵게 했다.

세계적으로도 이 책의 번역은 난제에 속한다. 우리나라에서 마르크스주의가 도입된 이래 근 100년만에 겨우 이 책이 번역된 것도 그런 사정 때문일 것이다. 이제 초벌구이나마 번역이 완료되었다. 옮긴이 자신의 눈으로도 무척이나 부족한 번역이다. 후학이 새로 번역할 때 그 기초가 된 그림을 그렸다는 정도로만 이해해주기 바란다.

이 책의 번역에 참여했던 사람들에게 이 자리에서 감사를 표한다. 지난 30년간 함께 철학을 공부했던 동학 서유석, 김우철, 이정은 선생이다. 이 책의 2장과 3장 초반까지 약 160쪽에 걸친 부분을 세 분이 나누어 번역했다. 그 가운데서도 서유석 선생이 약 90쪽을 담당했으니 공역자라 할 만하다. 다만 옮긴이가 그 번역을 최종적으로 수정했기에 공역자를 굳이 밝히지 않고 최종 책임을 옮긴이에 두었다.

옮긴이 소개

이병창

서울대학교 철학과 수학, 서울대학교 철학박사, 동아대학교 철학과 교수, 2011년 2월 명예퇴직, 현대 사상사 연구소 소장

박사학위 논문
헤겔의 정신현상학에서 정신 개념에 대한 연구
(서울대, 2000)

주요저서
영혼의 길을 모순에게 묻다(헤겔 정신현상학 서문 주해)(먼빛으로, 2010)
반가워요 베리만 감독님(먼빛으로, 2011)
불행한 의식을 넘어(헤겔 정신현상학 자기의식 장 주해)(먼빛으로, 2012)
지젝 라캉 영화(먼빛으로, 2013)
청년이 묻고 철학자가 답하다(말, 2015)
현대철학 아는 척하기(팬덤북스, 2016)
자주성의 공동체(먼빛으로, 2017)
우리가 몰랐던 마르크스(먼빛으로, 2018)

번역
프리드리히 슐레겔, 그리스 문학 연구(먼빛으로, 2014)

헤겔철학과 정신분석학 및 마르크스주의를 연구하면서 문화철학 및 영화철학을 연구한다

독일 이데올로기 2권

초판 1쇄 인쇄 2019년 6월 21일
초판 1쇄 발행 2019년 7월 5일
옮긴이 이병창
펴낸곳 먼빛으로
주소   서울시 관악구 봉천동 865-2 세종오피스텔 716호
전화   070-8742-5830
팩스   051-980-0609
이메일   fromafar@gmail.com
출판등록 617-91-76607
ISBN   979-11-967323-0-1 (93130)

ⓒ이병창, 2019
잘못된 책은 구입하신 서점에서 바꿔드립니다
저자와의 협의에 의해 인지는 붙이지 않습니다.